“十一五”国家重点图书

● 数学天元基金资助项目

俄 罗 斯 数 学
教 材 选 译

偏微分方程讲义

(第3版)

□ O. A. 奥列尼克 著
□ 郭思旭 译

高等教育出版社·北京

图书在版编目 (CIP) 数据

偏微分方程讲义 (第 3 版) / (俄罗斯) 奥列尼克著; 郭思旭译. —北京: 高等教育出版社, 2008.1 (2024.7 重印)

ISBN 978–7–04–022521–1

I.偏... II.①奥...②郭... III.偏微分方程–高等学校–教材 IV. 0175.2

中国版本图书馆 CIP 数据核字 (2007) 第 199204 号

策划编辑 赵天夫 **责任编辑** 赵天夫 **封面设计** 王凌波 **责任印制** 存 怡

出版发行	高等教育出版社	**咨询电话**	400–810–0598
社　　址	北京市西城区德外大街 4 号	**网　　址**	http://www.hep.edu.cn
邮政编码	100120		http://www.hep.com.cn
印　　刷	肥城新华印刷有限公司	**网上订购**	http://www.landraco.com
开　　本	787×1092　1/16		http://www.landraco.com.cn
印　　张	14.5	**版　　次**	2008 年 1 月第 1 版
字　　数	300 千字	**印　　次**	2024 年 7 月第 6 次印刷
购书热线	010–58581118	**定　　价**	49.00 元

物 料 号　22521–A0

《俄罗斯数学教材选译》序

从上世纪 50 年代初起, 在当时全面学习苏联的大背景下, 国内的高等学校大量采用了翻译过来的苏联数学教材. 这些教材体系严密, 论证严谨, 有效地帮助了青年学子打好扎实的数学基础, 培养了一大批优秀的数学人才. 到了 60 年代, 国内开始编纂出版的大学数学教材逐步代替了原先采用的苏联教材, 但还在很大程度上保留着苏联教材的影响, 同时, 一些苏联教材仍被广大教师和学生作为主要参考书或课外读物继续发挥着作用. 客观地说, 从解放初一直到文化大革命前夕, 苏联数学教材在培养我国高级专门人才中发挥了重要的作用, 起了不可忽略的影响, 是功不可没的.

改革开放以来, 通过接触并引进在体系及风格上各有特色的欧美数学教材, 大家眼界为之一新, 并得到了很大的启发和教益. 但在很长一段时间中, 尽管苏联的数学教学也在进行积极的探索与改革, 引进却基本中断, 更没有及时地进行跟踪, 能看懂俄文数学教材原著的人也越来越少, 事实上已造成了很大的隔膜, 不能不说是一个很大的缺憾.

事情终于出现了一个转折的契机. 今年初, 在由中国数学会、中国工业与应用数学学会及国家自然科学基金委员会数学天元基金联合组织的迎春茶话会上, 有数学家提出, 莫斯科大学为庆祝成立 250 周年计划推出一批优秀教材, 建议将其中的一些数学教材组织翻译出版. 这一建议在会上得到广泛支持, 并得到高等教育出版社的高度重视. 会后高等教育出版社和数学天元基金一起邀请熟悉俄罗斯数学教材情况的专家座谈讨论, 大家一致认为: 在当前着力引进俄罗斯的数学教材, 有助于扩大视野, 开拓思路, 对提高数学教学质量、促进数学教材改革均十分必要.《俄罗斯数学教材选译》系列正是在这样的情况下, 经数学天元基金资助, 由高等教育出版社组织出版的.

经过认真选题并精心翻译校订, 本系列中所列入的教材, 以莫斯科大学的教材为主, 也包括俄罗斯其他一些著名大学的教材. 有大学基础课程的教材, 也有适合大学高年级学生及研究生使用的教学用书. 有些教材虽曾翻译出版, 但经多次修订重版, 面目已有较大变化, 至今仍广泛采用、深受欢迎, 反射出俄罗斯在出版经典教材方面所作的不懈努力, 对我们也是一个有益的借鉴. 这一教材系列的出版, 将中俄数学教学之间中断多年的链条重新连接起来, 对推动我国数学课程设置和教学内容的改革, 对提高数学素养、培养更多优秀的数学人才, 可望发挥积极的作用, 并起着深远的影响, 无疑值得庆贺, 特为之序.

李大潜

2005 年 10 月

第二版序

我们在本版中摘录了奥丽迦 · 阿尔先尼耶夫娜 · 奥列尼克写于 1976 年、当年由莫斯科大学出版社出版的本教科书第一册的序. 奥丽迦 · 阿尔先尼耶夫娜本来计划写作本教科书的第二册 —— 双曲型偏微分方程及边值问题理论. 然而, 由于一系列情况, 写作第二册的工作没能完成. 莫斯科大学力学数学系微分方程教研室的同事们在奥丽迦 · 阿尔先尼耶夫娜逝世后, 依据 O. A. 奥列尼克在莫斯科大学力学数学系多年来讲授必修课程偏微分方程论课程的讲义提纲, 承担了完成教科书的任务. A. Ю. 高里茨基, E. B. 拉德凯维奇, A. C. 沙玛耶夫参加了这项工作. 结果是 O. A. 奥列尼克所写的教科书, 补充了如下部分: 柯瓦列夫斯卡娅定理的证明, 非齐次弦振动方程的混合问题, 波动方程的柯西问题以及对称双曲组理论. 应当指出, 虽然这些内容不是奥丽迦 · 阿尔先尼耶夫娜亲自写的, 但是与她讲授过的偏微分方程基本课程讲义的内容是极为接近的.

本版的排版是由 A. C. 高洛得茨基, T. O. 卡布斯金娜 Г. A. 切契金用 TEX 排版系统完成的; A. B. 波洛夫斯基赫 B. A. 康德拉季耶夫与 O. C. 罗赞诺娃阅读了全文并提出了一系列有价值的意见.

微分方程教研室全体同仁深信本版将会在高校大学生的 “偏微分方程” 专业的教学过程中得到使用, 并且成为对奥丽迦 · 阿尔先尼耶夫娜 · 奥列尼克院士的最好的纪念 —— 她是杰出的数学学者、卓越的教师、细心的领导者, 一位坚毅、富有同情心、仁慈的人.

A. C. 沙玛耶夫

第一版序节录

本书的第一册是作者近年来在莫斯科大学力学数学系为三年级大学生讲授的课程的扩充. 在本课程中介绍偏微分方程理论的古典与现代基础性的部分. 书中收入了泛函分析、广义函数理论与函数空间理论方面的知识.

本书评论者: Ю. В. 叶果洛夫教授、Н. В. 叶菲莫夫教授, А. С. 卡拉什尼柯夫副教授.

"偏微分方程" 课程, 在莫斯科大学力学数学系是在第五和第六学期讲授, 与 "分析 III" 课程平行进行, 后一课程中讲授函数论与泛函分析基础, 这对于 "偏微分方程" 课程是必要的. "偏微分方程" 课程的特点与此相关, 本书《偏微分方程讲义》正是此课程的扩充. 教程分为两个部分.

第一部分主要叙述拉普拉斯方程、热传导方程、波动方程作为三种基本类型的偏微分方程的最简单的代表的基本事实. 勒贝格积分、函数空间与广义函数仅仅应用于某些个别定理, 这些定理在读者第一次阅读时可以略去. 例如, 外尔 (H. Weyl) 引理、拉普拉斯算子与热传导算子的亚椭圆性定理、有关基本解的定理就是这样的内容. 第一章 (绪论性的一章) 包含分析学和广义函数理论的一些知识, 它们在教程的第一册要用到.

作者感谢 Т. Д. 文特策尔、Г. А. 约希费扬和 А. С. 卡拉什尼柯夫, 他们通读了全稿并提出了有益的建议, 同样要感谢 И. Г. 尼洛娃对书稿所做的装帧工作.

目　录

《俄罗斯数学教材选译》序

第二版序

第一版序节录

第 1 章　辅助命题 1

1.1 符号. 分析中的一些命题 1

1.1.1 赫尔德 (Hölder) 不等式 4

1.1.2 弗里德里希斯 (Friedrichs) 不等式 5

1.1.3 非负函数的导数的估计 6

1.2 磨光函数. 广义导数 6

1.3 广义函数理论的基本概念与定理 12

1.3.1 广义函数空间 $D'(\Omega)$ 12

1.3.2 广义函数的直积 14

1.3.3 广义函数的卷积 17

1.3.4 广义函数空间 $S'(\mathbb{R}_x^n)$ 21

1.3.5 微分方程的广义解 27

1.3.6 空间 $H^k(\Omega)$ 27

第 2 章 偏微分方程的分类 29
2.1 归结为偏微分方程的一些物理问题 29
2.2 柯西问题. 特征. 方程的分类 35

第 3 章 拉普拉斯方程 48
3.1 调和函数. 泊松方程. 格林公式 48
3.2 基本解 50
3.3 借助势表示解 52
3.4 基本边值问题 54
3.5 算术平均定理. 极值原理 55
3.6 格林函数. 球的狄利克雷问题的解 61
3.7 边值问题解的唯一性和对边界条件的连续依赖性 66
3.8 导数的先验估计. 解析性 72
3.9 刘维尔定理和弗拉格门 – 林德勒夫定理 78
3.10 调和函数的孤立奇点. 在无穷远点邻域中的性态. 无界区域的狄利克雷问题 86
3.11 关于调和函数序列. 拉普拉斯方程的广义解. 外尔引理 93
3.12 牛顿势. 拉普拉斯算子的亚椭圆性 98
3.13 狄利克雷问题的广义解 102
3.13.1 $\overset{\circ}{H}{}^1(\Omega)$ 中函数的迹 104
3.13.2 具有齐次边界条件的狄利克雷问题 107
3.13.3 变分方法 109
3.13.4 具有非齐次边界条件的狄利克雷问题 112

第 4 章 热传导方程 115
4.1 格林公式. 基本解 115
4.2 解借助于势的表示. 解的无穷次可微性 121
4.3 边值问题与柯西问题的提法 123
4.4 有界区域与无界区域中的极值原理 124
4.5 边值问题与柯西问题解的先验估计. 唯一性定理. 解的稳定性 129
4.6 导数的估计. 解对变量 x 的解析性. 应用 134
4.7 刘维尔定理. 关于可去奇点的定理. 解族的紧性 140
4.8 借助傅里叶变换解柯西问题. 体热势的光滑性 146
4.9 广义解. 热传导算子的亚椭圆性 153

第 5 章 双曲型方程与双曲型方程组 **157**

5.1 波动方程 157

5.1.1 柯西问题. 能量不等式 157

5.1.2 在 $n = 3$ 时柯西问题的解. 基尔霍夫公式 160

5.1.3 降维法. 在 $n = 2$ 时柯西问题的解. 泊松公式 163

5.1.4 弦振动方程的达朗贝尔公式 164

5.1.5 基尔霍夫公式、泊松公式和达朗贝尔公式的定性研究. 波在不同维数空间中的传播 166

5.1.6 非齐次方程. 杜阿梅尔原理 169

5.2 弦振动方程的混合问题 170

5.3 双曲型偏微分方程组的柯西问题 183

5.4 柯西定理 183

5.5 柯瓦列夫斯卡娅定理及其推广 186

5.5.1 柯瓦列夫斯卡娅定理的证明 187

5.5.2 某些推广 189

5.5.3 不存在解析解的例子 190

5.6 可对称化组. 戈杜诺夫条件 191

5.7 对称组柯西问题的解 193

5.7.1 唯一性定理 194

5.7.2 嵌入定理 197

5.7.3 先验估计 199

5.7.4 常系数方程组柯西问题解的存在性 200

5.7.5 杜阿梅尔原理 204

5.8 柯西问题的广义解 205

参考文献 **208**

名词索引 **211**

译者后记 **214**

第 1 章　辅助命题

1.1 符号. 分析中的一些命题

我们引入今后要用的一些符号. 其中大多数是通用的.

设 $x=(x_1,\cdots,x_n)$ 是实 n 维欧几里得空间 $\mathbb{R}_x^n$ 中的点, 对这个空间中的两个点 $x=(x_1,\cdots,x_n)$ 与 $x^0=(x_1^0,\cdots,x_n^0)$ 考虑数量积

$$(x,x^0)=\sum_{j=1}^{n}x_jx_j^0$$

以及两点间的距离

$$|x-x^0|=\sqrt{\sum_{j=1}^{n}(x_j-x_j^0)^2}.$$

一般地, 对任意两个集合 A 与 B 有如下一些表示: $A\subset B$ 表示集合 A 包含在集合 B 中; $A\cap B$ 表示集合 A 与 B 之交, 即它们公共元素的集合; $A\backslash B$ 表示不含于集合 B 中的集合 A 的元素. 用 $\varnothing$ 表示空集. $a\in A$ 表示元素 a 属于集合 A.

如果点集 $A\subset\mathbb{R}_x^n$, 那么用 $\bar{A}$ 表示集合 A 的闭包, 即 A 的所有极限点的集合.

$\mathbb{R}_x^n$ 中的开连通集称为**区域**, 表示为 Ω. 如果对于所有的点 $x\in\Omega$ 成立条件 $|x|<M$, 其中 M 是某一常数, 那么称区域 Ω 是有界区域. 区域 Ω 的边界记为 $\partial\Omega$, 即 $\partial\Omega=\overline{\Omega}\backslash\Omega$. $\inf\limits_{x,y}|x-y|$ 称为空间 $\mathbb{R}_x^n$ 中两个集合 A 与 B 的距离, 其中 $x\in A$, $y\in B$.

应用花括号 $\{;\}$ 表示欧几里得空间中的集合 A 是方便的, 其中在分号 ";" 前写出该空间中属于 A 的点的坐标, 而在 ";" 之后指出确定该点是属于集合 A 的点的坐标的条件. 于是, 例如, $\{x;|x-x^0|<R\}$ 定义了中心在点 x^0、半径为 R 的球. 今后把

这样的球记为 $Q_R^{x^0}$. 而 $S_R^{x^0}=\{x;|x-x^0|=R\}$ 则表示中心在 x^0, 半径为 R 的球面.

我们用 $\mathbb{R}_{x,y}^{m+k}$ 表示 $m+k$ 维空间 $\{x,y;\ x\in\mathbb{R}_x^m, y\in\mathbb{R}_y^k\}$. 设 $A\subset\mathbb{R}_x^n, B\subset\mathbb{R}_y^k$. 那么 $A\times B=\{x,y;x\in A,y\in B\}$.

在第 4 章将考虑欧几里得空间 $\mathbb{R}_{x,t}^{n+1}=\{x,t;x\in\mathbb{R}_x^n,t\in\mathbb{R}_t^1\}$, 其中 "时间" 坐标 t 特意分出来.

若定义在集合 A 的点 x 处的函数 $f(x)$ 在集合 A 所有内点处有直到 $k\,(k\geqslant 1)$ 阶的连续偏导数, 且这些偏导数可连续延拓到 A 上, 则函数 $f(x)$ 属于 $C^k(A)$ **类** (简记为 $f\in C^k(A)$). 若函数 $f(x)$ 在集合 A 的所有点连续, 则 $f\in C^0(A)$. 且 $C^\infty(A)$ 表示对任意 $m\geqslant 1$ 属于 $C^m(A)$ 的函数类. 设 $A\in\mathbb{R}_{x,t}^{n+1}=(x_1,\cdots,x_n,t)$. 若函数 $f(x,t)$ 在 A 的所有内点处对 x 有直到 k 阶连续偏导数, 对 t 有直到 m 阶连续偏导数, 且这些偏导数可连续延拓到 A 上, 其中 $k\geqslant 1$, $m\geqslant 1$, 则说 $f(x,t)$ 属于 $C^{k,m}(A)$ 类.

现在引入定义在 Ω 上的函数 $f(x)$ 的支集的概念. 设 K 是 Ω 中这样一些点的集合, $f(x)$ 在 K 中每一个点的某个邻域中等于零. 那么集合 $\Omega\backslash K$ 称为函数 $f(x)$ 的**支集**, 并记为 $\operatorname{supp} f$. 用 $C_0^\infty(\Omega)$ 表示 Ω 中无穷次可微、具有紧支集的函数的类. 这样的函数称为**具有紧支集的函数**或**试验函数**. 若 Ω 是有界区域, 则 $C_0^\infty(\Omega)$ 类中的任何函数无穷次可微且在区域 Ω 的边界 $\partial\Omega$ 的某个邻域中属于 Ω 的点处变为零. 若 $\Omega=\mathbb{R}_x^n$, 则 C_0^∞ 类中的函数 $f(x)$ 在某个有限区域外等于零, 并在任意点 x 处无穷次可微.

我们用 $L_p(\Omega)$, $p\geqslant 1$, 表示在 Ω 中定义的且满足

$$\int\limits_\Omega |u(x)|^p dx<\infty$$

的可测函数 $u(x)$ 的类. $L_p(\Omega)$ 中的函数 $u(x)$ 构成具有范数 $\|u\|_{L_p(\Omega)}=\left(\int\limits_\Omega |u|^p dx\right)^{\frac{1}{p}}$ 的巴拿赫空间 (参看 [1]). 若对于任意区域 Ω_1 有区域 $\overline{\Omega}_1\subset\Omega$, 对给定在 Ω 上的可测函数 $u(x)$ 有

$$\int\limits_{\Omega_1} |u(x)|dx<\infty,$$

则函数 $u(x)$ 称为**局部可和**的.

我们将说区域 Ω 属于 A^k **类**, $k\geqslant 1$, 若对于任意点 $x^0\in\partial\Omega$ 存在整数 $l, 1\leqslant l\leqslant n$, 及区域 $Q_\rho^{x^0}$, ρ 为常数, 使得 $\partial\Omega\cap Q_\rho^{x^0}$ 的点位于超曲面

$$x_l=f_l(x_1,\cdots,x_{l-1},x_{l+1},\cdots,x_n)$$

上, 同时 $f_l\in C^k(g_l)$, 其中 g_l 是函数 f_l 的自变量的变动区域.

今后我们同样考虑“分块光滑”的区域, 它可以用光滑区域来近似. 现在来给出准确的定义. 我们将说, 区域 Ω 属于 B^k **类**, $k \geqslant 1$, 若存在如下区域 Ω_m 的序列: $\Omega_m \in A^k$, $\Omega_m \subset \Omega$, $\Omega_m \subset \Omega_{m+1}$, 且当 $m \to \infty$ 时

$$\int\limits_{\Omega \backslash \Omega_m} dx \to 0, \qquad \int\limits_{\partial\Omega_m \backslash \partial\Omega} dS \to 0,$$

其中 dS 是曲面 $\partial\Omega_m$ 的面积元素. 对于 $k \geqslant 1$ 的 A^k 类区域, 同样对 $k \geqslant 1$ 的 B^k 类区域, 高斯 – 奥斯特洛格拉茨基公式成立, 这个公式是在分析教程中证明过的, 我们把它叙述为下列形式. 设函数 $u_j(x)$, $j = 1, \cdots, n$, 属于 $C^1(\overline{\Omega})$ 类, $\Omega \in A^k$ 或 $\Omega \in B^k$, $\nu = (\nu_1, \cdots, \nu_n)$ 是 $\partial\Omega$ 的单位外法向量. 则

$$\int\limits_{\Omega} \sum_{j=1}^{n} \frac{\partial u_j}{\partial x_j} dx = \int\limits_{\partial\Omega} \sum_{j=1}^{n} u_j \nu_j dS, \tag{1.1}$$

其中 dS 是 $\partial\Omega$ 的面积元素. 由公式 (1.1) 可推出如下的**分部积分公式**, 这一公式常常在偏微分方程的理论中应用. 设 $u(x) \in C^1(\overline{\Omega})$ 及 $v(x) \in C^1(\overline{\Omega})$, $\Omega \in B^k$. 那么

$$\int\limits_{\Omega} u \frac{\partial v}{\partial x_l} dx = -\int\limits_{\Omega} v \frac{\partial u}{\partial x_l} dx + \int\limits_{\partial\Omega} uv\nu_l dS. \tag{1.2}$$

公式 (1.2) 可由高斯 – 奥斯特洛格拉茨基公式 (1.1) 中当 $j \neq l$ 以及 $u_l = uv$ 时令 $u_j = 0$ 得到.

我们将要应用有关在区域 Ω 中的连续函数族的相对紧性的阿尔泽拉定理. 用 $\mathcal{F}$ 表示给定在 Ω 中的函数 $f(x)$ 的族. 若对于所有 $x \in \Omega$ 及对于所有 $f \in \mathcal{F}$ 有

$$|f(x)| \leqslant M, \quad \text{其中 } M > 0 \text{ 是常数},$$

则称族 $\mathcal{F}$ 在 Ω 中一致有界. 若对于任意 $\varepsilon > 0$ 存在 $\delta > 0$, 使得对任意函数 $f \in \mathcal{F}$, 对所有满足 $|x - x^0| \leqslant \delta$ 的点 x, x^0 有

$$|f(x) - f(x^0)| \leqslant \varepsilon,$$

则称族 $\mathcal{F}$ 在 Ω 中等度连续.

定理 1 (阿尔泽拉) 如果给定在有界区域 Ω 中的函数族 $\mathcal{F}$ 是一致有界并且等度连续的, 那么由此族中可以选出在 Ω 中一致收敛的函数序列.

此定理的证明可以在 [1] 中找到 (见 § 2.7). 若区域 Ω 中任意两点 x' 与 x'' 可用位于 Ω 内之折线联结, 此折线之长不超过 $N|x' - x''|$, 其中 $N > 0$ 为一常数, 则在函数 $f(x) \in \mathcal{F}$ 的一阶导数族在 Ω 中一致有界的条件下, 函数 $f(x)$ 的族 $\mathcal{F}$ 等度连续.

这可由下述得出: 对位于某属于 Ω 的线段上的任意两点 x' 与 x'', 按照拉格朗日公式有

$$f(x') - f(x'') = \sum_{j=1}^{n} \frac{\partial f(\theta)}{\partial x_j}(x'_j - x''_j),$$

其中 θ 是位于这线段上的点, 因此

$$|f(x') - f(x'')| \leqslant M_1 n \left|x'_j - x''_j\right|,$$

其中 $M_1 = \sup\limits_{k,\Omega}\left|\dfrac{\partial f}{\partial x_k}\right|$.

现在证明在本教程中将要用到的一些不等式.

1.1.1 赫尔德 (Hölder) 不等式

设数 $p > 1$. $p' = \dfrac{p}{p-1}$. 于是有

$$\frac{1}{p} + \frac{1}{p'} = 1. \tag{1.3}$$

若 $s = t^{p-1}$, $t \geqslant 0$, 则 $t = s^{p'-1}$. 所以对平面 (t,s) 上的任意点 $(t_1, s_1), t_1 \geqslant 0, s_1 \geqslant 0$, 有

$$s_1 t_1 \leqslant \int_0^{t_1} t^{p-1} dt + \int_0^{s_1} s^{p'-1} ds,$$

或者 (参看图 1.1)

$$s_1 t_1 \leqslant \frac{t_1^p}{p} + \frac{s_1^{p'}}{p'}. \tag{1.4}$$

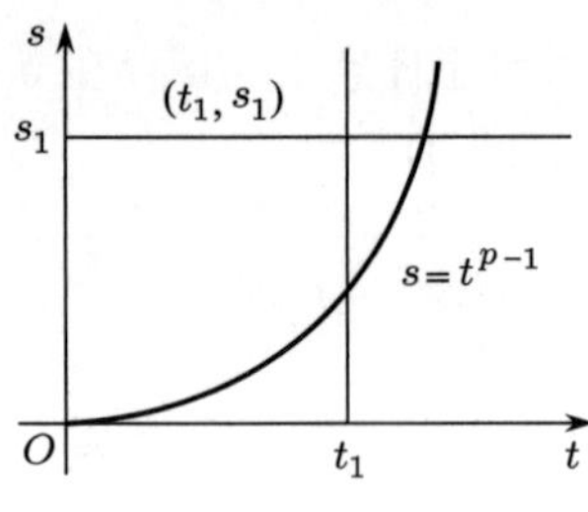

图 1.1

设 $t_1(x)$ 与 $s_1(x)$ 是 Ω 中这样的可测非负函数:

$$\int_\Omega |t_1(x)|^p dx = 1, \quad \int_\Omega |s_1(x)|^{p'} dx = 1. \tag{1.5}$$

那么, 对 Ω 积分不等式 (1.4) 并考虑到关系式 (1.3) 便得到

$$\int\limits_{\Omega} t_1(x)s_1(x)dx \leqslant 1. \tag{1.6}$$

其次, 若 $u(x) \in L_p(\Omega)$, $v(x) \in L_{p'}(\Omega)$, 则函数

$$t_1(x) = \frac{|u(x)|}{\left(\int\limits_{\Omega} |u(x)|^p dx\right)^{\frac{1}{p}}}, \quad s_1(x) = \frac{|v(x)|}{\left(\int\limits_{\Omega} |v(x)|^{p'} dx\right)^{\frac{1}{p'}}}$$

满足条件 (1.5), 所以不等式 (1.6) 成立. 因此

$$\int\limits_{\Omega} |u(x)||v(x)|dx \leqslant \left(\int\limits_{\Omega} |u(x)|^p dx\right)^{\frac{1}{p}} \left(\int\limits_{\Omega} |v(x)|^{p'} dx\right)^{\frac{1}{p'}}. \tag{1.7}$$

不等式 (1.7) 称为赫尔德不等式. 如果 $p = 2$ 与 $p' = 2$, 那么不等式 (1.7) 具有如下形式:

$$\int\limits_{\Omega} |u(x)||v(x)|dx \leqslant \left(\int\limits_{\Omega} |u(x)|^2 dx\right)^{\frac{1}{2}} \left(\int\limits_{\Omega} |v(x)|^2 dx\right)^{\frac{1}{2}}. \tag{1.8}$$

不等式 (1.8) 称为**柯西 – 布尼亚科夫斯基不等式.**

1.1.2 弗里德里希斯 (Friedrichs) 不等式

设 $u(x) \in C^1(\overline{\Omega})$ 且在 $\partial\Omega$ 上 $u(x) = 0$. 那么

$$\int\limits_{\Omega} |u|^2 dx \leqslant C \int\limits_{\Omega} \sum_{j=1}^{n} \left|\frac{\partial u}{\partial x_j}\right|^2 dx, \tag{1.9}$$

其中常数 C 仅与区域 Ω 的范围有关.

实际上, 设 $\Omega \subset \{x; |x| < R\}$, $R > 0$ 为一常数. 当 $x \in \mathbb{R}_x^n \setminus \Omega$, 令 $u = 0$, 就补充定义了 u 在 $\overline{\Omega}$ 外的值. 于是

$$u(x) = \int\limits_{-R}^{x_1} \frac{\partial u}{\partial x_1} dx_1.$$

由此等式, 应用柯西 – 布尼亚科夫斯基不等式, 便得

$$|u(x)|^2 \leqslant \int\limits_{-R}^{x_1} \left|\frac{\partial u}{\partial x_1}\right|^2 dx_1 \int\limits_{-R}^{x_1} dx_1 \leqslant 2R \int\limits_{-R}^{R} \left|\frac{\partial u}{\partial x_1}\right|^2 dx_1,$$

$$\int\limits_{\Omega} |u(x)|^2 dx \leqslant 2R \int\limits_{R_{x'}^{n-1}} \int\limits_{-R}^{R} \left|\frac{\partial u}{\partial x_1}\right|^2 dx_1 dx' \leqslant 4R^2 \int\limits_{\Omega} \sum_{j=1}^{n} \left|\frac{\partial u}{\partial x_j}\right|^2 dx.$$

在以后还将证明, 弗里德里希斯不等式对更广的函数类成立.

1.1.3 非负函数的导数的估计

对任意的、给定在所有的 x 值上并属于 $C^2(\mathbb{R}^1_x)$ 的非负函数 $\varphi(x)$, 成立下述不等式:

$$\left|\frac{d\varphi(x)}{dx}\right|^2 \leqslant 2\left\{\sup_{\mathbb{R}^1_x}\left|\frac{d^2\varphi}{dx^2}\right|\right\}\varphi(x). \tag{1.10}$$

实际上, 假定不等式 (1.10) 在某点 x^0 不成立. 这意味着

$$\left|\frac{d\varphi(x^0)}{dx}\right|^2 > 2\left\{\sup_{\mathbb{R}^1_x}\left|\frac{d^2\varphi}{dx^2}\right|\right\}\varphi(x^0), \quad \varphi(x^0) \neq 0. \tag{1.11}$$

考虑点 $x^1 = x^0 - 2\varphi(x^0)\left(\dfrac{d\varphi(x^0)}{dx}\right)^{-1}$. 那么根据泰勒公式

$$\varphi(x^1) = \varphi(x^0) - 2\varphi(x^0)\left(\frac{d\varphi(x^0)}{dx}\right)^{-1}\frac{d\varphi(x^0)}{dx} + 2|\varphi(x^0)|^2\left(\frac{d\varphi(x^0)}{dx}\right)^{-2}\frac{d^2\varphi(\theta)}{dx^2}$$

或

$$\varphi(x^1) = -\varphi(x^0)\left[1 - 2\varphi(x^0)\left(\frac{d\varphi(x^0)}{dx}\right)^{-2}\frac{d^2\varphi(\theta)}{dx^2}\right].$$

因为依照假设在点 x^0, 不等式 (1.11) 成立, 那么

$$1 - 2\varphi(x^0)\left(\frac{d\varphi(x^0)}{dx}\right)^{-2}\frac{d^2\varphi(\theta)}{dx^2} > 0,$$

因此 $\varphi(x^1) < 0$, 这与对所有 $x \in \mathbb{R}^1_x$ 有 $\varphi(x) \geqslant 0$ 的条件矛盾.

1.2 磨光函数. 广义导数

当 $x \in \mathbb{R}^n_x$ 及 $h \in \mathbb{R}^1_h$, $h > 0$, 给定的函数 $w_h(x)$ 若满足下述条件, 则称为**磨光核**:

1. 对任意 $h > 0$, $w_h(x) \in C^\infty(\mathbb{R}^n_x)$;
2. 当 $|x| > h$, $w_h(x) = 0$;
3. 在 $\mathbb{R}^n_x$ 内 $w_h(x) \geqslant 0$;
4. 对任意 $h > 0$, $\int\limits_{\mathbb{R}^n_x} w_h(x)dx = 1$.

函数

$$w_h(x) = \begin{cases} Ce^{\frac{h^2}{|x|^2-h^2}}, & \text{当 } |x| < h, \\ 0, & \text{当 } |x| \geqslant h. \end{cases} \tag{1.12}$$

是磨光核的经典例子, 其中

$$C = \frac{1}{h^n}\left[\int\limits_{Q_1^0} e^{\frac{1}{|y|^2-1}} dy\right]^{-1}, \quad Q_1^0 = \{y; |y| < 1\}.$$

容易验证, 函数 (1.12) 满足条件 1 ~ 4. 显然, 对任意 $h > 0$, $w_h(x) \in C_0^\infty(\mathbb{R}_x^n)$. 设 $u(x)$ 是 $\mathbb{R}_x^n$ 中局部可和函数. 函数

$$u^h(x) = \int\limits_{\mathbb{R}_y^n} w_h(x-y)u(y)dy \tag{1.13}$$

称为 $u(x)$ 的**以 h 为磨光半径的磨光函数.**① 如果函数 $u(x)$ 定义在区域 Ω 中且 $u \in L_1(\Omega)$, 那么当定义 $u(x)$ 的磨光函数时要假设在 $\mathbb{R}_x^n \setminus \Omega$ 时 $u(x) = 0$. 容易验证 $u^h(x) \in C^\infty(\mathbb{R}_x^n)$, 因为积分 (1.13) 可以在积分号下对 x 进行任意多次微分.

定理 2 设 Ω 是 $\mathbb{R}_x^n$ 中的有界区域.

1. 如果 $u(x) \in L_p(\Omega)$ 并在区域 Ω_1 外为零, 这里 $\overline{\Omega}_1 \subset \Omega$, 那么当 $h < \delta, u^h(x) \in C_0^\infty(\Omega)$, δ 是 Ω_1 与 $\partial\Omega$ 之间的距离, $p \geqslant 1$.

2. 如果 $u(x)$ 在 $\overline{\Omega}$ 连续, 在 $\partial\Omega$ 上为零, 那么在 Ω 内当 $h \to 0$ 时 $u^h(x) \to u(x)$ 一致地成立.

3. 如果 $u(x) \in L_p(\Omega)$, $p \geqslant 1$, 那么 $\|u^h\|_{L_p(\Omega)} \leqslant \|u\|_{L_p(\Omega)}$, 且 $\|u^h - u\|_{L_p(\Omega)} \to 0 (h \to 0)$.

证明 1. 因为

$$u^h(x) = \int\limits_{|x-y|<h} w_h(x-y)u(y)dy,$$

那么对于距离边界 $\partial\Omega$ 不超过 $\delta - h$ 的点 $x \in \Omega$, 当 $|x-y| < h$ 时 $u(y) = 0$, 因此积分 $u^h(x)$ 的被积函数 $w_h(x-y)u(y)$ 等于零. 所以对于这样的点 x 及 $h < \delta$ 有 $u^h(x) = 0$.

2. 设 $u(x) \in C^0(\overline{\Omega})$, 在 $\mathbb{R}_x^n \setminus \Omega$ 内 $u = 0$. 那么

$$\begin{aligned} |u^h(x) - u(x)| &= \left|\int\limits_{\mathbb{R}_y^n} w_h(x-y)[u(y) - u(x)]dy\right| \\ &\leqslant \sup_{|x-y| \leqslant h} |u(y) - u(x)|, \end{aligned}$$

① "磨光函数" 与 "磨光核" 分别译自俄文的 "средние функции" 与 "ядро усреднения", 这一译法是依照《广义函数与数学物理方程》(齐民友、吴方同) 一书. 国内有关书中也称这一作法为 "函数的正则化". —— 译者注

并且最后的不等式右端当 $h \to 0$ 时, 由于函数 $u(x)$ 在 $\overline{\Omega}$ 上的一致连续性, 对 x 一致地趋于零.

3. 设 $u(x) \in L_p(\Omega)$. 又设在 Ω 之外 $u(x) = 0$. 那么, 当 $p > 1$ 时

$$|u^h(x)| \leqslant \left| \int\limits_{\mathbb{R}_y^n} w_h(x-y)u(y)dy \right| \leqslant \int\limits_{\mathbb{R}_y^n} |w_h(x-y)|^{\frac{1}{p}+\frac{1}{p'}} |u(y)|dy,$$

其中 $\dfrac{1}{p} + \dfrac{1}{p'} = 1$. 应用赫尔德不等式 (1.7) 于上式最末的积分, 得到

$$\begin{aligned} |u^h(x)| &\leqslant \left(\int\limits_{\mathbb{R}_y^n} w_h(x-y)dy \right)^{\frac{1}{p'}} \left(\int\limits_{\mathbb{R}_y^n} w_h(x-y)|u(y)|^p dy \right)^{\frac{1}{p}} \\ &= \left(\int\limits_{\mathbb{R}_y^n} w_h(x-y)|u(y)|^p dy \right)^{\frac{1}{p}}, \end{aligned}$$

因为

$$\int\limits_{\mathbb{R}_y^n} w_h(x-y)dy = \int\limits_{\mathbb{R}_\eta^n} w_h(\eta)d\eta = 1.$$

于是

$$\begin{aligned} \|u^h\|_{L_p(\mathbb{R}_x^n)} &\leqslant \left[\int\limits_{\mathbb{R}_x^n} \left(\int\limits_{\mathbb{R}_y^n} w_h(x-y)|u(y)|^p dy \right) dx \right]^{\frac{1}{p}} \\ &= \left[\int\limits_{\mathbb{R}_y^n} |u(y)|^p \int\limits_{\mathbb{R}_x^n} w_h(x-y)dxdy \right]^{\frac{1}{p}} = \|u\|_{L_p(\Omega)}. \end{aligned}$$

如果 $p = 1$, 那么

$$|u^h(x)| \leqslant \int\limits_{\mathbb{R}_y^n} w_h(x-y)|u(y)|dy,$$

$$\begin{aligned} \|u^h\|_{L_1(\mathbb{R}_x^n)} &= \int\limits_{\mathbb{R}_x^n} |u^h(x)|dx \leqslant \int\limits_{\mathbb{R}_y^n} |u(y)| \int\limits_{\mathbb{R}_x^n} w_h(x-y)dxdy \\ &= \|u\|_{L_1(\Omega)}. \end{aligned}$$

众所周知, 对任何函数 $u(x) \in L_p(\Omega)$ 及任意 $\varepsilon > 0$, 可以找到连续函数 $v(x)$, 使得 $\|u - v\|_{L_p(\Omega)} < \varepsilon$ 且 $v(x)$ 在区域边界 $\partial\Omega$ 的某个邻域中等于零. 依照三角不等式

$$\|u^h - u\|_{L_p(\Omega)} \leqslant \|u^h - v^h\|_{L_p(\Omega)} + \|v^h - v\|_{L_p(\Omega)} + \|v - u\|_{L_p(\Omega)}.$$

因为 $\|u-v\|_{L_p(\Omega)} < \varepsilon$ 以及根据前面所证明的

$$\|u^h - v^h\|_{L_p(\Omega)} = \|(u-v)^h\|_{L_p(\Omega)} \leqslant \|u-v\|_{L_p(\Omega)} < \varepsilon,$$

如果 $h < h_0$ 而 h_0 如此之小, 使得连续函数 v 当 $h < h_0$ 时满足不等式 $\|v - v^h\|_{L_p(\Omega)} < \varepsilon$, 根据定理的论断 2, 这样的 h_0 是存在的, 于是就有 $\|u^h - u\|_{L_p(\Omega)} < 3\varepsilon$.

这样一来, 定理 2 便证明了. □

定理 3 设 K 是 Ω 中的紧集, 则存在这样的 $C_0^\infty(\Omega)$ 类函数 $\varphi(x)$: $0 \leqslant \varphi \leqslant 1$, 且在 K 的某个邻域中 $\varphi(x) = 1$.

证明 设 K_η 是与 K 的距离不超过 η 的点的集合, 设 $0 < 3\varepsilon < \delta$, 其中 δ 是 K 与 $\partial\Omega$ 之间的距离. 令在 $K_{2\varepsilon}$ 上 $u(x) = 1$, 在 $\mathbb{R}_x^n \setminus K_{2\varepsilon}$ 内 $u(x) = 0$. 那么, 可以取函数

$$u^\varepsilon(x) = \int\limits_{\mathbb{R}_x^n} w_\varepsilon(x-y)u(y)dy$$

作为 $\varphi(x)$, 因为在 K_ε 上 $u^\varepsilon(x) = 1$, 而在区域 Ω 的边界的某个邻域内 $u^\varepsilon(x) = 0$. □

定理 4 (关于单位分解) 设 K 是 $\mathbb{R}_x^n$ 中紧统, 又设有区域 $\Omega_1, \cdots, \Omega_N$, 使得 $K \subset (\Omega_1 \cup \cdots \cup \Omega_N)$. 那么存在这样的函数 $\varphi_j(x)$, $j = 1, \cdots, N$, 有 $\varphi_j \in C_0^\infty(\Omega_j)$, $\varphi_j \geqslant 0$, 在 $\mathbb{R}_x^n$ 中 $\sum\limits_{j=1}^N \varphi_j(x) \leqslant 1$, 在 K 的某个邻域中 $\sum\limits_{j=1}^N \varphi_j(x) = 1$.

证明 容易看出, 可选出紧统 K_j, $j = 1, \cdots, N$, 使得 $K_j \subset \Omega_j$ 并且 $K \subset (K_1 \cup \cdots \cup K_N)$. 根据定理 3, 存在函数 $\psi_j(x) \in C_0^\infty(\Omega_j)$ 使得在 K_j 的邻域中 $\psi_j = 1$, $0 \leqslant \psi_j(x) \leqslant 1$. 令

$$\varphi_1 = \psi_1, \cdots, \varphi_j = \psi_j(1-\psi_1)\cdots(1-\psi_{j-1}), \quad j = 2, \cdots, N.$$

于是

$$\begin{aligned}\sum_{j=1}^N \varphi_j(x) &= 1 - (1-\psi_1) + \psi_2(1-\psi_1) + \cdots + \psi_N(1-\psi_1)\cdots(1-\psi_{N-1}) \\ &= 1 - (1-\psi_1)\cdots(1-\psi_N).\end{aligned}$$

□

现在引入广义导数的概念. 这一概念在偏微分方程理论中起重要作用. 它以合理的方式拓展了偏微分方程解的类, 为解边值问题而引出了泛函分析的概念与方法. 广义导数的概念早在广义函数理论创立之前就引入了, 它在 C. Л. 索伯列夫的工作 (参看 [8] 中的应用) 和 K. O. 弗里德里希斯的工作中, 首先被系统地用于偏微分方程的研究.

在引入广义导数的形式定义之前, 先引入一些熟知的关系式, 以说明这样的定义是自然的.

引入一些今后方便于应用的记号. 设 $\alpha = (\alpha_1, \cdots, \alpha_n)$ 是 (多) 重指标, 其中 α_j, $j = 1, \cdots, n$, 是非负整数, $|\alpha| = \alpha_1 + \cdots + \alpha_n$. 还有下述表示:

$$\mathcal{D}_{x_j} = \frac{\partial}{\partial x_j}, \quad j = 1, \cdots, n; \quad \mathcal{D}_x^\alpha u = \mathcal{D}_{x_1}^{\alpha_1} \cdots \mathcal{D}_{x_n}^{\alpha_n} u; \quad \text{当} \quad |\alpha| = 0,\ \mathcal{D}_x^\alpha u = u.$$

显然, $|\alpha|$ 是导数 $\mathcal{D}_x^\alpha(\Omega)$ 的阶.

如果函数 $u(x)$ 属于 $C^1(\Omega)$ 类, 那么对任意函数 $\varphi \in C_0^\infty(\Omega)$, 按照分部积分公式 (1.2) 有

$$\int\limits_\Omega \varphi(x) \frac{\partial u(x)}{\partial x_j} dx = -\int\limits_\Omega u(x) \frac{\partial \varphi(x)}{\partial x_j} dx. \tag{1.14}$$

如果 $u(x) \in C^k(\Omega)$, 那么应用分部积分公式 k 次, 则对任意函数 $\varphi \in C_0^\infty(\Omega), |\alpha| \leqslant k$, 得到

$$\int\limits_\Omega \varphi(x) \mathcal{D}_x^\alpha u(x) dx = (-1)^{|\alpha|} \int\limits_\Omega u(x) \mathcal{D}_x^\alpha \varphi(x) dx.$$

上述等式, 在连续导数 $\mathcal{D}_x^\alpha u$ 可能不存在的情况下, 自然地可作为定义广义导数的基础.

Ω 中局部可和的函数 $v(x)$, 若对 Ω 中函数 $u(x)$ 及任意函数 $\varphi(x) \in C_0^\infty(\Omega)$ 成立如下等式:

$$\int\limits_\Omega v(x) \varphi(x) dx = (-1)^{|\alpha|} \int\limits_\Omega u(x) \mathcal{D}_x^\alpha \varphi(x) dx, \tag{1.15}$$

则函数 $v(x)$ 称为 **Ω 中函数** $u(x)$ 的**广义导数**, 并记为 $v = \mathcal{D}_x^\alpha u$. 我们来证明, 满足关系式 (1.15) 的函数 $v(x)$ 是唯一的. 假设存在两个函数 $v_1(x)$ 和 $v_2(x)$ 它们对任意函数 $\varphi(x) \in C_0^\infty(\Omega)$ 满足等式 (1.15). 那么将与它们相应的等式 (1.15) 相减, 得到对 $V = v_1 - v_2$ 的等式 (当任意的 $\varphi(x) \in C_0^\infty(\Omega)$)

$$\int\limits_\Omega V(x) \varphi(x) dx = 0. \tag{1.16}$$

设 $\overline{\Omega}_1 \subset \Omega$, 我们来证明在区域 Ω_1 中几乎处处有 $V(x) = 0$. 设 δ 是 Ω_1 与 $\partial\Omega$ 间的距离. 考虑函数 $\widetilde{V}(x)$, 它在 Ω 中那些与 Ω_1 距离小于 $\dfrac{\delta}{2}$ 的点处等于 $V(x)$, 而在 $\mathbb{R}_x^n$ 中其余的点处等于零.

在等式 (1.16) 中取 $\varphi(x) = w_h(y - x)$, 其中 $y \in \Omega_1$, $h < \dfrac{\delta}{2}$. 那么, 由等式 (1.16) 推出当 $y \in \Omega_1$ 及 $h < \dfrac{\delta}{2}$ 时 $\widetilde{V}^h(y) = 0$. 如同在定理 2 中所证明的, 当 $h \to 0$ 时 $\|\widetilde{V}^h - \widetilde{V}\|_{L_1(\Omega)} \to 0$, 因此当 $h \to 0$ 时 $\|\widetilde{V}^h - V\|_{L_1(\Omega_1)} \to 0$. 由此推出, 在 Ω_1 中几乎处处成立 $V = 0$, 这就是所要证明的.

由上面所说的推出: 如果 $u(x) \in C^k(\Omega)$, 那么 $u(x)$ 在 Ω 中有与通常导数重合的 k 阶广义导数. 还要指出: 与古典的导数定义不同, 由 (1.15) 式定义的 $|\alpha|$ 阶广义导

数与更低阶的广义导数无关. 考虑区域 $\Omega=\{x_1,x_2;|x_1|<1,|x_2|<1\}$ 上的函数

$$u(x_1,x_2)=f(x_1)+f(x_2),$$

其中 $f(s)$ 是在闭区间 $|s|\leqslant 1$ 上任何一点都不存在导数的魏尔斯特拉斯函数. 显然, 函数 $u(x_1,x_2)$ 没有导数 $\mathcal{D}_{x_1}\mathcal{D}_{x_2}u$, 因为 $u(x_1,x_2)$ 没有一阶导数. 容易证明, 在 Ω 中形如 $\mathcal{D}_{x_1}\mathcal{D}_{x_2}u$ 的广义导数存在并等于零. 实际上对任意 $\varphi\in C_0^\infty(\Omega)$,

$$0=\int\limits_{\Omega}(f(x_1)+f(x_2))\frac{\partial^2\varphi}{\partial x_1\partial x_2}dx_1dx_2,$$

因为

$$\int\limits_{\Omega}f(x_1)\mathcal{D}_{x_1}\mathcal{D}_{x_2}\varphi dx_1dx_2=\int\limits_{-1}^{1}f(x_1)\int\limits_{-1}^{1}\mathcal{D}_{x_2}\mathcal{D}_{x_1}\varphi dx_2dx_1$$
$$=\int\limits_{-1}^{1}f(x_1)[\mathcal{D}_{x_1}\varphi(x_1,1)-\mathcal{D}_{x_1}\varphi(x_1,-1)]dx_1=0,$$

同样可得到

$$\int\limits_{\Omega}f(x_2)\mathcal{D}_{x_1}\mathcal{D}_{x_2}\varphi dx_1dx_2=0.$$ □

定理 5 设 $u(x)\in L_1(\Omega)$ 且存在广义导数 $\mathcal{D}_x^\alpha u\in L_1(\Omega)$. 那么对任意的区域 Ω_1 使 $\overline{\Omega}_1\subset\Omega$, 以及任意的 $h<\delta$, 其中 δ 是 Ω_1 与 $\partial\Omega$ 之间的距离, 成立下列等式:

$$\mathcal{D}_x^\alpha u^h(x)=\left(\mathcal{D}_x^\alpha u\right)^h(x),\quad x\in\Omega_1.$$

证明 根据 u^h 的定义有

$$\mathcal{D}_x^\alpha u^h(x)=\int\limits_{\mathbb{R}_y^n}\mathcal{D}_x^\alpha w_h(x-y)u(y)dy.$$

因为当 $x\in\overline{\Omega}$ 及 $h<\delta$, $\mathcal{D}_x^\alpha w_h(x-y)=(-1)^{|\alpha|}\mathcal{D}_y^\alpha w_h(x-y)$ 且 $w_h(x-y)\in C_0^\infty(\Omega)$, 那么根据广义导数 $\mathcal{D}_x^\alpha u$ 的定义得

$$\mathcal{D}_x^\alpha u^h(x)=\int\limits_{\mathbb{R}_y^n}(-1)^{|\alpha|}\left(\mathcal{D}_y^\alpha w_h(x-y)\right)u(y)dy$$
$$=\int\limits_{\mathbb{R}_y^n}w_h(x-y)\mathcal{D}_y^\alpha u(y)dy=\left(\mathcal{D}_x^\alpha u\right)^h(x).$$ □

定理 6 设 $u(x)\in L_1(\Omega)$ 并设在 Ω 中广义导数 $\mathcal{D}_{x_j}u=0$, $j=1,\cdots,n$, 则 u 在 Ω 中恒等于常数.

证明 设区域 $\overline{\Omega}_1 \subset \Omega$. 根据定理 5, 在任意这样的区域 Ω_1 中当 $h < \delta$, 有 $\mathcal{D}_{x_j} u^h = \left(\mathcal{D}_{x_j} u\right)^h$, $j = 1, \cdots, n$. 所以当 $h < \delta$, 在 Ω_1 中 $u^h = C_h$, 其中 C_h 为常数. 依据定理 2, 在 $L_1(\Omega_1)$ 的范数意义下当 $h \to 0$ 时 $u^h \to u$. 因为当 $h \to 0$ 时常数 C_h 应收敛于常数 C, 所以在 Ω_1 中 $u = C$. 但 Ω_1 是 Ω 中的任意子区域, 所以在 Ω 中 u 为常数. □

1.3 广义函数理论的基本概念与定理

广义函数的基本定理是在莫斯科大学力学数学系的 “分析 III” (“泛函分析”) 课中讲述的. 在这里, 为了方便读者, 我们引述广义函数理论的基本概念与定理, 这些在下述各章中要用到. 为了更详细了解广义函数理论, 建议读者参考 [1] ~ [9] 这些书.

1.3.1 广义函数空间 $D'(\Omega)$

在 Ω 中具有紧支集的、在 Ω 中无穷次可微的函数的线性空间称为 Ω 中的基本函数空间, 通常记为 $D(\Omega)$. (在 1.1 和 1.2 节中我们把这个函数类记为 $C_0^\infty(\Omega)$.) $D(\Omega)$ 中函数序列的收敛性以下述方式定义. 说函数序列 $\varphi_j \in D(\Omega)$ 当 $j \to \infty$ 时收敛于函数 $\varphi \in D(\Omega)$, 若以下条件成立:

1) 对任意重指标 α, 当 $j \to \infty$ 时序列 $\mathcal{D}^\alpha \varphi_j \to \mathcal{D}^\alpha \varphi$ 在 Ω 中一致成立;

2) 存在紧统 $K \subset \Omega$, 使得所有函数 φ_j 的支集都属于 K.

基本函数空间 $D(\Omega)$ 上的连续线性泛函 $u \in D'$ 称为**广义函数**. 换句话说, 每一个函数 $\varphi(x) \in D(\Omega)$ 都对应着一个复数 $\langle u, \varphi \rangle$, 使得下述条件成立:

1) 如果 $\varphi_1 \in D(\Omega)$, $\varphi_2 \in D(\Omega)$, 而 λ_1, λ_2 是任意复数, 那么

$$\langle u, \lambda_1 \varphi_1 + \lambda_2 \varphi_2 \rangle = \lambda_1 \langle u, \varphi_1 \rangle + \lambda_2 \langle u, \varphi_2 \rangle$$

(泛函的线性性质);

2) 如果 $j \to \infty$ 时 $\varphi_j \to 0$ 是在 $D(\Omega)$ 中基本函数序列收敛的意义下成立, 那么 $j \to \infty$ 时 $\langle u, \varphi_j \rangle \to 0$ (泛函的连续性).

如果定义广义函数 u_1 与 u_2 的线性组合 $\mu_1 u_1 + \mu_2 u_2$ (其中 μ_1 与 μ_2 为常数) 为这样的广义函数 $u \in D'(\Omega)$, 使得对任意 $\varphi \in D(\Omega)$ 有

$$\langle \mu_1 u_1 + \mu_2 u_2, \varphi \rangle = \mu_1 \langle u_1, \varphi \rangle + \mu_2 \langle u_2, \varphi \rangle, \tag{1.17}$$

那么所有广义函数 $u \in D'(\Omega)$ 的集合构成一个线性空间. 容易验证, 由 (1.17) 式定义的泛函满足对广义函数的条件 1) 与 2).

在广义函数空间 $D'(\Omega)$ 中以下述方式定义收敛性: 对于序列 $u_j \in D'(\Omega)$, 若对任意函数 $\varphi \in D(\Omega)$, 当 $j \to \infty$ 时 $\langle u_j, \varphi \rangle \to \langle u, \varphi \rangle$, 则说序列 u_j 当 $j \to \infty$ 时收敛于广义函数 $u \in D'(\Omega)$.

对 Ω 中每一个局部可和函数 u, 若令

$$\langle u, \varphi\rangle = \int_{\Omega} u(x)\varphi(x)dx, \tag{1.18}$$

则每一个局部可和函数 u 都对应于一个广义函数. 同时, 这个广义函数又是被泛函 (1.18) 唯一确定的, 因为若 $\int_{\Omega} u(x)\varphi(x)dx = 0$ 对任意 $\varphi \in D(\Omega)$ 成立, 则在 Ω 中 $u = 0$ 几乎处处成立.

狄拉克的 δ 函数

$$\langle \delta, \varphi\rangle = \varphi(0)$$

是 $D'(\mathbb{R}^n_x)$ 中广义函数的重要例子, 把它记为 $\delta(x)$. 容易看出, 用 1.2 节中定义的磨光核给定的函数 $w_{h_j}(x)$, 当 $h_j \to 0$ 时, 在 $D'(\Omega)$ 中广义函数收敛的意义下收敛于 δ 函数. 事实上根据 1.2 节中的定理 2, 当 $h_j \to 0$ 时

$$\langle w_{h_j}(x), \varphi\rangle = \int_{\mathbb{R}^n_x} w_{h_j}(x)\varphi(x)dx = \varphi_{h_j}(0) \to \varphi(0) = \langle \delta, \varphi\rangle.$$

在 $D'(\mathbb{R}^n_x)$ 中收敛意义下收敛于 δ 函数的函数序列被称为 **δ 型序列**.

若对于任意 $\varphi \in D(\Omega_1)$, $D'(\Omega)$ 中的广义函数 u_1 与 u_2 有

$$\langle u_1, \varphi\rangle = \langle u_2, \varphi\rangle,$$

则说广义函数 u_1 与 u_2 在区域 $\Omega_1 \subset \Omega$ 相等.

广义函数 $u \in D'(\Omega)$ 的支集是指: 属于 Ω 的这样一个集合, 它不含有在其邻域中使 u 等于零的点. u 的支集用 $\operatorname{supp} u$ 表示. 显然, $\delta(x)$ 的支集是点 $x = 0$.

容易证明, 若 $\varphi(x) \in D(\Omega)$ 并且它在广义函数 $u \in D'(\Omega)$ 的支集的某个邻域 Q 中等于零, 则 $\langle u, \varphi\rangle = 0$. 事实上, 考虑 $\operatorname{supp}\varphi$. 这是一个紧集, 它的每一个点都有邻域, 使得在其中 $u = 0$. 由此邻域的集合可选出集合 $\operatorname{supp}\varphi$ 的有限覆盖. 构造与集合 $\operatorname{supp}\varphi$ 及与所选覆盖相应的单位分解. 对于 $x \in \operatorname{supp}\varphi$ 得到

$$1 \equiv \sum_{j=1}^{N} \psi_j(x).$$

这里 $\psi_j(x) \in D(\Omega)$, $j = 1, \cdots, N$, 对于每个 $j, \operatorname{supp}\psi_j$ 位于 Ω 的某个点的邻域中, 在此邻域中 $u = 0$. 所以有 $\varphi = \sum\limits_{j=1}^{N} \psi_j\varphi$ 且

$$\langle u, \varphi\rangle = \left\langle u, \sum_{j=1}^{N} \psi_j\varphi \right\rangle = \sum_{j=1}^{N} \langle u, \psi_j\varphi\rangle = 0.$$

对任意广义函数 $u \in D'(\Omega)$ 可以定义它的导数. 对于 $C^1(\Omega)$ 类的任意函数 u 成立的关系式 (1.14) 可以作为这个定义的基础.

若 $u \in D'(\Omega)$, 则它的导数 $\mathcal{D}_{x_j} u \in D'(\Omega)$ 可由等式

$$\langle \mathcal{D}_{x_j} u, \varphi \rangle = -\langle u, \mathcal{D}_{x_j} \varphi \rangle$$

来定义. 由此可得出

$$\langle \mathcal{D}_{x_j}^\alpha u, \varphi \rangle = (-1)^{|\alpha|} \langle u, \mathcal{D}_{x_j}^\alpha \varphi \rangle.$$

根据 (1.18) 式, 若广义函数 u 对应于局部可和函数 $u(x)$ 且广义函数 u 的导数 $\mathcal{D}_x^\alpha u$ 同样对应于局部可和函数 $v(x)$, 则函数 $u(x)$ 有 1.2 节定义的意义下的广义导数 $\mathcal{D}_x^\alpha u = v$.

对 $u \in D'(\Omega)$ 及 $a(x) \in C^\infty(\Omega)$ 可以按公式

$$\langle au, \varphi \rangle = \langle u, a\varphi \rangle \tag{1.19}$$

来定义广义函数 au.

容易验证, 等式 (1.19) 的右边定义了 $D(\Omega)$ 上的一个连续线性泛函.

1.3.2 广义函数的直积

设 $u(x) \in D'(\mathbb{R}_x^n)$, $v(y) \in D'(\mathbb{R}_y^n)$. 我们现在来定义 $D'\left(\mathbb{R}_{x,y}^{n+m}\right)$ 的广义函数如下, 它称为广义函数 $u(x)$ 与 $v(y)$ 的**直积** $u(x)v(y)$, 即对任意函数 $\varphi(x,y) \in D\left(\mathbb{R}_{x,y}^{n+m}\right)$ 令

$$\langle u(x)v(y), \varphi \rangle = \langle u(x), \langle v(y), \varphi(x,y) \rangle \rangle. \tag{1.20}$$

我们来证明, 等式 (1.20) 的右边有意义并且确定了 $D\left(\mathbb{R}_{x,y}^{n+m}\right)$ 上的一个连续线性泛函. 这可由下述引理推出.

引理 1 如果 $v(y) \in D'(\mathbb{R}_y^m)$, $\varphi(x,y) \in D\left(\mathbb{R}_{x,y}^{n+m}\right)$, 那么函数 $\psi(x) = \langle v(y), \varphi(x,y) \rangle$ 属于空间 $D(\mathbb{R}_x^n)$ 且对任意重指标 α 有

$$\mathcal{D}_x^\alpha \psi(x) = \langle v(y), \mathcal{D}_x^\alpha \varphi(x,y) \rangle.$$

同时, 若在 $D\left(\mathbb{R}_{x,y}^{n+m}\right)$ 中当 $k \to \infty$ 时 $\varphi_k(x,y) \to 0$, 则在 $D(\mathbb{R}_x^n)$ 中, 当 $k \to \infty$ 时 $\psi_k = \langle v, \varphi_k \rangle \to 0$.

证明 因为 $\varphi \in D\left(\mathbb{R}_{x,y}^{n+m}\right)$, 那么当 $|x| > M$, 这里 M 是某个常数, 有 $\varphi(x,y) = 0$. 所以当 $|x| > M$

$$\psi(x) = \langle v(y), \varphi(x,y) \rangle = 0.$$

因此函数 $\psi(x)$ 有紧支集. 设当 $k \to \infty$ 时 $x^k \to x^0$. 我们来证明当 $k \to \infty$, $\psi(x^k) \to \psi(x^0)$. 显然, 当 $k \to \infty$ 时在 $D(\mathbb{R}_x^n)$ 的意义下 $\varphi(x^k, y) \to \varphi(x^0, y)$. 所以当 $k \to \infty$ 时

$$\psi(x^k) = \langle v(y), \varphi(x^k, y) \rangle \to \langle v(y), \varphi(x^0, y) \rangle = \psi(x^0).$$

由此得出 $\psi(x)$ 的连续性. 设 $\Delta x=(h,0,\cdots,0)$, 那么

$$\frac{\psi(x+\Delta x)-\psi(x)}{h}=\left\langle v(y),\frac{\varphi(x+\Delta x,y)-\varphi(x,y)}{h}\right\rangle.$$

因为函数 $\frac{1}{h}[\varphi(x+\Delta x,y)-\varphi(x,y)]$ 对固定的 x 与 h 属于 $D(\mathbb{R}_y^m)$ 且当 $h\to 0$ 时在 $D(\mathbb{R}_x^n)$ 中收敛的意义下收敛于 $\frac{\partial\varphi}{\partial x_1}$, 那么

$$\lim_{h\to 0}\frac{1}{h}[\psi(x+\Delta x)-\psi(x)]=\frac{\partial\psi}{\partial x_1}=\left\langle v(y),\frac{\partial\varphi(x,y)}{\partial x_1}\right\rangle.$$

正如前面证明的, $\left\langle v(y),\frac{\partial\varphi(x,y)}{\partial x_1}\right\rangle$ 是 x 的连续函数. 类似地可证明导数 $\frac{\partial\psi}{\partial x_j}$, $j=2,\cdots,n$ 的存在性与连续性, 以及更高阶导数的存在性与连续性. 于是 $\psi(x)\in D(\mathbb{R}_x^n)$. 设当 $k\to\infty$ 时, 在 $D\left(\mathbb{R}_{x,y}^{n+m}\right)$ 中 $\varphi_k(x,y)\to 0$. 由此推出, 对所有的 k 及 $|x|>M$ 有 $\varphi_k(x,y)=0$, 其中 M 是常数. 所以对所有的 k 及 $|x|>M$, $\psi_k(x)=\langle v(y),\varphi_k(x,y)\rangle=0$. 现在我们来证明, 对任意的重指标 α 在 $\mathbb{R}_x^n$ 中 $\mathcal{D}_x^\alpha\psi_k(x)\to 0$ 一致地成立. 假设不然. 设存在这样的点列 x^{k_j}, 使得对 $j=1,2,\cdots\left|\mathcal{D}_x^\alpha\psi_{k_j}(x^{k_j})\right|>\varepsilon>0$ (ε 为常数). 因为 $\left|x^{k_j}\right|<M$, 那么点 x^{k_j} 的集合有极限点 x^0. 从点 x^{k_j} 的集合中选出当 $k'\to\infty$ 收敛于 x^0 的点列 $x^{k'}$. 那么当 $k'\to\infty$ 时在 $D(\mathbb{R}_x^m)$ 中函数收敛的意义下 $\mathcal{D}_x^\alpha\varphi_{k'}\left(x^{k'},y\right)\to 0$. 所以当 $k'\to 0$ 时 $\mathcal{D}_x^\alpha\psi_{k'}(x^{k'})=\left\langle v(y),\mathcal{D}_x^\alpha\varphi_{k'}\left(x^{k'},y\right)\right\rangle\to 0$, 但这与 $\left|\mathcal{D}_x^\alpha\psi_{k'}\left(x^{k'}\right)\right|>\varepsilon$ 矛盾. 这样一来, 我们便证明了, 若在 $D\left(\mathbb{R}_{x,y}^{n+m}\right)$ 中 $\varphi_k(x,y)\to 0$, 则在 $D(\mathbb{R}_x^n)$ 中 $\psi_k(x)\to 0$.

从引理 1 推出 $\langle v(y),\varphi(x,y)\rangle\in D(\mathbb{R}_x^n)$, 所以 $\langle u,\langle v,\varphi\rangle\rangle$ 有意义. 泛函 (1.20) 对 φ 的线性性质是明显的. 其次, 若在 $D\left(\mathbb{R}_{x,y}^{n+m}\right)$ 中当 $k\to\infty$ 时 $\varphi_k(x,y)\to 0$, 则根据引理 1, 在 $D(\mathbb{R}_x^n)$ 中当 $k\to\infty$ 时, $\langle v(y),\varphi_k(x,y)\rangle\to 0$, 所以当 $k\to\infty$ 时 $\langle u(x),\langle v(y),\varphi_k(x,y)\rangle\rangle\to 0$, 即泛函 (1.20) 连续, 因此定义了 $D'\left(\mathbb{R}_{x,y}^{n+m}\right)$ 中的广义函数. □

现在来建立直积 $u(x)\cdot v(y)$ 的某些性质.

I. 直积 $u(x)\cdot v(y)$ 是可交换的:

$$u(x)\cdot v(y)=v(y)\cdot u(x).$$

证明 设 $\varphi(x,y)\in D\left(\mathbb{R}_{x,y}^{n+m}\right)$ 且当 $|x|^2+|y|^2>R$ 时 $\varphi(x,y)=0$, 其中 $R>0$ 是常数. 在区域 $\Omega_1=\{x,y;|x_j|<2R,\ j=1,\cdots,n,|y_s|<2R,\ s=1,\cdots,m\}$ 中函数 $\varphi(x,y)$ 可以表成在 Ω_1 中一致收敛的傅里叶三角级数, 此级数可以逐项微分任意多次, 因为 $\varphi\in D\left(\mathbb{R}_{x,y}^{n+m}\right)$ 且 $\operatorname{supp}\varphi\subset\Omega_1$. 设 $\psi_N(x,y)$ 是这个级数的前 N 项和, $\xi(x)\in C_0^\infty(\mathbb{R}_x^n)$, 当 $|x|\leqslant R$ 时 $\xi(x)=1$, 当 $|x|>2R$ 时 $\xi(x)=0,\eta(y)\in C_0^\infty(\mathbb{R}_y^m)$, 当 $|y|\leqslant R$ 时, $\eta(y)=1$, 当 $|y|>2R$ 时 $\eta(y)=0$. 那么对任意 $N>0$, $\varphi_N(x,y)=$

$\psi_N(x,y)\xi(x)\eta(y) \in D\left(\mathbb{R}^{n+m}_{x,y}\right)$ 且当 $N \to \infty$ 时, $\varphi_N \to \varphi$ 在 $D\left(\mathbb{R}^{n+m}_{x,y}\right)$ 中收敛的意义下成立. 显然 $\varphi_N(x,y) = \sum\limits_{j=1}^{N} a_j(x)b_j(y)$, 其中 $a_j(x) \in D(\mathbb{R}^n_x), b_j(y) \in D(\mathbb{R}^m_y)$, $j = 1,\cdots,N$. 我们有

$$\begin{aligned}\langle u(x)\cdot v(y),\varphi(x,y)\rangle &= \lim_{N\to\infty}\langle u(x)\cdot v(y),\varphi_N(x,y)\rangle\\ &= \lim_{N\to\infty}\left\langle u(x),\left\langle v(y),\sum_{j=1}^{N}a_jb_j\right\rangle\right\rangle\\ &= \lim_{N\to\infty}\sum_{j=1}^{N}\langle u(x),a_j(x)\rangle\langle v(y),b_j(y)\rangle.\end{aligned}$$

同样可得到

$$\langle v(y)\cdot u(x),\varphi(x,y)\rangle = \lim_{N\to\infty}\sum_{j=1}^{N}\langle v(y),b_j(y)\rangle\langle u(x),a_j(x)\rangle.$$

因此对任意 $\varphi \in D\left(\mathbb{R}^{n+m}_{x,y}\right)$

$$\langle u(x)\cdot v(y),\varphi(x,y)\rangle = \langle v(y)\cdot u(x),\varphi(x,y)\rangle.$$

这就是所要证明的. □

II. 直积对因子连续. 这意味着, 若在 $D'(\mathbb{R}^n_x)$ 中当 $k\to\infty$ 时, $u_k(x)\to u(x)$, 则在 $D'\left(\mathbb{R}^{n+m}_{x,y}\right)$ 中当 $k\to\infty$ 时, $u_k(x)\cdot v(y)\to u(x)\cdot v(y)$. 事实上, 令 $\psi(x) = \langle v(y),\varphi(x,y)\rangle$, 得

$$\begin{aligned}\lim_{k\to\infty}\langle u_k(x),\langle v(y),\varphi(x,y)\rangle\rangle &= \lim_{k\to\infty}\langle u_k(x),\psi(x)\rangle\\ &= \langle u(x),\psi(x)\rangle = \langle u,\langle v,\varphi\rangle\rangle,\end{aligned}$$

因为 $\psi(x)\in D(\mathbb{R}^n_x)$.

III. 对直积 $u(x)\cdot v(y)$ 的导数成立如下公式:

$$\mathcal{D}^\alpha_x[u(x)\cdot v(y)] = \mathcal{D}^\alpha_x u(x)\cdot v(y).$$

实际上,

$$\begin{aligned}\langle \mathcal{D}^\alpha_x[u(x)\cdot v(y)],\varphi\rangle &= (-1)^{|\alpha|}\langle u(x)\cdot v(y),\mathcal{D}^\alpha_x\varphi(x,y)\rangle\\ &= (-1)^{|\alpha|}\langle v,\langle u,\mathcal{D}^\alpha_x\varphi\rangle\rangle\\ &= \langle v(y),\langle \mathcal{D}^\alpha_x u,\varphi\rangle\rangle = \langle \mathcal{D}^\alpha_x u(x)\cdot v(y),\varphi(x,y)\rangle.\end{aligned}$$

引理 2 设 $u \in D'(\mathbb{R}_x^n)$, $\varphi(x,y) \in D\left(\mathbb{R}_{x,y}^{n+m}\right)$, 那么

$$\left\langle u(x), \int\limits_{\mathbb{R}_y^m} \varphi(x,y)dy \right\rangle = \int\limits_{\mathbb{R}_y^m} \langle u(x), \varphi(x,y)\rangle dy. \tag{1.21}$$

证明 考虑直积 $u(x) \cdot 1$. 于是有

$$\begin{aligned}\langle u(x)\cdot 1, \varphi(x,y)\rangle &= \langle u(x), \langle 1, \varphi(x,y)\rangle\rangle \\ &= \left\langle u(x), \int\limits_{\mathbb{R}_y^m} \varphi(x,y)dy \right\rangle.\end{aligned}$$

应用直积的可交换性得到

$$\begin{aligned}\langle u(x)\cdot 1, \varphi(x,y)\rangle &= \langle 1\cdot u(x), \varphi(x,y)\rangle \\ &= \langle 1, \langle u(x), \varphi(x,y)\rangle\rangle = \int\limits_{\mathbb{R}_y^m} \langle u(x), \varphi(x,y)\rangle dy.\end{aligned}$$

由上述各等式推出关系式 (1.21). □

1.3.3 广义函数的卷积

现在引入广义函数卷积的概念, 它对广义函数理论本身及其对微分方程的应用都是重要的.

设函数 $u(x)$ 与 $v(x)$ 在 $\mathbb{R}_x^n$ 中局部可和, 同时 $u(x)$ 有紧支集, 则形如

$$(u*v)(x) = \int\limits_{\mathbb{R}_y^n} u(y)v(x-y)dy = \int\limits_{\mathbb{R}_y^n} u(x-y)v(y)dy$$

的函数称为**函数 u 与 v 的卷积** $u*v$. 函数 $(u*v)(x)$ 是局部可和的, 所以它确定了 $D'(\mathbb{R}_x^n)$ 中的形如

$$\begin{aligned}\langle u*v, \varphi\rangle &= \int\limits_{\mathbb{R}_x^n} (u*v)(x)\varphi(x)dx \\ &= \int\limits_{\mathbb{R}_x^n}\int\limits_{\mathbb{R}_y^n} u(x-y)v(y)\varphi(x)dydx = \int\limits_{\mathbb{R}_x^n}\int\limits_{\mathbb{R}_y^n} u(x)v(y)\varphi(x+y)dydx\end{aligned}$$

的广义函数.

设 $\eta(x) \in D(\mathbb{R}_x^n)$ 且在 $\operatorname{supp} u$ 的邻域中 $\eta = 1$. 那么

$$\langle u*v, \varphi\rangle = \int\limits_{\mathbb{R}_{x,y}^{2n}} u(x)v(y)\eta(x)\varphi(x+y)dxdy.$$

设 $u(x) \in D'(\mathbb{R}_x^n)$ 且 $u(x)$ 有紧支集, 而 $v(x)$ 是 $D'(\mathbb{R}_x^n)$ 中的任意广义函数; 设 $\eta(x) \in D(\mathbb{R}_x^n)$, 在 $\operatorname{supp} u$ 的邻域中 $\eta = 1$. $D'(\mathbb{R}_x^n)$ 中形如

$$\begin{aligned}\langle u * v, \varphi\rangle &= \langle u(x) \cdot v(y), \eta(x)\varphi(x+y)\rangle \\ &= \langle u(x), \langle v(y), \eta(x)\varphi(x+y)\rangle\rangle \end{aligned} \tag{1.22}$$

的广义函数称为**卷积** $u * v$. 容易看出 $u * v$ 的定义不依赖于 $\eta(x)$ 的选择. 实际上, 设 $\eta_1(x) \in D(\mathbb{R}_x^n)$ 且在 $\operatorname{supp} u$ 的邻域中 $\eta_1 = 1$. 那么

$$\begin{aligned}&\langle u(x), \langle v(y), \eta(x)\varphi(x+y)\rangle\rangle - \langle u(x), \langle v(y), \eta_1(x)\varphi(x+y)\rangle\rangle \\ &= \langle u(x), (\eta(x) - \eta_1(x))\langle v(y), \varphi(x+y)\rangle\rangle = 0,\end{aligned}$$

因为在 $\operatorname{supp} u$ 的邻域中 $\eta(x) - \eta_1(x) = 0$.

规定 $v * u = u * v$. 因为直积有可交换性:

$$\langle v * u, \varphi\rangle = \langle u(x) \cdot v(y), \eta(x)\varphi(x+y)\rangle = \langle v(y) \cdot u(x), \eta(x)\varphi(x+y)\rangle.$$

如果 $v(y) \in D'(\mathbb{R}_y^n)$ 且同样有紧支集, 而 $\gamma(y) \in D(\mathbb{R}_y^n)$ 且在 $\operatorname{supp} v$ 的邻域中 $\gamma(y) \equiv 1$, 那么

$$\begin{aligned}\langle v * u, \varphi\rangle &= \langle u(x) \cdot v(y),\ \eta(x)\varphi(x+y)\rangle \\ &= \langle u(x) \cdot v(y),\ \gamma(y)\eta(x)\varphi(x+y)\rangle \\ &= \langle u(x) \cdot v(y),\ \gamma(y)\varphi(x+y)\rangle.\end{aligned}$$

现在来给出卷积的一些性质. 再次指出, 我们仅在两个广义函数之一有紧支集的情况下考虑两个广义函数的卷积.

I. 两个广义函数的卷积对其中每一个因子都是连续的. 即

1) 若在 $D'(\mathbb{R}_y^n)$ 中当 $k \to \infty$ 时 $v_k(y) \to v(y)$, 而 $u(x)$ 有紧支集, 则在 $D'(\mathbb{R}_y^n)$ 中当 $k \to \infty$ 时 $u * v_k \to u * v$;

2) 若在 $D'(\mathbb{R}_x^n)$ 中当 $k \to \infty$ 时 $u_k(x) \to u(x)$, 且存在这样的 R, 使得对任意 $k, \operatorname{supp} u_k \subset Q_R^0, \operatorname{supp} u \subset Q_R^0$, 其中 $Q_R^0 = \{x; |x| < R\}$, 则在 $D'(\mathbb{R}_x^n)$ 中当 $k \to \infty$ 时 $u_k * v \to u * v$.

这个论断可从广义函数直积的连续性中直接推出. 因为对任意 $k, \operatorname{supp} u_k \subset Q_R^0$ 与 $\operatorname{supp} u \subset Q_R^0$, 那么在 (1.22) 式中可以取不依赖于 k 且在 Q_R^0 中等于 1 的函数作为 $\eta(x)$. 于是

$$\begin{aligned}\lim_{k\to\infty} \langle u_k * v, \varphi\rangle &= \lim_{k\to\infty} \langle u_k(x) \cdot v(y), \eta(x)\varphi(x+y)\rangle \\ &= \langle u(x) \cdot v(y), \eta(x)\varphi(x+y)\rangle = \langle u * v, \varphi\rangle.\end{aligned}$$

II. 对卷积 $u*v$ 的导数成立如下公式:

$$\mathcal{D}_x^\alpha(u*v)=\mathcal{D}_x^\alpha u*v=u*\mathcal{D}_x^\alpha v. \tag{1.23}$$

我们来证明这一点. 根据广义函数的导数的定义有

$$\begin{aligned}\langle\mathcal{D}_x^\alpha(u*v),\varphi\rangle&=(-1)^{|\alpha|}\langle u*v,\mathcal{D}_x^\alpha\varphi\rangle\\&=(-1)^{|\alpha|}\langle u(x)\cdot v(y),\eta(x)\mathcal{D}_y^\alpha\varphi(x+y)\rangle\\&=(-1)^{|\alpha|}\langle u(x),\eta(x)\langle v(y),\mathcal{D}_y^\alpha\varphi(x+y)\rangle\rangle\\&=\langle u(x),\eta(x)\langle\mathcal{D}_y^\alpha v(y),\varphi(x+y)\rangle\rangle\\&=\langle u*\mathcal{D}_y^\alpha v,\varphi\rangle.\end{aligned}$$

这意味着 $\mathcal{D}_x^\alpha(u*v)=u*\mathcal{D}_x^\alpha v$. 同样可得出

$$\begin{aligned}\langle\mathcal{D}_x^\alpha(u*v),\varphi\rangle&=(-1)^{|\alpha|}\langle u*v,\mathcal{D}_x^\alpha\varphi\rangle\\&=(-1)^{|\alpha|}\langle u(x)\cdot v(y),\eta(x)\mathcal{D}_x^\alpha\varphi(x+y)\rangle\\&=\langle(-1)^{|\alpha|}v(y),\langle u(x),\eta(x)\mathcal{D}_x^\alpha\varphi(x+y)\rangle\rangle\\&=(-1)^{|\alpha|}\langle v(y),[\langle u(x),\mathcal{D}_x^\alpha(\eta(x)\varphi(x+y))\rangle\\&\quad-\langle u(x),\mathcal{D}_x^\alpha(\eta(x)\varphi(x+y))-\eta(x)\mathcal{D}_x^\alpha\varphi(x+y)\rangle]\rangle\\&=\langle v(y),\langle\mathcal{D}_x^\alpha u,\eta(x)\varphi(x+y)\rangle\rangle=\langle v*\mathcal{D}_x^\alpha u,\varphi\rangle.\end{aligned}$$

这里我们应用了

$$\langle u(x),\mathcal{D}_x^\alpha(\eta(x)\varphi(x+y))-\eta(x)\mathcal{D}_x^\alpha\varphi(x+y)\rangle=0,$$

因为 $\eta(x)$ 的所有导数在 $u(x)$ 的支集的邻域中等于零.

引理 3 设 $\psi(x)$ 是基本函数, 即 $\psi\in D(\mathbb{R}_x^n)$, $v\in D'(\mathbb{R}_y^n)$. 那么 $\psi*v$ 是 $C^\infty(\mathbb{R}_x^n)$ 类函数且

$$\psi*v=\langle v(y),\psi(x-y)\rangle. \tag{1.24}$$

证明 根据卷积 (1.22) 的定义有

$$\begin{aligned}\langle\psi*v,\varphi\rangle&=\langle\psi(x)\cdot v(y),\eta(x)\varphi(x+y)\rangle=\langle v(y)\cdot\psi(x),\eta(x)\varphi(x+y)\rangle\\&=\left\langle v(y),\int\limits_{\mathbb{R}_x^n}\psi(x)\eta(x)\varphi(x+y)dx\right\rangle=\left\langle v(y),\int\limits_{\mathbb{R}_x^n}\psi(x)\varphi(x+y)dx\right\rangle\\&=\left\langle v(y),\int\limits_{\mathbb{R}_x^n}\varphi(x)\psi(x-y)dx\right\rangle,\end{aligned}$$

其中 $\eta(x) \in D(\mathbb{R}^n_x)$, 在 $\operatorname{supp}\psi$ 的邻域中 $\eta(x) = 1$. 应用引理 2, 得

$$\begin{aligned}\langle \psi * v, \varphi \rangle &= \left\langle v(y), \int\limits_{\mathbb{R}^n_x} \varphi(x)\psi(x-y)dx \right\rangle \\ &= \int\limits_{\mathbb{R}^n_x} \langle v(y), \psi(x-y)\rangle \varphi(x)dx.\end{aligned}$$

这意味着 $\psi * v = \langle v(y), \psi(x-y)\rangle$. 由引理 1 推出 $\psi * v$ 是 $C^\infty(\mathbb{R}^n_x)$ 类函数. □

由等式

$$u^h(x) = u * w_h \tag{1.25}$$

定义的 $C^\infty(\mathbb{R}^n_x)$ 类函数 $u^h(x)$ 称为**广义函数** $u(x)$ **的磨光函数,** 其中 $w_h(x)$ 是 1.2 节中定义的磨光核. 显然, 对任意 $h > 0$, $w_h(x)$ 是基本函数: $w_h(x) \in D(\mathbb{R}^n_x)$. 所以, 根据引理 3 及等式 (1.24)

$$u^h(x) = \langle u(y), w_h(x-y)\rangle. \tag{1.26}$$

如果广义函数 $u(x)$ 根据 (1.18) 式对应于局部可和函数, 那么公式 (1.26) 与 1.2 节引入的磨光函数的定义重合.

定理 7 磨光函数 u^h 在 $D'(\mathbb{R}^n_x)$ 中当 $h \to 0$ 时收敛于广义函数 $u(x)$.

证明 根据 $u^h(x)$ 的定义有

$$u^h(x) = u * w_h.$$

先前已证明 $w_h(x)$ 在 $D'(\mathbb{R}^n_x)$ 中收敛的意义下, 当 $h \to 0$ 时有 $w_h(x) \to \delta(x)$. 所以根据卷积的连续性推出

$$\lim_{h\to 0} u^h(x) = u * \delta.$$

容易看出,

$$\langle u * \delta, \varphi \rangle = \langle u(y) \cdot \delta(x), \eta(x)\varphi(x+y)\rangle = \langle u(y), \varphi(y)\rangle.$$

于是, 对任意 $u \in D'(\mathbb{R}^n_x)$

$$u * \delta = u. \tag{1.27}$$

因此

$$\lim_{h\to 0} u^h = u.$$

□

1.3.4 广义函数空间 $S'(\mathbb{R}_x^n)$

傅里叶变换在偏微分方程理论中有重要的应用并且在现代研究中被广泛地使用. 这里我们引入广义函数空间 $S'(\mathbb{R}_x^n) \subset D'(\mathbb{R}_x^n)$, 对于这个空间可以构建傅里叶变换理论.

用 $S(\mathbb{R}_x^n)$, 或简记 S, 表示 $C^\infty(\mathbb{R}_x^n)$ 中这样的函数 $\varphi(x)$ 的线性空间: 对任意 $\varphi(x) \in S(\mathbb{R}_x^n)$, 对任意重指标 α 及任意整数 $p \geqslant 0$, 存在常数 $C_{\alpha,p}$, 对此常数有

$$(1+|x|^p)|\mathcal{D}_x^\alpha \varphi(x)| \leqslant C_{\alpha,p}. \tag{1.28}$$

$S(\mathbb{R}_x^n)$ 中的收敛性以下述方式定义: 当 $k \to \infty$ 时函数序列 $\varphi_k \in S$ 收敛于函数 $\varphi \in S$ 是指对任意重指标 α 与任意整数 $p \geqslant 0$, 当 $k \to \infty$ 时在 $\mathbb{R}_x^n$ 中序列

$$(1+|x|^p)\mathcal{D}_x^\alpha \varphi_k(x) \to (1+|x|^p)\mathcal{D}_x^\alpha \varphi(x)$$

一致地成立.

空间 $S(\mathbb{R}_x^n)$ 上的连续线性泛函称为**广义函数** $u \in S'(\mathbb{R}_x^n)$. 换句话说, 每个函数 $\varphi(x) \in S(\mathbb{R}_x^n)$ 都对应于一个满足下述条件的复数 $\langle u, \varphi \rangle$:

1) 如果 $\varphi_1 \in S(\mathbb{R}_x^n)$ 与 $\varphi_2 \in S(\mathbb{R}_x^n), \lambda_1$ 与 λ_2 是任意复数, 那么

$$\langle u, \lambda_1\varphi_1 + \lambda_2\varphi_2 \rangle = \lambda_1 \langle u, \varphi_1 \rangle + \lambda_2 \langle u, \varphi_2 \rangle.$$

2) 如果当 $j \to \infty$ 时 $\varphi_j \to 0$ 在 S 中函数序列收敛的意义下成立, 那么当 $j \to \infty$ 时, $\langle u, \varphi_j \rangle \to 0$.

如果定义 $S'(\mathbb{R}_x^n)$ 中广义函数 u_1, u_2 的线性组合 $\mu_1 u_1 + \mu_2 u_2$ (其中 μ_1, μ_2 是常数) 为这样的广义函数: 对任意 $\varphi \in S(\mathbb{R}_x^n)$ 有

$$\langle \mu_1 u_1 + \mu_2 u_2, \varphi \rangle = \mu_1 \langle u_1, \varphi \rangle + \mu_2 \langle u_2, \varphi \rangle,$$

则 $S'(\mathbb{R}_x^n)$ 中广义函数的集合构成一个线性空间.

广义函数空间 $S'(\mathbb{R}_x^n)$ 中的收敛性以如下方式定义: 若对任意函数 $\varphi \in S(\mathbb{R}_x^n)$ 及 $S'(\mathbb{R}_x^n)$ 中序列 u_j, 当 $j \to \infty$ 时, $\langle u_j, \varphi \rangle \to \langle u, \varphi \rangle$, 则说序列 $\mu_j \in S'(\mathbb{R}_x^n)$ 当 $j \to \infty$ 时收敛于广义函数 $u \in S'(\mathbb{R}_x^n)$.

空间 $S'(\mathbb{R}_x^n)$ 也称为**缓增广义函数空间**. $D'(\mathbb{R}_x^n)$ 中具有紧支集的广义函数属于 $S'(\mathbb{R}_x^n)$. 显然, $D(\mathbb{R}_x^n) \subset S(\mathbb{R}_x^n)$. 函数 $e^{-|x|^2}$ 是 $S(\mathbb{R}_x^n)$ 中函数, 但不属于 $D(\mathbb{R}_x^n)$ 的例子.

容易证明, $D(\mathbb{R}_x^n)$ 在 $S(\mathbb{R}_x^n)$ 中稠密. 实际上, 如果 $\varphi \in S(\mathbb{R}_x^n)$, 而 $\psi \in D(\mathbb{R}_x^n)$ 且当 $|x| \leqslant 1$ 时 $\psi = 1$, 那么函数 $\varphi_k(x) = \varphi(x)\psi\left(\dfrac{x}{k}\right)$ 对任意 $k = 1, 2, \cdots$, 属于 $D(\mathbb{R}_x^n)$, 在 S 中当 $k \to \infty$ 时序列 $\varphi_k \to \varphi$, 因为当 $|x| \leqslant k$ 时 $\varphi_k(x) - \varphi(x) = \varphi(x)\left(1 - \psi\left(\dfrac{x}{k}\right)\right) = 0$.

由此推出, 若 $u \in S'(\mathbb{R}_x^n)$ 且对 $\varphi \in D(\mathbb{R}_x^n), \langle u, \varphi \rangle = 0$, 则对 $\varphi \in S(\mathbb{R}_x^n), \langle u, \varphi \rangle = 0$. 这意味着 $D'(\mathbb{R}_x^n)$ 中两个不同的广义函数对应着 $S'(\mathbb{R}_x^n)$ 中不同的广义函数, 即如果对 $u \in S'(\mathbb{R}_x^n)$, 把对于 $\varphi \in D(\mathbb{R}_x^n)$ 的 $\langle u, \varphi \rangle$ 看作是 $D'(\mathbb{R}_x^n)$ 中广义函数, 那么 $S'(\mathbb{R}_x^n)$ 可以与空间 $D'(\mathbb{R}_x^n)$ 中的一个子空间恒等.

我们现在来给出 S 中函数的傅里叶变换的一些性质.

由等式

$$\widehat{\varphi}(\xi) = \int_{\mathbb{R}_x^n} \varphi(x) e^{i(\xi,x)} dx \tag{1.29}$$

定义的函数 $\widehat{\varphi}(\xi)$, 其中 $\varphi(x) \in L_1(\mathbb{R}_x^n)$, 称为**函数** $\varphi(x)$ **的傅里叶变换**.

定理 8 如果 $\varphi(x) \in S(\mathbb{R}_x^n)$, 那么 $\widehat{\varphi}(\xi) \in S(\mathbb{R}_\xi^n)$, 同时 $\varphi \mapsto \widehat{\varphi}$ 在 S 中连续. 对 $\varphi \in S(\mathbb{R}_x^n)$ 有

$$\widehat{\mathcal{D}_x^\alpha \varphi} = (-i\xi)^\alpha \widehat{\varphi}(\xi), \quad \widehat{x^\alpha \varphi} = (-i)^{|\alpha|} \mathcal{D}_\xi^\alpha \widehat{\varphi}(\xi), \tag{1.30}$$
$$x^\alpha \equiv x_1^{\alpha_1} \cdots x_n^{\alpha_n}.$$

证明 在 (1.29) 式中积分号下取微分, 得到

$$\mathcal{D}_\xi^\alpha \widehat{\varphi}(\xi) = \int_{\mathbb{R}_x^n} (ix)^\alpha \varphi(x) e^{i(\xi,x)} dx. \tag{1.31}$$

这样微分是可以的, 因为 $\varphi \in S(\mathbb{R}_x^n)$ 且积分 (1.31) 一致收敛. 由此得到 $\widehat{\varphi}(\xi) \in C^\infty(\mathbb{R}_x^n)$, 且 $\widehat{x^\alpha \varphi(x)} = \mathcal{D}_\xi^\alpha \widehat{\varphi}(\xi)(-i)^{|\alpha|}$. 经分部积分, 得到

$$\begin{aligned}\xi^\beta \mathcal{D}_\xi^\alpha \widehat{\varphi}(\xi) &= \int_{\mathbb{R}_x^n} (ix)^\alpha \xi^\beta \varphi(x) e^{i(\xi,x)} dx \\ &= \int_{\mathbb{R}_x^n} \mathcal{D}_x^\beta \left((ix)^\alpha \varphi\right) i^{|\beta|} e^{i(\xi,x)} dx.\end{aligned} \tag{1.32}$$

因为 $\mathcal{D}_x^\beta \left((ix)^\alpha \varphi\right) \in L_1(\mathbb{R}_x^n)$, 那么函数 $|\xi^\beta||\mathcal{D}_\xi^\alpha \widehat{\varphi}(\xi)|$ 在 $\mathbb{R}_\xi^n$ 中对任意重指标 α 与 β 有界. 因此, $\widehat{\varphi} \in S$. 在 (1.32) 式中令 $\alpha = 0$, 得到

$$\widehat{\mathcal{D}_x^\beta \varphi} = (-i)^{|\beta|} \xi^\beta \widehat{\varphi}(\xi).$$

现在我们来证明 S 中映射 $\varphi \mapsto \widehat{\varphi}$ 的连续性. 设在 $S(\mathbb{R}_x^n)$ 中当 $k \to \infty$ 时, $\varphi_k(x) \to 0$. 我们来证明当 $k \to \infty$ 时, 在 $S(\mathbb{R}_x^n)$ 中 $\widehat{\varphi}_k(\xi) \to 0$. 根据公式 (1.32) 有

$$\begin{aligned}|\xi^\beta||\mathcal{D}_\xi^\alpha \widehat{\varphi}_k(\xi)| &= \left| \int_{\mathbb{R}_x^n} \mathcal{D}_x^\beta (x^\alpha \varphi_k(x)) e^{i(\xi,x)} dx \right| \\ &\leqslant \sup_{\mathbb{R}_x^n} \left\{ \left| \mathcal{D}_x^\beta (x^\alpha \varphi_k(x)) \right| (1 + |x|^{n+1}) \right\} \int_{\mathbb{R}_x^n} \frac{dx}{1 + |x|^{n+1}}.\end{aligned}$$

由此推出, 在 $S(\mathbb{R}_x^n)$ 中, 如果当 $k\to\infty$ 时 $\varphi_k(x)\to 0$, 那么在 $\mathbb{R}_\xi^n$ 中 $|\xi^\beta||\mathcal{D}_\xi^\alpha\widehat{\varphi}_k(\xi)|\to 0$ 一致地成立. 定理证毕. □

函数 $\varphi(x)$ 的傅里叶变换有时也表示成 $F[\varphi](\xi)$. 由等式

$$F^{-1}[f](x)=(2\pi)^{-n}\int\limits_{\mathbb{R}_\xi^n} f(\xi)e^{-i(\xi,x)}d\xi \tag{1.33}$$

定义的函数 $F^{-1}[f](x)$ 称为函数 $f(\xi)$ 的**傅里叶逆变换**.

定理 9 如果 $\varphi\in S(\mathbb{R}_x^n)$, 那么成立如下的傅里叶逆变换公式:

$$\varphi(x)=(2\pi)^{-n}\int\limits_{\mathbb{R}_\xi^n}\widehat{\varphi}(\xi)e^{-i(\xi,x)}d\xi, \tag{1.34}$$

或者另一种表示:

$$\varphi(x)=F^{-1}[F[\varphi]].$$

证明 我们来计算累次积分

$$\int\limits_{\mathbb{R}_\xi^n} e^{-i(\xi,x)}\left\{\int\limits_{\mathbb{R}_y^n} e^{i(\xi,y)}\varphi(y)dy\right\}d\xi=(2\pi)^nF^{-1}[F[\varphi]].$$

为此考虑积分

$$I=\int\limits_{\mathbb{R}_\xi^n}\left\{\psi_\varepsilon(\xi)e^{-i(\xi,x)}\int\limits_{\mathbb{R}_y^n} e^{i(\xi,y)}\varphi(y)dy\right\}d\xi=\int\limits_{\mathbb{R}_\xi^n}\psi_\varepsilon(\xi)\widehat{\varphi}(\xi)e^{-i(\xi,x)}d\xi, \tag{1.35}$$

其中 $\varepsilon>0$ 为一常数, $\psi_\varepsilon(\varepsilon\xi)=\psi(\xi),\psi(\xi)\in S(\mathbb{R}_\xi^n)$. 因为与累次积分 (1.35) 相应的二重积分绝对收敛, 那么按照富比尼定理在积分 (1.35) 中可以改变积分次序. 于是有

$$\begin{aligned}I&=\int\limits_{\mathbb{R}_y^n}\left(\varphi(y)\int\limits_{\mathbb{R}_\xi^n}\psi_\varepsilon(\xi)e^{i(\xi,y-x)}d\xi\right)dy\\&=\int\limits_{\mathbb{R}_y^n}\varphi(y)\widehat{\psi}_\varepsilon(y-x)dy=\int\limits_{\mathbb{R}_y^n}\varphi(x+\eta)\widehat{\psi}_\varepsilon(\eta)d\eta.\end{aligned}$$

容易看出, $\widehat{\psi}_\varepsilon(\xi)=\varepsilon^{-n}\widehat{\psi}\left(\dfrac{\xi}{\varepsilon}\right)$, 因为

$$\begin{aligned}\widehat{\psi_\varepsilon}(\xi)&=\int\limits_{\mathbb{R}_x^n}\psi_\varepsilon(x)e^{i(x,\xi)}dx=\int\limits_{\mathbb{R}_x^n}\psi(\varepsilon x)e^{i(x,\xi)}dx\\&=\int\limits_{\mathbb{R}_y^n}\psi(y)e^{i(y,\frac{\xi}{\varepsilon})}\varepsilon^{-n}dy=\varepsilon^{-n}\widehat{\psi}\left(\frac{\xi}{\varepsilon}\right).\end{aligned}$$

所以

$$I=\int_{\mathbb{R}_y^n}\varphi(\eta+x)\varepsilon^{-n}\widehat{\psi}\left(\frac{\eta}{\varepsilon}\right)d\eta=\int_{\mathbb{R}_s^n}\widehat{\psi}(s)\varphi(\varepsilon s+x)ds.$$

于是有

$$I=\int_{\mathbb{R}_\xi^n}\psi_\varepsilon(\xi)\widehat{\varphi}(\xi)e^{-i(x,\xi)}d\xi=\int_{\mathbb{R}_s^n}\widehat{\psi}(s)\varphi(\varepsilon s+x)ds. \tag{1.36}$$

在 (1.36) 式中令 $\varepsilon\to 0$ 而取极限, 得到

$$\varphi(x)\int_{\mathbb{R}_s^n}\widehat{\psi}(s)ds=\psi(0)\int_{\mathbb{R}_\xi^n}e^{-i(x,\xi)}\widehat{\varphi}(\xi)d\xi. \tag{1.37}$$

在第 4 章 4.8 节证明了, 对 $\psi(x)=e^{-|x|^2}$

$$\widehat{\psi}(\xi)=\int_{\mathbb{R}_x^n}e^{-|x|^2}e^{i(x,\xi)}dx=(\sqrt{\pi})^n e^{-\frac{|\xi|^2}{4}}.$$

上述等式是在第 4 章 (4.82) 式中令 $t=1$ 得到的①. 因为

$$\int_{\mathbb{R}_\xi^n}\widehat{\psi}(\xi)d\xi=(\sqrt{\pi})^n\int_{\mathbb{R}_\xi^n}e^{-\frac{|\xi|^2}{4}}d\xi=(\sqrt{\pi})^n\prod_{j=1}^n\int_{\mathbb{R}_{\xi_j}^1}e^{-\frac{|\xi_j|^2}{4}}d\xi_j=(2\pi)^n,$$

所以从关系式 (1.37) 可得所要求的等式 (1.34). 应注意, 对于 S 中的两个函数 $\varphi(x)$ 与 $\psi(x)$ 存在卷积

$$\varphi*\psi=\int_{\mathbb{R}_y^n}\varphi(y)\psi(x-y)dy, \tag{1.38}$$

它同样是 S 中的函数. 事实上, $\varphi*\psi\in C^\infty(\mathbb{R}_x^n)$, 因为积分 (1.38) 可在积分号下进行任意次微分:

$$\mathcal{D}_x^\alpha(\varphi*\psi)=\int_{\mathbb{R}_y^n}\varphi(y)\mathcal{D}_x^\alpha\psi(x-y)dy.$$

其次,

$$|x^\beta\mathcal{D}_x^\alpha(\varphi*\psi)|=\left|\int_{\mathbb{R}_y^n}\varphi(y)[(x-y)+y]^\beta\mathcal{D}_x^\alpha\psi(x-y)dy\right|\leqslant C_{\alpha,\beta}$$

($C_{\alpha,\beta}$ 为常数), 因为 $\varphi\in S(\mathbb{R}_x^n)$ 及 $\psi\in S(\mathbb{R}_x^n)$. □

①这里, 为完成 (1.34) 式的证明其实不必引用后面的结果, 因为不仅可以应用复变函数积分的柯西定理得出高斯函数 $\psi(x)=e^{-|x|^2}$ 的傅里叶变换; 而且由于它属于 S 空间, 可以应用 $S(\mathbb{R}^n)$ 空间的理论, 即应用 S 空间中傅里叶变换及傅里叶逆变换的性质证明高斯函数 $\psi(x)=e^{-|x|^2}$ 的傅里叶变换仍然是高斯函数 (只是因子有些改变). 关于后者, 详细请参看齐民友著《重温微积分》(高等教育出版社, 2004) 338~342 页. —— 译者注

用 $\bar{a}$ 表示 a 的共轭复数.

定理 10 设 $\varphi(x)\in S(\mathbb{R}_x^n)$ 及 $\psi(x)\in S(\mathbb{R}_x^n)$, 那么

1)
$$\int\limits_{\mathbb{R}_x^n}\widehat{\varphi}\psi dx=\int\limits_{\mathbb{R}_x^n}\varphi\widehat{\psi}dx, \tag{1.39}$$

2)
$$\int\limits_{\mathbb{R}_x^n}\varphi\overline{\psi}dx=(2\pi)^{-n}\int\limits_{\mathbb{R}_x^n}\widehat{\varphi}\overline{\widehat{\psi}}dx \quad (\text{帕塞瓦尔等式}), \tag{1.40}$$

3)
$$\widehat{\varphi*\psi}=\widehat{\varphi}\widehat{\psi}, \tag{1.41}$$

4)
$$\widehat{\varphi\psi}=(2\pi)^{-n}\widehat{\varphi}*\widehat{\psi},. \tag{1.42}$$

证明 证明 1) 的等式. 依照富比尼定理有

$$\int\limits_{\mathbb{R}_x^n}\widehat{\varphi}(x)\psi(x)dx=\int\limits_{\mathbb{R}_x^n}\left(\int\limits_{\mathbb{R}_y^n}\varphi(y)e^{i(x,y)}dy\right)\psi(x)dx$$
$$=\int\limits_{\mathbb{R}_y^n}\left(\varphi(y)\int\limits_{\mathbb{R}_x^n}\psi(x)e^{i(x,y)}dx\right)dy=\int\limits_{\mathbb{R}_y^n}\varphi(y)\widehat{\psi}(y)dy.$$

为了证明 2) 中等式, 在 (1.39) 式中以函数 $h=(2\pi)^{-n}\overline{\widehat{\psi}}$ 代替 ψ. 我们有

$$(2\pi)^{-n}\int\limits_{\mathbb{R}_x^n}\widehat{\varphi}\overline{\widehat{\psi}}dx=\int\limits_{\mathbb{R}_x^n}\varphi\widehat{h}dx.$$

应用傅里叶逆变换公式, 得到

$$\widehat{h}(x)=(2\pi)^{-n}\int\limits_{\mathbb{R}_\xi^n}\overline{\widehat{\psi}}(\xi)e^{i(x,\xi)}d\xi=(2\pi)^{-n}\overline{\int\limits_{\mathbb{R}_\xi^n}\widehat{\psi}(\xi)e^{-i(x,\xi)}d\xi}=\overline{\psi}(x).$$

现在来验证 (1.41) 式. 根据富比尼定理, 交换积分次序, 得到

$$\widehat{\varphi*\psi}=\int\limits_{\mathbb{R}_x^n}\left(\int\limits_{\mathbb{R}_y^n}\varphi(y)\psi(x-y)dy\right)e^{i(x,\xi)}dx$$
$$=\int\limits_{\mathbb{R}_y^n}\varphi(y)e^{i(\xi,y)}\left(\int\limits_{\mathbb{R}_x^n}\psi(x-y)e^{i(x-y,\xi)}dx\right)dy=\widehat{\varphi}\cdot\widehat{\psi}.$$

为了证明等式 (1.42), 我们注意到

$$F[F[\varphi]] = (2\pi)^n \varphi(-x). \tag{1.43}$$

所以

$$F[F[\varphi\psi]] = (2\pi)^n \varphi(-x)\psi(-x). \tag{1.44}$$

根据公式 (1.41)

$$F[(2\pi)^{-n}(\widehat{\varphi} * \widehat{\psi})] = (2\pi)^{-n} F[F[\varphi]] \cdot F[F[\psi]] = (2\pi)^n \varphi(-x)\psi(-x). \tag{1.45}$$

等式 (1.44) 与 (1.45) 表明

$$F[\widehat{\varphi\psi}] = F[(2\pi)^{-n}\widehat{\varphi} * \widehat{\psi}],$$

因此, 等式 (1.42) 成立.

现在来定义 S' 中广义函数 u 的傅里叶变换. 对 $L_1(\mathbb{R}_x^n)$ 中任意函数 $\psi(x)$ 与 $\varphi(x)$ 成立的关系式 (1.39) 可作为这个定义的基础.

对 $S'(\mathbb{R}_x^n)$ 中的广义函数 u 及任意 $\varphi \in S(\mathbb{R}_x^n)$, 等式

$$\langle \widehat{u}, \varphi \rangle = \langle u, \widehat{\varphi} \rangle \tag{1.46}$$

所定义的广义函数 $\widehat{u} \in S'(\mathbb{R}_x^n)$ 称为**广义函数 $u \in S'(\mathbb{R}_x^n)$ 的傅里叶变换**.

因为傅里叶变换 $\varphi \mapsto \widehat{\varphi}$ 在 S 中连续, 于是等式 (1.46) 的右边给出了 S' 中的广义函数. 若 $u \in S(\mathbb{R}_x^n)$, 那么根据 (1.39) 式, (1.46) 式的傅里叶变换的定义与 (1.29) 式的定义重合.

定理 11 *对于 S' 中的广义函数, 形如*

$$u(-x) = (2\pi)^{-n}\widehat{\widehat{u}} \tag{1.47}$$

的傅里叶变换的反演公式成立, 即

$$\langle u, \varphi(-x) \rangle = (2\pi)^{-n} \langle \widehat{u}, \widehat{\varphi} \rangle = (2\pi)^{-n} \langle u, \widehat{\widehat{\varphi}} \rangle.$$

映射 $u \mapsto \widehat{u}$ 在 S' 中连续.

证明 实际上, 应用公式 (1.43), 得到

$$\begin{aligned} \langle (2\pi)^{-n}\widehat{\widehat{u}}, \varphi \rangle &= (2\pi)^{-n} \langle \widehat{u}, \widehat{\varphi} \rangle = (2\pi)^{-n} \langle u, \widehat{\widehat{\varphi}} \rangle \\ &= \langle u, \varphi(-x) \rangle. \end{aligned}$$

正如由定义 (1.46) 式直接推出的, 若在 S' 中 $u_k \to u$, 则在 S' 中 $\widehat{u}_k \to \widehat{u}$.

1.3.5 微分方程的广义解

广义函数论使得对于具有无穷次可微系数的线性偏微分方程可以引入广义解的概念. 设

$$L(u) \equiv \sum_{|\alpha| \leqslant m} a_\alpha(x)\mathcal{D}^\alpha u = f(x), \quad 其中 \quad a_\alpha(x) \in C^\infty(\Omega), f \in D'(\Omega).$$

使式

$$\sum_{|\alpha| \leqslant m} a_\alpha(x)\mathcal{D}^\alpha u = f(x)$$

成立的广义函数 $u \in D'(\Omega)$ 称为区域 Ω 中方程 $L(u) = f$ 的**广义解**. 这意味着, 对任意 $\varphi \in D(\Omega)$

$$\langle L(u), \varphi \rangle = \left\langle u, \sum_{|\alpha| \leqslant m} (-1)^{|\alpha|}\mathcal{D}_x^\alpha(a_\alpha \varphi) \right\rangle = \langle f, \varphi \rangle.$$

基本解概念在偏微分方程理论中起着重要的作用.

对任意点 $x^0 \in \Omega$, 使得

$$L(u) = \delta(x - x^0)$$

的 $D'(\Omega)$ 中广义函数 $u(x, x^0)$ 称为方程 $L(u) = 0$ 的**基本解**. 显然, 基本解被确定是准确到齐次方程 $L(u) = 0$ 的解这样一个加项. 这里广义函数 $\delta(x - x^0)$ 是按公式

$$\langle \delta(x - x^0), \varphi(x) \rangle = \varphi(x^0)$$

作用到 $\varphi \in D(\Omega)$ 上的 "平移 δ 函数". 在以下各章, 我们将对基本的数学物理方程更详细地考虑这些问题.

1.3.6 空间 $H^k(\Omega)$

我们定义空间 $H^k(\Omega)$ 为具有范数

$$\|u\|_{H^k(\Omega)} = \left(\int_\Omega \sum_{|\alpha| \leqslant k} |\mathcal{D}^\alpha u|^2 dx \right)^{\frac{1}{2}}$$

的 $C^\infty(\overline{\Omega})$ 函数的线性空间的完备化.

函数 $u \in C^\infty(\overline{\Omega})$ 构成线性空间, 在其中可以引入内积与范数:

$$(u, v) = \int_\Omega uv dx, \quad \|u\|^2 = \int_\Omega u^2 dx.$$

取这个空间的闭包, 得到整个的 $L_2(\Omega)$, 在这个函数 $u \in C^\infty(\overline{\Omega})$ 的集合中引入内积

$$[u,v]_{H^1(\Omega)} = \int\limits_\Omega uv dx + \int\limits_\Omega \sum_{k=1}^n \frac{\partial u}{\partial x_k}\frac{\partial v}{\partial x_k} dx$$

及与这个内积相应的范数

$$\|u\|^2_{H^1(\Omega)} = \int\limits_\Omega u^2 dx + \int\limits_\Omega \sum_{k=1}^n \left(\frac{\partial u}{\partial x_k}\right)^2 dx.$$

设 $u \in C_0^\infty(\Omega) \subset C^\infty(\overline{\Omega})$.

用 $\overset{\circ}{H}{}^1$ 表示取 $H^1(\Omega)$ 中范数的 $C_0^\infty(\Omega)$ 函数的线性空间的闭包. 显然, $\overset{\circ}{H}{}^1(\Omega) \subset H^1(\Omega)$.

在本章 1.1.2 目, 曾经对 $C^1(\overline{\Omega})$ 中并在区域 Ω 边界上为零的函数证明了弗里德里希斯不等式:

$$\|u\|^2_{L_2(\Omega)} \leqslant C \int\limits_\Omega \sum_{j=1}^n \left|\frac{\partial u}{\partial x_j}\right|^2 dx.$$

这个不等式对函数 $u \in \overset{\circ}{H}{}^1(\Omega)$ 仍然成立. 事实上, 依照空间 $\overset{\circ}{H}{}^1(\Omega)$ 的定义存在序列 $\{u_n\}$, $u_n \in C_0^\infty(\Omega)$, 使得按 $H^1(\Omega)$ 的范数有 $u_n \to u$.

在不等式

$$\|u_n\|^2_{L_2(\Omega)} \leqslant C \int\limits_\Omega \sum_{j=1}^n \left|\frac{\partial u}{\partial x_j}\right|^2 dx$$

中取极限, 便得到对 $\overset{\circ}{H}{}^1(\Omega)$ 中函数的弗里德里希斯不等式.

第 2 章　偏微分方程的分类

2.1 归结为偏微分方程的一些物理问题

偏微分方程理论具有两个特点. 第一点是理论与应用、与物理问题的直接联系. 不仅如此, 偏微分方程理论产生于那些归结为考察单个偏微分方程的具体物理问题的研究, 这些方程便得到数学物理方程的称谓.

如所周知, 17 世纪微积分创立后, 常微分方程理论立刻就发展起来. 即应用常微分方程于几何与力学问题的全新的计算. 结果是在天体力学中不仅能得到并解释早先已经知晓的那些事实, 而且得到了新的发现 (例如, 海王星的发现就是在对微分方程的分析的基础上作出的). 开始研究偏微分方程要晚得多. 对在物理学中碰到的偏微分方程的研究在 18 世纪中叶导致了分析学的一个新的分支 —— 数学物理方程的建立. J. 达朗贝尔 (1717—1783)、L. 欧拉 (1707—1783)、D. 伯努利 (1700—1782)、J. 拉格朗日 (1736—1813)、P. 拉普拉斯 (1749—1827)、S. 泊松 (1781—1840)、J. 傅里叶 (1768—1830) 等人的工作为这一学科分支奠定了基础. 他们在考察具体的数学物理问题中, 所提出的思想与方法, 竟适用于众多类型的微分方程, 成为 19 世纪末偏微分方程一般理论发展的基础.

偏微分方程理论的另一个特点是它与其他数学分支如泛函分析、函数论、拓扑学、代数、复分析的紧密联系. 偏微分方程理论广泛应用数学这些领域中的基本概念、基础思想和基本方法, 并且它本身也给这些学科分支的研究问题的范围与方向以影响. 弦振动的研究就是这种相互影响的经典范例. 弦振动方程是达朗贝尔于 1747 年建立的. 他还得出表达这个方程的通解的公式. 欧拉得出弦振动方程柯西问题解的公式: 这个公式今天称为达朗贝尔公式. D. 伯努利断言, 弦振动方程的任何解均可表为三角级数. 欧拉同达朗贝尔、D. 伯努利关于弦振动方程解的性质的争论, 对数学物理、分析学, 特别是三角级数理论的发展具有重要意义. J. 傅里叶在 1822 年进一步研究了用三角级数表示函数的问题, 这是与热传导问题有关的, 随后在 L. 狄利克雷 (1805—1859) 的工作中最先指出了把函数展开成三角级数的充分条件. 最先出现在数学物理问题中的把函数表示成三角级数的问题在很大程度上促成了现代的集论与函数论的建立.

当研究在解决物理问题的过程中出现的具体的微分方程时, 往往会产生一些极具普遍性、起初并没有严格的数学根据而应用于范围广泛的物理问题的方法. 例如, 傅里叶方法、里茨 (Ritz) 方法、伽辽金 (Галёркин) 方法、摄动理论方法等等就是这一类方法.

这些方法应用的有效性成为试图对它们进行严格论证的原因之一. 这就导致新的数学理论、新的研究方向的建立 (傅里叶积分理论、本征函数展开理论等等).

与物理现象有关的数学问题的提出, 导致现象的数学理想化, 或者换句话说, 导致建立描述所研究的一类物理现象的基本规律的数学模型. 对于一系列物理现象的模型的建立在于归结为以基本物理规律为基础的方程, 这些模型仅仅考虑到现象的本质特点而忽略一系列次要的特点. 例如, 动量守恒、能量守恒、质量守恒等等就是这样的规律. 用所说的方法可以得到在电动力学、声学、弹性理论、流体动力学以及其他连续介质力学的分支所研究的物理现象的方程. 用数学方法研究数学模型不仅可以得到物理现象的定量特征, 以给定的精确度计算实际过程, 还有可能洞察物理现象的本质, 有时还可以预言新的效果.

作为例子, 我们来考虑热传导问题, 这个问题最先在傅里叶于 19 世纪初发表的文章中得到研究.

设物体 Ω 在点 $x=(x_1,x_2,x_3)$, 在时刻 t 的温度由函数 $u(x,t)$ 确定[①]. 假定函数 $u(x,t)$ 属于 $C^{2,1}(\Omega\times[0,\tau])$ 类.

为了得出描述热的传播过程的方程, 我们应用牛顿定律, 这个定律是在实验的基础上建立的. 我们把牛顿定律叙述为如下形式.

设 S 是位于物体 Ω 内部的光滑曲面, 而 ν 是 S 的单位法向量. 根据**牛顿定律**, 在从 t_1 到 t_2 时间间隔内、在法线方向 ν 通过曲面 S 的热量 Q 由下式确定:

$$Q=-\int_{t_1}^{t_2}\left\{\int_S k(x)\frac{\partial u(x,t)}{\partial\nu}dS\right\}dt. \tag{2.1}$$

这里 $\dfrac{\partial u}{\partial\nu}$ 表示函数 $u(x,t)$ 沿方向 ν 的导数, 函数 $k(x)$ 是正的, 称为物体内部在 x 点的导热系数.

考虑物体 Ω 对热传导是各向同性的. 这意味着函数 $k(x)$ 不依赖于曲面 S 在 x 点的法线方向. 此外假定 $k(x)\in C^1(\Omega)$.

---

①在后文中, 作者实际上是在一般 n 维空间的区域 Ω 中进行论证, 请读者留意. —— 译者注

物体内部可能产生或消耗热量 (例如, 由于化学反应等等, 当热流通过时). 在点 x 及在时刻 t 放出的热量用热源密度 $f(x,t)$ 表示. 由于这些热源在从 t_1 到 t_2 的时间间隔内在物体中的区域 $\Omega_1 \subset \Omega$ 部分作用的结果, 放出的热量为

$$Q_1 = \int_{t_1}^{t_2}\int_{\Omega_1} f(x,t)dxdt.$$

假设 $f \in C^0(\Omega \times [0,\tau])$. 为了导出在物体 Ω 内部满足温度分布 $u(x,t)$ 的方程, 分出以光滑曲面 $\partial\Omega_1$ 围成的子区域 $\Omega_1 \subset \Omega$, 并考虑 Ω_1 内在从 t_1 到 t_2 的时间间隔内热量的变化. 根据牛顿定律 (2.1), 在从 t_1 到 t_2 的时间间隔内通过曲面 $\partial\Omega_1$ 进入的热量等于

$$\int_{t_1}^{t_2}\left[\int_{\partial\Omega_1} k(x)\frac{\partial u}{\partial \nu}dS\right]dt,$$

其中 $\dfrac{\partial u}{\partial \nu}$ 表示 $\partial\Omega_1$ 的外法向导数.

另一方面, 在 Ω_1 内部从 t_1 到 t_2 的时间间隔内热量的改变可以通过温度的改变来确定. 这个热量等于

$$\int_{\Omega_1} c(x)\rho(x)[u(x,t_2)-u(x,t_1)]dx, \quad \rho \in C^0(\Omega), c(x) \in C^0(\Omega),$$

其中 $\rho(x)$ 是物体的密度, $c(x)$ 是物体在点 x 的比热容. 因此应当成立相应的热平衡的等式:

$$\begin{aligned}&\int_{\Omega_1} c(x)\rho(x)[u(x,t_2)-u(x,t_1)]dx\\&=\int_{t_1}^{t_2}\left[\int_{\partial\Omega_1} k(x)\frac{\partial u(x,t)}{\partial \nu}dS\right]dt+\int_{t_1}^{t_2}\int_{\Omega_1} f(x,t)dxdt.\end{aligned} \tag{2.2}$$

依照高斯 – 奥斯特洛格拉茨基公式有

$$\int_{t_1}^{t_2}\left(\int_{\partial\Omega_1} k(x)\frac{\partial u(x,t)}{\partial \nu}dS\right)dt=\int_{t_1}^{t_2}\int_{\Omega_1}\sum_{j=1}^{n}\frac{\partial}{\partial x_j}\left(k(x)\frac{\partial u}{\partial x_j}\right)dxdt.$$

所以等式 (2.2) 可以记为

$$\begin{aligned}&\int_{t_1}^{t_2}\int_{\Omega_1} c(x)\rho(x)\frac{\partial u}{\partial t}dxdt\\&=\int_{t_1}^{t_2}\int_{\Omega_1}\sum_{j=1}^{n}\frac{\partial}{\partial x_j}\left(k(x)\frac{\partial u}{\partial x_j}\right)dxdt+\int_{t_1}^{t_2}\int_{\Omega_1} f(x,t)dxdt.\end{aligned} \tag{2.3}$$

因为 Ω_1 是 Ω 中任意的子区域, 时间间隔 $[t_1, t_2]$ 也是任意的, 位于积分号下的是连续函数, 那么从等式 (2.3) 推出, 在任何时刻 t 对任意点 $x \in \Omega$ 成立等式

$$c(x)\rho(x)\frac{\partial u}{\partial t} = \sum_{j=1}^{n} \frac{\partial}{\partial x_j}\left(k(x)\frac{\partial u}{\partial x_j}\right) + f(x,t). \tag{2.4}$$

方程 (2.4) 当 $f \equiv 0$ 及 $c(x), \rho(x)$ 与 $k(x)$ 为常数时称为**热传导方程**. J. 傅里叶于 1822 年在其著名的论文《热的解析理论》中首次得到这个方程. 这个方程给出了在均匀物体中温度的传播. 在傅里叶的文章之后, 热传导方程在 19 世纪成为众多学者的研究对象 (特别是, 泊松在 1835 年发表的《热的数学理论》就属于此者). 这个方程的研究延续到我们这个时代.

自然, 在物体的边界上热的状态影响到物体内部温度的分布. 原来是, 给定物体 Ω 所有的点在初始时刻 $t = 0$ 的温度并给定物体边界 $\partial\Omega$ 上在任意时刻 $t \geqslant 0$ 的温度就单值确定了物体当 $t > 0$ 时的温度.

依据给定的初始条件

$$u|_{t=0} = u_0(x) \tag{2.5}$$

及给定的形如

$$u|_{\partial\Omega\times[0,\tau]} = \psi \tag{2.6}$$

的边界条件所确定方程 (2.4) 的解称为方程 (2.4) 的**第一边值问题**. 如果已知在任意从 t_1 到 t_2 的时间间隔通过物体边界任意小块的热量, 那么根据牛顿定律 (2.1) 在物体边界的每一点都可唯一确定任意时刻 t 对边界的法向导数 $\dfrac{\partial u}{\partial \nu}$.

依据给定的初始温度分布

$$u|_{t=0} = u_0(x) \tag{2.7}$$

及给定的形如

$$\left.\frac{\partial u}{\partial \nu}\right|_{\partial\Omega\times[0,\tau]} = \psi \tag{2.8}$$

的边界条件所确定方程 (2.4) 的解 $u(x,t)$ 称为方程 (2.4) 的**第二边值问题**. 方程 (2.4) 是基本的数学物理方程之一.

通过热量传播问题的例子, 我们看出物理现象的数学刻画归结为满足某些补充条件的偏微分方程解的确定. 在第 4 章将要说明, 无论是第一边值问题 (2.4), (2.5), (2.6), 还是第二边值问题 (2.4), (2.7), (2.8) 的解都是唯一的. 这意味着以问题的物理条件使得补充条件 (2.5), (2.6), 同样补充条件 (2.7), (2.8) 可以从方程 (2.4) 解的整个无穷集合中唯一地区分出解来.

如果物体的温度是稳定的, 即不依赖于时间, 物体内部的热源密度同样不依赖于时间, 那么给出确定的或者说稳定的温度分布的函数 $u(x)$ 满足方程

$$\sum_{j=1}^{n} \frac{\partial}{\partial x_j}\left(k(x)\frac{\partial u}{\partial x_j}\right) = f(x). \tag{2.9}$$

如果物体是均匀的且 $f(x) \equiv 0$, 那么方程 (2.9) 的形状为

$$\Delta u \equiv \sum_{j=1}^{n} \frac{\partial^2 u}{\partial x_j^2} = 0. \tag{2.10}$$

方程 (2.10) 称为**拉普拉斯方程**.

这个方程在欧拉和拉格朗日的文章中出现, 但最先在拉普拉斯有关天体力学和重力测量学的诸文章中得到系统的研究 (1782, 1787). 弹性理论、天体力学、静电学、流体动力学中许多物理问题都可归结为拉普拉斯方程, 有时不同的物理现象可借助于相同的数学模型来刻画, 这个方程正是一个有特点的例子.

形如

$$\sum_{j=1}^{n} \frac{\partial^2 u}{\partial x_j^2} = f(x) \tag{2.11}$$

的方程称为**泊松方程**. S. 泊松是法国著名的力学家、数学家与天文学家, 在 1813 年, 在论文《关于引力理论方程的注记》中他最先给出了这个方程的论断. 当在物体 Ω 内部存在密度为 $f(x)$ 的热源时, 这个方程刻画了温度的稳定分布.

给定物体边界温度确定物体内部温度的稳定分布是最简单的问题. 这个问题称为**狄利克雷问题**, 是以数学家 L. 狄利克雷 (1805—1859) 的姓氏命名的, 他最先证明了这个问题解的唯一性.

液体或气体的质量守恒定律可以表为所谓的**连续性方程**的形式.

设 $\rho(x,t)$ 是液体的密度, $x=(x_1,x_2,x_3)$, $v(x,t)$ 是液体在点 x, 在时刻 t 运动的速度向量.

可以证明 (例如参看 [11]),

$$\frac{\partial \rho}{\partial t} + \operatorname{div}(\rho v) = 0. \tag{2.12}$$

方程 (2.12) 称为**连续性方程**. 考虑不可压缩流体的情形. 这意味着 ρ 为常数. 如果液体的运动是有势的, 即存在函数 $v(x,t)$ 使得

$$v = \operatorname{grad} u,$$

那么, 在 (2.12) 中代入 $v = \operatorname{grad} v$, 并考虑到 $\dfrac{\partial \rho}{\partial t} = 0$, 得到

$$\sum_{j=1}^{3} \frac{\partial^2 u}{\partial x_j^2} = 0.$$

于是, 函数 u 称为液体运动速度势, 它在区域 Ω 中满足拉普拉斯方程.

现在考虑 Ω 中稳定电荷的电场 E. 由过程的稳定性推出 $\operatorname{rot} E = 0$, 且因此, 电场是势场:

$$E = -\operatorname{grad} u. \tag{2.13}$$

设 $\rho(x)$ 是介质中电荷的体密度, 介质的介电常数等于 1. 由静电学的基本定律推出

$$\int_{\partial\Omega_1}(E\cdot\nu)dS=4\pi\int_{\Omega_1}\rho dx, \tag{2.14}$$

其中 Ω_1 是区域 Ω 的任意一个子区域, $\partial\Omega_1$ 是 Ω_1 的边界, ν 是 $\partial\Omega_1$ 的单位外法向量, $(E\cdot\nu)$ 是向量 E 与 ν 的数量积. 应用高斯 – 奥斯特洛格拉茨基公式, 由 (2.14) 式得到

$$\int_{\Omega_1}\operatorname{div}Edx=4\pi\int_{\Omega_1}\rho dx. \tag{2.15}$$

由此推出

$$\operatorname{div}E=4\pi\rho. \tag{2.16}$$

在等式 (2.16) 中代入对于 E 的表达式 (2.13) 得到

$$\sum_{j=1}^{3}\frac{\partial^2 u}{\partial x_j^2}=-4\pi\rho.$$

这表明静电势 $u(x)$ 在 Ω 内满足泊松方程. 如果在 Ω 中不存在体电荷, 即在 Ω 中 $\rho\equiv 0$, 那么静电势 $u(x)$ 满足拉普拉斯方程.

引入不具有类似论证的另外一些重要的数学物理方程. 这些方程的推证及其与物理问题的联系可在教科书 [10] ~ [13] 中找到.

许多振动过程可以用方程

$$a^2\sum_{j=1}^{n}\frac{\partial^2 u}{\partial x_j^2}=\frac{\partial^2 u}{\partial t^2},\quad a\text{ 为常数},\quad a>0 \tag{2.17}$$

来描述, 它称为**波动方程**. 在 $n=1$ 的情况, 这个方程描述的是弦的振动. 正如我们在前面提到的, 它是最早得到详细研究的偏微分方程之一. 18 世纪的许多著名数学家都研究过这个方程. 对长度远远超过其他尺寸, 并在其上作用有张力的固体, 我们将其称为弦. 假设弦不抵抗弯曲, 即对任取的一段长度不发生改变的弦的形变不产生抵抗, 但抵抗伸长, 同时产生弦的某一段长度改变的外力的功与这个改变成比例, 比例系数为 T.

设振动的弦在 (x_1,u) 平面上的位置由函数 $u(x_1,t)$ 给定. 用 $\rho(x_1)$ 表示弦在点 x_1 的密度. 如果假定振动是微小的, 那么函数 $u(x_1,t)$ 满足方程

$$\rho\frac{\partial^2 u}{\partial t^2}=T\frac{\partial^2 u}{\partial x_1^2}. \tag{2.18}$$

如果在平衡位置弦与 x_1 轴上的闭区间 $[0,l]$ 重合且在端点处是固定的, 那么确定弦在任意时刻 t 的形状归结为求解满足边界条件

$$u(0,t)=0,\quad u(l,t)=0$$

及对应于弦的初始形状及初始冲量的初始条件

$$u|_{t=0} = u_0(x_1), \quad \left.\frac{\partial u}{\partial t}\right|_{t=0} = u_1(x_1)$$

的方程 (2.18) 的解.

如果在弦上有外力作用, 这个外力的密度在点 x_1 处, 在时刻 t 等于 $f(x_1, t)$, 其方向垂直于 x_1 轴, 那么代替方程 (2.18), 对于函数 $u(x_1, t)$ 有方程

$$\rho \frac{\partial^2 u}{\partial t^2} = T \frac{\partial^2 u}{\partial x_1^2} + f(x_1, t). \tag{2.19}$$

对拉紧的有弹性的薄膜, 与振动的弦一样可得形如

$$\rho \frac{\partial^2 u}{\partial t^2} = T \sum_{j=1}^{2} \frac{\partial^2 u}{\partial x_j^2} + f(x_1, x_2, t) \tag{2.20}$$

的方程, 其中 $\rho(x_1, x_2)$ 是薄膜的密度, T 是张力系数, $f(x_1, x_2)$ 是作用在薄膜上的外力的密度. 同时假定薄膜的振动是微小的横振动, 即随着时间 t 的改变, 薄膜上点的坐标 $x = (x_1, x_2)$ 是固定不变的, 改变的仅仅是确定薄膜离开平面 (x_1, x_2) 的偏差数, 即函数 $u(x_1, x_2)$.

如果薄膜位于平衡位置, 那么如从方程 (2.20) 推出的, 它的形状 $u(x)$ 被确定为泊松方程

$$T \sum_{j=1}^{2} \frac{\partial^2 u}{\partial x_j^2} = -f(x, t) \tag{2.21}$$

的解.

如果薄膜的边缘被固定, 那么这意味着, 给定在区域 Ω 上的函数 $u(x)$ 满足边界条件

$$u|_{\partial\Omega} = 0. \tag{2.22}$$

于是, 当研究膜的平衡时, 我们又得到泊松方程的狄利克雷问题.

方程 (2.17) 在 $n = 3$ 的情形, 刻画了声音振动的传播. 从一般的气体运动方程组出发, 并且假设当声音振动传播时, 气体的压力与密度与常态的差是微小的, 对于气体在点 x 处, 在时刻 t 的密度 $u(x, t)$ 便得到形如 (2.17) 的方程.

这里所考察的方程的解的物理解释有助于更好地理解与推测解的性质. 有时, 对于偏微分方程, 问题的物理意义同样可以自然而然地确定它的解.

2.2 柯西问题. 特征. 方程的分类

在本书中我们将研究 m 阶线性偏微分方程及一阶线性偏微分方程组. 最主要的篇幅致力于研究二阶方程. 这是因为许多重要的物理问题都归结为二阶方程 (参

看 2.1 节). 二阶方程的理论不仅在力学和物理问题中有大量的应用, 而且在几何与分析学的一系列分支中同样也有大量的应用. 此外, 对二阶偏微分方程研究的也最详尽. 二阶偏微分方程的研究是建构偏微分方程一般理论的出发点.

形如

$$\sum_{|\alpha|\leqslant m} a_\alpha(x)\mathcal{D}_x^\alpha u = f(x) \tag{2.23}$$

的偏微分方程称为 m **阶线性方程**, 其中根据在 1.2 节引入的记号, $\mathcal{D}_{x_j} = \dfrac{\partial}{\partial x_j}$, $\alpha = (\alpha_1, \cdots, \alpha_n)$ 是**重指标**, $|\alpha| = \alpha_1 + \cdots + \alpha_n$, $\alpha_j \geqslant 0$ 为整数, $j = 1, \cdots, n$; $\mathcal{D}_x^\alpha = \mathcal{D}_{x_1}^{\alpha_1} \cdots \mathcal{D}_{x_n}^{\alpha_n}$, $a_\alpha(x)$ 是点 $x \in \mathbb{R}_x^n$ 的已知函数, 称为方程的系数, 已知函数 $f(x)$ 称为方程的自由项; (2.23) 式中的求和是对所有使得 $|\alpha| \leqslant m$ 成立的重指标 α 进行的. 于是方程 (2.23) 左边是所有可能的、阶数不超过 m 的未知函数 u 的导数的线性组合.

凡未作特别约定的地方, 当 x 属于某个区域 $\Omega \subset \mathbb{R}_x^n$ 时, 我们将把函数 $a_\alpha(x), f(x)$ 与 $u(x)$ 看作是仅仅取实值的函数.

每一个形如 (2.23) 的方程都对应着一个实变量 $\xi = (\xi_1, \cdots, \xi_n)$ 的形如

$$\sum_{|\alpha|=m} a_\alpha(x)\xi^\alpha \tag{2.24}$$

的多项式, 其中, 和通常一样, $\xi^\alpha = \xi_1^{\alpha_1} \cdots \xi_n^{\alpha_n}$. 多项式 (2.24) 称为方程 (2.23) 的**特征形式或象征的主部**. 如果非零向量 $\xi = (\xi_1, \cdots, \xi_n)$ 在已知点 x 满足方程

$$\sum_{|\alpha|=m} a_\alpha(x)\xi^\alpha = 0,$$

那么就说向量 ξ 在点 x 具有**特征方向**.

一张超曲面 S, 若在其每一点 $x \in S$ 的法线都是特征方向, 那么这个超曲面就称为方程 (2.23) 的**特征**.

我们把在每一点 $x \in \Omega$ 满足方程 (2.23) 的函数 $u(x) \in C^m(\Omega)$ 理解为方程 (2.23) 在区域 $\Omega \subset \mathbb{R}_x^n$ 中的解. 这样的解有时我们也将其称为**古典解**, 以区别于下面将要定义的广义解 (也可参看 1.2 节).

二阶方程记为如下传统的记法更便于研究:

$$\sum_{k,j=1}^n a_{kj}(x)u_{x_k x_j} + \sum_{k=1}^n b_k(x)u_{x_k} + c(x) = f(x). \tag{2.25}$$

现在考虑方程 (2.23) 的**柯西问题**.

由常微分方程的理论知道, 对形如

$$\sum_{k=0}^m a_k(t)\frac{d^k u}{dt^k} = f(t) \tag{2.26}$$

的 m 阶线性微分方程, 在闭区间 $[t_1,t_2]$ 上有满足初始条件

$$u|_{t=t_0}=u_0,\ \left.\frac{d^ju}{dt^j}\right|_{t=t_0}=u_j\quad (j=1,2,\cdots,m-1) \tag{2.27}$$

的唯一解 $u(t)$, 其中 $u_j,\ j=0,1,\cdots,m-1$, 在 $t\in[t_1,t_2]$ 上为常数, $a_m(t)\neq 0$, 函数 $a_k(t),f(t)$ 在闭区间 $[t_1,t_2]$ 上连续.

下面具有初始条件的问题同样也称为柯西问题, 乃是偏微分方程 (2.23) 情况下对柯西问题 (2.26), (2.27) 的自然推广.

从自变量 $(x_1,\cdots,x_n)$ 中分出一个变量比如说是 x_n, 并令 $x_n=t$. 通常在物理问题中 t 起着时间的作用, 而 $x_1,\cdots,x_{n-1}$ 是空间坐标. 设在平面 $t=t_0$ 上在点 $x_0'=(x_1^0,\cdots,x_{n-1}^0)$ 的邻域中给定初始条件

$$\begin{aligned}&u|_{t=t_0}=\varphi_0(x'),\qquad \mathcal{D}_t^ju|_{t=0}=\varphi_j(x'),\\&j=1,\cdots,m-1,\quad x'=(x_1,\cdots,x_{n-1}).\end{aligned} \tag{2.28}$$

柯西问题就是在点 $x^0=(x_0',t_0)$ 的某个邻域 Ω 内求方程 (2.23) 满足初始条件 (2.28) 的解 $u(x)$. 对偏微分方程没有如同常微分方程那样的柯西问题可解性的一般定理. 甚至在方程 (2.23) 的所有系数, 函数 $f(x,t),\varphi_j(x'),\ j=0,1,\cdots,m-1$ 都无穷次可微, 并假定当 $\alpha=(0,\cdots,0,m),a_\alpha(x)\neq 0$ 时, 柯西问题 (2.23), (2.28) 的解也可能不存在.

令人惊奇的是, 甚至当 $m=2$ 时, 存在形如 (2.23) 的一些方程, 它们的系数 $a_\alpha(x)$ 及函数 $f(x)$ 是无穷次可微的, 但在点 x^0 的任何邻域都没有一个解. 这样的方程称为**局部不可解的**. H. 勒维 (H. Lewy) 在 1957 年首先构造了一个这样的例子: 即一个具有复系数的一阶方程 (具有复系数的一阶方程等价于两个具有实系数的一阶方程组成的方程组, 一阶方程的解的实部与虚部满足这个方程组) (参看 [3]). L. 赫尔曼德尔 (L. Hörmander) 证明了 (参看 [3]), 具有实系数的形如

$$\begin{aligned}&(x_2^2-x_3^2)u_{x_1x_1}+(1+x_1^2)(u_{x_2x_2}-u_{x_3x_3})-x_1x_2u_{x_1x_3}\\&\qquad -(x_1x_2u)_{x_1x_2}+x_1x_3u_{x_1x_3}+(x_1x_3u)_{x_1x_3}=f(x)\end{aligned} \tag{2.29}$$

的二阶方程当某一函数 $f(x)\in C^\infty(\mathbb{R}_x^n)$ 时, 对任何区域 $\Omega\subset\mathbb{R}_x^n$, 一个解都不存在. 现今已知偏微分方程局部不可解的宽泛的充分条件. 对有关方程的不可解性已进行了有趣和深入的研究 (例如, 参看 [3]). 正如我们已提到过的, 偏微分方程理论是在数学物理方程的基础上产生的. 对于具体的偏微分方程, 比如拉普拉斯方程、热传导方程、波动方程, 在 18 与 19 世纪已建立了丰富的理论, 有了研究这些方程的强有力的方法. 这些结果是建立偏微分方程一般理论的基础, 可以按照三个基本的数学物理方程: 拉普拉斯方程、热传导方程、波动方程的性质, 对偏微分方程和偏微分方程组的重要类型进行分类和研究. 柯瓦列夫斯卡娅定理就属于偏微分方程一般理论

的最先结果之列. 柯瓦列夫斯卡娅定理, 或者如通常所说的, 柯西 – 柯瓦列夫斯卡娅定理在偏微分方程理论中占有重要的位置. 定理回答了在怎样的假设下, 柯西问题 (2.23), (2.28) 有解. 这个定理连同另外两项工作, 由 C. B . 柯瓦列夫斯卡娅 (C. B. Ковалевская) (1850—1891) 于 1874 年在哥廷根大学作为博士论文提交, 并于 1875 年发表. 在 1842 年 O. 柯西 (O. Cauchy) (1789—1857) 系统地研究过的具有初始条件的微分方程的问题, 即现今所谓的柯西问题, 证明了对常微分方程及某些类型的偏微分方程的这个问题的解析解的存在性. 他有四篇文章论述这些问题. 柯瓦列夫斯卡娅不知道柯西的这些论文, 并且在自己的工作中依据了自己老师 K. 魏尔斯特拉斯 (K. Weierstrass) (1815—1897) 的讲义, 讲义中研究了常微分方程具有初始条件的问题. 柯瓦列夫斯卡娅使偏微分方程组在解析函数类中的柯西问题的可解性的研究得以完善. A. 庞加莱 (1854—1912) 写道:“柯瓦列夫斯卡娅极大地简化了证明并使定理具有最终的形式”.

n 个复变量的函数 $f(z_1,\cdots,z_n)$ 称为**在点** $z^0=(z_1^0,\cdots,z_n^0)$ **的邻域是解析的**, 是指如果当 $|z_j-z_j^0|$, $j=1,\cdots,n$, 充分小时, 这个函数可以表为收敛幂级数

$$f(z)=\sum_{\alpha}c_\alpha(z-z^0)^\alpha$$

的形式, 其中 $(z-z^0)^\alpha\equiv(z_1-z_1^0)^{\alpha_1}\cdots(z_n-z_n^0)^{\alpha_n},\alpha=(\alpha_1,\cdots,\alpha_n)$ 是重指标, c_α 等于常数, 求和是对所有可能的重指标 α 取的.

显然 $c_\alpha=\dfrac{1}{\alpha!}\mathcal{D}^\alpha u\Big|_{z=z^0}$, 其中 $\alpha!=\alpha_1!\cdots\alpha_n!$.

假设方程 (2.23) 中导数 $\mathcal{D}_t^m u$ 的系数异于零, 而对 $\mathcal{D}_t^m u$ 解出方程 (2.23). 得到

$$\mathcal{D}_t^m u=\sum_{|\alpha|\leqslant m,\alpha_1<m}b_\alpha(x)\mathcal{D}_x^\alpha u+f_1(x). \tag{2.30}$$

定理 12 (柯瓦列夫斯卡娅 I) 设函数 $b_\alpha(x),f(x)$ 在点 $x^0=(x_1^0,\cdots,x_n^0)\in\mathbb{R}_x^n$ 的邻域中解析, 函数 $\varphi_j(x'),j=1,\cdots,m-1$, 在点 $x_0'=(x_1^0,\cdots,x_{n-1}^0)$ 的邻域中解析. 那么柯西问题 (2.30), (2.28) 在点 x^0 的某个邻域中有解析解, 并且在解析函数类中解是唯一的.

为了证明柯瓦列夫斯卡娅定理, 我们要借助于对称组理论. C. B. 柯瓦列夫斯卡娅借助于强函数方法证明了自己的定理. 这个证明, 例如在彼得罗夫斯基的教科书 [10] 中引述了. 注意, 在柯瓦列夫斯卡娅定理中, 方程 (2.30) 中的函数 b_α,f_1 及 (2.28) 中的函数 φ_j 可能对 $x\in\mathbb{R}_x^n$ 是复值的.

柯瓦列夫斯卡娅定理的证明将在 5.5 节中给出.

在这里我们证明, 如果柯西问题 (2.30), (2.28) 的解析解 $u(x)$ 存在, 那么这个解展开为幂级数的系数可以以唯一的方式确定. 设 $x'=(x_1,\cdots,x_{n-1}),\alpha'=$

$(\alpha_1, \cdots, \alpha_{n-1}), x_0' = (x_1^0, \cdots, x_{n-1}^0)$,

$$u(x) = u(x', t) = \sum_{\alpha', \alpha_n} C_{\alpha', \alpha_n} (x - x_0')^{\alpha'} (t - t_0)^{\alpha_n},$$

其中 $C_{\alpha', \alpha_n} = \dfrac{1}{\alpha'! \alpha_n!} \mathcal{D}_{x'}^{\alpha'} \mathcal{D}_t^{\alpha_n} u(x_0', t_0)$. 我们来证明, 问题 (2.30),(2.28) 的解 $u(x, t)$ 在点 (x_0', t_0) 的所有导数都被初始条件 (2.28) 及方程 (2.30) 唯一地确定. 关于 x' 微分等式 (2.28), 对任意 α', 得到

$$\mathcal{D}_{x'}^{\alpha'} \mathcal{D}_t^j u(x_0', t_0) = \mathcal{D}_{x'}^{\alpha'} \varphi_j(x_0'), \quad j = 0, 1, \cdots, m-1. \tag{2.31}$$

关于变量 x' 微分方程 (2.30), 设 $x^0 = (x_0', t_0)$, 对任意重指标 $\beta' = (\beta_1', \cdots, \beta_{n-1}')$ 得到

$$\mathcal{D}_{x'}^{\beta'} \mathcal{D}_t^m u(x_0', t_0) = \left(\sum_{|\alpha| = m, \alpha_n < m} \mathcal{D}_{x'}^{\beta'} [b_\alpha(x) \mathcal{D}_{x'}^{\alpha'} \mathcal{D}_t^{\alpha_n} u] \right) \Bigg|_{x = x^0} + \mathcal{D}_{x'}^{\beta'} f_1(x^0). \tag{2.32}$$

在这个等式的右端含有由等式 (2.31) 在点 $x^0 = (x_0', t_0)$ 确定的函数 $u(x, t)$ 的导数. 因此, 关系式 (2.32) 对任意重指标 β', 在点 (x_0', t_0) 可确定形如 $\mathcal{D}_{x'}^{\beta'} \mathcal{D}_t^m u$ 的导数. 其后的证明可采用归纳法. 设对某个 $k \geqslant m$, 对任意重指标 β', 在点 x^0 确定了所有形如

$$\mathcal{D}_{x'}^{\beta'} \mathcal{D}_t^k u \tag{2.33}$$

的导数. 我们来证明, 在点 x^0 可唯一确定所有形如

$$\mathcal{D}_{x'}^{\beta'} \mathcal{D}_t^{k+1} u \tag{2.34}$$

的导数.

为此, 在方程 (2.30) 的左端和右端应用算子 $\mathcal{D}_{x'}^{\beta'} \mathcal{D}_t^{k+1-m}$. 在所得等式的右端仅含有形如 (2.33) 的导数, 由归纳假设它们在点 x^0 是可确定的. 因此, 在等式左端含有的形如 (2.34) 的导数在点 x^0 被唯一地确定. 于是, 我们就证明了柯西问题 (2.30), (2.28) 可能有不多于一个的解析解.

现在考虑 m 阶的一般线性方程 (2.23), 而不特别分出一个记为 t 的变量. 对这个方程可以提在超曲面上具有初始条件的柯西问题. 这个问题是柯西问题 (2.30), (2.28) 的推广. 设方程 $F(x) = 0$ 给定在 $(n-1)$ 维超曲面 S 上的点 x^0 的邻域, 并设 $\operatorname{grad} F(x^0) \neq 0$. 设 $\varphi(x)$ 是 $C^m(\Omega_1)$ 类函数, 其中 Ω_1 是点 x^0 的某个邻域. 柯西问题是在点 x^0 的在 Ω 某个邻域中求出方程 (2.23) 的解, 使得

$$\mathcal{D}_x^\alpha (u - \varphi) = 0 \quad \text{在} \quad S \cap \Omega \quad \text{上, 对} \quad |\alpha| \leqslant m - 1. \tag{2.35}$$

对解 $u(x)$ 所加补充条件 (2.35) 称为**初始条件**. 假定 $F \in C^m(\Omega)$. 我们试着把在超曲面 S 上具有初始条件的柯西问题 (2.23), (2.35) 化归柯西问题 (2.30), (2.28). 为此作如下形式的自变量代换:

$$y_j = x_j, \quad j = 1, \cdots, n-1, \quad y_n = F(x), \tag{2.36}$$

为了确定起见, 假定在 x^0 的邻域中 $\dfrac{\partial F}{\partial x_n} \neq 0$. 在新的自变量之下, 方程 (2.23) 具有形状

$$\sum_{|\alpha| \leqslant m} b_\alpha(y) \mathcal{D}_y^\alpha u = f. \tag{2.37}$$

初始条件 (2.35) 可以记为

$$\mathcal{D}_y^\alpha (u - \varphi)|_{y_n = 0} = 0, \quad |\alpha| \leqslant m - 1.$$

这个条件等价于条件

$$\mathcal{D}_{y_n}^j u\big|_{y_n=0} = \psi_j, \quad j = 1, \cdots, m-1, \tag{2.38}$$

其中 ψ_j 是变量 $y_1, \cdots, y_{n-1}$ 的已知函数. 如果 $F(x)$ 在 x^0 的邻域中是解析函数, 方程 (2.23) 的系数 $a_\alpha(x)$, 函数 $f(x)$ 与 $\varphi(x)$ 同样在点 x^0 的某个邻域中解析, 那么用这样的方法我们便得到柯西问题 (2.37), (2.38), 对其可应用柯瓦列夫斯卡娅定理, 如果系数 $b_\alpha(y)$ 当 $\alpha = (0, \cdots, 0, m)$ 时在点 x^0 异于零, 表明方程 (2.37) 对于导数 $\mathcal{D}_{y_n}^m u$ 可以解出. 容易看出, 对 $\alpha = (0, \cdots, 0, m)$

$$b_\alpha(y) = \sum_{|\beta| = m} a_\beta(x) (\operatorname{grad} F)^\beta,$$

其中, 如通常那样

$$(\operatorname{grad} F)^\beta = \left(\frac{\partial F}{\partial x_1}\right)^{\beta_1} \cdots \left(\frac{\partial F}{\partial x_n}\right)^{\beta_n}.$$

在点 x^0 条件 $b_\alpha(y) \neq 0$ 意味着, 曲面 S 在点 x^0 的法线没有特征方向. 于是, 在这种情况下按照柯瓦列夫斯卡娅定理在点 x^0 的某个邻域中存在着柯西问题 (2.37), (2.38) 的唯一的解析解, 这也就意味着对柯西问题 (2.23), (2.35) 有同样的结论. 如果在方程 (2.37) 中, 当 $\alpha = (0, \cdots, 0, m)$, 系数 $b_\alpha(y)$ 在 S 上恒等于零, 那么方程 (2.37) 在 S 上的点处给出列在初始条件 (2.38) 中诸函数 ψ_j 之间的某种关系.

这样一来, 如果 S 是方程 (2.23) 的特征曲面, 如果上述关系在 S 上不成立, 那么柯西问题 (2.23), (2.35), 甚至是具有解析的数据时, 也无解. 如果解存在, 那么它也可能不是唯一的.

线性方程 (2.23) 的分类作法依据特征形式 (2.24) 的性质. 即分出两类重要的 m 阶方程: 椭圆型方程和双曲型方程.

如果对所有异于 $\xi=0$ 的 $\xi\in\mathbb{R}^n_\xi$,

$$\sum_{|\alpha|=m} a_\alpha(x)\xi^\alpha\neq 0, \tag{2.39}$$

方程 (2.23) 称为在点 $x\in\mathbb{R}^n_x$ 是**椭圆方程**或**椭圆型方程**. 如果条件 (2.39) 对所有 $x\in\Omega$ 成立, 那么方程 (2.23) 称为**区域 Ω 中的椭圆方程**.

于是, 椭圆方程 (2.23) 没有特征方向.

如果方程

$$\sum_{|\alpha|=m} a_\alpha(x)\xi^\alpha=0 \tag{2.40}$$

当 $|\xi'|\neq 0$, 对 ξ_n 有 m 个相异的实根, 这里 $\xi'=(\xi_1,\cdots,\xi_{n-1})$, 那么方程 (2.23) 称为**在点 x 在 x_n 轴方向为双曲的**, 或者称为**在 x_n 轴方向的双曲型方程**. 方程 (2.40) 称为**特征方程**. 如果方程 (2.23) 在任意点 $x\in\Omega$ 在 x_n 轴方向都是双曲的, 那么这个方程称为**在 Ω 中在 x_n 轴方向是双曲的**.

如果特征方程 (2.40) 在点 x, 当 $|\xi'|\neq 0$ 对 ξ_n 的所有的根都是实根, 但其数目少于 m, 那么方程 (2.23) 称为**在点 x 在 x_n 轴方向为弱双曲的**.

拉普拉斯方程

$$\sum_{j=1}^n \frac{\partial^2 u}{\partial x_j^2}=0$$

是椭圆型方程最简单的例子, 因为当 $|\xi|\neq 0$ 时 $\sum\limits_{j=1}^n \xi_j^2\neq 0$. 波动方程

$$\frac{\partial^2 u}{\partial t^2}=a^2\sum_{j=1}^{n-1}\frac{\partial^2 u}{\partial x_j^2},\quad a>0\quad 为常数,$$

是在 t 轴方向为双曲型方程的最简单的例子, 因为相应的特征方程

$$\xi_n^2=a^2\sum_{j=1}^{n-1}\xi_j^2$$

有根 $\xi_n=\pm a|\xi'|$.

И. Г. 彼得罗夫斯基还举出了重要的一类 m 阶方程, 称为**彼得罗夫斯基抛物型方程**. 在定义这一类方程时不仅考虑到方程中 u 的 m 阶导数的项, 还考虑到某些低阶导数的项. 在方程 (2.23) 中特别分出变量 $x_n=t$. 表示成 $x'=(x_1,\cdots,x_{n-1})$, $\alpha=(\alpha',\alpha_n)$, $\alpha'=(\alpha_1,\cdots,\alpha_{n-1})$. 方程 (2.23) 记为如下形式:

$$\sum_{|\alpha|\leqslant m} a_\alpha(x)\mathcal{D}_{x'}^{\alpha'}\mathcal{D}_t^{\alpha_n}u=f(x). \tag{2.41}$$

设 p 是正整数. 形如

$$\sum_{|\alpha'|+p\alpha_n=m} a_\alpha(x)(\xi')^{\alpha'}\xi_n^{\alpha_n} \tag{2.42}$$

的多项式称为方程 (2.41) 在点 x **具有权 p 的广义特征形式**.

如果对某一 p, 对任意实的 $\xi'=(\xi_1,\cdots,\xi_{n-1})$, 且 $|\xi'|=1$, 形如

$$\sum_{|\alpha'|+p\alpha_n=m} a_\alpha(x)(i\xi')^{\alpha'}\xi_n^{\alpha_n}=0 \tag{2.43}$$

的关于 ξ_n 的方程所有根的实部满足不等式

$$\operatorname{Re}\xi_n\leqslant-\delta,$$

其中 $\delta>0$ 为常数, 就称方程 (2.41) 在点 $x=(x_1,\cdots,x_{n-1},t)$ 是**彼得罗夫斯基抛物型的**. 如果方程 (2.41) 在区域 Ω 中任意一点 x 都是彼得罗夫斯基抛物型的, 就称这个方程**在区域 Ω 中为彼得罗夫斯基抛物型的**.

热传导方程

$$\frac{\partial u}{\partial t}-\sum_{j=1}^{n-1}\frac{\partial^2 u}{\partial x_j^2}=0$$

是彼得罗夫斯基抛物型方程类的最简单的例子 (它通常也称为抛物型方程).

实际上, 权 $p=2$ 的广义特征形式具有如下形状:

$$\xi_n-\sum_{j=1}^{n-1}\xi_j^2.$$

方程 (2.43)

$$\xi_n-\sum_{j=1}^{n-1}(i\xi_j)^2=0$$

关于 ξ_n, 当 $|\xi'|=1$ 时有唯一的根 $\xi_n=-\sum\limits_{j=1}^{n-1}\xi_j^2=-1$.

对于二阶偏微分方程可以作更仔细的分类, 这就是把所有的方程分成在非退化的自变量变换下不变的方程类.

首先来说明, 二阶方程可以在固定的点 x^0 用自变量的线性变换化成标准形.

考虑方程 (2.25). 我们将假定, 在方程 (2.25) 中有: $a_{kj}(x)=a_{jk}(x)$. 作变量变换 $x\mapsto y$:

$$\begin{aligned}&y=Ax,\qquad y_s=\sum_{j=1}^{n}A_{sj}x_j,\quad s=1,\cdots,n,\\&A=(A_{js}),\quad A_{js}\ \text{为常数},\qquad \det A\neq 0\end{aligned} \tag{2.44}$$

对变量 y, 方程 (2.25) 取如下形状:

$$\sum_{s,l=1}^{n}(a_{kj}(x)A_{sj}A_{lk})u_{y_sy_l}+L_1(u)=f(x), \tag{2.45}$$

其中 $L_1(u)$ 表示不包含函数 u 的二阶导数的各项.

现在考虑方程 (2.25) 的特征形式

$$\sum_{k,j=1}^{n}a_{kj}(x)\xi_k\xi_j \tag{2.46}$$

且在其中作变量变换 $\xi\mapsto\eta$:

$$\xi=A^*\eta,\quad \xi_j=\sum_{s=1}^{n}A_{sj}\eta_s,\quad j=1,\cdots,n. \tag{2.47}$$

在新的变量下, 形式 (2.46) 改写成如下形状:

$$\sum_{s,l=1}^{n}\left(\sum_{k,j=1}^{n}a_{kj}(x)A_{sj}A_{lk}\right)\eta_s\eta_l. \tag{2.48}$$

容易看出, 多项式 (2.48) 是方程 (2.45) 的特征形式.

现在固定点 x^0, 并选择矩阵 A 使得在变换 (2.47) 之下, 在 x^0 点二次形 (2.46) 在新的变量 η 之下具有标准形状

$$\sum_{s=1}^{n}\delta_s\eta_s^2, \tag{2.49}$$

其中 δ_s, $s=1,\cdots,n$ 取值 $0,1,-1$. 由代数学知, 选取这样的矩阵是可能的, 在和式 (2.49) 中具有正系数 δ_s 的项数与具有负系数 δ_s 的项数, 对应于矩阵 $(a_{kj}(x^0))$ 的正的特征值的数目与负特征值的数目, 并且这个数目与使形式 (2.46) 化为 (2.49) 所选择的非奇异变换 (2.47) 无关.

因此, 在矩阵 A^* 这样的选择之下, 在作了变量变换 (2.44) 之后, 方程 (2.25) 在 x^0 具有形状

$$\sum_{s=1}^{n}\delta_su_{y_sy_s}+L_1(u)=f(x^0).$$

于是, 形如 (2.25) 的方程在点 x^0 的类型便由对自变量线性变换之下不变的、与矩阵 $(a_{kj}(x^0))$ 的正特征值与负特征值的相等的两个数 r 与 q 来表征. 显然, 在数 $\delta_s(s=1,\cdots,n)$ 当中有 $n-(r+q)$ 个等于零.

如果 $r=n$, $q=0$ 或 $r=0$, $q=n$, 方程 (2.25) 在点 x^0 就称为**椭圆型的**. 在这种情况下, 特征形式 (2.46) 当 $|\xi|\neq0$ 时不为零.

如果 $r=1, q=n-1$, 或者 $r=n-1, q=1$, 二阶方程 (2.25) 称为**双曲型的**. 在这种情况下, 如果当 $s\neq k$ 时 $\delta_k=-\delta_s$, 方程在 y_k 轴方向是双曲型的.

如果 $r=n-1, q=0$ 或者 $r=0, q=n-1$, 方程 (2.25) 称为**弱抛物型的**. 具有权 $p=2$ 这样的方程的子类组成彼得罗夫斯基抛物型方程. 它们可以写成如下形式:

$$u_t-\sum_{k,j=1}^{n-1}b_{k_j}(x',t)u_{x_kx_j}+\sum_{k=1}^{n-1}c_k(x',t)u_{x_k}+c(x',t)u=f(x',t), \tag{2.50}$$

其中当 $|\xi'|\neq 0$ 时 $\sum\limits_{k,j=1}^{n-1}b_{kj}(x',t)\xi_k\xi_j>0$.

对所有 $s=1,\cdots,n, \delta_s\geqslant 0$ 的方程 (2.25) 称为具有非负特征形式的二阶方程, 文献 [20] 中叙述了有关它的理论.

现在考虑有关未知向量函数

$$u(x)=(u_1(x),\cdots,u_N(x))$$

的一阶偏微分方程组. 设 $A_k(x)$, $k=1,\cdots,n$, $B(x)$ 是 n 阶方阵, $f(x)=(f_1(x),\cdots, f_N(x))$. 那么一阶方程组可记为如下形式:

$$\sum_{k=1}^{n}A_k(x)\frac{\partial u}{\partial x_k}+B(x)u=f(x), \tag{2.51}$$

其中 $x\in\Omega\subset\mathbb{R}^n_x$, 且 $\dfrac{\partial u}{\partial x_k}=\left(\dfrac{\partial u_1}{\partial x_k},\cdots,\dfrac{\partial u_N}{\partial x_k}\right)$, $k=1,\cdots,n$. 在自变量中分出一个自变量, 比如说 x_n, 并记为 $x_n=t$. 假设在点 $x^0=(x_1^0,\cdots,x_n^0)$ 处 $\det A_n\neq 0$. 那么在点 x^0 的邻域中方程组 (2.51) 可以表为

$$\frac{\partial u}{\partial t}=\sum_{k=1}^{n-1}B_k(x)\frac{\partial u}{\partial x_k}+C(x)u+\psi(x), \tag{2.52}$$

其中 $B_k(x)$, $k=1,\cdots,n-1$, $C(x)$ 是 N 阶方阵, $\psi(x)$ 是已知的向量函数. 方程组 (2.52) 的柯西问题是在点 x^0 的邻域求满足初始条件

$$u|_{t=t_0}=\varphi(x'),\quad x'=(x_1,\cdots,x_{n-1}) \tag{2.53}$$

的方程组 (2.52) 的解 $u(x',t)$, 其中 $\varphi(x')$ 是在点 $x_0'=(x_1^0,\cdots,x_{n-1}^0)$ 的邻域中已知的向量函数.

定理 13 (柯瓦列夫斯卡娅 II) 如果矩阵 $B_k(x)$, $k=1,\cdots,n-1$, $C(x)$ 的元素及向量 $\psi(x)$ 的分量在点 x^0 的邻域内是解析函数, 而向量 $\varphi(x')$ 的分量在点 x_0' 的邻域内是解析函数, 那么在点 x^0 的某个邻域内存在方程组 (2.52) 满足条件 (2.53) 的唯一的解 $u(x)$, 其分量在这个邻域内是解析函数.

问题 (2.52), (2.53) 的解析解的唯一性的证明可如对方程 (2.30) 解的唯一性的证明同样地进行, 我们把这个证明留给读者. 柯西问题 (2.52), (2.53) 解析解的存在性的证明将在第 5 章给出.

在每一点 $x \in \Omega$, 方程组 (2.51) 都对应着一个多项式

$$\det\left\{\sum_{k=1}^{n} A_k(x)\xi_k\right\},$$

它称为**方程组** (2.51) 在点 x 的**特征形式**. 对于空间 $\mathbb{R}^n_\xi$ 中的向量 $\xi = (\xi_1, \cdots, \xi_n)$, 如果

$$\det\left\{\sum_{k=1}^{n} A_k(x)\xi_k\right\} = 0,$$

就说它在点 x 对方程组 (2.51) 有**特征方向**. 其每一点的法线都有特征方向的超曲面称为**特征**.

对方程组 (2.51) 可以提在 $n-1$ 维超曲面 S 上具有初始条件的柯西问题. 设方程 $F(x) = 0$ 在点 x^0 的邻域给出超曲面 S. 在 S 上有初始条件的**柯西问题**是在点 $x^0 \in S$ 的邻域中求方程组 (2.51) 满足条件

$$u|_S = \varphi \tag{2.54}$$

的解, 其中 φ 是 S 上已知的向量函数.

设在点 x^0 处 $\dfrac{\partial F}{\partial x_n} \neq 0$. 那么, 对方程组 (2.51) 作形如 (2.36) 的自变量变换, 得到

$$\sum_{s=1}^{n} \tilde{A}_s(y)\frac{\partial u}{\partial y_s} + \widetilde{B}(y)u = \widetilde{f}(y), \tag{2.55}$$

其中矩阵 $\tilde{A}_n = \sum\limits_{k=1}^{n} A_k \dfrac{\partial F}{\partial x_k}$. 如果

$$\det\left\{\sum_{k=1}^{n} A_k(x^0)\frac{\partial F(x^0)}{\partial x_k}\right\} \neq 0,$$

即如果超曲面 S 在 x^0 点的法线方向不是特征方向, 方程组 (2.55) 在点 x^0 的邻域中可对 $\dfrac{\partial u}{\partial y_n}$ 解出. 在这种情况下, 当在点 x^0 的邻域中矩阵 $A_k(x)$, $k = 1, \cdots, n$, $B(x)$ 的元素及向量 $f(x)$ 解析, 函数 $F(x)$ 及向量函数 $\varphi(x)$ 解析, 对于方程组 (2.55) 以及初始条件

$$u|_{y_0} = \varphi \tag{2.56}$$

应用柯瓦列夫斯卡娅定理, 则方程组 (2.51) 及初始条件 (2.54) 在点 x^0 的某个邻域中存在并且是唯一的解析解.

设超曲面 S 是这样的, 在 S 上

$$\det\left\{\sum_{k=1}^{n} A_k \frac{\partial F(x)}{\partial x_k}\right\} = 0.$$

这表明, S 是特征. 在这种情况下方程组 (2.55) 可写成如下形式:

$$\tilde{A}_n \frac{\partial u}{\partial y_n} = -\sum_{k=1}^{n-1} \tilde{A}_k \frac{\partial u}{\partial x_k} - \widetilde{B} u + \widetilde{f}, \tag{2.57}$$

其中在 S 上 $\det\tilde{A}_n = 0$. 在超曲面 S 上, 方程组 (2.57) 的右端 (记为 ϕ) 依照初始条件 (2.56) 确定. 所以, 如果问题 (2.56), (2.57) 的解 $u(x)$ 存在, 那么存在向量

$$\frac{\partial u}{\partial y_n} = \left(\frac{\partial u_1}{\partial y_n}, \cdots, \frac{\partial u_N}{\partial y_n}\right),$$

它在 S 的每一点满足代数方程组

$$\tilde{A}_n \frac{\partial u}{\partial y_n} = \phi(y), \tag{2.58}$$

并且因而在 S 上矩阵 $\tilde{A}_n = \sum\limits_{k=1}^{n} A_k(x) \dfrac{\partial F(x)}{\partial x_k}$ 的秩应当等于相应于方程组 (2.58) 加上方程组右端向量函数 $\phi(y)$ 的增广矩阵的秩. 增广矩阵的所有 N 阶子式变为零就给出了初始给定的 φ 与方程组系数之间**在特征上的关系**, 如果具有特征 S 上的初始资料的柯西问题 (2.51), (2.54) 的解存在, 上述的诸关系就成立. 于是在特征 S 上的初始条件 (2.54) 不能随意给定, 它们与上述的在特征上的关系有联系.

我们来指出两类已很好地研究过的形如 (2.51) 的方程组.

如果在 x 点, 当任意 $\xi \in \mathbb{R}^n_\xi, |\xi| \neq 0$ 时

$$\det\left\{\sum_{k=1}^{n} A_k(x)\xi_k\right\} \neq 0,$$

方程组 (2.51) 称为**在点 x 处是椭圆型的**. 在区域中每一点 x 都是椭圆型的方程组 (2.51) 称为在区域 Ω 内是椭圆型的.

柯西 – 黎曼方程组是椭圆型的一个例子:

$$\begin{cases} \dfrac{\partial u_1}{\partial x_1} - \dfrac{\partial u_2}{\partial x_2} = 0, \\ \dfrac{\partial u_2}{\partial x_1} + \dfrac{\partial u_1}{\partial x_2} = 0. \end{cases} \tag{2.59}$$

对方程组 (2.59),

$$A_1 = \begin{pmatrix} 1 & 0 \\ 0 & 1 \end{pmatrix}, \quad A_2 = \begin{pmatrix} 0 & -1 \\ 1 & 0 \end{pmatrix},$$

当 $|\xi| \neq 0$ 时

$$\det\{A_1\xi_1 + A_2\xi_2\} = \det\begin{pmatrix} \xi_1 & -\xi_2 \\ \xi_2 & \xi_1 \end{pmatrix} = \xi_1^2 + \xi_2^2 \neq 0.$$

如果在 x 点关于 ξ_n 的方程

$$\det\left\{\sum_{k=1}^{n} A_k\xi_k\right\} = 0 \tag{2.60}$$

当 $|\xi'| \neq 0$ 时有 N 个相异实根, 方程组 (2.51) 就称为**在点 x 在 x_n 轴的方向为双曲型的**, 如果当 $|\xi'| \neq 0$ 时, 关于 ξ_n 的方程 (2.60) 仅有实根, 但其数目少于 N, 那就称方程组 (2.51) 为弱双曲型的.

描述一维声波和弦振动的方程组

$$\begin{cases} \dfrac{\partial u_1}{\partial t} - \dfrac{\partial u_2}{\partial x_1} = 0, \\ \dfrac{\partial u_2}{\partial t} - \dfrac{\partial u_1}{\partial x_1} = 0 \end{cases} \tag{2.61}$$

是在 t 轴方向为双曲型的例子.

这个方程组的特征形式形如 $\xi_2^2 - \xi_1^2$. 所以方程 (2.60) 关于 ξ_2 的根对方程组 (2.61) 具有形状 $\xi_2 = \pm|\xi_1|$, 它是实根且对 $|\xi_1|$ 是相异的.

所举出的每一类方程组都具有自己的特性. 有大量的文献致力于椭圆型方程组与双曲型方程组的研究.

第 3 章 拉普拉斯方程

拉普拉斯方程

$$\sum_{j=1}^{n} \frac{\partial^2 u}{\partial x_j^2} = 0$$

在数学物理和偏微分方程的一般理论中是最重要的方程之一, 它可简记为 $\Delta u = 0$. 在静电学、势论、流体动力学、热传导理论及物理学中其他许多分支的问题中都会遇到拉普拉斯方程, 同样地在复变函数论以及在数学分析的各种不同领域也会碰到它. 拉普拉斯方程是椭圆型方程最简单的代表. 本章将要叙述拉普拉斯方程的解的基本性质. 这些性质中有许多在某种形式上对于不同类型的椭圆型方程都是成立的. 如所周知, 任何解析函数都可表为 $u(x, y) + iv(x, y)$ 的形状, 其中 $u(x, y)$ 与 $v(x, y)$ 是拉普拉斯方程的解. 所以拉普拉斯方程解的某些性质与解析函数的性质相似. 有许多专著和文章致力于拉普拉斯方程的研究 (例如, 参看 [14], [15]). 虽然对拉普拉斯方程的研究始于 18 世纪 (P. 拉普拉斯, 1782 年), 但其研究一直持续到我们的时代, 并且一系列有价值的未解决的问题与拉普拉斯方程有关.

3.1 调和函数. 泊松方程. 格林公式

如果函数 $u(x)$ 属于 $C^2(\Omega)$ 类, 并在区域 Ω 内的每一点满足拉普拉斯方程

$$\Delta u = 0, \tag{3.1}$$

就称函数 $u(x)$ 为区域 Ω 内的**调和函数**. 如果没有相反的说明, 在第 3 章中, 区域 Ω

总假定是有界的. 与方程 (3.1) 左边相应的微分算子称为拉普拉斯算子. 形如

$$\Delta u = f(x) \tag{3.2}$$

的方程称为**泊松方程**. 在区域 Ω 内的任意点满足 $\Delta u = f$ 的 $C^2(\Omega)$ 类的函数 $u(x)$ 称为泊松方程在区域 Ω 内的解. 这样的解也称为泊松方程在区域 Ω 中的**古典解**.

许多物理问题, 特别是静电学和引力理论中的问题都导致泊松方程 (3.2) 的广义解的研究.

在广义函数意义下满足方程 (3.2), 即满足

$$\langle \Delta u, \varphi \rangle = \langle f, \varphi \rangle \tag{3.3}$$

的空间 $D'(\Omega)$ 中的广义函数 u 称为方程 (3.2) 在区域 Ω 中的**广义解**, 其中 $\varphi \in D(\Omega)$.

通常, 考虑各种不同类型的广义解, 它们是满足某些光滑性或者区域边界上性状的补充条件的普通函数. 对空间 $D(\Omega)$ 中的任意函数 $\varphi(x)$, 使得等式

$$\int_\Omega u \Delta \varphi dx = \int_\Omega f \varphi dx$$

成立的属于空间 $L_2(\Omega)$ 的函数 u 是泊松方程广义解类型之一. 上述等式称为**积分恒等式**. 例如, 对任意 $\varphi \in D(\Omega)$ 满足积分恒等式

$$\int_\Omega \sum_{j=1}^{n} \frac{\partial u}{\partial x_j} \frac{\partial \varphi}{\partial x_j} dx = -\int_\Omega f \varphi dx$$

的空间 $H_1(\Omega)$ 中的函数 u 是方程 (3.2) 的另一类重要的广义解. 显然, 对这样的函数 $u(x)$, 这个积分恒等式与 (3.3) 式等价.

在广义函数意义下在区域 Ω 内满足拉普拉斯方程, 即

$$\langle \Delta u, \varphi \rangle = \langle u, \Delta \varphi \rangle = 0, \quad \varphi \in D(\Omega)$$

的空间 $D'(\Omega)$ 中的广义函数 u 称为**广义调和函数**, 或者在区域内拉普拉斯方程的广义解. 如同将在 3.11 节所说明的, 任意的广义调和函数同样也是 Ω 内的调和函数. 这表明, 对于拉普拉斯方程, 在区域 Ω 中引入广义函数不能扩充 Ω 中的调和函数类.

现在来建立称之为**格林公式**的积分关系式.

设 Ω 是欧几里得空间 $\mathbb{R}_x^n = (x_1, \cdots, x_n)$ 中的有界区域, 其边界 $\partial\Omega$ 属于 B^1 类. 设 $u(x)$ 与 $v(x)$ 是属于 $C^2(\overline{\Omega})$ 类的函数. 应用分部积分公式 (参看 1.1 节), 得到

$$\int_\Omega v \frac{\partial^2 u}{\partial x_j^2} dx = -\int_\Omega \frac{\partial v}{\partial x_j} \frac{\partial u}{\partial x_j} dx + \int_{\partial\Omega} v \frac{\partial u}{\partial x_j} \nu_j dS. \tag{3.4}$$

这里, 和通常一样, $\nu = (\nu_1, \cdots, \nu_n)$ 是 $\partial\Omega$ 的单位外法向量, dS 表示 $\partial\Omega$ 的面积元素.

将等式 (3.4) 对 j 从 1 到 n 求和, 便得到**格林第一公式**

$$\int_\Omega v\Delta u dx = -\int_\Omega \sum_{j=1}^n \frac{\partial v}{\partial x_j}\frac{\partial u}{\partial x_j}dx + \int_{\partial\Omega} v\frac{\partial u}{\partial \nu}dS. \tag{3.5}$$

同样还有

$$\int_\Omega u\Delta v dx = -\int_\Omega \sum_{j=1}^n \frac{\partial u}{\partial x_j}\frac{\partial v}{\partial x_j}dx + \int_{\partial\Omega} u\frac{\partial v}{\partial \nu}dS. \tag{3.6}$$

由等式 (3.5) 减去等式 (3.6), 便得**格林第二公式**

$$\int_\Omega (v\Delta u - u\Delta v)dx = \int_{\partial\Omega}\left(v\frac{\partial u}{\partial \nu} - u\frac{\partial v}{\partial \nu}\right)dS. \tag{3.7}$$

在下文中, 我们将会看到这个公式在研究拉普拉斯方程和泊松方程中有大量的应用.

附注 1 格林公式 (3.5) 与 (3.7) 对 $C^2(\Omega)\cap C^1(\overline{\Omega})$ 类的函数 $u(x)$ 与 $v(x)$ 同样成立. 为了证明这个断言, 需要构造这样的区域 Ω_m 的序列:

$$\overline{\Omega}_m \subset \Omega_{m+1} \subset \Omega, \quad \cup_m \Omega_m = \Omega, \quad \partial\Omega_m \in B^1,$$

在对 Ω_m 的格林公式中令 $m\to\infty$ 而取极限.

3.2 基本解

基本解概念是偏微分方程理论中的基础概念之一. 对数学物理方程, 特别是对拉普拉斯方程, 基本解有明显的物理意义.

设

$$|x - x^0| = \left(\sum_{j=1}^n (x_j - x_j^0)^2\right)^{\frac{1}{2}},$$

其中 $x^0 = (x_1^0, \cdots, x_n^0)$ 是空间 $\mathbb{R}_x^n$ 中的点, 把它看作参数. 如下函数在研究拉普拉斯方程中起着重要作用:

$$E(x, x^0) = -\frac{|x - x^0|^{2-n}}{(n-2)\omega_n}, \quad \text{当} \quad n > 2, \tag{3.8}$$

$$E(x, x^0) = \frac{1}{2\pi}\ln|x - x^0|, \quad \text{当} \quad n = 2, \tag{3.9}$$

其中 ω_n 是空间 $\mathbb{R}_x^n$ 中的单位球面的曲面面积. 令 $E(x, x^0) = \mathcal{E}(|x - x^0|)$. 容易验证, 在区域 $\mathbb{R}_x^n\backslash\{x^0\}$ 内, 函数 $E(x, x^0)$ 是调和函数, 即

$$\Delta E = 0, \quad \mathbb{R}_x^n\backslash\{x^0\}. \tag{3.10}$$

实际上, 如果函数 $v(x)$ 仅仅依赖于 $r \equiv |x-x^0|$, 并且当 $|x-x^0| \neq 0$ 时 $v(x)$ 满足拉普拉斯方程, 那么把 $v(x)$ 代入到 (3.1) 式就得到常微分方程

$$\Delta v = \frac{d^2 v}{dr^2} + \frac{(n-1)}{r}\frac{dv}{dr} = 0. \tag{3.11}$$

容易验证, 函数 $\mathcal{E}(r)$ 当 $|x-x^0| \neq 0$ 时满足方程 (3.11).

定义 1 如果函数 $V(x,x^0)$ 是空间 $D'(\mathbb{R}_x^n)$ 中广义函数, 并且满足方程

$$\Delta V = \delta(x-x^0), \tag{3.12}$$

其中广义函数 $\delta(x)$ 是狄拉克函数:

$$\langle \delta, \varphi \rangle = \varphi(0) \quad \langle \delta(x-x^0), \varphi(x) \rangle = \varphi(x^0),$$

那么 $V(x,x^0)$ 称为拉普拉斯方程的**基本解**.

我们来说明函数 $E(x,x^0)$ 是拉普拉斯方程的基本解. 因为 $E(x,x^0)$ 在 $\mathbb{R}_x^n$ 中是局部可和函数, 所以 $E(x,x^0) \in D'(\mathbb{R}_x^n)$. 我们来验证它使方程 (3.12) 成立. 设 $\varphi \in D(\mathbb{R}_x^n)$. 根据广义函数的导数的定义

$$\langle \Delta E, \varphi \rangle = \langle E, \Delta\varphi \rangle.$$

其次, 因为 $E(x,x^0)$ 是在 $\mathbb{R}_x^n$ 中局部可和的函数, 那么

$$\begin{aligned}\langle E, \Delta\varphi \rangle &= \int\limits_{\mathbb{R}_x^n} E(x,x^0)\Delta\varphi(x)dx \\ &= \lim_{\varepsilon\to 0} \int\limits_{\mathbb{R}_x^n \setminus Q_\varepsilon^{x^0}} E(x,x^0)\Delta\varphi(x)dx,\end{aligned}$$

其中 $Q_\varepsilon^{x^0}$ 表示球心在点 x^0、半径为 ε 的球体. 为了计算上述极限, 应用格林第二公式. 我们有

$$\int\limits_{\mathbb{R}_x^n \setminus Q_\varepsilon^{x^0}} E(x,x^0)\Delta\varphi(x)dx = \int\limits_{\mathbb{R}_x^n \setminus Q_\varepsilon^{x^0}} \Delta E(x,x^0)\varphi(x)dx + \int\limits_{S_\varepsilon^{x^0}} \left(E\frac{\partial\varphi}{\partial\nu'} - \varphi\frac{\partial E}{\partial\nu'}\right)dS, \tag{3.13}$$

其中 ν' 是半径为 ε、球心在点 x^0 的球面的内法线方向, 这个球面用 $S_\varepsilon^{x^0}$ 表示. 根据等式 (3.10)

$$\int\limits_{\mathbb{R}_x^n \setminus Q_\varepsilon^{x^0}} \Delta E(x,x^0)\varphi(x)dx = 0.$$

我们来证明在等式 (3.13) 中的最后一个积分当 $\varepsilon \to 0$ 时趋于 $\varphi(x^0)$. 我们有

$$\left| \int\limits_{S_\varepsilon^{x^0}} E \frac{\partial \varphi}{\partial \nu'} dS \right| \leqslant |\mathcal{E}(\varepsilon)| \int\limits_{S_\varepsilon^{x^0}} \left| \frac{\partial \varphi}{\partial \nu'} \right| dS$$

$$\leqslant |\mathcal{E}(\varepsilon)| \omega_n \varepsilon^{n-1} \max_{S_\varepsilon^{x^0}} \left| \frac{\partial \varphi}{\partial \nu'} \right| \leqslant C_1 \varepsilon^{n-1} |\mathcal{E}(\varepsilon)|,$$

其中常数 C_1 不依赖于 ε, 因为 $E(x,x^0)$ 在 $S_\varepsilon^{x^0}$ 上为常数且等于 $\mathcal{E}(\varepsilon)$, 而 φ 的导数在 $\overline{\Omega}$ 上有界. 显然当 $\varepsilon \to 0$ 时 $\mathcal{E}(\varepsilon)\varepsilon^{n-1} \to 0$. 容易看出,

$$\lim_{\varepsilon \to 0} \int\limits_{S_\varepsilon^{x^0}} \varphi \frac{\partial E}{\partial \nu'} dS = -\lim_{\varepsilon \to 0} \frac{\varepsilon^{1-n}}{\omega_n} \int\limits_{S_\varepsilon^{x^0}} \varphi dS = -\varphi(x^0),$$

因为 $\dfrac{\partial E}{\partial \nu'} = -\dfrac{\varepsilon^{1-n}}{\omega_n}$ 在球面 $S_\varepsilon^{x^0}$ 上成立. 所以当 $\varepsilon \to 0$ 时取极限, 等式 (3.13) 左边等于 $\varphi(x^0)$ 因此,

$$\langle \Delta E, \varphi \rangle = \langle E, \Delta \varphi \rangle = \varphi(x^0) = \langle \delta(x - x^0), \varphi(x) \rangle.$$

这表明函数 $E(x,x^0)$ 满足方程 (3.12). 在 $n=3$ 的情形, 函数 $CE(x,x^0)$, 其中 C 为常数, 是静电场的势, 这个场是放置在点 x^0 处的点电荷产生的. 此外 $CE(x,x^0)$ 也可看作是在 $\mathbb{R}_x^3$ 中, 在点 x^0 存在点状热源时确定温度稳定分布的函数 (参看 2.1 节).

3.3 借助势表示解

设 $u(x) \in C^2(\overline{\Omega})$, 像前面一样, 用 $Q_\varepsilon^{x^0}$ 表示半径为 ε、球心在点 x^0 的球体, 而用 $S_\varepsilon^{x^0}$ 表示半径为 ε、球心在点 x^0 的球面. 设 $Q_\varepsilon^{x^0} \subset \Omega$, 以及 $\Omega_\varepsilon = \Omega \setminus \overline{Q}_\varepsilon^{x^0}$. 把格林第二公式 (3.7) 应用于区域 Ω_ε 及函数 $u(x)$ 与 $E(x,x^0)$. 我们有

$$\int\limits_{\Omega_\varepsilon} (E\Delta u - u\Delta E) dx = \int\limits_{\partial\Omega} \left(E\frac{\partial u}{\partial \nu} - u\frac{\partial E}{\partial \nu} \right) dS + \int\limits_{S_\varepsilon^{x^0}} \left(E\frac{\partial u}{\partial \nu'} - u\frac{\partial E}{\partial \nu'} \right) dS, \tag{3.14}$$

其中 ν' 是 $S_\varepsilon^{x^0}$ 的内法线方向. 等式 (3.14) 对任何充分小的 ε 成立. 等式 (3.14) 右边的第一个积分与 ε 无关. 现证明, 当 $\varepsilon \to 0$ 时, 等式 (3.14) 右边的对 $S_\varepsilon^{x^0}$ 的积分趋于 $u(x^0)$. 易见,

$$\left| \int\limits_{S_\varepsilon^{x^0}} E \frac{\partial u}{\partial \nu'} dS \right| \leqslant |\mathcal{E}(\varepsilon)| \omega_n \varepsilon^{n-1} \max_{S_\varepsilon^{x^0}} \left| \frac{\partial u}{\partial \nu'} \right| \leqslant C_1 \varepsilon^{n-1} |\mathcal{E}(\varepsilon)|,$$

其中常数 C_1 不依赖于 ε, 且当 $\varepsilon \to 0$ 时 $\varepsilon^{n-1}|\mathcal{E}(\varepsilon)| \to 0$. 因为在 $S_\varepsilon^{x^0}$ 上

$$\frac{\partial E}{\partial \nu'} = -\frac{\partial E}{\partial \nu} = -\frac{1}{\omega_n}\varepsilon^{1-n},$$

那么

$$\lim_{\varepsilon\to 0}\left(-\int\limits_{S_\varepsilon^{x^0}} u\frac{\partial E}{\partial \nu'}dS\right) = \lim_{\varepsilon\to 0}\frac{\varepsilon^{1-n}}{\omega_n}\int\limits_{S_\varepsilon^{x^0}} udS = u(x^0).$$

这里我们应用了已知的对于积分的中值定理

$$\int\limits_{S_\varepsilon^{x^0}} udS = \omega_n\varepsilon^{n-1}u(x^\varepsilon),$$

其中 $x^\varepsilon \in S_\varepsilon^{x^0}$, 并用到了 $u(x)$ 在 Ω 中的连续性. 所以在 (3.14) 式中令 $\varepsilon \to 0$ 而取极限, 得到

$$u(x^0) = \int\limits_{\partial\Omega}\left(u\frac{\partial E}{\partial \nu} - E\frac{\partial u}{\partial \nu}\right)dS + \int\limits_{\Omega} E\Delta u dx. \tag{3.15}$$

如果在 Ω 中 $\Delta u = 0$, 那么由 (3.15) 式得出

$$u(x^0) = \int\limits_{\partial\Omega}\left(u(x)\frac{\partial E(x,x^0)}{\partial \nu} - E(x,x^0)\frac{\partial u(x)}{\partial \nu}\right)dS. \tag{3.16}$$

公式 (3.16) 给出了在 $C^2(\overline{\Omega})$ 类中调和函数 $u(x)$ 在区域 Ω 的任意一点 x^0 处, 通过 $u(x)$ 在 $\partial\Omega$ 上的值及 $u(x)$ 在 $\partial\Omega$ 上的法向导数的值的**调和函数的表达式**. 由公式 (3.16) 可以得到许多重要的结果.

如果在 Ω 中 $\Delta u = f$, 那么由公式 (3.15), 对任意点 $x^0 \in \Omega$ 有

$$u(x^0) = \int\limits_{\Omega} f(x)E(x,x^0)dx + \int\limits_{\partial\Omega}\left(u(x)\frac{\partial E(x,x^0)}{\partial \nu} - E(x,x^0)\frac{\partial u(x)}{\partial \nu}\right)dS. \tag{3.17}$$

形如

$$u_0(x^0) = \int\limits_{\Omega} a_0(x)|x-x^0|^{2-n}dx, \quad n > 2, \tag{3.18}$$

的积分称为在 Ω 内密度为 $a_0(x)$ 的**体积势**或**牛顿势**. 形如

$$u_1(x^0) = \int\limits_{\partial\Omega} a_1(x)|x-x^0|^{2-n}dS, \quad n > 2, \tag{3.19}$$

的积分称为在 $\partial\Omega$ 上密度为 $a_1(x)$ 的**单层势**, 而形如

$$u_2(x^0) = \int\limits_{\partial\Omega} a_2(x)\frac{\partial|x-x^0|^{2-n}}{\partial \nu}dS, \quad n > 2, \tag{3.20}$$

的积分称为在 $\partial\Omega$ 上密度为 $a_2(x)$ 的**双层势**. 在 $n=2$ 的情形可类似地定义**牛顿势**或**对数势**, 以及单层和双层势. 同时在积分 (3.18), (3.19), (3.20) 中需要把函数 $|x-x^0|^{2-n}$ 代之以函数 $-\ln|x-x^0|$.

由公式 (3.16) 推出, 任何 $C^2(\overline{\Omega})$ 类调和函数可以表示为 $\partial\Omega$ 上的单层势与双层势之和, 其密度是由 $\dfrac{\partial u}{\partial\nu}$ 与 u 在 $\partial\Omega$ 上的值确定的.

(3.18)~(3.20) 当 $n=3$ 及 $n=2$ 时所谓的势的物理意义在 [10], [12] 两书中作了详细清楚的解释. 正如我们已看出的, 在 $n=3$ 的情形, 放置在点 x^0 处的点电荷 q 所造成的电场强度, 在测量单位的适当选择下等于函数 $q|x-x^0|^{2-n}$ 的梯度, 这个函数称为已知电场的势. 显然, 牛顿势 (3.18) 的梯度确定了放置在区域 Ω 中的电荷所产生的 $\mathbb{R}^n_x\setminus\overline{\Omega}$ 中的电场强度, 其电荷密度等于 $a_0(x)$. 单层势 (3.19) 是放置在 $\partial\Omega$ 上, 其面密度为 $a_1(x)$ 的电荷在 $\mathbb{R}^n_x\setminus\partial\Omega$ 中所产生的电场的势. 双层势 (3.20) 的梯度确定了置于面密度为 $a_2(x)$ 的曲面 $\partial\Omega$ 上偶极子所产生的静电场强度.

易见, 如果 a_1 与 a_2 是 $C^0(\partial\Omega)$ 类函数, 那么函数 $u_1(x^0)$ 与 $u_2(x^0)$ 在 $\mathbb{R}^n_x\setminus\partial\Omega$ 内是调和函数, 因为对任意点 $x^0\in\mathbb{R}^n_x\setminus\partial\Omega$

$$\Delta u_1=\int\limits_{\partial\Omega}a_1\Delta|x-x^0|^{2-n}dS=0,\quad \Delta u_2=\int\limits_{\partial\Omega}a_2\frac{\partial}{\partial\nu}\Delta|x-x^0|^{2-n}dS=0,\quad n>2.$$

(当 $x^0\in\mathbb{R}^n_x\setminus\partial\Omega$ 时, (3.19) 与 (3.20) 在积分号下对点 x^0 的坐标微分是合理的, 因为当 $x^0\neq x$ 时 $|x-x^0|^{2-n}$ 对点 x 与 x^0 的坐标是无穷次可微的函数.) 于是积分 (3.19) 与 (3.20) 在区域 Ω 中确定了拉普拉斯方程的两族特解. 密度 a_1 与 a_2 是 $C^0(\partial\Omega)$ 类中任意函数. 同样可以得到, 当 $a_0(x)\in C^0(\overline{\Omega})$ 时, 牛顿势 (3.18) 是 $\mathbb{R}^n_x\setminus\overline{\Omega}$ 内的调和函数, 因为对任意点 $x^0\in\mathbb{R}^n_x\setminus\overline{\Omega}$,

$$\Delta u_0=\int\limits_{\Omega}a_0(x)|x-x^0|^{2-n}dx=0.$$

(3.18) 式在积分号下可以取微分, 是由于当 $x^0\in\mathbb{R}^n_x\setminus\overline{\Omega}$ 时, 被积函数对点 x^0 的坐标的导数, 是 Ω 中 x 的连续函数.

3.4 基本边值问题

在这里我们来叙述拉普拉斯方程和泊松方程的古典提法的基本边值问题.

对拉普拉斯方程来说, 最简单的与研究最多的是狄利克雷问题, 它还被称为第一边值问题. 所涉及的这个问题的可解性和它的解的性质的结果是深入和完整的 (参看综述性的文章 [14]). 有关拉普拉斯方程狄利克雷问题的精彩结果属于 A. 庞加莱、N. 维纳 (N. Wiener)、 M. B. 凯尔迪什 (M. B. Келдыщ)、M. A. 拉夫连季耶夫 (M. A. Лаврентьев) 和 И. Г. 彼得罗夫斯基 (И. Г. Петровский).

拉普拉斯方程的狄利克雷问题是: 在 Ω 内求 $C^2(\Omega)\cap C^0(\overline{\Omega})$ 类的调和函数 $u(x)$, 使其满足边界条件

$$u|_{\partial\Omega}=\Psi, \tag{3.21}$$

其中 Ψ 是 $\partial\Omega$ 上给定的连续函数.

另一个最简单的边值问题, 也是在应用中最常遇到的, 是诺伊曼问题, 或者, 如常常称作的, 第二边值问题, **拉普拉斯方程的诺伊曼问题**是: 在 Ω 内求 $C^2(\Omega)\cap C^1(\overline{\Omega})$ 类的调和函数 $u(x)$, 使其满足边界条件

$$\left.\frac{\partial u}{\partial \nu}\right|_{\partial\Omega}=\Psi, \tag{3.22}$$

其中 Ψ 是在 $\partial\Omega$ 上给定的连续函数, $\dfrac{\partial u}{\partial \nu}$ 是沿 $\partial\Omega$ 外法线方向的导数.

在物理应用中, 同样常常遇到所谓的拉普拉斯方程**第三边值问题**, 或称为拉普拉斯方程**混合问题**. 这个问题是: 在 Ω 内求 $C^2(\Omega)\cap C^1$ 类的调和函数, 使其满足形如

$$\left.\left(\frac{\partial u}{\partial \nu}+au\right)\right|_{\partial\Omega}=\Psi \tag{3.23}$$

的边界条件, 其中 a 是 $\partial\Omega$ 上的某个已知函数, Ψ 是 $\partial\Omega$ 上给定的连续函数.

对泊松方程也可类似地提狄利克雷问题、诺伊曼问题和第三边值问题.

现今对椭圆型方程, 特别是拉普拉斯方程, 已研究过其边界条件含有未知函数的更高阶导数的边值问题. 然而在我们的教程中仅考虑与边界条件 (3.21), (3.22), (3.23) 相应的基本边值问题.

3.5 算术平均定理. 极值原理

我们来建立调和函数的重要性质. 相应的定理可由格林公式和借助于势表示的调和函数表示公式, 作为推论而得到.

定理 14 (关于热流) 设 $u(x)$ 是在 Ω 内的 $C^2(\Omega)$ 类调和函数, $\partial\Omega\in B^1$. 那么

$$\int\limits_{\partial\Omega}\frac{\partial u}{\partial \nu}dS=0. \tag{3.24}$$

证明 在区域 Ω 内应用格林公式 (3.5) 于函数 $u(x)$ 及 $v(x)\equiv 1$. 在此情况下, 由 (3.5) 式推出关系式 (3.24). □

这个定理有如下物理解释. 如果 $u(x)$ 在充满区域 Ω 的均匀各向同性介质内部给出稳定的温度分布, 那么准确到与所选测量单位有关的常数因子,

$$-\int\limits_{\partial\Omega}\frac{\partial u}{\partial \nu}dS$$

给出曲面 $\partial\Omega$ 沿法线方向通过的热流. 定理 14 断言, 对于温度稳定分布的物体, 通过其边界的热流等于零.

设常数 ρ_1 与 ρ_2 使得 $Q^{x^0}_{\rho_1}$ 与 $Q^{x^0}_{\rho_2}$ 含于 Ω 内, $\rho_2 > \rho_1$. 那么, 应用关系式 (3.24) 于基本解 $E(x, x^0)$ 及区域 $Q^{x^0}_{\rho_2} \setminus Q^{x^0}_{\rho_1}$, 得到

$$\int\limits_{S^{x^0}_{\rho_1}} \frac{\partial E(x, x^0)}{\partial \nu} dS = \int\limits_{S^{x^0}_{\rho_2}} \frac{\partial E(x, x^0)}{\partial \nu} dS.$$

这意味着, 在 $\Omega \setminus \{x^0\}$ 内对相应于函数 $-E(x, x^0)$ 的温度分布, 通过任意球心在 x^0 的球面, 沿其外法线方向的热量是常数. 所以对于温度分布 $-E(x, x^0)$, 点 x^0 可以看作产生热量的热源, 产生的热量等于

$$\int\limits_{S^{x^0}_{\rho}} \frac{\partial E}{\partial \nu} dS = 1.$$

定理 15 (关于球面的平均值) 设在球 $Q^{x^0}_R$ 内的调和函数 $u(x)$ 属于 $C^0(\overline{Q}^{x^0}_R)$ 类. 那么,

$$u(x^0) = \frac{1}{\omega_n R^{n-1}} \int\limits_{S^{x^0}_R} u dS. \tag{3.25}$$

证明 设 $\rho < R$. 那么依据 (3.16) 式, 取球 $Q^{x^0}_{\rho}$ 作为区域 Ω, 得到

$$u(x^0) = \int\limits_{S^{x^0}_{\rho}} \left(u(x) \frac{\partial E(x, x^0)}{\partial \nu} - E(x, x^0) \frac{\partial u(x)}{\partial \nu} \right) dS. \tag{3.26}$$

因为在球面 $S^{x^0}_{\rho}$ 上函数 $E(x, x^0) = \mathcal{E}(\rho)$, 那么根据定理 14

$$\int\limits_{S^{x^0}_{\rho}} E(x, x^0) \frac{\partial u(x)}{\partial \nu} dS = \int\limits_{S^{x^0}_{\rho}} \mathcal{E}(\rho) \frac{\partial u(x)}{\partial \nu} dS = 0.$$

所以, 考虑到 $\dfrac{\partial E}{\partial \nu} = \dfrac{\rho^{1-n}}{\omega_n}$ 在球面 $S^{x^0}_{\rho}$ 上成立, 由 (3.26) 推出

$$u(x^0) = \frac{1}{\omega_n \rho^{n-1}} \int\limits_{S^{x^0}_{\rho}} u dS. \tag{3.27}$$

在 (3.27) 式中令 $\rho \to R$ 而取极限, 根据函数 $u(x)$ 在闭球 $\overline{Q}^{x^0}_R$ 上的连续性, 得到等式 (3.25).

□

定理 16 (关于球的平均值) 设在球 $Q_R^{x^0}$ 内的调和函数 $u(x)$ 属于 $C^0(\overline{Q}_R^{x^0})$ 类. 那么

$$u(x^0) = \frac{1}{\kappa_n R^n} \int\limits_{Q_R^{x^0}} u(x)dx, \tag{3.28}$$

其中 κ_n 表示 n 维空间 $\mathbb{R}_x^n$ 中半径为 1 的球的体积.

证明 把等式 (3.27) 乘以 $\omega_n \rho^{n-1}$, 并从 0 到 R 对 ρ 积分. 得到

$$u(x^0) \int\limits_0^R \omega_n \rho^{n-1} d\rho = \int\limits_0^R \left(\int\limits_{S_\rho^{x^0}} udS \right) d\rho. \tag{3.29}$$

因为

$$\int\limits_0^R \omega_n \rho^{n-1} d\rho = \kappa_n R^n, \quad \int\limits_0^R \left(\int\limits_{S_\rho^{x^0}} udS \right) d\rho = \int\limits_{Q_R^{x^0}} u(x)dx,$$

那么由等式 (3.29) 推出定理的论断. □

关于球的平均值定理可以作如下的推广, 它如同定理 15, 16 一样, 有重要的应用.

定理 17 设 $\varphi(\rho)$ 是闭区间 $0 \leqslant \rho \leqslant R$ 上的连续函数并设

$$A(R) \equiv \int\limits_{Q_R^{x^0}} \varphi(|x - x^0|)dx \neq 0.$$

那么, 若 $u(x)$ 是球 $Q_R^{x^0}$ 内 $C^0(\overline{Q}_R^{x^0})$ 类的调和函数, 则

$$u(x^0) = \frac{1}{A(R)} \int\limits_{Q_R^{x^0}} u(x)\varphi(|x - x^0|)dx. \tag{3.30}$$

证明 将等式 (3.27) 乘以 $\omega_n \rho^{n-1} \varphi(\rho)$ 并从 0 到 R 对 ρ 求积分. 我们有

$$u(x^0) \int\limits_0^R \varphi(\rho) \omega_n \rho^{n-1} d\rho = \int\limits_0^R \left(\int\limits_{S_\rho^{x^0}} u\varphi(\rho)dS \right) d\rho = \int\limits_{Q_R^{x^0}} u(x)\varphi(|x - x^0|)dx.$$

由最后一个等式可推出关系式 (3.30). □

推论 1 设区域 $\Omega_\varepsilon \subset \Omega$ 且 Ω_ε 内任意点到 $\partial\Omega$ 的距离大于 ε. 那么在 Ω 内的调和函数 $u(x)$ 的磨光函数 $u^h(x)$ 当 $h < \varepsilon$ 时在区域 Ω_ε 中与函数 $u(x)$ 重合, 即当任意

$h < \varepsilon$ 及 $x^0 \in \Omega_\varepsilon$ 时成立等式

$$u(x^0) = u^h(x^0) \equiv \int\limits_{Q_h^{x^0}} w_h(|x - x^0|)u(x)dx.$$

实际上, 在等式 (3.30) 中取磨光核 $w_h(|x - x^0|)$ 作为 $\varphi(|x - x^0|)$. 根据磨光核的性质 (参看 1.2 节) 我们有

$$\int\limits_{Q_h^{x^0}} w_h(|x - x^0|)dx = 1.$$

所以对任意点 $x^0 \in \Omega_\varepsilon$ 及 $h < \varepsilon$, 由 (3.30) 式推出

$$u(x^0) = \int\limits_{Q_h^{x^0}} w_h(|x - x^0|)u(x)dx = u^h(x^0).$$

利用上述推论, 我们得到调和函数无穷次可微的定理.

定理 18 在 Ω 内的调和函数 $u(x)$ 在每一点 $x \in \Omega$ 处有任意阶连续导数.

证明 函数 $u(x)$ 在 Ω_ε 中与当 $h < \varepsilon$ 时的磨光函数 $u^h(x)$ 重合, 而 $u^h(x)$, 如在 1.2 节中所证明的, 在 Ω_ε 中无穷次可微, 而这也就表明 $u(x)$ 在 Ω 中无穷次可微. □

定理 18 的论断同样可容易地由调和函数借助于势的表示式 (3.16) 推出, 因为 (3.16) 式右边的积分, 只要 $x^0 \in \Omega$, 可在积分号下对点 x^0 的坐标进行任意次的微分.

定理 19 (极值原理) 设在区域 Ω 内的调和函数 $u(x)$ 属于 $C^0(\overline{\Omega})$ 类且设 $M = \max\limits_{\overline{\Omega}} u(x)$. 若 $u(x^0) = M$, 且 $x^0 \in \Omega$, 则在 Ω 内 $u \equiv M$.

证明 设 $Q_R^{x^0} \subset \Omega$. 假设对某个点 $x' \in Q_R^{x^0}$. $u(x') \neq M$ 这表明, 对某个 $\rho > 0$ 与 $\varepsilon > 0$ 在点 x' 的邻域 $Q_\rho^{x'}$ 内成立不等式 $u(x) < u(x^0) - \varepsilon$. 那么根据定理 16 有

$$\begin{aligned} u(x^0) &= \frac{1}{\kappa_n R^n}\left(\int\limits_{Q_R^{x^0}\setminus Q_\rho^{x'}} u(x)dx + \int\limits_{Q_\rho^{x'}} u(x)dx\right) \\ &\leqslant \frac{1}{\kappa_n R^n}[M(\kappa_n R^n - \kappa_n \rho^n) + (M - \varepsilon)\kappa_n \rho^n], \end{aligned}$$

因此

$$M = u(x^0) < M - \frac{\varepsilon \rho^n}{R^n}.$$

所得矛盾说明 $u(x') = M$ 在任意一点 $x' \in Q_R^{x^0}$ 成立. 其次, 将任意点 $\widehat{x} \in \Omega$ 与点 x^0 用折线连接, 并用含在 Ω 中的有限多个球 $Q_{R_0}^{x^0}, Q_{R_1}^{x^1}, \cdots, Q_{R_N}^{x^N}$ 覆盖折线, 并使得 $Q_{R_N}^{x^N}$ 包含点 $\widehat{x}$, 而 $x^k \in Q_{R_{k-1}}^{x^{k-1}}$, $k = 1, \cdots, N$. 按照上面所证明的得到, 在这些球中的每一个内都有 $u(x) = M$, 这就表明 $u(\widehat{x}) = M$. 这就证明了定理 19. □

由定理 19 推出如下论断.

定理 20 设在 Ω 内的调和函数 $u(x)$ 属于 $C^0(\overline{\Omega})$ 类, 设 $m = \min\limits_{\overline{\Omega}} u(x)$. 若 $u(x^0) = m$ 与 $x^0 \in \Omega$, 则在 Ω 内 $u \equiv m$.

为了证明这个断言, 只需考虑函数 $-u(x)$, 并对其应用定理 19.

由定理 19 与定理 20 直接推出

定理 21 设在 Ω 内异于常数的调和函数 $u(x)$ 属于 $C^0(\overline{\Omega})$ 类, 则对任意 $x \in \Omega$ 成立不等式

$$\min_{\partial\Omega} u < u(x) < \max_{\partial\Omega} u \tag{3.31}$$

推论 2 拉普拉斯方程的狄利克雷问题的解是唯一的.

证明 由定理 21 推出, 如果在 Ω 内 $\Delta u = 0$, $u \in C^0(\overline{\Omega})$ 且 $u|_{\partial\Omega} = 0$, 那么在 Ω 内 $u \equiv 0$. □

今后, 我们将要应用如下的引理 4 与引理 5.

引理 4 设函数 $u(x) \in C^2(\Omega) \cap C^0(\overline{\Omega})$ 且设 $\Delta u \geqslant 0$ 在 Ω 内成立. 那么对于任意点 $x \in \Omega$

$$u(x) \leqslant \max_{\partial\Omega} u. \tag{3.32}$$

如果 $u(x) \in C^2(\Omega) \cap C^0(\overline{\Omega})$ 且 $\Delta u \leqslant 0$ 在 Ω 内成立, 那么对于任意点 $x \in \Omega$

$$u(x) \geqslant \min_{\partial\Omega} u. \tag{3.33}$$

证明 先证明不等式 (3.32). 可以认为在 Ω 内 $u > 0$, 因为在相反的情况下可对 $u(x)$ 补加一个充分大的常数 C 使得在 Ω 内 $u + C > 0$, 而对于 $u + C$ 来说仍可满足定理的条件.

设

$$u(x) = v(x)(1 - \varepsilon|x|^2),$$

其中 ε 为一常数且如此之小使得 $(1 - \varepsilon|x|^2) > 0$ 在 Ω 内成立. 对函数 $v(x)$ 在 Ω 内得到形状如下的关系式:

$$\Delta u(x) = (1 - \varepsilon|x|^2)\Delta v - 4\varepsilon \sum_{j=1}^{n} x_j \frac{\partial v}{\partial x_j} - 2\varepsilon n v \geqslant 0. \tag{3.34}$$

如果 $v(x)$ 在点 $x^0 \in \Omega$ 取最大值, 那么在此点 $\dfrac{\partial^2 v}{\partial x_j^2} \leqslant 0$, $\dfrac{\partial v}{\partial x_j} = 0$, $j = 1, \cdots, n$, $v > 0$, 因此

$$(1 - \varepsilon|x|^2)\Delta v - 4\varepsilon \sum_{j=1}^{n} x_j \frac{\partial v}{\partial x_j} - 2\varepsilon n v < 0,$$

这与 (3.34) 式矛盾. 所以对任意点 $x \in \Omega$

$$v(x) \leqslant \max_{\partial\Omega} v,$$

这意味着, 对任意充分小的 $\varepsilon > 0$

$$u(x)(1-\varepsilon|x|^2)^{-1} \leqslant \max_{\partial\Omega}(u(x)(1-\varepsilon|x|^2)^{-1}). \tag{3.35}$$

在不等式 (3.35) 中令 ε 趋于零, 对任意点 $x \in \Omega$ 得到

$$u(x) \leqslant \max_{\partial\Omega} u(x).$$

如果 $\Delta u \leqslant 0$, 那么 $\Delta(-u) \geqslant 0$, 因此按照前面所证明的

$$-u(x) \leqslant \max_{\partial\Omega}(-u(x)).$$

以 -1 去乘这个不等式, 得到

$$u(x) \geqslant -\max_{\partial\Omega}(-u(x)) = \min_{\partial\Omega} u,$$

这就证明了不等式 (3.33). □

引理 5 设有在 $Q_R^{x^0}$ 内异于常数的调和函数 $u(x)$, $u \in C^0(\overline{Q}_R^{x^0})$, 并设 $u(x)$ 在点 $x' \in S_R^{x^0}$ 取最小值. 若在点 x' 处存在导数 $\dfrac{\partial u}{\partial \gamma}$, 其中 γ 是与 $S_R^{x^0}$ 在点 x' 处的外法线方向成锐角 β 的方向, 则

$$\frac{\partial u(x')}{\partial \gamma} < 0. \tag{3.36}$$

证明 在区域 $\Omega = Q_R^{x^0} \setminus \overline{Q}_{\frac{R}{2}}^{x^0}$ 内考虑函数

$$w(x) = |x-x^0|^{2-n} - R^{2-n} \quad 当\ n > 2,$$
$$w(x) = \ln\frac{1}{|x-x^0|} - \ln\frac{1}{R} \quad 当\ n = 2.$$

正如我们已在 3.2 节证明的, 在 Ω 内 $\Delta w = 0$. 如果常数 $\varepsilon > 0$ 充分小, 函数

$$v(x) = u(x) - u(x') - \varepsilon w(x)$$

在区域 Ω 的边界上非负. 实际上, 在 $S_R^{x^0}$ 上 $v(x) = u(x) - u(x') \geqslant 0$, 并且根据定理 21, 在 $Q_R^{x^0}$ 内 $u(x) - u(x') > 0$, 这表明, 在 $S_{\frac{R}{2}}^{x^0}$ 上 $u(x) - u(x') \geqslant a > 0$ (a 为常数). 所以, 如果 ε 充分小, 在 $S_{\frac{R}{2}}^{x^0}$ 上 $v(x) \geqslant a - \varepsilon w > 0$. 因为在 Ω 内 $\Delta v = 0$, 那么根据定理 21, 对任意点 $x \in \Omega$

$$v(x) \geqslant \min_{\partial\Omega} v(x) = 0.$$

这样一来, 在 Ω 内 $v(x) \geqslant 0$ 及 $v(x') = 0$. 所以 $\dfrac{\partial v(x')}{\partial \gamma} \leqslant 0$. 这意味着

$$\frac{\partial u(x')}{\partial \gamma} \leqslant \varepsilon \frac{\partial w(x')}{\partial \gamma} = -(n-2)R^{1-n}\cos\beta. \tag{3.37}$$

因为按照引理的条件 $\cos\beta > 0$, 那么上述不等式就证明了引理 5 的断言①.

3.6 格林函数. 球的狄利克雷问题的解

在这里我们来研究拉普拉斯方程第一边值问题的格林函数. 在椭圆型方程边值问题理论中, 格林函数的概念有重要意义. 格林函数有明显的物理意义. 下面我们就来解释这一点.

设 $u(x)$ 是第一边值问题

$$\Delta u = f, \quad 在\ \Omega\ 内; \quad u|_{\partial\Omega} = \psi \tag{3.38}$$

的解, 且设 $u(x) \in C^2(\overline{\Omega})$, $\partial\Omega \in B^1$. 那么, 根据表达式 (3.17) 有

$$u(x^0) = \int\limits_{\Omega} f(x)E(x,x^0)dx + \int\limits_{\partial\Omega} \left(u(x)\frac{\partial E(x,x^0)}{\partial \nu} - E(x,x^0)\frac{\partial u(x)}{\partial \nu} \right) dS. \tag{3.39}$$

设对任意固定的点 $x^0 \in \Omega$, 函数 $g(x,x^0)$ 在区域 Ω 内是点 x 的调和函数并设 $g(x,x^0)$ 作为 x 的函数属于 $C^2(\overline{\Omega})$ 类. 那么依照格林公式 (3.7) 有

$$0 = \int\limits_{\Omega} f(x)g(x,x^0)dx + \int\limits_{\partial\Omega} \left(u(x)\frac{\partial g(x,x^0)}{\partial \nu} - g(x,x^0)\frac{\partial u(x)}{\partial \nu} \right) dS. \tag{3.40}$$

假设, 对任意 $x^0 \in \Omega$, 函数 $g(x,x^0)$ 满足条件

$$g(x,x^0)|_{\partial\Omega} = -E(x,x^0)|_{\partial\Omega}.$$

那么, 将等式 (3.39) 与 (3.40) 相加, 得到

$$u(x^0) = \int\limits_{\Omega} (E(x,x^0) + g(x,x^0))f(x)dx + \int\limits_{\partial\Omega} \left(\frac{\partial E(x,x^0)}{\partial \nu} + \frac{\partial g(x,x^0)}{\partial \nu} \right) u(x)dS.$$

函数

$$G(x,x^0) = E(x,x^0) + g(x,x^0)$$

①这是就 $n > 2$ 的情形所给出的结果, 当 $n = 2$ 时由上述, 取 $w(x) = \ln\dfrac{1}{|x-x^0|} - \ln\dfrac{1}{R}$, 同样可得出 $\left.\dfrac{\partial u}{\partial \nu}\right|_{x=x'} \leqslant -\dfrac{1}{R}\cos\beta$. —— 译者注

将称为**拉普拉斯方程第一边值问题的格林函数**. 容易看出, 格林函数 $G(x,x^0)$ 可由下述性质唯一地确定:

1. $G(x,x^0)=E(x,x^0)+g(x,x^0)$, 其中 $g(x,x^0)$ 作为 x 的函数属于 $C^2(\overline{\Omega})$ 类且 $\Delta g=0$ 对任意参数 $x^0\in\Omega$ 成立.

2. 在 $\partial\Omega$ 上, 对任意参数 $x^0\in\Omega$ 有 $G(x,x^0)=0$.

由条件 1 与 2 推出, 在 Ω 内 $\Delta g=0$, 在 $\partial\Omega$ 上 $g=-E$. 用这些条件可唯一地确定函数 $g(x,x^0)$, 因为若存在满足这两条性质的函数 g_1 与 g_2, 则 $\Delta(g_1-g_2)=0$ 在 Ω 内成立, 而在 $\partial\Omega$ 上 $g_1-g_2=0$, 根据定理 21, 在 Ω 内 $g_1-g_2\equiv 0$.

容易看出, 若对固定的 $x^0\in\Omega$ 把 $G(x,x^0)$ 看作是 $D'(\Omega)$ 中的广义函数, 那么根据 3.2 节, 在 Ω 内

$$\Delta G=\Delta E+\Delta g=\delta(x-x^0).$$

于是, 若在 Ω 内存在第一边值问题 (3.38) 的解 $u(x)$, $u(x)\in C^2(\overline{\Omega})$, 对 Ω 存在格林函数, 则对任意 $x^0\in\Omega$

$$u(x^0)=\int\limits_{\partial\Omega}\frac{\partial G(x,x^0)}{\partial\nu}\psi(x)dS+\int\limits_{\Omega}G(x,x^0)f(x)dx. \tag{3.41}$$

定理 22 (格林函数的对称性) 设 $x^1\in\Omega$ 及 $x^0\in\Omega$. 那么

$$G(x^1,x^0)=G(x^0,x^1).$$

证明 在区域 $\Omega_\varepsilon=\Omega\backslash(Q_\varepsilon^{x^0}\cup Q_\varepsilon^{x^1})$ 内应用格林公式 (3.7) 于函数 $u(x)=G(x,x^1)$ 及 $v(x)=G(x,x^0)$, 其中 ε 如此之小, 使得 $Q_\varepsilon^{x^0}\subset\Omega$ 及 $Q_\varepsilon^{x^1}\subset\Omega$. 考虑到在 Ω_ε 内 $\Delta u=0$ 及 $\Delta v=0$, 在 $\partial\Omega$ 上 $u=v=0$, 得到

$$\int\limits_{S_\varepsilon^{x^1}\cup S_\varepsilon^{x^0}}\left(u\frac{\partial v}{\partial\nu}-v\frac{\partial u}{\partial\nu}\right)dS=0, \tag{3.42}$$

其中 $\nu=(\nu_1,\cdots,\nu_n)$ 是 $S_\varepsilon^{x^0}$ 及 $S_\varepsilon^{x^1}$ 上的点的外法线方向.

应用表示式

$$u(x)=E(x,x^1)+g(x,x^1),\quad v(x)=E(x,x^0)+g(x,x^0)$$

并在等式 (3.42) 中令 $\varepsilon\to 0$, 如同在证明 (3.15) 式那样, 得到

$$u(x^0)=v(x^1),$$

这就证明了定理 22. □

显然, 函数 $-G(x,x^0)$ 在边界 $\partial\Omega$ 上温度等于零的条件下给出了在 Ω 内部的温度分布, 而在点 x^0 有一个产生热量等于 1 的热点源. 函数 $-G(x,x^0)$ 也可解释为 Ω 内电场的势, 这个电场有一个位于点 x^0 的点电荷, 同时这个势在 $\partial\Omega$ 上等于零.

对区域 Ω 求格林函数意味着求在 Ω 之外电荷的分布, 使得这些电荷与放置在属于 Ω 的点 x^0 的电荷给出这样一个电场: 它在 $\partial\Omega$ 上的势等于零.

当能够构造出格林函数时, 由公式 (3.41) 可以得出在区域 Ω 内求解狄利克雷问题的明显公式. 例如空间 $\mathbb{R}_x^n$ 中的球就是这种情况.

那么, 设 Q_R^0 是中心在坐标原点、半径为 R 的球. 需要选择位于球 Q_R^0 外的一点 x^1 上的电荷, 使得对应于点 x^0 与 x^1 的点电荷的电场的势在球面 S_R^0 上为零. 结果是, 需要取关于球面 Q_R^0 与 x^0 对称的点作为 x^1.

我们记 $\rho=|x^0|$, $\rho_1=|x^1|$, $r=|x-x^0|$, $r_1=|x-x^1|$. 点 x^1 位于由坐标原点出发、通过点 x^0 的射线上, 且 $\rho\rho_1=R^2$. 我们来验证, 对于球 Q_R^0

$$G(x,x^0)=\mathcal{E}(|x-x^0|)-\mathcal{E}\left(\frac{\rho}{R}|x-x^1|\right),$$

其中, 如前面那样, $E(x,x^0)\equiv\mathcal{E}(|x-x^0|)$. 显然, $\mathcal{E}\left(\frac{\rho}{R}|x-x^1|\right)\equiv E\left(\frac{\rho}{R}x,\frac{\rho}{R}x^1\right)$ 当 $x\neq x^1$ 时是点 x 的调和函数. 所以仅仅需要验证对任意 $x^0\in\Omega$, $G(x,x^0)|_{\partial\Omega}=0$.

设点 O 是坐标原点, 且 $x\in S_R^0$. 当 $x\in S_R^0$ 时考虑三角形 x^0Ox, 与 x^1Ox. 容易看出, 这两个三角形相似 (参看图 3.1), 因为它们有公共角 x^1Ox, 而由于由条件 $\rho\rho_1=R^2$ 所选的点 x^1 使得夹此角的两边成比例, 所以

$$\frac{\rho}{R}=\frac{R}{\rho_1}$$

由上述三角形的相似推出

$$\frac{\rho}{R}=\frac{R}{\rho_1}=\frac{r}{r_1}.$$

由此推出, 当 $x\in S_R^0$ 时, $r=\frac{\rho}{R}r_1$, 且对 $x\in S_R^0$

$$G(x,x^0)=\mathcal{E}(r)-\mathcal{E}\left(\frac{\rho}{R}r_1\right)=0.$$

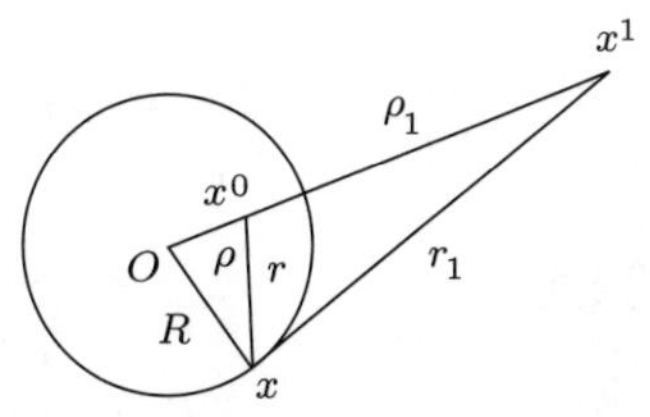

图 3.1

根据公式 (3.41), 对于使得在 S_R^0 上 $u=\psi$ 的属于 $C^2(\overline{Q}_R^0)$ 类的调和函数 $u(x)$, 当 $x\in Q_R^0$ 时有

$$u(x^0)=\int\limits_{S_R^0}\frac{\partial G(x,x^0)}{\partial\nu}\psi(x)dS. \tag{3.43}$$

现在来计算当 $x\in S_R^0$, $x^0\in Q_R^0$ 时的 $\dfrac{\partial G}{\partial\nu}$. 我们有

$$\left.\frac{\partial G(x,x^0)}{\partial\nu}\right|_{S_R^0}=\mathcal{E}'(|x-x^0|)\frac{\partial|x-x^0|}{\partial\nu}-\mathcal{E}'\left(\frac{\rho}{R}|x-x^1|\right)\frac{\rho}{R}\frac{\partial|x-x^1|}{\partial\nu}.$$

因为当 $x\in S_R^0$ 时, $r=\dfrac{\rho}{R}r_1$, 那么 $\mathcal{E}'(|x-x^0|)=\mathcal{E}'\left(\dfrac{\rho}{R}|x-x^1|\right)$, 所以在 S_R^0 上

$$\frac{\partial G(x,x^0)}{\partial\nu}=\mathcal{E}'(|x-x^0|)\left[\frac{\partial|x-x^0|}{\partial\nu}-\frac{\rho}{R}\frac{\partial|x-x^1|}{\partial\nu}\right].$$

显然, 在点 x 的导数 $\dfrac{\partial|x-x^0|}{\partial\nu}$ 等于 S_R^0 在点 x 的外法线方向 ν 与 x^0x 方向夹角 β_0 的余弦, 因为 $|x-x^0|$ 在点 x 沿垂直于 x^0x 的方向的导数为零. 同样可得到, $\dfrac{\partial|x-x^1|}{\partial\nu}$ 在点 x 等于 S_R^0 在点 x 的外法线方向 ν 与 x^1x 方向夹角 β_1 的余弦. 由三角形 x^0Ox 与三角形 x^1Ox 得出

$$\rho^2=R^2+r^2-2Rr\cos\beta_0,$$
$$\rho_1^2=R^2+r_1^2-2Rr_1\cos\beta_1.$$

所以当 $x\in S_R^0$ 时

$$\frac{\partial G(x,x^0)}{\partial\nu}=\mathcal{E}'(r)\left[\frac{R^2+r^2-\rho^2}{2Rr}-\frac{\rho(R^2+r_1^2-\rho_1^2)}{2R^2r_1}\right].$$

在上式中把 $r_1=\dfrac{R}{\rho}r$, $\rho_1=\dfrac{R^2}{\rho}$ 代入, 便得

$$\left.\frac{\partial G(x,x^0)}{\partial\nu}\right|_{S_R^0}=\mathcal{E}'(r)\frac{R^2-\rho^2}{Rr}.$$

容易看出, $\mathcal{E}'(r)=\dfrac{1}{\omega_nR}r^{1-n}$. 所以当 $x\in S_R^0$ 时

$$\left.\frac{\partial G(x,x^0)}{\partial\nu}\right|_{S_R^0}=\frac{1}{\omega_nR}\frac{R^2-\rho^2}{r^n}.$$

于是公式 (3.43) 可记为如下形式:

$$u(x^0)=\frac{1}{\omega_nR}\int\limits_{S_R^0}\frac{R^2-\rho^2}{r^n}\psi(x)dS. \tag{3.44}$$

以 γ 表示方向 Ox^0 与 Ox 之间的夹角, 那么公式 (3.44) 可以表示为如下形式:

$$u(x^0)=\frac{R^2-\rho^2}{\omega_n R}\int\limits_{S_R^0}\frac{1}{(R^2+\rho^2-2R\rho\cos\gamma)^{\frac{n}{2}}}\psi(x)dS. \tag{3.45}$$

等式 (3.45) 右边的表达式称为**泊松积分**. 假定狄利克雷问题

$$\Delta u=0 \quad \text{在 } Q_R^0 \text{ 内}, \quad u|_{S_R^0}=\psi \tag{3.46}$$

的解 $u(x)$ 存在并且属于 $C^2(\overline{Q}_R^0)$ 类, 我们便得到了这个解用泊松积分表示的式子.

现在来证明, 公式 (3.45) 对任何在 S_R^0 上连续的函数 ψ 给出了 Q_R^0 内狄利克雷问题的解. 为此, 需要验证由公式 (3.45) 给出的函数 $u(x^0)$ 在 Q_R^0 内是调和函数, 并且 $u(x^0)$ 在 S_R^0 的各点有与函数 ψ 重合的极限值.

因为根据格林函数的对称性, 当 $x\in\Omega$, $x^0\in\Omega$, $x^0\neq x$, $G(x,x^0)=G(x^0,x)$, 并且 $G(x,x^0)$ 作为 x 的函数, 按照定义当 x^0 固定与 $x\neq x^0$ 时有 $\Delta G=0$, 那么, 如果把 $G(x,x^0)$ 看作 x^0 的函数, 当 $x^0\neq x$ 时 $\Delta_{x^0}G=0$. (我们用 Δ_{x^0} 表示对变量 $x_1^0,\cdots,x_n^0$ 的拉普拉斯算子.) 当 $x^0\in Q_R^0$ 时, 等式 (3.43) 中的积分可以在积分号下对点 x^0 的坐标求导数. 所以, 当 $x^0\in Q_R^0$ 时有

$$\Delta_{x^0}u(x^0)=\int\limits_{S_R^0}\frac{\partial\Delta_{x^0}G(x,x^0)}{\partial\nu}\psi(x)dS=0.$$

现在证明, 当 $x^0\to\widehat{x}\in S_R^0$ 时 $u(x^0)\to\psi(\widehat{x})$. 为此, 注意当 $\psi\equiv 1$ 时狄利克雷问题 (3.46) 显然存在解 $u(x)\equiv 1$. 因为函数 $u(x)\equiv 1$ 属于 $C^2(\overline{Q}_R^0)$ 类, 那么由公式 (3.44) 有

$$1=\frac{1}{\omega_n R}\int\limits_{S_R^0}\frac{R^2-\rho^2}{r^n}dS, \quad \psi(\widehat{x})=\frac{1}{\omega_n R}\int\limits_{S_R^0}\frac{R^2-\rho^2}{r^n}\psi(\widehat{x})dS. \tag{3.47}$$

所以

$$|u(x^0)-\psi(\widehat{x})|\leqslant\frac{R^2-\rho^2}{\omega_n R}\int\limits_{S_R^0}\frac{|\psi(x)-\psi(\widehat{x})|}{r^n}dS.$$

我们来证明, 若 $|x^0-\widehat{x}|<\delta$ 且 δ 充分小, 则 $|u(x^0)-\psi(\widehat{x})|<\varepsilon$. 因为 $\psi(x)$ 是 S_R^0 上的连续函数, 如果 $|x-\widehat{x}|<\delta_1$, 那么 $|\psi(x)-\psi(\widehat{x})|\leqslant\dfrac{\varepsilon}{2}$. 以 σ_{δ_1} 表示 $\mathbb{R}_x^n$ 内球面 S_R^0 与球 $|x-\widehat{x}|<\delta_1$ 的交. 我们有

$$|u(x^0)-\psi(\widehat{x})|\leqslant\frac{R^2-\rho^2}{\omega_n R}\int\limits_{S_R^0\backslash\sigma_{\delta_1}}\frac{|\psi(x)-\psi(\widehat{x})|}{r^n}dS+\frac{R^2-\rho^2}{\omega_n R}\int\limits_{\sigma_{\delta_1}}\frac{|\psi(x)-\psi(\widehat{x})|}{r^n}dS. \tag{3.48}$$

如果 $|x^0-\widehat{x}|<\delta$ 且 δ 充分小, 那么当 $x\in S_R^0\setminus\sigma_{\delta_1}$ 时 $r^n>a>0$, a 为常数. 因为当 $x^0\to\widehat{x}$ 时 $R^2-\rho^2\to 0$, 如果 δ 充分地小, 那么 (3.48) 式右端第一项小于 $\dfrac{\varepsilon}{2}$. 其次, 由于公式 (3.47) 的第一个等式,

$$\frac{R^2-\rho^2}{\omega_n R}\int\limits_{\sigma_{\delta_1}}\frac{|\psi(x)-\psi(\widehat{x})|}{r^n}dS\leqslant\max_{\sigma_{\delta_1}}|\psi(x)-\psi(\widehat{x})|\int\limits_{S_R^0}\frac{R^2-\rho^2}{\omega_n R r^n}dS\leqslant\frac{\varepsilon}{2}.$$

因此, 对于任意 $\varepsilon>0$. 如果 $|x^0-\widehat{x}|<\delta$, 有 $|u(x^0)-\psi(\widehat{x})|\leqslant\varepsilon$. 于是, 我们证明了在 Q_R^0 中由公式 (3.44) 给定的函数 $u(x)$ 在 S_R^0 上等于 ψ, 这就给出了狄利克雷问题 (3.46) 的解.

作为推论, 由泊松公式 (3.44) 得到如下定理:

定理 23 (哈纳克 (Harnack) 不等式) 设在球 Q_R^0 内的调和函数 $u(x)$ 属于 $C^0(\overline{Q}_R^0)$ 类且在 Q_R^0 内 $u(x)\geqslant 0$. 那么对任意点 $x^0\in Q_R^0$ 成立不等式:

$$\frac{R^{n-2}(R-\rho)}{(R+\rho)^{n-1}}u(0)\leqslant u(x^0)\leqslant\frac{R^{n-2}(R+\rho)}{(R-\rho)^{n-1}}u(0),\tag{3.49}$$

其中 $u(0)$ 是 $u(x)$ 在球 Q_R^0 的中心的值, $\rho=|x^0|$.

证明 根据狄利克雷问题解的唯一性, 依照前面所证明的, 函数 $u(x)$ 可表为泊松积分 (3.44) 的形式:

$$u(x^0)=\frac{1}{\omega_n R}\int\limits_{S_R^0}\frac{R^2-\rho^2}{r^n}\psi dS,\quad x^0\in Q_R^0.$$

由三角形 xOx^0 (图 3.1) 得到

$$R-\rho\leqslant r\leqslant R+\rho,$$

因此,

$$\frac{R^2-\rho^2}{(R+\rho)^n}\leqslant\frac{R^2-\rho^2}{r^n}\leqslant\frac{R^2-\rho^2}{(R-\rho)^n}.$$

所以当 $u\geqslant 0$

$$\frac{1}{\omega_n R}\frac{R-\rho}{(R+\rho)^{n-1}}\int\limits_{S_R^0}udS\leqslant u(x^0)\leqslant\frac{1}{\omega_n R}\frac{R+\rho}{(R-\rho)^{n-1}}\int\limits_{S_R^0}udS.$$

应用 3.5 节关于球面的平均值的定理 15, 便得到不等式 (3.49). □

3.7 边值问题解的唯一性和对边界条件的连续依赖性

在本节, 我们将研究基本边值问题的古典解, 这一点在 3.4 节已经提到过了. 我们将得到边值问题解的估计, 由此便可推出解的唯一性和解对边界函数的连续依赖性.

由极值原理可以直接推出关于拉普拉斯方程狄利克雷问题解的唯一性和解对边界函数的连续依赖性定理.

定理 24 设 $u(x)$ 是 $C^0(\overline{\Omega})$ 类的、在 Ω 内的调和函数并设 $u|_{\partial\Omega}=\psi$. 那么对任意点 $x\in\Omega$

$$|u(x)|\leqslant\max_{\partial\Omega}|\psi|. \tag{3.50}$$

证明 因为 $u(x)$ 是在 Ω 内的调和函数并属于 $C^0(\overline{\Omega})$ 类, 那么根据 3.5 节的定理 21, 对任意点 $x\in\Omega$

$$\min_{\partial\Omega}\leqslant u(x)\leqslant\max_{\partial\Omega}\psi.$$

由这两个不等式显然可推出估计式 (3.50). □

如果 $u_1(x)$ 与 $u_2(x)$ 是属于 $C^0(\overline{\Omega})$ 类的、在 Ω 内的调和函数, 且 $u_1|_{\partial\Omega}=\psi_1$, $u_2|_{\partial\Omega}=\psi_2$, 那么对二者的差 $u=u_1-u_2$ 应用定理 24, 便得出在 Ω 内

$$|u_1(x)-u_2(x)|\leqslant\max_{\partial\Omega}|\psi_1-\psi_2|.$$

由此不等式可推出狄利克雷问题解的唯一性: 如果 $\psi_1=\psi_2$, 那么 $u_1\equiv u_2$, 以及推出解对边界函数 ψ 的连续依赖性: 如果 $|\psi_1-\psi_2|<\varepsilon$ 在 $\partial\Omega$ 上成立, 那么在 Ω 内 $|u_1(x)-u_2(x)|<\varepsilon$.

下述定理建立了泊松方程 $\Delta u=f$ 的解对其右端项 $f(x)$ 以及 u 在 $\partial\Omega$ 上值的连续依赖性.

定理 25 设 $u(x)$ 是方程 $\Delta u=f$ 在 Ω 内的解, u 属于 $C^2(\Omega)\cap C^0(\overline{\Omega})$ 类. 那么对任意点 $x\in\Omega$

$$\min_{\partial\Omega}u-M_1\sup_{\Omega}|f|\leqslant u(x)\leqslant\max_{\partial\Omega}u+M_1\sup_{\Omega}|f|, \tag{3.51}$$

其中 M_1 是仅依赖于区域 Ω 的常数.

证明 设 $l=\sup\limits_{\Omega}|x|$, $M=\sup\limits_{\Omega}|f|$, 考虑函数 $v(x)=\dfrac{l^2}{2n}-\dfrac{|x|^2}{2n}$. 显然, 在 Ω 内 $\Delta v=-1$ 并且 $v\geqslant 0$. 其次考虑函数 $v_1(x)=u(x)-Mv(x)$ 及 $v_2(x)=u(x)+Mv(x)$. 因为在 Ω 内, $\Delta v_1=\Delta u-M\Delta v=f+M\geqslant 0$, 那么根据 3.5 节的引理 4, 对任意点 $x\in\Omega$

$$v_1(x)\leqslant\max_{\partial\Omega}v_1(x),\quad u(x)-Mv(x)\leqslant\max_{\partial\Omega}(u-Mv).$$

由于在 Ω 内 $Mv\geqslant 0$, 由此得到

$$u(x)\leqslant\max_{\partial\Omega}u+Mv(x)\leqslant\max_{\partial\Omega}u+\frac{l^2}{2n}\sup_{\Omega}|f|.$$

同样地有 $\Delta v_2 = \Delta u + M\Delta v = f - M \leqslant 0$ 在 Ω 内成立, 并且根据 3.5 节引理 4, 对任意点 $x \in \Omega$ 有

$$v_2(x) \geqslant \min_{\partial\Omega} v_2, \quad u(x) \geqslant \min_{\partial\Omega} u - Mv(x) \geqslant \min_{\partial\Omega} u - \frac{l^2}{2n}\sup_{\Omega}|f|.$$

于是在不等式 (3.51) 中可以取 $\dfrac{l^2}{2n}$ 作为常数 M_1.

由关系式 (3.51) 直接地得出, 对满足定理 25 条件的函数 $u(x)$ 成立如下不等式:

$$|u(x)| \leqslant \max_{\partial\Omega}|u| + \frac{l^2}{2n}\sup_{\Omega}|f|, \tag{3.52}$$

由此可推出泊松方程狄利克雷问题的解的唯一性及对函数 f 与 ψ 的连续依赖性.

形如 (3.50), (3.51), (3.52) 的估计常称为第一边值问题的解的先验估计, 因为它们是在问题的解存在的假定下得到的.

定理 26 设 $u(x) \in C^2(\overline{\Omega})$, 在 Ω 内 $\Delta u = f$ 以及 $u|_{\partial\Omega} = 0$. 那么

$$\int_{\Omega}\left(\sum_{j=1}^{n}\left(\frac{\partial u}{\partial x_j}\right)^2 + u^2\right)dx \leqslant M_2\int_{\Omega} f^2(x)dx, \tag{3.53}$$

其中常数 M_2 仅与区域 Ω 有关.

证明 将方程 $\Delta u = f$ 乘以 u 并且在区域 Ω 内对其积分. 得到

$$\int_{\Omega} u\Delta u dx = \int_{\Omega} f u dx.$$

对所得等式进行分部积分:

$$\int_{\Omega}\sum_{j=1}^{n}\left(\frac{\partial u}{\partial x_j}\right)^2 dx - \int_{\partial\Omega}\sum_{j=1}^{n} u\frac{\partial u}{\partial x_j}\nu_j dS = -\int_{\Omega} f u dx. \tag{3.54}$$

因为 $u|_{\partial\Omega} = 0$, 那么, 在 1.1 节证明的弗里德里希斯不等式对 $u(x)$ 成立,

$$\int_{\Omega} u^2 dx \leqslant C\int_{\Omega}\sum_{j=1}^{n}\left(\frac{\partial u}{\partial x_j}\right)^2 dx, \tag{3.55}$$

其中常数 C 仅与区域 Ω 有关. 其次, 把柯西 – 布尼亚可夫斯基不等式应用于等式 (3.54) 右端并利用弗里德里希斯不等式, 得到

$$\begin{aligned}\int_{\Omega}\sum_{j=1}^{n}\left(\frac{\partial u}{\partial x_j}\right)^2 dx &\leqslant \left(\int_{\Omega} f^2 dx\right)^{\frac{1}{2}}\left(\int_{\Omega} u^2 dx\right)^{\frac{1}{2}} \\ &\leqslant \sqrt{C}\left(\int_{\Omega} f^2 dx\right)^{\frac{1}{2}}\left(\int_{\Omega}\sum_{j=1}^{n}\left(\frac{\partial u}{\partial x_j}\right)^2 dx\right)^{\frac{1}{2}}.\end{aligned}$$

由此推出,

$$\int\limits_{\Omega} \sum_{j=1}^{n} \left(\frac{\partial u}{\partial x_j}\right)^2 dx \leqslant C \int\limits_{\Omega} f^2 dx. \tag{3.56}$$

由这个不等式及弗里德里希斯不等式 (3.55) 推出

$$\int\limits_{\Omega} u^2 dx \leqslant C^2 \int\limits_{\Omega} f^2 dx. \tag{3.57}$$

将不等式 (3.56) 与 (3.57) 相加, 便得到估计 (3.53), 并且 $M_2 = C + C^2$, 其中 C 是弗里德里希斯不等式中的常数. □

估计 (3.53) 描述了在 $H^1(\Omega)$ 范数下泊松方程狄利克雷问题解, 当方程的自由项 $f(x)$ 在 $L_2(\Omega)$ 范数下有改变时, 解的改变.

现在我们来考虑第二边值问题, 或称诺伊曼问题.

定理 27 设区域 Ω 具有这样的性质: 对于每一点 $x^1 \in \partial\Omega$ 存在半径为 δ 的球 Q_δ, 它的边界包含着点 x^1, 而这个球的所有的点均位于 Ω 内. 那么第二边值问题 (3.1), (3.22) 的两个解之差等于常数.

证明 设 $u_1(x)$ 与 $u_2(x)$ 是 $C^1(\overline{\Omega})$ 类中在 Ω 内调和的函数, 它们满足边条件 (3.22). 那么 $u(x) = u_1(x) - u_2(x)$ 属于 $C^1(\overline{\Omega})$ 类, 在 Ω 内 $\Delta u = 0$ 且 $\left.\dfrac{\partial u}{\partial \nu}\right|_{\partial\Omega} = 0$. 设 $u(x)$ 在 $\partial\Omega$ 上的点 x^1 处取最小值. 如果 $u(x)$ 不为常数, 那么对位于 Ω 内并且在其边界上包含有点 x^1 的、半径为 δ 的球 Q_δ 应用 3.5 节的引理 5. 根据这个引理 $\dfrac{\partial u(x^1)}{\partial \nu} < 0$. 所得矛盾证明 $u \equiv$ 常数, 这就是所要证明的. □

于是, 拉普拉斯方程第二边值问题的解的被确定准确到常数加项.

现在来证明诺伊曼问题解对边界函数 ψ 的连续依赖性. 首先证明诺伊曼问题解的先验估计.

定理 28 设区域 Ω 满足定理 27 中所叙述的条件. 设 $u(x)$ 是 $C^1(\Omega)$ 类中在 Ω 内调和的函数并且 $\left.\dfrac{\partial u}{\partial \nu}\right|_{\partial\Omega} = \psi$. 那么存在常数 C_1 及这样的常数 M_1, M_1 仅与区域 Ω 有关, 使得对任意的点 $x \in \Omega$

$$|u(x) - C_1| \leqslant M_1 \max_{\partial\Omega} |\psi|. \tag{3.58}$$

证明 设 $\max\limits_{\partial\Omega} |\psi| \neq 0$. 如果 $\psi \equiv 0$, 那么依照定理 27, 在 Ω 中 u 为常数, 不等式 (3.58) 是显然的. 考虑函数

$$v(x) = \frac{u(x)}{\max\limits_{\partial\Omega} |\psi|}.$$

显然, $\Delta v=0$ 在 Ω 内成立, $v\in C^2(\Omega)\cap C^1(\overline{\Omega})$, 在 $\partial\Omega$ 上 $\left|\dfrac{\partial v}{\partial\nu}\right|\leqslant 1$. 为了证明定理 28, 我们只需证明, 可以找到常数 C_2 使得 $|v-C_2|\leqslant M_1$, 而常数 M_1 仅与区域 Ω 有关. 取 $C_2=\min\limits_{\overline{\Omega}} v$ 并令 $w=v-C_2$. 显然, $w\geqslant 0$ 且在 Ω 内有 $\Delta w=0$, 在 $\partial\Omega$ 上 $\left|\dfrac{\partial w}{\partial\nu}\right|\leqslant 1$. 现在来估计 w. 设 P_0 是 $\partial\Omega$ 上使 w 取最小值的点. 显然, $w(P_0)=0$ (参看图 3.2).

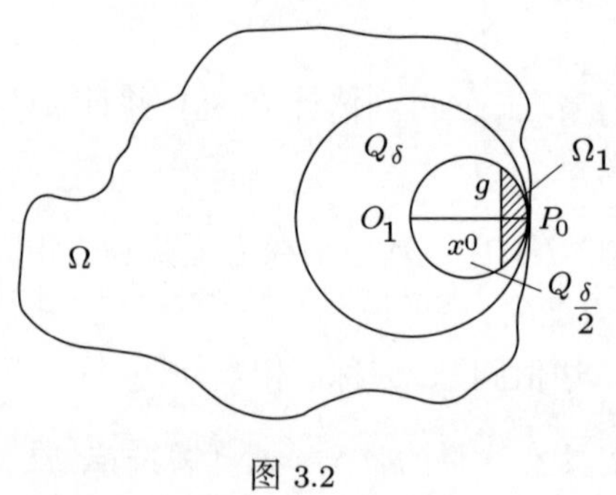

图 3.2

我们来证明, 在区域 Ω 中可以找到一点 P_1, 它与边界距离大于 a, 使得 $w(P_1)<\delta M_2$, 其中常数 M_2 仅与空间 $\mathbb{R}_x^n$ 的维数 n 有关, 而常数 $a>0$ 仅与 δ 有关. 依照定理的条件, 对点 P_0 存在中心在点 O_1 的球 Q_δ, 它完全位于 Ω 内, 它的边界含有点 P_0. 考虑中心在点 O_1 与 P_0 连接线段中点 x^0、半径为 $\dfrac{\delta}{2}$ 的球 $Q_{\frac{\delta}{2}}$. 以 g 表示球 $Q_{\frac{\delta}{2}}$ 与垂直于线段 x^0P_0 且穿过线段 x^0P_0 中点的平面的交. 在由 g 与球 $Q_{\frac{\delta}{2}}$ 的边界含有点 P_0 的那一部分所界限的区域 Ω_1 中, 考虑如下函数:

$$V(x)=\frac{2}{n-2}\left(\frac{\delta}{2}\right)^{n-1}\left(|x-x^0|^{2-n}-\left(\frac{\delta}{2}\right)^{2-n}\right),\quad \text{当 } n>2,$$

$$V(x)=\delta\left(-\ln|x-x^0|+\ln\frac{\delta}{2}\right),\quad \text{当 } n=2.$$

正如在 3.2 节所证明的, 在 Ω_1 内 $\Delta V=0$ 并且 $V\in C^2(\overline{\Omega})$. 因为在 Ω_1 内 $w\geqslant 0$, 在 $\partial\Omega_1\setminus g$ 上 $V=0$, 那么在 $\partial\Omega_1\setminus g$ 上 $w-V\geqslant 0$. 可以断言, 在 g 上可以找到这样一点 P_1, 使得 $w(P_1)-V(P_1)<0$. 实际上, 如果在 g 的所有点上成立不等式 $w-V\geqslant 0$, 那么, 根据调和函数的极值原理 (3.5 节定理 19), 在 Ω_1 内 $w-V\geqslant 0$. 因为 $w(P_0)=0, V(P_0)=0$, 则由不等式: 在 Ω_1 内 $w-V\geqslant 0$ 推出在点 P_0 处 $\dfrac{\partial(w-V)}{\partial\nu}\leqslant 0$. 由此得出 $\dfrac{\partial w(P_0)}{\partial\nu}\leqslant\dfrac{\partial V(P_0)}{\partial\nu}=-2$, 而这与 $\partial\Omega$ 上 $\left|\dfrac{\partial w}{\partial\nu}\right|\leqslant 1$ 的条件矛盾.

于是, 在 g 上可以找到点 P_1 使得

$$w(P_1)<V(P_1)\leqslant\sup_g V=\delta M_2,\tag{3.59}$$

其中 $M_2 = \dfrac{2^{n-2}-1}{n-2}$, 当 $n>2$ 时; $M_2=\ln 2$, 当 $n=2$ 时. 可以取从 g 到球 Q_δ 的边界的距离作为常数 a. 显然, a 仅与 δ 有关.

用 M 表示 w 在 $\overline{\Omega}$ 上的最大值并且设 $w(P_0')=M$. 在 Ω 内函数 $M-w(x)\geqslant 0$, 在点 P_0' 有 $M-w=0$, 在 Ω 内 $\Delta(M-w)=0$, 在 $\partial\Omega$ 上 $\left|\dfrac{\partial(M-w)}{\partial\nu}\right|\leqslant 1$. 所以, 对函数 w 同样可证明: 可以找到属于 Ω, 且与 $\partial\Omega$ 距离大于 a 的一点 P_1', 对 P_1' 有

$$M-w(P_1')\leqslant \delta M_2.$$

由此可推出

$$M-\delta M_2\leqslant w(P_1'). \tag{3.60}$$

用 Ω_ε 表示 Ω 中距离 $\partial\Omega$ 大于 ε 的点的集合. 容易看出, 对任意 $a>0$, 可找到这样的 $\varepsilon_0>0$, 使得 Ω_a 中的任意两点可以用位于 Ω_{ε_0} 中的折线连接起来, 而 $a\geqslant\varepsilon_0$. 用半径为 $a-\varepsilon_0$、中心为 Ω_a 中的点的球 $Q_j(j=1,\cdots,N)$ 覆盖集合 $\overline{\Omega}_a$. 显然所有的 $Q_j(j=1,\cdots,N)$ 都属于 Ω_{ε_0}. 根据 ε_0 的选取, 所有这些球的中心可以用位于 Ω_{ε_0} 中的折线连接起来. 设 K 是这条折线的长. 那么, Ω_a 中的点 P_1 与 P_1' 可以用位于 Ω_{ε_0} 中的折线连接, 其长度不超过 $K+2(a-\varepsilon_0)$, 因为点 P_1, 同样地点 P_1' 可与由球 $Q_j(j=1,\cdots,N)$ 系中的含有该点 P_1 (或 P_1') 的球 Q_{j_0} 的中心相连接. 这就意味着用其长不超过 $a-\varepsilon_0$ 的线段与折线 L 相连接 (见图 3.3).

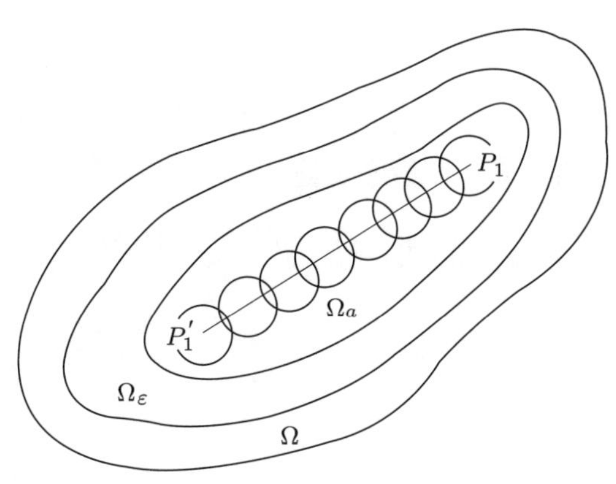

图 3.3

用半径为 $\dfrac{\varepsilon_0}{2}$、而其中心在连接点 P_1 与 P_1' 的折线 L' 上的球 $Q_1',Q_2',\cdots,Q_{N'}'$ 覆盖折线 L'. 同时球 Q_1' 的中心取为 P_1, 而对于当 $1<j\leqslant N'$ 的球 Q_j' 的中心, 当沿着折线从 P_{j-1} 到 P_1' 移动时, 则取为球 Q_{j-1}' 的边界与折线 L' 相交的、最靠近球 Q_{j-1}' 的中心 P_{j-1} 的点. 假设 $Q_{N'}'$ 含有点 P_1'. 容易看出 $N'\leqslant \dfrac{1}{\varepsilon_0}2(K+2(a-\varepsilon_0))+1$.

根据 3.6 节所证明的哈纳克不等式, 在半径为 ε_0 的球内调和的函数 $w(x)$, 在半

径为 $\dfrac{\varepsilon_0}{2}$、与上述球有相同中心 P 的球中的任意一点 x 处有估计

$$w(x) < K_1 w(P), \tag{3.61}$$

其中 K_1 仅与空间 $\mathbb{R}_x^n$ 的维数有关. 接连应用估计式 (3.61) 于球 $Q_1', Q_2', \cdots, Q_{N'}'$, 得到

$$w(P_1') \leqslant K_1^{N'} w(P_1). \tag{3.62}$$

考虑到已得到不等式 (3.59) 与 (3.60), 由估计 (3.62) 得出

$$M - \delta M_2 \leqslant K_1^{N'} w(P_1),$$

因此

$$\max_{\overline{\Omega}} w = M \leqslant \delta M_2 (1 + K_1^{N'}).$$

如前面所证明的, 常数 $M_1 = \delta M_2(1 + K_1^{N'})$ 仅与区域 Ω 有关. 定理证毕. □

我们现在来证明第三边值问题 (3.1), (3.23) 解的唯一性以及解对边界函数的连续依赖性.

定理 29 设 $u(x)$ 是 Ω 内的调和函数, $\partial\Omega \in A^1, u(x) \in C^1(\overline{\Omega})$ 并且 $\left.\left(\dfrac{\partial u}{\partial \nu} + au\right)\right|_{\partial\Omega} = \psi$, 其中 $a \geqslant a_0 > 0$, a_0 为一常数. 那么在 Ω 内

$$|u(x)| \leqslant \frac{1}{a_0} \max_{\partial\Omega} |\psi|. \tag{3.63}$$

证明 考虑 $\partial\Omega$ 上的点 P, 在这一点 $|u(x)|$ 取最大值. 如果 $u \not\equiv 0$, 在点 P, 函数 $u(x)$ 或者取最大正值, 或者取最小负值. 在第一种情形, 在点 P, $\dfrac{\partial u}{\partial \nu} \geqslant 0$, 所以 $a(P)u(P) \leqslant \psi(P)$, $u(P) \leqslant \dfrac{1}{a_0} \max\limits_{\partial\Omega} |\psi|$. 在 $u(P)$ 等于最小负值时

$$\frac{\partial u}{\partial \nu}(P) \leqslant 0, a(P)u(P) \geqslant \psi(P), |u(P)| \leqslant -\frac{\psi(P)}{a(P)} \leqslant \frac{1}{a_0} \max_{\partial\Omega} |\psi|.$$

不等式 (3.63) 得证. □

显然, 当 $\psi = 0$ 时, 从不等式 (3.63) 得出 $u \equiv 0$, 这就证明了第三边值问题的唯一性.

3.8 导数的先验估计. 解析性

在 Ω 内调和的函数 $u(x)$ 的无穷次可微性已在 3.5 节证明了. 结果是, 在 Ω 内调和的函数可以在任意点 $x^0 \in \Omega$ 的邻域内表示成按 $x_1 - x_1^0, \cdots, x_n - x_n^0$ 为幂的幂级数. 即 $u(x)$ 在 Ω 内是自变量 $x_1, \cdots, x_n$ 的解析函数. 解析函数这个极好的性质

对整个一类具有解析系数的椭圆型方程都成立. 这一断言在 C. H. 伯恩斯坦 (C. H. Бернштейн, S. N. Bernstein)、H. 勒维 (H. Lewy) 和 И. Г. 彼得罗夫斯基的工作中对不同类型的椭圆型方程给出了证明, 是对 D. 希尔伯特在他提出的第 19 个问题的回答. D. 希尔伯特在叙述第 19 个问题时写道: "我认为, 在解析函数的基础理论中最值得注意的一个事实是, 存在着这样的偏微分方程, 它们的所有积分必为其自变量的解析函数: 简言之, 这些方程仅容许有解析解." (参看 [17].)

在这里, 我们来证明, 在 Ω 内调和的函数 $u(x)$ 的关于点 $x^0 \in \Omega$ 的泰勒级数在点 x^0 的某个邻域中收敛到 $u(x)$. 首先我们得到调和函数的导数的估计.

定理 30 (导数的先验估计) 设 $u(x)$ 是 $C^0(\overline{\Omega})$ 类中在 Ω 内的调和函数. 设区域 $\Omega_1 \subset \Omega$ 并且 Ω_1 与 $\partial\Omega$ 之间的距离等于 d, 同时 $d \neq 0$. 那么在点 $x \in \Omega_1$ 当 $|\alpha| = k$ 时

$$|\mathcal{D}^\alpha u(x)| \leqslant \left(\frac{nk}{d}\right)^k \max_{\partial\Omega} |u|, \tag{3.64}$$

其中 $\alpha = (\alpha_1, \cdots, \alpha_n)$, $\mathcal{D}_{x_j} = \dfrac{\partial}{\partial x_j}$, $\mathcal{D}^\alpha = \mathcal{D}_{x_1}^{\alpha_1} \cdots \mathcal{D}_{x_n}^{\alpha_n}$, $|\alpha| = \alpha_1 + \cdots + \alpha_n$, k 是任意一个正整数.

证明 在 3.5 节已证明了 $u(x)$ 是在 Ω 内无穷次可微的函数. 因为 $\Delta\mathcal{D}^\alpha u = \mathcal{D}^\alpha \Delta u = 0$, 于是 $\mathcal{D}^\alpha u$ 对任何 α 是 Ω 内调和的函数. 首先证明, 若 $Q_R^{x^0} \subset \Omega$, 则

$$|\mathcal{D}_{x_j} u(x^0)| \leqslant \frac{n}{R} \max_{\overline{Q}_R^{x^0}} |u|, \quad j = 1, \cdots, n. \tag{3.65}$$

实际上, 因为 $\mathcal{D}_{x_j} u$ 同样是在 $Q_R^{x^0}$ 内的调和函数, 且在 $\overline{Q}_R^{x^0}$ 上连续, 那么根据对球的平均值定理 (参看 3.5 节)

$$\mathcal{D}_{x_j} u(x^0) = \frac{1}{\kappa_n R^n} \int\limits_{Q_R^{x^0}} \mathcal{D}_{x_j} u(x) dx,$$

其中 $\kappa_n R^n$ 为球 $Q_R^{x^0}$ 的体积, 依照高斯 – 奥斯特洛格拉茨基公式, 得到

$$\mathcal{D}_{x_j} u(x^0) = \frac{1}{\kappa_n R^n} \int\limits_{S_R^{x^0}} u\nu_j dS,$$

其中 $\nu = (\nu_1, \cdots, \nu_n)$ 是 $S_R^{x^0}$ 的单位外法向量. 由所得等式推出

$$|\mathcal{D}_{x_j} u(x^0)| \leqslant \frac{\omega_n R^{n-1}}{\kappa_n R^n} \max_{\overline{Q}_R^{x^0}} |u| = \frac{n}{R} \max_{\overline{Q}_R^{x^0}} |u|,$$

因为

$$\kappa_n R^n = \int\limits_0^R \omega_n \rho^{n-1} d\rho = \omega_n \frac{R^n}{n}.$$

为了证明定理 30, 我们来构造一连串的区域 $\Omega_1,\cdots,\Omega_{k+1}$, 使得 $\Omega_{k+1}=\Omega,\Omega_j\subset\Omega_{j+1},\Omega_j$ 与 $\partial\Omega_{j+1}$ 之间的距离等于 $\dfrac{d}{k}$, $j=1,\cdots,k$. 对属于 Ω_j 的任意的点 x^0, 球 $Q^{x^0}_{\frac{d}{k}}$, 包含于 Ω_{j+1} 之内, 所以根据不等式 (3.65)

$$\max_{\overline{\Omega}_j}|\mathcal{D}^\alpha u|\leqslant\frac{nk}{d}\max_{\overline{\Omega}_{j+1}}|\mathcal{D}^{\alpha'}u|,$$

其中 $|\alpha|=k-j+1$, $|\alpha'|=k-j$, $j=1,\cdots,k$, 并且对某个 l, $1\leqslant l\leqslant n$, $\mathcal{D}^\alpha u=\dfrac{\partial}{\partial x_l}\mathcal{D}^{\alpha'}u$. 接连地考虑当 $j=1,\cdots,k$ 时的这些不等式, 并应用第 $j-1$ 个不等式于估计第 j 个不等式, 当 $|\alpha|=k$ 得到

$$\max_{\overline{\Omega}_j}|\mathcal{D}^\alpha u|\leqslant\left(\frac{nk}{d}\right)^k\max_{\overline{\Omega}_{k+1}}|u|,$$

这就是所要证明的. □

定理 31 (导数的积分先验估计) 设 $u(x)\in C^2(\Omega)\cap L_2(\Omega)$, 在 Ω 内 $\Delta u=f$, $f\in L_2(\Omega)$. 设区域 Ω_1 使 $\overline{\Omega}_1\subset\Omega$. 那么

$$\int\limits_{\Omega_1}\sum_{j=1}^n\left(\frac{\partial u}{\partial x_j}\right)^2dx\leqslant C\int\limits_{\Omega}u^2dx+\int\limits_{\Omega}f^2dx,\tag{3.66}$$

其中常数 C 仅与区域 Ω 及 Ω_1 有关.

证明 构造函数 $\varphi(x)$ 使得在 Ω_1 内 $\varphi(x)=1$, 在 Ω 内 $1\geqslant\varphi\geqslant 0$, 并且 $\varphi\in C_0^\infty(\Omega)$ (参看 1.2 节). 将方程 $\Delta u=f$ 乘以 $u\varphi$ 后将其在 Ω 上积分. 得到

$$\int\limits_\Omega\varphi u\Delta udx=\int\limits_\Omega\varphi ufdx.$$

用分部积分变换上式左端. 因为在 $\partial\Omega$ 上 $\varphi=0$, 则

$$-\int\limits_\Omega\varphi\sum_{j=1}^n\left(\frac{\partial u}{\partial x_j}\right)^2dx-\int\limits_\Omega u\sum_{j=1}^n\frac{\partial\varphi}{\partial x_j}\frac{\partial u}{\partial x_j}=\int\limits_\Omega\varphi ufdx.$$

应用初等不等式 $ab\leqslant\dfrac{\varepsilon}{2}a^2+\dfrac{1}{2\varepsilon}b^2$, $\varepsilon>0$ 及不等式 $\left(\dfrac{\partial\varphi}{\partial x_j}\right)^2\leqslant C_1\varphi$ (参看 (1.10)), 得到

$$\begin{aligned}&\int\limits_\Omega\varphi\sum_{j=1}^n\left(\frac{\partial u}{\partial x_j}\right)^2dx\\ \leqslant&\frac{\varepsilon}{2}\int\limits_\Omega\sum_{j=1}^n\left(\frac{\partial\varphi}{\partial x_j}\right)^2\left(\frac{\partial u}{\partial x_j}\right)^2dx+\frac{1}{2\varepsilon}\int\limits_\Omega nu^2dx+\frac12\int\limits_\Omega\varphi^2u^2dx+\frac12\int\limits_\Omega f^2dx\\ \leqslant&\frac{\varepsilon C_1}{2}\int\limits_\Omega\varphi\sum_{j=1}^n\left(\frac{\partial u}{\partial x_j}\right)^2dx+\int\limits_\Omega\left(\frac{n}{2\varepsilon}+\frac{\varphi^2}{2}\right)u^2dx+\frac12\int\limits_\Omega f^2dx.\end{aligned}$$

设 $\varepsilon = \dfrac{1}{C_1}$. 那么, 因为在 Ω 内 $1 \geqslant \varphi \geqslant 0$, 在 Ω_1 内 $\varphi = 1$, 则

$$\int\limits_{\Omega_1} \sum_{j=1}^{n} \left(\frac{\partial u}{\partial x_j}\right)^2 dx \leqslant C \int\limits_{\Omega} u^2 dx + \int\limits_{\Omega} f^2 dx,$$

其中 $C = C_1 n + 1$. 定理证毕. □

显然, 借助于不等式 (3.66) 可以得出在区域 Ω 的闭子域 $\overline{\Omega}_1$ 中. 在 L_2 范数下泊松方程 $\Delta u = f$ 的解 $u(x)$ 的任意阶导数的先验估计, 因为在 Ω 内 $\Delta \mathcal{D}^\alpha u = \mathcal{D}^\alpha \Delta u = \mathcal{D}^\alpha f$. 与定理 31 的证明类似, 可得到: 对任意 $k \geqslant 1$, 若 $u \in C^{k+2}(\Omega) \cap L_2(\Omega)$ 且 $f \in H^{k-1}(\Omega)$

$$\int\limits_{\Omega_1} \sum_{|\alpha|=k} |\mathcal{D}^\alpha u|^2 dx \leqslant C_k \left[\int\limits_{\Omega} u^2 dx + \int\limits_{\Omega} \sum_{|\alpha'|\leqslant k-1} |\mathcal{D}^{\alpha'} f|^2 dx \right].$$

常数 C_k 仅与 k 及区域 Ω 与 Ω_1 有关; $\overline{\Omega}_1 \subset \Omega$.

定理 32 (调和函数的解析性) 在区域 Ω 内调和的函数 $u(x)$ 是 Ω 内的解析函数, 即在任意一点 $x^0 \in \Omega$ 的某个邻域内, 函数 $u(x)$ 可表为收敛幂级数.

证明 因为函数 $u(x)$ 在 Ω 内无穷次可微 (参看 3.5 节), 则依照泰勒公式

$$u(x) = \sum_{|\alpha|<m} \frac{\mathcal{D}^\alpha u(x^0)}{\alpha!}(x - x^0)^\alpha + \sum_{|\alpha|=m} \frac{\mathcal{D}^\alpha u(\widetilde{x})}{\alpha!}(x - \widetilde{x})^\alpha,$$

其中 $\alpha = (\alpha_1, \cdots, \alpha_n)$, $\alpha! \equiv \alpha_1! \cdots \alpha_n!$, $|\alpha| = \alpha_1 + \cdots + \alpha_n$,

$$(x - x^0)^\alpha \equiv (x_1 - x_1^0)^{\alpha_1} \cdots (x_n - x_n^0)^{\alpha_n},$$

m 是任意的正整数, $x \in Q_\rho^{x^0}$, $\widetilde{x} \in Q_\rho^{x^0}$, $\rho > 0$ 是如此之小, 使得 $Q_{2\rho}^{x^0} \subset \Omega$. 我们来证明: 如果 $\widetilde{x} \in Q_\rho^{x^0}$, $|x - x^0| < \varepsilon$, 并且 $\varepsilon < \rho$ 可选择使得与 m 无关, 当 $m \to \infty$ 时函数

$$\gamma_m(x, \widetilde{x}) = \sum_{|\alpha|=m} \frac{\mathcal{D}^\alpha u(\widetilde{x})}{\alpha!}(x - \widetilde{x})^\alpha$$

趋于零. 根据牛顿公式我们有

$$(x_1 + \cdots + x_n)^m = \sum_{|\alpha|=m} \frac{m! x^\alpha}{\alpha!}.$$

假设在这个等式中 $x_1 = \cdots = x_n = 1$, 得到

$$n^m = m! \sum_{|\alpha|=m} \frac{1}{\alpha!}. \tag{3.67}$$

为了估计 $\gamma_m(x,\widetilde{x})$, 应用在定理 30 中所得到的调和函数的导数的估计. 根据这个定理, 当 $|\alpha|=m$ 及 $\widetilde{x}\in Q_\rho^{x^0}$ 时

$$|\mathcal{D}^\alpha u(\widetilde{x})|\leqslant\left(\frac{nm}{\rho}\right)^m\max_{\overline{Q}_{2\rho}^{x^0}}|u|.$$

注意到等式 (3.67), 得到

$$|\gamma_m(x,\widetilde{x})|\leqslant\left(\frac{nm}{\rho}\right)^m|x-x^0|^m\max_{\overline{Q}_{2\rho}^{x^0}}|u|\sum_{|\alpha|=m}\frac{1}{\alpha!}\leqslant\left(\frac{n^2|x-x^0|}{\rho}\right)^m\frac{m^m}{m!}\max_{\overline{Q}_{2\rho}^{x^0}}|u|.$$

依照斯特林公式 (参看 [18], 422 页)

$$m^m\leqslant m!e^m.$$

因此

$$|\gamma_m(x,\widetilde{x})|\leqslant(n^2|x-x^0|e\rho^{-1})^m\max_{\overline{Q}_{2\rho}^{x^0}}|u|.$$

如果 $|x-x^0|<\varepsilon$ 且选择 $\varepsilon>0$ 使得 $n^2\varepsilon e\rho^{-1}<1$, 那么容易看出, 当 $m\to\infty$ 及 $|x-x^0|<\varepsilon$ 时 $|\gamma_m(x,\widetilde{x})|\to 0$. 所以当 $\varepsilon<\rho(n^2e)^{-1}$ 时, 在点 x^0 的邻域 $Q_\varepsilon^{x^0}$ 内函数 $u(x)$ 可表为幂 $(x-x^0)$ 的泰勒级数, 因为

$$\left|u(x)-\sum_{|\alpha|\leqslant m}\frac{\mathcal{D}^\alpha u(x^0)}{\alpha!}(x-x^0)^\alpha\right|=|\gamma_m(x,\widetilde{x})|$$

并且当 $|x-x^0|<\varepsilon,\ \widetilde{x}\in Q_\rho^{x^0}$, 当 $m\to\infty$ 时 $\gamma_m(x,\widetilde{x})$ 对 $x,\widetilde{x}$ 一致地趋于零. □

定理 33 (关于解析延拓) 设 $u(x)$ 在区域 Ω 内调和, $u(x)\in C^0(\overline{\Omega})$, 并设 $\Omega_1\subset\Omega$, Ω_1 与 $\partial\Omega$ 之间的距离不小于 2ρ, 其中 $\rho>0$ 为一常数. 那么 $u(x)$ 可以在形如 $Q_\delta(\Omega_1)=\{x+iy;\ x\in\Omega_1,|y|<\delta\}$ 的区域内对复值 $x_j+iy_j,\ j=1,\cdots,n,\ x\in\mathbb{R}_x^n,\ y\in\mathbb{R}_y^n$, 解析延拓, 其中 $\delta=\dfrac{\rho}{2n^2e}$, 并且对延拓 $u(x+iy)$ 成立如下估计:

$$\sup_{Q_\delta(\Omega_1)}|u|\leqslant 2\sup_{\Omega}|u|. \tag{3.68}$$

证明 在证明定理 32 时我们证明了, 函数 $u(x)$ 在点 $x^0\in\Omega$ 的邻域中可表为幂级数, 只要从点 x^0 到区域 Ω 的边界的距离不小于 2ρ, 其收敛半径不小于 $\rho(2n^2e)^{-1}$. 由所得到的对 $\gamma_m(x,\widetilde{x})$ 的估计推出, 泰勒级数

$$u(x)=\sum_{|\alpha|<m}\frac{\mathcal{D}^\alpha u(x^0)}{\alpha!}(x-x^0)^\alpha \tag{3.69}$$

以形如

$$\max_{\overline{Q}_{2\rho}^{x^0}}|u|\sum_{m=0}^{\infty}\left(n^2e\rho^{-1}|x-x^0|\right)^m$$

的幂级数为强级数. 所以, 当 $|x-x^0|\leqslant\rho(2n^2e)^{-1}$ 时

$$|u(x)|\leqslant 2\max_{\overline{Q}_{2\rho}^{x^0}}|u|. \tag{3.70}$$

显然, 级数 (3.69) 同样对于复值 $x=(x_1,\cdots,x_n)$ 当 $\left(\sum\limits_{j=1}^{n}|x_j-x_j^0|^2\right)^{\frac{1}{2}}\leqslant\rho(2n^2e)^{-1}=\delta$ 时是确定的, 并且对这样一些复值 x, 估计式 (3.70) 成立. 在区域 $Q_\delta(\Omega_1)$ 内, 级数 (3.69) 给出复变量 $x_j+iy_j(j=1,\cdots,n,x\in\mathbb{R}_x^n,y\in\mathbb{R}_y^n)$ 的解析函数. □

由定理 33 可以引出一系列有价值的推论. 这里我们举出其中之一.

推论 3 (定理 33 的推论) 设在区域 Ω 内确定了方程

$$\Delta u_\mu-\mu^2u_\mu=0 \tag{3.71}$$

的解 $u_\mu(x)$, 其中 $\mu>0$ 为一常数, $u_\mu\in C^0(\overline{\Omega})\cap C^2(\Omega)$. 设区域 $\Omega_1\subset\Omega$, 从 $\overline{\Omega}_1$ 到 $\partial\Omega$ 的距离不小于 2ρ. 那么

$$\sup_{\Omega_1}|u_\mu|\leqslant 2e^{-\delta\mu}\sup_{\Omega}|u_\mu|, \quad 其中 \quad \delta=\rho(2(n+1)^2e)^{-1}.$$

证明 我们注意到, 定理 33 对于在 Ω 内的拉普拉斯方程的复值解成立, 因为这样的解的实部与虚部是 Ω 内的调和函数. 如果 u_μ 是方程 (3.71) 在 Ω 内的解, 那么 $v(x_0,x)=\exp\{i\mu x_0\}u_\mu(x)$ 是拉普拉斯方程

$$\sum_{j=0}^{n}\frac{\partial^2 v}{\partial x_j^2}=0$$

在属于空间 $\mathbb{R}_{x_0,x}^{n+1}$ 的区域 $g=\Omega\times\{|x_0|<4\rho\}$ 的解. 引入表示

$$g_1=\Omega_1\times\{|x_0|<2\rho\}.$$

根据定理 33

$$e^{\delta_\mu}\sup_{\Omega_1}|u_\mu|\leqslant\sup_{Q_\delta(g_1)}|v|\leqslant 2\sup_{g}|v|, \quad \delta=\frac{\rho}{2(n+1)^2e}.$$

由此推出

$$\sup_{\Omega_1}|u_\mu|\leqslant 2e^{-\delta\mu}\sup_{\Omega}|u_\mu|.$$

这个估计指明方程 (3.71) 在 Ω 内关于 μ 一致有界解当在 Ω_1 内 $\mu\to\infty$ 时的递降特征.

3.9 刘维尔定理和弗拉格门 – 林德勒夫定理

在复变函数论中, 有关给定在 z 平面上所有的点处按模有界的解析函数 $w(z)$ 等于常数的刘维尔 (J. Liouville) 定理是熟知的. 对于在空间 $\mathbb{R}^n_x$ 中调和的函数成立类似的断言.

定理 34 (刘维尔) 设对于在全空间 $\mathbb{R}^n_x$ 中调和的函数 $u(x)$, 对任意 $x \in \mathbb{R}^n_x$ 成立不等式

$$|u(x)| \leqslant C_1(1 + |x|^m), \tag{3.72}$$

其中 C_1 与 m 是某些非负常数. 那么 $u(x)$ 是关于 $x_1, \cdots, x_n$ 的、次数不超过 m 的整数部分的多项式.

证明 应用在 3.8 节定理 30 中得到的调和函数的导数的估计. 取中心在坐标原点、半径为 $R+\rho$ 的球 $Q^0_{R+\rho}$ 作为区域 Ω, 而取球 Q^0_R 作为区域 Ω_1. 设 $k = [m] + 1$, 其中 $[m]$ 表示 m 的整数部分. 根据估计 (3.64), 当 $|\alpha| = k$ 及任意 $\rho > 0$, 我们有

$$\max_{\overline{Q}^0_R} |\mathcal{D}^\alpha u| \leqslant \left(\frac{nk}{\rho}\right)^k \max_{\overline{Q}^0_{R+\rho}} |u| \leqslant (nk)^k \rho^{-k} C_1(1 + (R+\rho)^m). \tag{3.73}$$

因为 $k > m$, 那么上述不等式 (3.73) 的右端当 $\rho \to \infty$ 并且任意固定 R 时趋于零. 因此. 对任意 $R > 0$ 及 $|\alpha| = [m] + 1$

$$\max_{\overline{Q}^0_R} |\mathcal{D}^\alpha u| = 0,$$

这就意味着, 在 $\mathbb{R}^n_x$ 中当 $|\alpha| = [m] + 1$ 时 $\mathcal{D}^\alpha u \equiv 0$. 于是 $u(x)$ 是次数不超过 $[m]$ 的多项式. 定理证毕. □

推论 4 按模有界在全空间 $\mathbb{R}^n_x$ 中调和的函数 $u(x)$ 等于常数.

实际上, 在这种情况下, 条件 (3.72) 在 $m = 0$ 时成立, 所以根据定理 34, u 在 $\mathbb{R}^n_x$ 中恒等于常数.

附注 2 同样地, 如同已证明的定理 34, 我们得到如下断言:

如果对于在全空间 $\mathbb{R}^n_x$ 中调和的函数 $u(x)$, 对充分大的 ρ 成立条件

$$\sup_{Q^0_\rho} |u(x)| \leqslant C_1(1 + \rho^m) a(\rho),$$

其中 C_1 为常数, m 为正整数, 函数 $a(\rho)$ 当 $\rho \to \infty$ 时趋于零, 那么 $u(x)$ 是次数不超过 $m - 1$ 的多项式.

刘维尔定理可在减弱条件 (3.72) 的方向作如下推广.

定理 35 设在全空间 $\mathbb{R}_x^n$ 中调和的函数 $u(x)$, 对任意 $x \in \mathbb{R}_x^n$ 成立如下不等式:

$$u(x) \geqslant -C_1(1+|x|^m), \tag{3.74}$$

其中 C_1 与 m 是非负常数. 那么 $u(x)$ 是关于 $x_1, \cdots, x_n$ 的次数不超过 m 的整数部分的多项式.

证明 首先对 $m=0$ 的情形证明定理. 在这种情形得到经典的刘维尔定理: 定义在全空间 $\mathbb{R}_x^n$ 中的非负的调和函数 $u(x)$ 等于常数. 如果 $u(x) > -C_1$, C_1 为常数, 那么 $v(x) = u(x) + C_1 > 0$, 并且 $v(x)$ 是 $\mathbb{R}_x^n$ 中的调和函数. 根据对调和函数 $\dfrac{\partial v}{\partial x_j}$ 当任意 $\rho > 0$ 时及对任意点 $x^0 \in \mathbb{R}_x^n$ 关于球的平均值定理, 有

$$\mathcal{D}_{x_j} v(x^0) = \frac{1}{\kappa_n \rho^n} \int\limits_{Q_\rho^{x^0}} \frac{\partial v}{\partial x_j} dx = \frac{1}{\kappa_n \rho^n} \int\limits_{S_\rho^{x^0}} v \nu_j dS, \quad j = 1, \cdots, n. \tag{3.75}$$

因为 $v(x)$ 是正函数, 那么依照已知的对于积分的中值定理有

$$\int\limits_{S_\rho^{x^0}} v \nu_j dS = \nu_j(\theta) \int\limits_{S_\rho^{x^0}} v dS, \tag{3.76}$$

其中 θ 是球面 $S_\rho^{x^0}$ 上的某个点. 所以, 应用对于调和函数 $v(x)$ 关于球面的平均值定理, 并应用等式 (3.75) 与 (3.76), 得到

$$\mathcal{D}_{x_j} v(x^0) = \frac{1}{\kappa_n \rho^n} \int\limits_{S_\rho^{x^0}} v \nu_j dS = \frac{\nu_j(\theta) n}{\rho} v(x^0).$$

于是当任意 $\rho > 0$ 及 $x^0 \in \mathbb{R}_x^n$

$$\mathcal{D}_{x_j} v(x^0) = \frac{\nu_j(\theta) n}{\rho} v(x^0), \quad j = 1, \cdots, n.$$

令 ρ 趋于无穷大, 我们得到 $\mathcal{D}_{x_j} v(x^0) = 0$, $j = 1, \cdots, n$, 因而在 $\mathbb{R}_x^n$ 中 u 恒等于常数.

其次, 我们来证明在 $[m] = 1$ 的情形时的定理 35. 任意 $m > 0$ 的情形是完全类似的. 对于当 $|\alpha| = 2$ 时的调和函数 $\mathcal{D}^\alpha u$, 对球应用平均值定理并应用高斯 – 奥斯特洛格拉茨基公式, 若 $\mathcal{D}^\alpha u = \dfrac{\partial^2 u}{\partial x_l \partial x_j}$, 得到

$$\mathcal{D}^\alpha u(x^0) = \frac{1}{\kappa_n \rho^n} \int\limits_{Q_\rho^{x^0}} \mathcal{D}^\alpha u dx = \frac{1}{\kappa_n \rho^n} \int\limits_{S_\rho^{x^0}} \frac{\partial u(x')}{\partial x_j} \nu_l(x') dS'.$$

其次, 对 $\dfrac{\partial u(x')}{\partial x_j}$ 应用类似于 (3.75) 的公式. 我们有

$$\mathcal{D}^\alpha u(x^0) = \frac{1}{\kappa_n \rho^n} \int\limits_{S_\rho^{x^0}} \left(\frac{1}{\kappa_n \rho^n} \int\limits_{S_\rho^{x'}} u(x'') \nu_j(x'') dS'' \right) \nu_l(x') dS'. \tag{3.77}$$

等式 (3.77) 可记为如下形式:

$$\mathcal{D}^\alpha u(x^0)=\frac{1}{(\kappa_n\rho^n)^2}\int\limits_{S_\rho^{x^0}}\int\limits_{S_\rho^{x'}}u(x'')\nu_j(x'')\nu_l(x')dS''dS'$$

$$=\frac{1}{(\kappa_n\rho^n)^2}\left[\int\limits_{S_\rho^{x^0}}\int\limits_{S_\rho^{x'}}[u(x'')+C_1(1+|x''|^m)]\nu_j(x'')\nu_l(x')dS''dS'\right.$$

$$\left.-\int\limits_{S_\rho^{x^0}}\int\limits_{S_\rho^{x'}}C_1(1+|x''|^m)\nu_j(x'')\nu_l(x')dS''dS'\right].$$

因为依照假设 $u(x)+C_1(1+|x|^m)\geqslant 0$, 那么, 借助于积分的中值定理, 得到

$$\mathcal{D}^\alpha u(x^0)=\frac{1}{(\kappa_n\rho^n)^2}\nu_j(\theta'')\nu_l(\theta')\int\limits_{S_\rho^{x^0}}\int\limits_{S_\rho^{x'}}[u(x'')+C_1(1+|x''|^m)]dS''dS'$$

$$-\frac{1}{(\kappa_n\rho^n)^2}\int\limits_{S_\rho^{x^0}}\int\limits_{S_\rho^{x'}}C_1(1+|x''|^m)\nu_j(x'')\nu_l(x')dS''dS',\quad \theta''\in S_\rho^{x'},\theta'\in S_\rho^{x^0}.\quad(3.78)$$

应用对于调和函数 $u(x)$ 关于球面的平均值定理, 由 (3.78) 式推出

$$\mathcal{D}^\alpha u(x^0)=\frac{1}{(\kappa_n\rho^n)^2}\nu_j(\theta'')\nu_l(\theta')\omega_n^2\rho^{2n-2}u(x^0)$$

$$+\frac{1}{(\kappa_n\rho^n)^2}\int\limits_{S_\rho^{x^0}}\int\limits_{S_\rho^{x'}}C_1(1+|x''|^m)[\nu_j(\theta'')\nu_l(\theta')-\nu_j(x'')\nu_l(x')]dS''dS'.$$

由此得出, 当 $|\alpha|=2$ 及对任意 $\rho>0$

$$|\mathcal{D}^\alpha u(x^0)|\leqslant\frac{n^2}{\rho^2}|u(x^0)|+2\frac{n^2}{\rho^2}C_1(1+(|x^0|+2\rho)^m).$$

因为 $m<2$, 那么当 $\rho\to\infty$ 及固定 x^0 时, 不等式右端趋于零. 因此, 对任意 $x^0\in\mathbb{R}_x^n$ 及任意的 α, 如果 $|\alpha|=2$, $\mathcal{D}^\alpha u(x^0)=0$. 这表明 $u(x)$ 是不高于 $x_1,\cdots,x_n$ 的一次幂的多项式. □

对于调和函数成立与对复变量 z 的解析函数的弗拉格门 – 林德勒夫 (Phragmén-Lindelöf) 定理 (参看 [16]) 类似的定理. 我们也称对于调和函数的这个定理为弗拉格门 – 林德勒夫定理.

定理 36 设在层[①] $\Omega_\infty=\{x;0<x_n<\pi h\}$ 内给定 $C^0(\overline{\Omega}_\infty)$ 类调和函数 $u(x)$,

①原书在此处用的俄文词是 "слой", 该词在数学的不同分支中含义不同, 由于此词在本书以后多次出现, 姑且译为 "层". —— 译者注

同时

$$u(x)|_{x_n=0} \leqslant 0, \quad u(x)|_{x_n=\pi h} \leqslant 0, \tag{3.79}$$

并且对 Ω_∞ 的所有的点

$$u(x) \leqslant C_1 \exp\left\{\frac{1}{h}\sum_{j=1}^{n-1} a_j|x_j|\right\}, \tag{3.80}$$

其中 $h>0,\ a_j>0,\ j=1,\cdots,n-1$, 都为常数, $\sum\limits_{j=1}^{n-1} a_j^2<1,\ C_1>0$ 为常数. 那么在 Ω_∞ 所有的点处 $u \leqslant 0$.

证明 设 $1-\sum\limits_{j=1}^{n-1} a_j^2 = 2\varepsilon > 0$, b_j 为常数 $b_j > a_j$, $j=1,\cdots,n-1$, 以及 $1-\sum\limits_{j=1}^{n-1} b_j^2=\varepsilon$. 考虑在 Ω_∞ 内的调和函数

$$v(x)=\delta\sin\left(\sqrt{1-\varepsilon}\left(\frac{x_n}{h}+\varepsilon_1\right)\right)\sum_\beta \exp\left\{\frac{1}{h}\sum_{j=1}^{n-1}\beta_j x_j\right\},$$

其中 $\delta>0, \varepsilon_1>0$ 都为常数, $\beta=(\beta_1,\cdots,\beta_{n-1})$ 并且 $\sum\limits_\beta$ 是对使 $|\beta_j|=b_j$ $(j=1,\cdots,n-1)$ 这样的 β 求和. 容易看出, 在 Ω_∞ 内

$$\Delta v=\delta\left[-\frac{1}{h^2}(1-\varepsilon)+\frac{1}{h^2}\sum_{j=1}^{n-1}\beta_j^2\right]v=0, \quad \sum_\beta \exp\left\{\frac{1}{h}\sum_{j=1}^{n-1}\beta_j x_j\right\} \geqslant 1.$$

我们来证明对任意 $\delta>0$ 在任意有限区域 $\widetilde{\Omega}\subset\Omega_\infty$

$$u(x) \leqslant v(x). \tag{3.81}$$

可以看出, 如果 ε_1 充分小, 在 Ω_∞ 内函数 $v(x) \geqslant \delta a_0 > 0, \delta a_0$ 为常数. 实际上如果选 ε_1 使得 $\sqrt{1-\varepsilon}(\pi+\varepsilon_1)<\pi$, 则

$$v|_{x_n=0} \geqslant \delta\sin(\sqrt{1-\varepsilon}\cdot\varepsilon_1), \quad v|_{x_n=\pi h} \geqslant \delta\sin(\sqrt{1-\varepsilon}(\pi+\varepsilon_1)).$$

那么可以取 a_0 如下:

$$a_0=\min\{\sin(\sqrt{1-\varepsilon}\cdot\varepsilon_1), \quad \sin(\sqrt{1-\varepsilon}(\pi+\varepsilon_1))\},$$

因为 $v(x) \geqslant \delta\sin\left(\sqrt{1-\varepsilon}\left(\frac{x_n}{h}+\varepsilon_1\right)\right)$. 所以, 由于条件 (3.79), 当 $x_n=0$ 及 $x_n=\pi h$, $u(x) \leqslant v(x)$. 考虑区域 $\Omega_R=\Omega_\infty\cap\{|x|<R\}$. 我们来证明, 如果 R 充分大, 在区

域 Ω_R 边界上不等式 (3.81) 成立. 事实上, 根据条件 (3.80) 有

$$
\begin{aligned}
u(x) &\leqslant C_1 \exp\left\{\frac{1}{h}\sum_{j=1}^{n-1} a_j|x_j|\right\} = C_1 \exp\left\{\frac{1}{h}\sum_{j=1}^{n-1}(a_j-b_j)|x_j|\right\}\exp\left\{\frac{1}{h}\sum_{j=1}^{n-1} b_j|x_j|\right\} \\
&\leqslant C_1 \exp\left\{\frac{1}{h}\sum_{j=1}^{n-1}(a_j-b_j)|x_j|\right\}\sum_{\beta}\exp\left\{\frac{1}{h}\sum_{j=1}^{n-1}\beta_j x_j\right\},
\end{aligned}
$$

因为在和式 $\sum\limits_{\beta}\exp\left\{\frac{1}{h}\sum\limits_{j=1}^{n-1}\beta_j x_j\right\}$ 中至少有一个加项不小于 $\exp\left\{\frac{1}{h}\sum\limits_{j=1}^{n-1} b_j|x_j|\right\}$. 这样的加项对应于 $\beta=(b_1\mathrm{sign}\, x_1,\cdots,b_{n-1}\mathrm{sign} x_{n-1})$. 所以有

$$
\begin{aligned}
u(x) &\leqslant C_1 \exp\left\{\frac{1}{h}\sum_{j=1}^{n-1}(a_j-b_j)|x_j|\right\}\left(\delta\sin\left(\sqrt{1-\varepsilon}\left(\frac{1}{h}x_n+\varepsilon_1\right)\right)\right)^{-1}v(x) \\
&\leqslant C_1(\delta a_0)^{-1}\exp\left\{\frac{1}{h}\sum_{j=1}^{n-1}(a_j-b_j)|x_j|\right\}v(x).
\end{aligned}
$$

因为 $a_j<b_j$, 那么当 $|x|\geqslant R$, 如果 R 充分大,

$$
C_1(\delta a_0)^{-1}\exp\left\{\frac{1}{h}\sum_{j=1}^{n-1}(a_j-b_j)|x_j|\right\}<1.
$$

因此, 对于这样的 R : 在区域 Ω_R 的边界上, 其中 $|x|=R$, 成立不等式 $u(x)\leqslant v(x)$. 于是我们证明了, 只要 R 充分大在 Ω_R 的边界上成立 $u(x)-v(x)\leqslant 0$. 所以根据调和函数在 Ω_R 内的极值原理, 不等式 (3.81) 成立. 因此, 不等式 (3.81) 对任意 $\delta>0$、在 Ω_∞ 的任意有限部分成立. 在不等式 (3.81) 中令 $\delta\to 0$ 而取极限, 便得到在 Ω_∞ 中 $u(x)\leqslant 0$. 这就是所要证明的. □

由定理 36 直接推出如下论断:

定理 37 设对于在层 $\Omega_\infty=\{x; 0<x_n<\pi h\}$ 内属于 $C^0(\overline{\Omega}_\infty)$ 类的调和函数 $u(x)$ 满足条件

$$
\begin{gathered}
u(x)|_{x_n=0}=0,\quad u(x)|_{x_n=\pi h}=0,\\
|u(x)|\leqslant C_1\exp\left\{\frac{1}{h}\sum_{j=1}^{n-1}a_j|x_j|\right\}\qquad \text{在 } \Omega_\infty \text{ 内},
\end{gathered}
$$

其中 $a_j>0$ 为常数, $j=1,\cdots,n-1$, $\sum\limits_{j=1}^{n-1}a_j^2<1$, $C_1>0$, $h>0$ 均为常数. 那么在 Ω_∞ 内有 $u\equiv 0$.

证明 实际上, 如果 $u(x)$ 满足定理 37 的条件, 那么对于 $u(x)$ 及对于 $-u(x)$, 定理 36 的条件成立. 所以在 Ω_∞ 内有 $u(x)\leqslant 0$ 及 $-u(x)\leqslant 0$, 由此推出在 Ω_∞ 内 $u\equiv 0$. □

可以看出, 在定理 36 与 37 中条件 $\sum\limits_{j=1}^{n-1}a_j^2<1$ 不能用条件 $\sum\limits_{j=1}^{n-1}a_j^2=1$ 代替, 因为当 $\sum\limits_{j=1}^{n-1}a_j^2=1$ 时, 在 Ω_∞ 中存在调和函数

$$u(x)=\sin\frac{x_n}{h}\exp\left\{\frac{1}{h}\sum_{j=1}^{n-1}a_jx_j\right\}\not\equiv 0,$$

它在 $x_n=0$ 及 $x_n=\pi h$ 时等于零.

下述定理是经典的弗拉格门－林德勒夫定理另一个推广. 在这个定理中, 对充分大的 $|x|$ 值, 解的性状的条件以积分的形式给定.

定理 38 设在无穷柱体

$$\Omega_\infty=\{x;\ x'\in\Omega',\ -\infty<x_n<+\infty\}$$

内给定 $C^1(\overline{\Omega}_\infty)$ 类调和函数 $u(x)$, 其中 $x'=(x_1,\cdots,x_{n-1})$, Ω' 是空间 $\mathbb{R}_x^{n-1}$ 中的有界区域. 假定

$$u|_{\partial\Omega_\infty}=0$$

以及对任意的 $R>0$ 满足条件

$$\int\limits_{\Omega_R}\sum_{j=1}^{n}\left(\frac{\partial u}{\partial x_j}\right)^2dx\leqslant a(R)\exp\left\{\frac{2\pi}{d}R\right\},\tag{3.82}$$

其中 $\Omega_R=\Omega_\infty\cap\{x;|x_n|<R\}$, 当 $R\to\infty$ 时函数 $a(R)\to 0$, d 为空间 $\mathbb{R}_{x'}^{n-1}$ 中 n 维平行六面体最小的棱长, 使得 Ω' 含于此 n 维平行六面体内. 那么在 Ω_∞ 内 $u\equiv 0$.

证明 记

$$\Omega'_{R+}=\Omega_\infty\cap\{x;x_n=R\},\quad \Omega'_{R-}=\Omega_\infty\cap\{x;x_n=-R\},\quad \Omega'_R=\Omega'_{R+}\cup\Omega'_{R-}.$$

根据格林公式 (1.5), 对任意 $R>0$ 有

$$0=\int\limits_{\Omega_R}u\Delta u dx=-\int\limits_{\Omega_R}\sum_{j=1}^{n}\left(\frac{\partial u}{\partial x_j}\right)^2dx+\int\limits_{\Omega'_{R+}}u\frac{\partial u}{\partial x_n}dx'-\int\limits_{\Omega'_{R-}}u\frac{\partial u}{\partial x_n}dx'.$$

由此推出

$$\int\limits_{\Omega_R}\sum_{j=1}^{n}\left(\frac{\partial u}{\partial x_j}\right)^2dx\leqslant\int\limits_{\Omega'_R}|u|\left|\frac{\partial u}{\partial x_n}\right|dx'\leqslant\left(\int\limits_{\Omega'_R}u^2dx'\right)^{\frac12}\left(\int\limits_{\Omega'_R}\left|\frac{\partial u}{\partial x_n}\right|^2dx'\right)^{\frac12}.$$

下面将证明成立如下估计:

$$\int\limits_{\Omega'_R} u^2 dx' \leqslant \frac{d^2}{\pi^2} \int\limits_{\Omega'_R} \sum_{j=1}^{n-1} \left(\frac{\partial u}{\partial x_j}\right)^2 dx'.$$

所以我们有

$$\begin{aligned}
\int\limits_{\Omega_R} \sum_{j=1}^{n} \left(\frac{\partial u}{\partial x_j}\right)^2 dx &\leqslant \frac{d}{\pi} \left(\int\limits_{\Omega'_R} \sum_{j=1}^{n-1} \left(\frac{\partial u}{\partial x_j}\right)^2 dx'\right)^{\frac{1}{2}} \left(\int\limits_{\Omega'_R} \left|\frac{\partial u}{\partial x_n}\right|^2 dx'\right)^{\frac{1}{2}} \\
&\leqslant \frac{d}{2\pi} \left[\int\limits_{\Omega'_R} \sum_{j=1}^{n-1} \left(\frac{\partial u}{\partial x_j}\right)^2 dx' + \int\limits_{\Omega'_R} \left|\frac{\partial u}{\partial x_n}\right|^2 dx'\right] \\
&= \frac{d}{2\pi} \int\limits_{\Omega'_R} \sum_{j=1}^{n} \left(\frac{\partial u}{\partial x_j}\right)^2 dx'.
\end{aligned}$$

记 $\mathcal{F}(R) = \int\limits_{\Omega_R} \sum\limits_{j=1}^{n} \left(\frac{\partial u}{\partial x_j}\right)^2 dx$. 那么从上述不等式推出, $\mathcal{F}(R) \leqslant \frac{d}{2\pi}\frac{\partial \mathcal{F}}{\partial R}, \frac{\partial \ln\mathcal{F}}{\partial R} \geqslant \frac{2\pi}{d}$. 对后一不等式, 从 R_0 到 R 关于 R 积分, 如果 $u \not\equiv 0$, 可得估计

$$\ln\mathcal{F}(R) - \ln\mathcal{F}(R_0) \geqslant \frac{d}{2\pi}(R - R_0), \quad \mathcal{F}(R_0) \leqslant \exp\left\{-\frac{2\pi}{d}(R - R_0)\right\} \mathcal{F}(R)$$

或

$$\int\limits_{\Omega_{R_0}} \sum_{j=1}^{n} \left(\frac{\partial u}{\partial x_j}\right)^2 dx \leqslant \exp\left\{-\frac{2\pi}{d}(R - R_0)\right\} \int\limits_{\Omega_R} \sum_{j=1}^{n} \left(\frac{\partial u}{\partial x_j}\right)^2 dx.$$

由上述不等式及条件 (3.82) 得出

$$\int\limits_{\Omega_{R_0}} \sum_{j=1}^{n} \left(\frac{\partial u}{\partial x_j}\right)^2 dx \leqslant \exp\left\{-\frac{2\pi}{d}(R - R_0)\right\} a(R) \exp\left\{\frac{2\pi}{d} R\right\}.$$

最后的不等式的右端当 $R \to \infty$ 时趋于零. 由此得出对任意 $R_0 > 0, \mathcal{F}(R_0) = 0$. 所以对 $j = 1, \cdots, n$ 在 Ω_{R_0} 内 $\frac{\partial u}{\partial x_j} = 0$, 因此, 在 Ω_{R_0} 内 u 恒等于常数. 因为在 $\partial\Omega_\infty$ 上 $u = 0$, 那么在 Ω_∞ 内 $u \equiv 0$.

现在证明

$$\int\limits_{\Omega'_R} u^2 dx' \leqslant \frac{d^2}{\pi^2} \int\limits_{\Omega'_R} \sum_{j=1}^{n-1} \left(\frac{\partial u}{\partial x_j}\right)^2 dx'.$$

考虑区域 Ω'_{R+}. 不限制一般性可以假定 $\mathbb{R}^{n-1}_{x'}$ 中 $n-1$ 维平行六面体的最小棱长沿着 x_1 轴放置并与线段 [0,d] 重合, 这个 $n-1$ 维平行六面体可以包含着 Ω'_{R+}. 在这个

$n-1$ 维平行六面体中预先定义 $u(x)$, 假设在 Ω'_{R+} 外 $u=0$. 在 Ω'_{R+} 中把 $u(x)$ 表示为傅里叶级数

$$u(x)=\sum_{k=1}^{\infty} c_k(x_2,\cdots,x_{n-1},R)\sin\frac{k\pi x_1}{d}.$$

根据帕塞瓦尔等式

$$2\int_0^d u^2dx_1=d\sum_{k=1}^{\infty}c_k^2,\quad 2\int_0^d\left(\frac{\partial u}{\partial x_1}\right)^2dx_1=d\sum_{k=1}^{\infty}\left(\frac{k\pi}{d}\right)^2c_k^2.$$

所以

$$\begin{aligned}2d\int\limits_{\Omega'_{R+}}u^2dx'&=\int\limits_{\Omega'_{R+}}d\sum_{k=1}^{\infty}c_k^2dx'=\left(\frac{d}{\pi}\right)^2\int\limits_{\Omega'_{R+}}d\sum_{k=1}^{\infty}\left(\frac{k\pi}{d}\right)^2c_k^2dx'\\&\leqslant 2d\left(\frac{d}{\pi}\right)^2\int\limits_{\Omega'_{R+}}\sum_{j=1}^{n-1}\left(\frac{\partial u}{\partial x_j}\right)^2dx',\end{aligned}$$

这就是所要证明的. 对 Ω'_{R-} 类似的估计也成立. 定理证毕. □

附注 3 定理 38 中的条件 (3.82) 可以用条件

$$\int\limits_{\Omega_R}u^2dx\leqslant a(R)\exp\left\{\frac{2\pi}{d}R\right\}$$

代替.

这是因为, 根据 3.8 节的定理 30, 成立如下估计:

$$\int\limits_{\Omega_R}\sum_{j=1}^{n}\left(\frac{\partial u}{\partial x_j}\right)^2dx\leqslant C\int\limits_{\Omega_R}u^2dx,$$

容易从定理的证明中看出, 其中的常数 C 可以选择得与 R 无关.

附注 4 在平面 $\{x_1,x_2\}$ 上, 在带形区域

$$\Omega_\infty=\{x;\ 0\leqslant x_1\leqslant d,\ -\infty\leqslant x_2\leqslant+\infty\}$$

对解 $u(x)=\sin\dfrac{\pi x_1}{d}e^{\frac{\pi}{d}x_2}$, $\Delta u=0$, 成立估计

$$\int\limits_{\Omega_R}\left[\left(\frac{\partial u}{\partial x_1}\right)^2+\left(\frac{\partial u}{\partial x_2}\right)^2\right]dx\leqslant C_1e^{\frac{2\pi}{d}R},\quad\int\limits_{\Omega_R}u^2dx\leqslant C_2e^{\frac{2\pi}{d}R},\quad C_1,C_2\text{ 为常数}.$$

这表明, 在定理 38 中, 函数 $u(x)$ 的增长条件 (3.82), 在这个情况下是精确的.

不等式 (3.82) 的右端可以用函数 $a(R)e^{2\sqrt{\lambda}R}$ 代替, 其中

$$\lambda = \inf \frac{\int\limits_{\Omega'_{R+}} \sum_{j=1}^{n-1} \left(\frac{\partial u}{\partial x_j}\right)^2 dx'}{\int\limits_{\Omega'_{R+}} u^2 dx'}$$

下界是对所有在 Ω'_{R+} 的边界上等于零的函数 $u \in C^1(\Omega'_{R+})$ 而选取的. 如所周知, λ 是问题 (参看第 5 章)

$$\Delta u = -\lambda u \quad 在 \quad \Omega'_{R+}, \quad u|_{\partial\Omega'_{R+}} = 0$$

的第一本征值. 可以对诺伊曼问题进行这样的研究并得到在弹性理论中著名的圣维南 (B. de Saint-Venant) 原理的类比.

3.10 调和函数的孤立奇点. 在无穷远点邻域中的性态. 无界区域的狄利克雷问题

拉普拉斯方程的基本解 $E(x, x^0)$ 是在 $\mathbb{R}^n_x \setminus x^0$ 为调和函数. 在点 x^0 有孤立奇性的函数的一个例子. 容易看出, $|E(x, x^0)|$ 当 $|x - x^0| \to 0$ 时无界增长, 因为 $|E(x, x^0)| \equiv |\mathcal{E}(|x - x^0|)| = C_n|x - x^0|^{2-n}$, 当 $n > 2$; $|E(x, x^0)| \equiv |\mathcal{E}(|x - x^0|)| = C_2\ln(|x - x^0|^{-1})$, 当 $n = 2, C_n = (\omega_n(n-2))^{-1}$, 当 $n > 2$; $C_2 = \dfrac{1}{2\pi}$.

下面证明的定理表明, 调和函数这样的奇性是在确定的极小意义下的.

定理 39 (关于可去奇点) 设 $u(x)$ 是在 $\Omega \setminus \{x_0\}$ 内的调和函数, $x^0 \in \Omega$. 设

$$m(\rho) = \sup_{\Omega \setminus Q^{x^0}_\rho} |u|.$$

假设

$$m(\rho) \leqslant |\mathcal{E}(\rho)| a(\rho), \tag{3.83}$$

其中 $a(\rho) > 0$ 且当 $\rho \to 0$ 时 $a(\rho) \to 0$. 那么函数 $u(x)$ 在点 x^0 的奇性是可去的, 即 $u(x^0)$ 可以这样预先定义, 使得函数 $u(x)$ 在 Ω 内是调和的. 纵然在点 x^0 的某个邻域 $Q^{x^0}_{\rho_1}$ ($\rho_1 > 0$ 为常数) 有

$$m(\rho) \leqslant |\mathcal{E}(\rho)|\rho^{-1}a(\rho) \quad 当\ n > 2, \tag{3.84}$$

$$m(\rho) \leqslant \rho^{-1}a(\rho) \quad 当\ n = 2, \tag{3.85}$$

那么对 $u(x)$ 在 $Q^{x^0}_{\rho_1}$ 内成立等式

$$u(x) = M_1 E(x, x^0) + u_1(x). \tag{3.86}$$

其中 M_1 为常数, $u_1(x)$ 是在 $Q_{\rho_1}^{x^0}$ 内的调和函数.

证明 对函数 $u(x)$ 在区域 $Q_{\rho_1}^{x^0} \setminus Q_{\rho}^{x^0}$ 内应用公式 (3.16), 其中 $\rho < \rho_1$, ρ_1 选择使得 $\overline{Q_{\rho_1}^{x^0}} \subset \Omega$. 对于 $Q_{\rho_1}^{x^0} \setminus Q_{\rho}^{x^0}$ 中的任意一点 $\widehat{x}$, 有

$$u(x) = \int\limits_{S_{\rho_1}^{x^0}} \left(u(x)\frac{\partial E(x,\widehat{x})}{\partial \nu} - E(x,\widehat{x})\frac{\partial u(x)}{\partial \nu} \right) dS - \int\limits_{S_{\rho}^{x^0}} \left(u(x)\frac{\partial E(x,\widehat{x})}{\partial \nu} - E(x,\widehat{x})\frac{\partial u(x)}{\partial \nu} \right) dS, \tag{3.87}$$

其中 $\nu = (\nu_1, \cdots, \nu_n)$ 是径向量 $x - x^0$ 的方向. 我们来证明, 在满足条件 (3.83) 的情况下, 等式 (3.87) 右端的第二个积分当 $\rho \to 0$ 时趋于零. 此时, 在点 x^0 按连续性补充定义 $u(x)$, 即令函数 $u(x)$ 等于等式 (3.87) 右端第一个积分在 x^0 点的值, 我们得到在 Ω 内调和、在 $\Omega \setminus \{x^0\}$ 内与 $u(x)$ 重合的函数.

考虑积分

$$\mathcal{J}_1 = \int\limits_{S_{\rho}^{x^0}} u(x)\frac{\partial E(x,\widehat{x})}{\partial \nu} dS. \tag{3.88}$$

我们来证明, 无论是条件 (3.83) 成立的情形, 还是条件 (3.84), (3.85) 成立的情形, 当 $\rho \to 0$ 时, 这个积分趋于零. 我们看出, 当 $x \in S_{\rho}^{x^0}$, 对固定的 $\widehat{x}$ 及充分小的 ρ, $\left|\dfrac{\partial E(x,\widehat{x})}{\partial \nu}\right| \leqslant M_2$, 其中 M_2 是常数. 容易看出, 对充分小的 ρ

$$|\mathcal{J}_1| = \left| \int\limits_{S_{\rho}^{x^0}} u(x)\frac{\partial E(x,\widehat{x})}{\partial \nu} dS \right| \leqslant M_2 m(\rho)\omega_n \rho^{n-1} \leqslant M_3 a(\rho),$$

其中 M_3 为常数. 因此积分 (3.88) 当 $\rho \to 0$ 时趋于零, 因为根据条件, 当 $\rho \to 0$ 时 $a(\rho) \to 0$.

考虑积分

$$\mathcal{J}_2 = \int\limits_{S_{\rho}^{x^0}} E(x,\widehat{x})\frac{\partial u(x)}{\partial \nu} dS. \tag{3.89}$$

我们发现, 根据 3.5 节的定理 14, 对任意的不超过 ρ_1 的 ρ 及 ρ'

$$\int\limits_{S_{\rho}^{x^0}} \frac{\partial u}{\partial \nu} dS = \int\limits_{S_{\rho'}^{x^0}} \frac{\partial u(x)}{\partial \nu} dS.$$

所以

$$\int\limits_{S_{\rho}^{x^0}} \frac{\partial u}{\partial \nu} dS = C_0, \tag{3.90}$$

其中常数 C_0 当 $\rho \leqslant \rho_1$ 时不依赖于 ρ. 积分 (3.89) 可写成如下形式:

$$\mathcal{J}_2 = \int\limits_{S_\rho^{x^0}} E(x^0, \widehat{x}) \frac{\partial u(x)}{\partial \nu} dS + \int\limits_{S_\rho^{x^0}} [E(x, \widehat{x}) - E(x^0, \widehat{x})] \frac{\partial u(x)}{\partial \nu} dS. \tag{3.91}$$

我们来证明, 等式 (3.91) 右端的第二个积分当 $\rho \to 0$ 时趋于零. 根据 3.8 节定理 30 有

$$\max_{S_\rho^{x^0}} \left| \frac{\partial u}{\partial x_j} \right| \leqslant \frac{2n}{\rho} m\left(\frac{\rho}{2}\right).$$

此外, 如果 $\widehat{x}$ 固定, 而 $|x - x^0| = \rho$ 充分小时依照拉格朗日公式, $|E(x, \widehat{x}) - E(x^0, \widehat{x})| \leqslant M_4|x - x^0|$, 其中 M_4 为常数. 所以, 不论是条件 (3.83) 成立的情形, 还是条件 (3.84), (3.85) 成立的情形, 有

$$\int\limits_{S_\rho^{x^0}} |E(x, \widehat{x}) - E(x^0, \widehat{x})| \left| \frac{\partial u(x)}{\partial \nu} \right| dS \leqslant M_4 \rho \cdot 2n^2 \rho^{-1} m\left(\frac{\rho}{2}\right) \omega_n \rho^{n-1} \leqslant M_5 a\left(\frac{\rho}{2}\right),$$

其中常数 M_4 与 M_5 与 ρ 无关. 因此, 等式 (3.91) 右端的第二个积分当 $\rho \to 0$ 时趋于零. (3.91) 式右端第一个积分不依赖于 ρ, 因为

$$\int\limits_{S_\rho^{x^0}} E(x^0, \widehat{x}) \frac{\partial u(x)}{\partial \nu} dS = E(x^0, \widehat{x}) \int\limits_{S_\rho^{x^0}} \frac{\partial u(x)}{\partial \nu} dS = C^0 E(x^0, \widehat{x}).$$

所以得出, 当 $\rho \to 0$ 时积分 $\mathcal{J}_2$ 趋于 $C^0 E(x^0, \widehat{x})$, 等式 (3.87) 在令 $\rho \to 0$ 时取极限就变为等式

$$u(\widehat{x}) = \int\limits_{S_{\rho_1}^{x^0}} \left(u(x) \frac{\partial E(x, \widehat{x})}{\partial \nu} - E(x, \widehat{x}) \frac{\partial u(x)}{\partial \nu} \right) dS + C^0 E(x^0, \widehat{x}). \tag{3.92}$$

容易看出, 在条件 (3.83) 成立的情形 $C^0 = 0$, 因为在 (3.92) 中的积分当 $|\widehat{x} - x^0| < \dfrac{\rho}{2}$ 时有界, 最后一项等于 $C^0 \mathcal{E}(|x^0 - \widehat{x}|)$, 如果 $C^0 \neq 0$ 与条件 (3.83) 矛盾. 在条件 (3.84), (3.85) 成立的情形, 在 $Q_{\rho_1}^{x^0}$ 中可以取等式 (3.92) 右端沿 $S_{\rho_1}^{x^0}$ 的积分作为 $u_1(x)$, 它是调和函数. 定理证毕. □

利用对于球的拉普拉斯方程当给定在球的边界上任意连续函数 ψ 的狄利克雷问题解的存在性 (参见 3.6 节), 在条件 (3.83) 成立时, 定理 39 的证明可以稍稍简短一些. 实际上, 设 $v(x)$ 是在 $Q_{\rho_1}^{x^0}$ 内调和的函数, 它在此球的边界上等于 $u(x)$, 设 $w(x) = u(x) - v(x)$. 那么根据极值原理, 对于任意 $\varepsilon > 0$, 对调和函数 $w \pm \varepsilon |E(x, x^0)|$, 如果 ρ 充分小, 在 $Q_{\rho_1}^{x^0} \setminus Q_\rho^{x^0}$ 内有

$$|w| \leqslant \varepsilon |E(x, x^0)|, \tag{3.93}$$

因为在 $S_{\rho_1}^{x^0}$ 上 $w=0$, 且由于条件 (3.83), 在 $S_{\rho}^{x^0}$ 上 $-\varepsilon|\mathcal{E}(\rho)| \leqslant w \leqslant \varepsilon|\mathcal{E}(\rho)|$. 当 $\varepsilon \to 0$ 时取极限并在关系式 (3.93) 中固定 x, 得到在 $Q_{\rho_1}^{x^0} \setminus \{x^0\}$ 内 $w \equiv 0$. 假设 $u(x^0)$ 等于 $v(x^0)$, 便得出, $u(x)$ 与在 $Q_{\rho_1}^{x^0}$ 内调和的函数 $v(x)$ 重合, 这就是所要证明的.

关于调和函数可去奇性的定理 39 同样也是复变量 z 的解析函数关于可去奇性著名定理的翻版 (参看 [19]).

应用类似的方法可以证明在大维数流形上关于可去奇性的定理. 现在我们来研究调和函数在无穷远点的邻域中的性态.

定理 40 (关于在无穷远的性态) *在 $\mathbb{R}_x^n \setminus Q_R^0$ 内有界的调和函数 $u(x)$ 当 $|x| \to \infty$ 时趋于极限, 即: 如果 $\rho=\rho(\varepsilon)$ 充分大, 当 $|x|>\rho$ 时 $|u(x)-M| \leqslant \varepsilon$, $\varepsilon>0$ 是任意数, M 是某个常数.*

证明 如同定理 39 的证明一样, 我们对在 $Q_\rho^0 \setminus Q_{R+1}^0$ 内调和的函数 $u(x)$ 应用在 3.3 节得到的表示式 (3.16). 在这里 $\rho > R+1$. 对任意点 $\widehat{x} \in Q_\rho^0 \setminus Q_{R+1}^0$ 有

$$
\begin{aligned}
u(\widehat{x}) = &-\int\limits_{S_{R+1}^0}\left(u(x)\frac{\partial E(x,\widehat{x})}{\partial \nu} - E(x,\widehat{x})\frac{\partial u(x)}{\partial \nu}\right)dS \\
&+\int\limits_{S_\rho^0}\left(u(x)\frac{\partial E(x,\widehat{x})}{\partial \nu} - E(x,\widehat{x})\frac{\partial u(x)}{\partial \nu}\right)dS.
\end{aligned} \tag{3.94}
$$

因为 (3.94) 式中右端第一个积分与 ρ 无关, 那么第二个积分也与 ρ 无关. 我们来证明, 对于在 $\mathbb{R}_x^n \setminus Q_R^0$ 内有界的调和函数 $u(x)$, 这个积分同样与 $\widehat{x}$ 无关并等于常数. 记

$$
\mathcal{J}_1 = \int\limits_{S_\rho^0} u(x)\frac{\partial E(x,\widehat{x})}{\partial \nu}dS, \quad \mathcal{J}_2 = -\int\limits_{S_\rho^0} E(x,\widehat{x})\frac{\partial u(x)}{\partial \nu}dS,
$$

并计算当 $\rho \to \infty$ 时这些积分的极限. 记 $|x-\widehat{x}|=r$, $|x|=\rho$, $|\widehat{x}|=h$ (参看图 3.4). 因为 $r+h \geqslant \rho$, $r-h \leqslant \rho$, 那么 $\left|\dfrac{r}{\rho}-1\right| \leqslant \dfrac{h}{\rho}$ 及 $\left|\dfrac{\rho}{r}-1\right| \leqslant \dfrac{h}{r}$. 其次, $\dfrac{\partial E(x,\widehat{x})}{\partial \nu} = \dfrac{1}{\omega_n} r^{1-n}\cos\gamma$, 其中 γ 是向量 $x-\widehat{x}$ 与 x 之间的夹角. 容易看出

$$
\cos\gamma = \frac{\rho^2+r^2-h^2}{2r\rho} = \frac{1}{2}\frac{\rho}{r} + \frac{1}{2}\frac{h^2}{2r\rho} > 0.^{①}
$$

①此处原文后一等号似有误. 但从几何直观上 $\cos\gamma > 0$ 是显然的, 因为 $\widehat{x}$ 是圆环中任意一点, 则角 γ 不可能 $\geqslant \frac{\pi}{2}$. —— 译者注

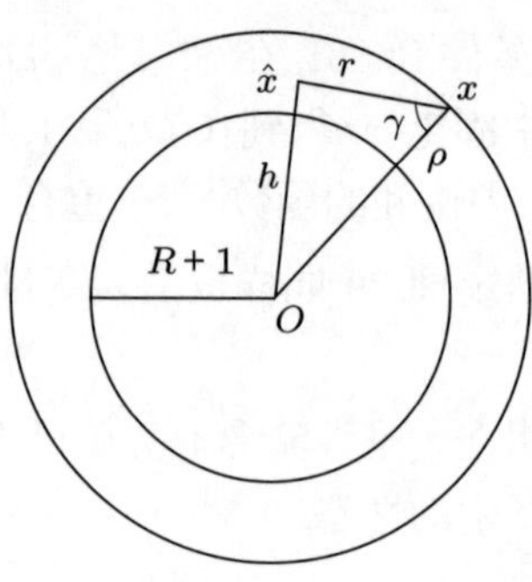

图 3.4

当 $\rho \to \infty$ 时计算 $\mathcal{J}_1$ 的极限. 我们有

$$\mathcal{J}_1 = \int\limits_{S_\rho^0} u(x) \frac{\partial E(x, \widehat{x})}{\partial \nu} dS = \int\limits_{S_\rho^0} u(x) \frac{1}{\omega_n} r^{1-n} \cos \gamma dS$$

$$= \frac{1}{\omega_n \rho^{n-1}} \int\limits_{S_\rho^0} u(x) dS + \int\limits_{S_\rho^0} \frac{u(x)}{\omega_n \rho^{n-1}} \left(\frac{\rho^{n-1} \cos \gamma}{r^{n-1}} - 1 \right) dS.$$

把上面最后的一个积分记为 $\mathcal{J}_3$, 我们来证明, 当 $\rho \to \infty$ 时 $\mathcal{J}_3$ 趋于零. 实际上

$$|\mathcal{J}_3| \leqslant \max_{\overline{Q}_\rho^0} |u| \max_{S_\rho^0} \left| \frac{\rho^{n-1} \cos \gamma}{r^{n-1}} - 1 \right|$$

$$\leqslant C_1 \left| \frac{1}{2} \left(\frac{\rho^n}{r^n} - 1 \right) + \frac{1}{2} \left(\frac{\rho^{n-2}}{r^{n-2}} - 1 \right) - \frac{h^2 \rho^n}{2\rho^2 r^n} \right|,$$

其中 C_1 为常数. 因为当 $\rho \to \infty$ 时 $\dfrac{\rho}{r} \to 1$, 固定 $\widehat{x}$, 那么显然当 $\rho \to \infty$ 时 $\mathcal{J}_3 \to 0$. 我们看出, 积分

$$\frac{1}{\omega_n \rho^{n-1}} \int\limits_{S_\rho^0} u dS$$

对 ρ 一致有界, 因为函数 $u(x)$ 在 $\mathbb{R}_x^n \setminus Q_R^0$ 内有界. 考虑积分 $\mathcal{J}_2$. 我们看出, 由于 3.5 节的定理 14 , 当 $\rho_1 \geqslant R+1$ 及 $\rho_2 \geqslant R+1$

$$\int\limits_{S_{\rho_1}^0} \frac{\partial u(x)}{\partial \nu} dS = \int\limits_{S_{\rho_2}^0} \frac{\partial u(x)}{\partial \nu} dS = C_2, \tag{3.95}$$

C_2 为常数.

我们有

$$\mathcal{J}_2 = -\int\limits_{S_\rho^0} \frac{\partial u(x)}{\partial \nu} E(x, \widehat{x}) dS = \int\limits_{S_\rho^0} \frac{\partial u(x)}{\partial \nu} |\mathcal{E}(\rho)| dS + \int\limits_{S_\rho^0} \frac{\partial u(x)}{\partial \nu} [\mathcal{E}(\rho) - \mathcal{E}(r)] dS$$

$$= C_2 |\mathcal{E}(\rho)| + \mathcal{J}_4.$$

我们来证明, $\mathcal{J}_4$ 当 $\rho\to\infty$ 时趋于零. 应用在 3.8 节证明的导数的估计. 对于充分大的 ρ, 根据 3.8 节的定理 30, 我们有

$$\max_{S_\rho^0}\left|\frac{\partial u}{\partial x_j}\right|\leqslant K\rho^{-1},$$

其中 K 为常数, 同时取区域 $Q_{\frac{3\rho}{2}}^0\backslash Q_{\frac{\rho}{2}}^0$ 作为定理 30 中的区域 Ω_1, 而取区域 $Q_{2\rho}^0\backslash Q_{R+1}^0$ 作为区域 Ω, 假设 $\rho>4(R+1)$. 容易看出

$$|\mathcal{J}_4|\leqslant\max_{S_\rho^0}\left|\frac{\partial u}{\partial\nu}\right|\omega_n\rho^{n-1}\cdot\max_{S_\rho^0}|\mathcal{E}(\rho)-\mathcal{E}(r)|\leqslant C_3\rho^{n-2}\max_{S_\rho^0}|\mathcal{E}(\rho)-\mathcal{E}(r)|.$$

因为 $\left|1-\dfrac{\rho}{r}\right|\leqslant\dfrac{h}{r}$, 那么当 $\rho\to\infty$ 时 $|\mathcal{J}_4|\to 0$. 我们看出, 当 $n=2$ 时, 由等式 (3.95) 所确定的常数 C_2 等于零. 这可以这样推出: 和 $\mathcal{J}_1+\mathcal{J}_2$, 同样地 $\mathcal{J}_3$ 与 $\mathcal{J}_4$, 当 $\rho>4(R+1)$ 时, 对 ρ 一致有界, 所以 $C_2|\mathcal{E}(\rho)|$ 当 ρ 充分大时对 ρ 应当有界. 当 $n>2$ 时显然当 $\rho\to\infty$ 时 $C_2|\mathcal{E}(\rho)|\to 0$, 所以当 $\rho\to\infty$ 时 $\mathcal{J}_2\to 0$. 于是便得

$$u(\widehat{x})=-\int\limits_{S_{R+1}^0}\left(u(x)\frac{\partial E(x,\widehat{x})}{\partial\nu}-E(x,\widehat{x})\frac{\partial u(x)}{\partial\nu}\right)dS+\lim_{\rho\to\infty}\frac{1}{\omega_n\rho^{n-1}}\int\limits_{S_\rho^0}udS,\tag{3.96}$$

并且我们证明了上述极限存在, 而且显然与 $\widehat{x}$ 无关. 如果 $n>2$, 那么等式 (3.96) 右端沿 S_{R+1}^0 的积分当 $|\widehat{x}|\to\infty$ 时趋于零, 因为 $\max\limits_{x\in S_{R+1}^0}|E(x,\widehat{x})|$ 及 $\max\limits_{x\in S_{R+1}^0}\left|\dfrac{\partial E(x,\widehat{x})}{\partial\nu}\right|$ 当 $|\widehat{x}|\to\infty$ 时趋于零. 如果 $n=2$, 那么这个积分当 $|\widehat{x}|\to\infty$ 时也趋于零. 这可由当 $|\widehat{x}|\to\infty$ 时 $\max\limits_{x\in S_{R+1}^0}\left|\dfrac{\partial E(x,\widehat{x})}{\partial\nu}\right|\to 0$, 及当 $|\widehat{x}|\to\infty$ 时

$$\begin{aligned}\int\limits_{S_{R+1}^0}E(x,\widehat{x})\frac{\partial u(x)}{\partial\nu}dS&=\mathcal{E}(|\widehat{x}|)\int\limits_{S_{R+1}^0}\frac{\partial u}{\partial\nu}dS+\int\limits_{S_{R+1}^0}[E(x,\widehat{x})-E(0,\widehat{x})]\frac{\partial u(x)}{\partial\nu}dS\\&=C_2\mathcal{E}(|\widehat{x}|)+\frac{1}{2\pi}\int\limits_{S_{R+1}^0}\ln\frac{|x-\widehat{x}|}{|\widehat{x}|}\frac{\partial u(x)}{\partial\nu}dS\to 0\end{aligned}$$

推出, 因为 $C_2=0$, 当 $|\widehat{x}|\to\infty$ 时 $\dfrac{|x-\widehat{x}|}{|\widehat{x}|}\to 1$ 对 $x\in S_{R+1}^0$ 一致地成立, 因此, 当 $|\widehat{x}|\to\infty$ 时对 $x\in S_{R+1}^0$ 一致地有 $\ln\dfrac{|x-\widehat{x}|}{|\widehat{x}|}\to 0$. 于是定理 40 证毕. □

在 С. Л. 索伯列夫 (С. Л. Соболев) 的书 [11] 中给出了调和函数在孤立奇点邻域以及当 $|x|\to\infty$ 时性态的研究.

在证明定理 40 时, 我们证明了在 $n=2$ 的情形, 对于在 $\mathbb{R}_x^n\setminus Q_R^0$ 内的调和函数 $u(x)$ 来说, 等式 (3.95) 所确定的常数 C_2 等于零. 当 $n>2$ 时, 这个断言就不对了, 在 $\mathbb{R}_x^n\setminus Q_R^0$ 内为调和的函数 $u(x)=|x|^{2-n}$ 这个例子就表明了这一点.

可以在无界区域 Ω^∞ 中考虑狄利克雷问题. 如果区域 $\Omega^\infty = \mathbb{R}_x^n \setminus \overline{\Omega}$, 其中 Ω 是 $\mathbb{R}_x^n$ 中的某个有界区域, 那么对于这个区域 Ω^∞ 的狄利克雷问题称为**狄利克雷外问题**.

在 $n>2$ 情形的狄利克雷外问题是: 求在 Ω^∞ 内的调和函数 $u(x)$, 使得 $u(x) \in C^0(\overline{\Omega}^\infty), u|_{\partial\Omega^\infty} = \psi, \lim\limits_{|x|\to\infty} u(x) = a$, 其中 a 是给定的常数, ψ 是在 $\partial\Omega^\infty$ 上给定的函数.

在 $n=2$ 情形的狄利克雷外问题是: 求在 Ω^∞ 内的调和函数 $u(x)$, 使得 $u(x) \in C^0(\overline{\Omega}^\infty), u|_{\partial\Omega^\infty} = \psi$, 以及在 Ω^∞ 内 $|u(x)| < K$, 其中 K 是某个常数, ψ 是在 $\partial\Omega^\infty$ 上给定的函数.

定理 41 在区域 $\Omega^\infty = \mathbb{R}_x^n \setminus \overline{\Omega}$ 内拉普拉斯方程的狄利克雷外问题的解不可能多于一个.

证明 在 $n>2$ 的情形只需证明: 在 $\partial\Omega^\infty$ 上等于零、当 $|x|\to\infty$ 时趋于零、在 Ω^∞ 内调和的函数 $u(x) \in C^0(\overline{\Omega}^\infty)$ 在 Ω^∞ 内恒等于零. 为此考虑当 ρ 充分大时的区域 $Q_\rho^0 \setminus \overline{\Omega}$. 因为当 $|x|\to\infty$ 时 $u(x)\to 0$, 那么只需 ρ 充分大, 在 S_ρ^0 上有 $|u(x)|<\varepsilon$. 在区域 $Q_\rho^0 \setminus \overline{\Omega}$ 内对函数 $u(x)$ 应用极值原理, 便得到, 在 $Q_\rho^0 \setminus \overline{\Omega}$ 内 $|u(x)|<\varepsilon$. 因为 ε 是任意的数, 那么在 Ω^∞ 中 $u\equiv 0$. 在 $n=2$ 的情形, 只需证明: 在 $\partial\Omega^\infty$ 上等于零、有界的调和函数 $u(x) \in C^0(\overline{\Omega}^\infty)$ 在 Ω^∞ 内恒等于零. 在 $Q_\rho^0 \setminus \overline{\Omega}$ 中考虑函数 $\delta\ln(R|x-x^0|) \pm u$, 其中 $\delta>0$ 为常数, $x^0\in\Omega$, 而常数 R 选取得使在 Ω^∞ 内 $R|x-x^0|>1$. 那么在 Ω^∞ 内 $\delta\ln(R|x-x^0|)>0$ 并且对于充分大的 ρ, 调和函数 $\delta\ln(R|x-x^0|)+u(x)$ 与 $\delta\ln(R|x-x^0|)-u(x)$ 在 $\partial\Omega^\infty$ 上及 S_ρ^0 上非负. 所以根据极值原理, 在 $Q_\rho^0 \setminus \Omega$ 内 $\delta\ln(R|x-x^0|)+u(x) \geqslant 0$ 及 $\delta\ln(R|x-x^0|)-u(x)\geqslant 0$. 因此, 在 Ω^∞ 的任意有界部分对任意常数 $\delta>0$ 有

$$|u(x)| \leqslant \delta\ln(R|x-x^0|).$$

所以在 Ω^∞ 内 $u\equiv 0$. 定理证毕. □

可以看出, 对区域 $\Omega^\infty = \mathbb{R}_x^n \setminus \overline{Q}_R^0$, 狄利克雷外问题当 $\psi=1$, 在 $n>2$ 的情形, 有形如

$$u(x) = a + (1-a)R^{n-2}|x|^{2-n}$$

的解, 而在 $n=2$ 的情形有

$$u(x) = 1.$$

如果在无界区域 $\Omega_\infty = \{x;\ 0<x_n<h\pi\}$ 考虑狄利克雷问题, 那么如弗拉格门 – 林德勒夫定理 (参看 3.9 节) 所表明的, 这个问题在由条件 (3.82) 所确定的增长函数类中的解不多于一个. 这样一来, 在无界区域 Ω^∞ 内, 为保证解的存在性和唯一性, 拉普拉斯方程狄利克雷问题的提法与无界区域的特性有关.

3.11 关于调和函数序列. 拉普拉斯方程的广义解. 外尔引理

空间 $D'(\Omega)$ 中, 在 Ω 内在广义函数意义下满足拉普拉斯方程的广义函数 u, 即对于任意的函数 $\varphi \in D(\Omega)$ 有

$$\langle \Delta u, \varphi \rangle \equiv \langle u, \Delta\varphi \rangle = 0,$$

称为**广义调和函数或拉普拉斯方程的广义解.**

成立如下的重要定理.

定理 42 任何 Ω 中广义调和函数 $u(x)$ 也是 Ω 中的调和函数.

证明 设 $u(x) \in D'(\Omega)$ 且对 $\varphi \in D(\Omega)\langle \Delta u, \varphi \rangle = \langle u, \Delta\varphi \rangle = 0$. 考虑广义函数 $u(x)$ 的磨光函数 $u^h(x)$, 即当 $x^0 \in \Omega_1$, $h \leqslant h_0$, 且区域 Ω_1 到 $\partial\Omega$ 的距离大于 h_0 时

$$u^h(x^0) = \langle u, w_h(x^0 - x) \rangle.$$

已知道 (参看 1.3 节) $u^h(x)$ 作为 $D'(\Omega_1)$ 中广义函数, 当 $h \to 0$ 时, 在 $D'(\Omega_1)$ 中广义函数收敛的意义下收敛于 $u(x)$. 容易看出, 当 $h \leqslant h_0$ 时 $u^h(x)$ 是 Ω_1 内的调和函数, 因为

$$\Delta_x w_h = \Delta_{x^0} w_h, \quad \Delta_{x^0} u^h(x^0) = \langle u, \Delta_{x^0} w_h(x^0 - x) \rangle = \langle u, \Delta_x w_h(x^0 - x) \rangle = 0.$$

其中 $\Delta_x = \sum\limits_{j=1}^{n} \dfrac{\partial^2}{\partial x_j^2}$, $\Delta_{x^0} = \sum\limits_{j=1}^{n} \dfrac{\partial^2}{\partial {x_j^0}^2}$. 根据 3.5 节的定理 17, 对 Ω_1 中的调和函数 $u^h(x)$ 成立等式

$$u^h(x^0) = \left(\int\limits_{Q_\rho^{x^0}} \varphi(|x - x^0|)dx \right)^{-1} \int\limits_{Q_\rho^{x^0}} u^h(x)\varphi(|x - x^0|)dx, \tag{3.97}$$

其中 $\varphi \in D(Q_\rho^{x^0})$, $A \equiv \int\limits_{Q_\rho^{x^0}} \varphi(|x - x^0|)dx \neq 0$, $Q_\rho^{x^0} \subset \Omega_1$. 因为 $u^h(x)$ 当 $h \to 0$ 时在 $D'(\Omega_1)$ 中广义函数意义下收敛, 那么在 (3.97) 式中令 $h \to 0$ 取极限, 对任意使等式 (3.97) 成立的函数 φ 得到

$$\lim_{h \to 0} u^h(x^0) = A^{-1} \langle u, \varphi \rangle, \tag{3.98}$$

假设在等式 (3.98) 中 $\varphi = w_{h_1}(|x - x^0|)$ 及 $\varphi = w_{h_2}(|x - x^0|)$, 得到当 $h_1 < \rho$ 及 $h_2 < \rho$ 时

$$u^{h_1}(x^0) = u^{h_2}(x^0),$$

因为 $\int\limits_{Q_\rho^{x^0}} w_h(|x - x^0|)dx = 1$, 且等式 (3.98) 的左端与 φ 无关. 于是在属于 Ω_1 的区域 Ω_ρ 中, 其中 Ω_ρ 到 $\partial\Omega_1$ 的距离不小于 ρ, 广义函数 $u(x)$ 的诸磨光函数 $u^h(x)$ 当 h 充

分小时彼此重合. 因此, 在 Ω_ρ 中它们与 $u(x)$ 重合, 所以对任意 $\rho>0$, 在 Ω_ρ 内 $u(x)$ 是调和函数. 因为可以取区域 Ω 的任意子区域作为 Ω_1, 则 $u(x)$ 乃是 Ω 内的调和函数. □

下面的定理是定理 42 的特殊情况, 但是我们在这里并不应用广义函数理论, 而独立地给出证明. 这个定理在文献中以外尔 (H. Weyl) 引理的名称为人知晓.

定理 43 设 $u(x)\in L_p(\Omega)$, $p\geqslant 1$, 且对 $D(\Omega)$ 中任意函数 φ 成立如下积分等式:

$$\int\limits_{\Omega} u(x)\Delta\varphi(x)dx=0. \tag{3.99}$$

那么 $u(x)$ 是 Ω 内的调和函数.

证明 定理 43 是定理 42 的推论, 因为满足定理 43 的条件的函数 $u(x)$ 是广义调和函数. 我们不应用广义函数理论来证明定理 43. 考虑区域 Ω_1 中的磨光函数 $u^h(x)$, 其中 $h<h_0$, 同时 Ω_1 到 $\partial\Omega$ 的距离大于 h_0. 如同在 1.2 节所证明的, 当 $h\to 0$ 时 $u^h(x)$ 在 $L_p(\Omega_1)$ 范数下收敛于 $u(x)$. 我们来证明, 对充分小的 h, 在任意点 $x^0\in\Omega_1$, $u^h(x)$ 彼此重合. 函数 $u^h(x)$ 在 Ω_1 中是调和函数, 因为

$$\Delta_{x^0}u^h=\int\limits_{\Omega} u(x)\Delta_{x^0}w(x^0-x)dx=\int\limits_{\Omega} u\Delta_x w dx,$$

而由于条件 (3.99), $\int\limits_{\Omega} u\Delta_x w dx=0$. 对于 $u^h(x)$ 当 $x\in\Omega_1$ 时, 等式 (3.97) 成立. 在此式中令 $h\to 0$ 取极限, 便得等式

$$\lim_{h\to 0}u^h(x^0)=\left(\int\limits_{Q_\rho^{x^0}}\varphi(|x-x^0|)dx\right)^{-1}\int\limits_{Q_\rho^{x^0}}u(x)\varphi(|x-x^0|)dx, \tag{3.100}$$

因为当 $p=1$ 时

$$\int\limits_{Q_\rho^{x^0}}|u^h(x)-u(x)|\varphi(|x-x^0|)dx\leqslant\max_{\overline{Q}_\rho^{x^0}}|\varphi|\int\limits_{Q_\rho^{x^0}}|u^h(x)-u(x)|dx,$$

而当 $p>1$ 时

$$\begin{aligned}&\int\limits_{Q_\rho^{x^0}}|u^h(x)-u(x)|\varphi(|x-x^0|)dx\\ &\leqslant\left(\int\limits_{Q_\rho^{x^0}}|u^h(x)-u(x)|^p dx\right)^{\frac{1}{p}}\left(\int\limits_{Q_\rho^{x^0}}(\varphi(|x-x^0|))^q dx\right)^{\frac{1}{q}},\quad q=\frac{p}{p-1}.\end{aligned}$$

在这里我们应用了赫尔德不等式 (参看 1.1 节). 假设在等式 (3.100) 中 $\varphi = w_{h_1}(|x-x^0|)$ 并且然后又设 $\varphi = w_{h_2}(|x-x^0|)$, 便得到, 对任意点 $x^0 \in \Omega_\rho, u^{h_1}(x^0) = u^{h_2}(x^0)$, 其中 Ω_ρ 是属于 Ω_1 的这样的区域: Ω_ρ 到 $\partial\Omega_1$ 的距离不小于 $\rho, \rho > 0$ 为常数, $h_1 < \rho, h_2 < \rho$. 因此, 对任意 $\rho > 0$ 在 Ω_ρ 内 $u(x) = u^h(x)$, 所以 $u(x)$ 是 Ω_ρ 内的调和函数, 因而意味着 $u(x)$ 是 Ω 内的调和函数. 定理证毕. □

这样一来, 在 Ω 中引入广义调和函数并不能扩充 Ω 中调和函数类.

下述关于拉普拉斯方程柯西问题不可解性的论断是定理 43 的推论.

推论 5 具有初始条件

$$u|_{x_n=0} = \psi, \quad \left.\frac{\partial u}{\partial x_n}\right|_{x_n=0} = 0 \tag{3.101}$$

的拉普拉斯方程柯西问题在点 $x^0 = (x_1^0, \cdots, x_{n-1}^0, 0)$ 可解, 当且仅当 ψ 在点 x^0 的邻域是解析函数.

上述的对解析函数 ψ 的柯西问题的可解性可以从柯瓦列夫斯卡娅定理 I 推出 (参看 2.2 节). 我们来说明, 如果 ψ 不是在 x^0 邻域中解析的函数, 这个问题不可解.

假设不然, 设在某个区域 Ω_+ 中的点有 $x_n > 0$, 其边界含有在超平面 $x_n = 0$ 上的区域 G_0, 在 Ω_+ 内拉普拉斯方程满足条件 (3.101) 的解. 在区域 $\Omega_- = \{x; (x_1, \cdots, x_{n-1}, -x_n) \in \Omega_+\}$ 内预先定义函数 $u(x)$, 假设对 $x \in \Omega_-$

$$u(x_1, \cdots, x_n) = u(x_1, \cdots, x_{n-1}, -x_n).$$

显然, 所构造的函数 $u(x)$ 在 $G_0 \cup \Omega_+ \cup \Omega_-$ 连续, 并有连续的一阶偏导数. 容易验证

$$\int\limits_{\Omega_+ \cup \Omega_-} u\Delta\varphi dx = \int\limits_{\Omega_+ \cup \Omega_-} \varphi\Delta u dx = 0, \quad \text{对于 } \varphi \in D(\Omega),\ \Omega = G_0 \cup \Omega_+ \cup \Omega_-.$$

因此, $u(x)$ 是 Ω 内的广义调和函数, 根据本节的定理 43 及 3.8 节的定理 32, $u(x)$ 是 Ω 内的解析函数. 这意味着 ψ 应当是解析函数, 因此, 如果 ψ 不是解析函数, 具有条件 (3.101) 的柯西问题不可解.

我们现在来证明有关调和函数序列的定理.

定理 44 设 Ω 内的调和函数序列 u_m 当 $m \to \infty$ 时在空间 $D'(\Omega)$ 内收敛于广义函数 u. 那么序列 $u_m(x)$ 在 Ω 内的每一点收敛于 $u(x)$ 并且 $u(x)$ 是 Ω 内的调和函数. 此外, 对于任意 $\alpha = (\alpha_1, \cdots, \alpha_n)$, $\mathcal{D}^\alpha u_m$ 当 $m \to \infty$ 时收敛于 $\mathcal{D}^\alpha u(x)$.

证明 因为 $u_m(x)$ 是 Ω 内的调和函数, 那么

$$\langle u_m, \Delta\varphi \rangle = \int\limits_\Omega u_m(x)\Delta\varphi dx = 0 \tag{3.102}$$

对空间 $D(\Omega)$ 内任意函数 φ 成立. 在 (3.102) 式中令 $m\to\infty$ 而取极限, 得 $\langle u,\Delta\varphi\rangle=0$ 对 $\varphi\in D(\Omega)$ 成立. 这表明 u 是 Ω 内的广义调和函数. 依照定理 42, $u(x)$ 在 Ω 内是调和函数. 其次, 根据 3.5 节的定理 17, 当 $Q_\rho^{x^0}\subset\Omega$ 时对 $\varphi\in D(Q_\rho^{x^0})$ 有

$$u_m(x^0)=\left(\int\limits_{Q_\rho^{x^0}}\varphi(|x-x^0|)dx\right)^{-1}\int\limits_{Q_\rho^{x^0}}u_m(x)\varphi(|x-x^0|)dx. \tag{3.103}$$

因为当 $m\to\infty$ 时等式 (3.103) 右端存在极限, 那么当 $m\to\infty$ 时 $u_m(x^0)$ 存在极限. 由于极限函数 $u(x)$ 是 Ω 内的调和函数, 对它同样成立等式

$$u(x^0)=\left(\int\limits_{Q_\rho^{x^0}}\varphi(|x-x^0|)dx\right)^{-1}\int\limits_{Q_\rho^{x^0}}u(x)\varphi(|x-x^0|)dx. \tag{3.104}$$

因为等式 (3.103) 右端当 $m\to\infty$ 时的极限等于等式 (3.104) 的右端, 那么 $\lim\limits_{m\to\infty}u_m(x^0)=u(x^0)$. 如果序列 u_m 当 $m\to\infty$ 时在空间 $D'(\Omega)$ 中收敛于 $u(x)$, 那么 $\mathcal{D}^\alpha u_m$ 当 $m\to\infty$ 时在 $D'(\Omega)$ 中收敛于 $\mathcal{D}^\alpha u$ (参看 § 1.3). 因为 $\mathcal{D}^\alpha u_m$ 同样构成调和函数序列, 那么按照前面证明的, 对任意 $x^0\in\Omega$, 当 $m\to\infty$ 时 $\mathcal{D}^\alpha u_m(x^0)\to\mathcal{D}^\alpha u(x^0)$. 定理证毕. □

定理 45 设 Ω 内的调和函数序列 u_m 当 $m\to\infty$ 时, 在 $L_p(\Omega)$ (其中 $p\geqslant 1$) 范数下收敛于函数 $u(x)$. 如果 $\overline{\Omega}_1\subset\Omega$, 那么, 序列 u_m 当 $m\to\infty$ 时在任何子区域 Ω_1 内一致收敛于 $u(x)$, 并且 $u(x)$ 是 Ω 内的调和函数.

证明 设 R 等于 Ω_1 与 $\partial\Omega$ 之间的距离, 设 $x^0\in\Omega$. 根据球的平均值定理有

$$u_{m_1}(x^0)-u_{m_2}(x^0)=\frac{1}{\kappa_n R^n}\int\limits_{Q_R^{x^0}}(u_{m_1}(x)-u_{m_2}(x))dx,$$

所以对 $x^0\in\Omega_1$, 当 $p=1$

$$|u_{m_1}(x^0)-u_{m_2}(x^0)|\leqslant\frac{1}{\kappa_n R^n}\int\limits_{Q_R^{x^0}}|u_{m_1}(x)-u_{m_2}(x)|dx,$$

当 $p>1$ 时

$$\begin{aligned}|u_{m_1}(x^0)-u_{m_2}(x^0)|&\leqslant\frac{1}{\kappa_n R^n}\int\limits_{Q_R^{x^0}}|u_{m_1}(x)-u_{m_2}(x)|dx\\&\leqslant\frac{1}{\kappa_n R^n}\left(\int\limits_{Q_R^{x^0}}|u_{m_1}(x)-u_{m_2}(x)|dx\right)^{\frac{1}{p}}\left(\int\limits_{Q_R^{x^0}}dx\right)^{\frac{1}{q}},\end{aligned} \tag{3.105}$$

其中 $\frac{1}{p}+\frac{1}{q}=1$. 这里我们应用了赫尔德不等式 (参看 1.1 节). 因为序列 $u_m(x)$ 当 $m\to\infty$ 时在 $L_p(\Omega)$ 范数下收敛, 那么从关系式 (3.105) 可推出, 如果 m_0 是充分大的数, 且 $x^0\in\Omega_1$, 当 $m_1>m_0, m_2>m_0$ 时 $|u_{m_1}(x^0)-u_{m_2}(x^0)|\leqslant\varepsilon$. 因此, 当 $m\to\infty$ 时序列 u_m 在 Ω_1 中一致收敛.

因为对任意 m 与任意的 $\varphi\in D(\Omega_1)$

$$\int\limits_{\Omega_1} u_m(x)\Delta\varphi(x)dx=0,$$

那么在这个等式中令 $m\to\infty$ 而取极限, 我们得到

$$\int\limits_{\Omega_1} u(x)\Delta\varphi(x)dx=0.$$

依据定理 43, 这表明 $u(x)$ 是 Ω_1 内的调和函数. □

定理 46 如果在 Ω 内调和的 $C^0(\overline{\Omega})$ 类函数序列 u_m 当 $m\to\infty$ 时在 $\partial\Omega$ 上一致收敛, 那么 $u_m(x)$ 当 $m\to\infty$ 时, 在 $\overline{\Omega}$ 内一致收敛于 Ω 内的调和函数 $u(x)$.

证明 如果当 $m\to\infty$ 时 $u_m(x)$ 在 $\partial\Omega$ 上一致收敛, 若 $x\in\partial\Omega, m_1>m_0, m_2>m_0$ 且 m_0 充分大而 $\varepsilon>0$ 是任意给定的数, 那么 $|u_{m_1}(x)-u_{m_2}(x)|<\varepsilon$. 根据 3.5 节的定理 21, 对 Ω 中所有点有

$$|u_{m_1}(x)-u_{m_2}(x)|<\varepsilon.$$

因此, 当 $m\to\infty$ 时 u_m 在 $\overline{\Omega}$ 一致收敛. 由定理 45 推出, 在 Ω 中一致收敛的调和函数序列的极限是 Ω 内的调和函数. □

现在来证明有关调和函数族紧性的定理.

定理 47 设在 Ω 内调和的函数 u_m, $m=1,2,\cdots$, 在 $L_p(\Omega)$ 范数下一致有界, $p\geqslant 1$, 即

$$\left(\int\limits_{\Omega}|u_m|^p dx\right)^{\frac{1}{p}}\leqslant M,$$

其中常数 M 与 m 无关. 那么由序列 u_m 可以选出在任意子区域 Ω_1 中一致收敛的子序列, 其中 $\overline{\Omega}_1\subset\Omega$. 所选子序列的极限是 Ω 内的调和函数 $u(x)$.

证明 设 Q_R 是半径为 R 的球, 使得 $Q_R\subset\Omega$, 且由 Q_R 到 $\partial\Omega$ 的距离大于 $2\delta, \delta>0$ 为常数. 我们来证明, 在半径为 $R+\delta$ 的同心球 $Q_{R+\delta}$ 中, 函数 u_m 对 m 一致有界. 实际上, 应用关于平均值的定理与赫尔德不等式, 我们得到, 对 $x^0\in Q_{R+\delta}$, 当 $p=1$ 时

$$|u_m(x^0)|\leqslant\frac{1}{\kappa_n\delta^n}\int\limits_{Q_\delta^{x^0}}|u_m(x)|dx\leqslant\widetilde{M},$$

当 $p>1$ 时

$$
\begin{aligned}
|u_m(x^0)| &\leqslant \frac{1}{\kappa_n\delta^n}\int\limits_{Q_\delta^{x^0}}|u_m(x)|dx\\
&\leqslant \frac{1}{\kappa_n\delta^n}\left(\int\limits_{Q_\delta^{x^0}}|u_m|^p dx\right)^{\frac{1}{p}}\left(\int\limits_{Q_\delta^{x^0}}dx\right)^{\frac{1}{q}}\leqslant\widetilde{M},
\end{aligned}
$$

其中 $\widetilde{M}$ 是与 δ 有关. 但与 x^0 无关的常数, 而 $\dfrac{1}{p}+\dfrac{1}{q}=1$. 依据有关调和函数的导数估计的定理, 对任意的点 $x\in Q_R$ 有

$$
\left|\frac{\partial u_m(x)}{\partial x_j}\right|\leqslant\frac{n}{\delta}\max_{\overline{Q}_{R+\delta}}|u_m|\leqslant M_1, \tag{3.106}
$$

其中 M_1 与 m 无关. 由不等式 (3.106) 可推出函数族 u_m 在 Q_R 中的等度连续性, 因为对 $x\in Q_R$, $x'\in Q_R$

$$
|u_m(x)-u_m(x')|=\left|\sum_{j=1}^{n}\frac{\partial u(\theta)}{\partial x_j}(x_j-x_j')\right|\leqslant M_1\cdot n|x-x'|,\quad \theta\in Q_R.
$$

依照 1.1 节中的阿尔泽拉定理, 由序列 u_m 中可以选出在 Q_R 中一致收敛的子序列. 设 Ω_δ 表示这样的点集合 Ω : 它到 $\partial\Omega$ 的距离不小于 3δ. 设当 $k\to\infty$ 时序列 $\delta_k\to 0$. 显然, 集合 Ω_{δ_1} 是闭集, 它可以用有限多个到 $\partial\Omega$ 的距离不小于 2δ 的球 $Q^1,\cdots,Q^N$ 覆盖. 按照所证明的, 由序列 u_m 中可以选出在球 Q^1 中一致收敛的子序列 $u_{m'}$, 其次, 可以从序列 $u_{m'}$ 中选出在球 Q^2 中一致收敛的子序列 $u_{m''}$, 等等. 这表明在 Ω_{δ_1} 中存在着一致收敛的子序列 u_m^1. 显然, 用这样的方法可以从这个序列中选出在 Ω_{δ_2} 中一致收敛的子序列, 然后在其中又可选出在 Ω_{δ_3} 中一致收敛的子序列, 等等. 由 $u_m(x)$, $m=1,2,\cdots$, 中用对角线手法可以在任意集合 Ω_{δ_k} 中选出一致收敛的子序列. 显然, 只要 δ_k 充分小, 任意具有性质 $\overline{\Omega}'\subset\Omega$ 的区域 Ω' 都含于集合 Ω_{δ_k} 中. 根据定理 45, 所选出的子序列极限是 Ω 中的调和函数. 定理证毕. □

3.12 牛顿势. 拉普拉斯算子的亚椭圆性

具有常系数的线性微分算子 L 称之为**亚椭圆算子**, 是指: 如果对任意区域 $\Omega\subset\mathbb{R}_x^n$, 在 Ω 中 $Lu=f$, 且 $f\in C^\infty(\Omega)$, 在这样的条件下, $D'(\Omega)$ 中广义函数 u 是 $C^\infty(\Omega)$ 类函数. 在本节中我们要证明拉普拉斯算子的亚椭圆性. 首先研究牛顿势的性质. 在 $n=2$ 的情形, 这样的势还称为**对数势**.

定理 48 设 $f(x)\in C^k(\Omega),k\geqslant 0$, 且在 Ω 内 $|f|\leqslant M$, M 为常数, 那么牛顿势

$$\begin{aligned} v(x)&=\int\limits_{\Omega} f(y)|x-y|^{2-n}dy \quad \text{当 } n>2,\\ v(x)&=\int\limits_{\Omega} f(y)\ln\frac{1}{|x-y|}dy \quad \text{当 } n=2, \end{aligned} \tag{3.107}$$

是 $C^{k+1}(\Omega)$ 类函数.

证明 设 $x^0\in\Omega$, $\overline{Q}_{2R}^{x^0}\subset\Omega$, $R>0$ 为常数, 函数 $\psi(x)\in C_0^\infty(Q_R^{x^0})$, 在 $Q_{\frac{R}{2}}^{x^0}$ 内 $\psi=1$, $x^0=(x_1^0,\cdots,x_n^0)$. 根据公式 (3.107) 有

$$v(x)=\int\limits_{\Omega}[f(y)\psi(y)+f(y)(1-\psi(y))]C_nE(x,y)dy=v_1(x)+v_2(x), \tag{3.108}$$

其中当 $n>2$ 时 $C_n=-(n-2)\omega_n$, 当 $n=2$ 时 $C_n=-2\pi,E(x,y)$ 是拉普拉斯方程的基本解,

$$v_1(x)=\int\limits_{Q_{2R}^{x^0}} f(y)\psi(y)C_nE(x,y)dy,\quad v_2(x)=\int\limits_{\Omega\backslash Q_{\frac{R}{2}}^{x^0}} f(y)(1-\psi(y))C_nE(x,y)dy.$$

容易看出, $v_2(x)$ 在点 x^0 的邻域 $Q_{\frac{R}{4}}^{x^0}$ 内是无穷次可微函数, 因为当 $x\in Q_{\frac{R}{4}}^{x^0}$, $y\in\Omega\backslash Q_{\frac{R}{2}}^{x^0}$ 时 $E(x,y)$ 是 x 与 y 的无穷次可微函数, 因而积分 v_2 可以在积分号下求导. 我们来证明, 在 $Q_{\frac{R}{4}}^{x^0}$ 内, 当 $|\alpha|\leqslant k+1$ 时存在连续导数 $\mathcal{D}^\alpha v_1$. 设 $\alpha=(\alpha_1,\cdots,\alpha_n),|\alpha|\leqslant k+1$, 对某个 $j,\alpha_j>0$. 借助于分部积分公式, 函数 $v_1(x)$ 可表为如下形式:

$$v_1(x)=\int\limits_{Q_{2R}^{x^0}}\Phi_j(y_1,\cdots,y_n)\frac{\partial}{\partial y_j}(\psi(y)C_nE(x,y))dy, \tag{3.109}$$

其中

$$\Phi_j(y)=-\int\limits_{x_j^0}^{y_j} f(y_1,\cdots,y_{j-1},s,y_{j+1},\cdots,y_n)ds.$$

我们来考虑 $x\in Q_{\frac{R}{4}}^{x^0}$. 在积分 (3.109) 中作积分的变量变换 $\eta=y-x$, 那么, 当 $|x-x^0|<\dfrac{R}{4}$ 时, 考虑到 $\psi(x)\in C_0^\infty(Q_R^{x^0})$, 得到

$$v_1(x)=\int\limits_{Q_{\frac{5}{4}R}^0}\Phi_j(\eta+x)\frac{\partial}{\partial\eta_j}(\psi(\eta+x)C_nE(0,\eta))d\eta. \tag{3.110}$$

容易看出, 反常积分

$$\int\limits_{Q_R^0}\left|\frac{\partial E(0,\eta)}{\partial\eta_j}\right|d\eta,\quad j=1,\cdots,n,\quad \int\limits_{Q_R^0}|E(0,\eta)|d\eta$$

收敛, 函数 $\Phi_j(y)$ 有直到 k 阶的任意连续导数以及含有至少对 y_j 的一个微分的 $k+1$ 阶连续导数. 所以当 $x \in Q^{x^0}_{\frac{R}{4}}$ 时存在连续导数 $\mathcal{D}^\alpha v_1$, $\alpha=(\alpha_1,\cdots,\alpha_n)$, $|\alpha| \leqslant k+1, \alpha_j>0$. 这个导数可以对 (3.110) 式中的积分 $v_1(x)$, 在积分号下关于 x 求导数得到:

$$\mathcal{D}^\alpha v_1 = \int\limits_{Q^0_{\frac{5}{4}R}} \mathcal{D}^\alpha \left[\Phi_j(\eta+x)\frac{\partial}{\partial \eta_j}(\psi(\eta+x)C_n E(0,\eta))\right] d\eta.$$

实际上, 当 $x=(x_1,\cdots,x_n) \in Q^{x^0}_{\frac{R}{4}}$ 及 $x'=(x_1,\cdots,x_{l-1},x_l+\Delta x_l,x_{l+1},\cdots,x_n)$, 如果 $k=0$, 对 $l=j$, 如果 $k \geqslant 1$, 对任意 l, 有

$$\left|\frac{v_1(x)-v_1(x')}{\Delta x_l} - \int\limits_{Q^0_{\frac{5}{4}R}} \mathcal{D}_{x_l}\left[\Phi_j(\eta+x)\frac{\partial}{\partial \eta_j}(\psi(\eta+x)C_n E(0,\eta))\right] d\eta\right|$$

$$\leqslant \varepsilon(x,x') \int\limits_{Q^0_{\frac{5}{4}R}} |C_n| \left(|E(0,\eta)| + \left|\frac{\partial E(0,\eta)}{\partial \eta}\right|\right) d\eta, \quad \text{其中当 } x' \to x \text{ 时 } \varepsilon(x,x') \to 0,$$

并且这个不等式的右端当 $x' \to x$ 时趋于零. 类似地, 可以证明, 当 $k \geqslant 1$ 时 $v_1(x)$ 的更高阶导数的存在性. 定理证毕. □

积分 (3.107) 中的函数 $f(y)$ 称为牛顿势的密度.

定理 49 当 $f(x) \in C^k(\Omega)$, 在 Ω 内 $|f(x)| \leqslant M$, M 为常数, $k=1$ 时, 牛顿势 (3.107) 在 Ω 内满足方程

$$\Delta v = -(n-2)\omega_n f \quad \text{当 } n>2, \tag{3.111}$$

$$\Delta v = -2\pi f \quad \text{当 } n=2. \tag{3.112}$$

证明 按照公式 (3.108) 令 $v(x)=v_1(x)+v_2(x)$. 显然, 在 $Q^{x^0}_{\frac{R}{4}}$ 内 $\Delta v_2=0$, 因为当 $x \in Q^{x^0}_{\frac{R}{4}}, y \in \Omega \setminus Q^{x^0}_{\frac{R}{4}}$ 时 $\Delta_x E(x,y)=0$ 且积分 $v_2(x)$ 可在积分号下求导. 当 $x \in Q^{x^0}_{\frac{R}{4}}$ 时为了计算 $v_1(x)$, 在积分 $v_1(x)$ 中作变量变换 $y=\eta+x$. 当 $x \in Q^{x^0}_{\frac{R}{4}}$ 时有

$$v_1(x) = \int\limits_{Q^0_{\frac{5}{4}R}} C_n f(x+\eta)\psi(x+\eta)E(0,\eta)d\eta.$$

应用分部积分公式并利用当 $x \in Q^{x^0}_{\frac{R}{4}}$ 时函数 $\psi(x+\eta)$ 作为 η 的函数属于 $D(Q^0_{\frac{5}{4}R})$

类这一事实, 得到

$$\frac{\partial v_1(x)}{\partial x_j}=\int\limits_{Q^0_{\frac{5}{4}R}} C_n\frac{\partial}{\partial x_j}(f\psi)E(0,\eta)d\eta=\lim_{\varepsilon\to 0}\int\limits_{Q^0_{\frac{5}{4}R}\backslash Q^0_\varepsilon} C_n\frac{\partial(f\psi)}{\partial\eta_j}E(0,\eta)d\eta$$

$$=\lim_{\varepsilon\to 0}\left[-\int\limits_{Q^0_{\frac{5}{4}R}\backslash Q^0_\varepsilon} C_nf(x+\eta)\psi(x+\eta)\frac{\partial E}{\partial\eta_j}d\eta-\int\limits_{S^0_\varepsilon} C_nf(x+\eta)\psi(x+\eta)E(0,\eta)\nu_j dS\right]$$

$$=-\int\limits_{Q^0_{\frac{5}{4}R}} C_nf\psi\frac{\partial E}{\partial\eta_j}d\eta.$$

所以, 考虑到 $\Delta E(0,\eta)=0$ 在 $Q^0_{\frac{5}{4}R}\setminus Q^0_\varepsilon$ 内成立, 借助于分部积分得

$$\sum_{j=1}^n\frac{\partial^2 v_1}{\partial x_j^2}=-\int\limits_{Q^0_{\frac{5}{4}R}} C_n\sum_{j=1}^n\frac{\partial(f\psi)}{\partial x_j}\frac{\partial E}{\partial\eta_j}d\eta=\lim_{\varepsilon\to 0}C_n\int\limits_{Q^0_{\frac{5}{4}R}\backslash Q^0_\varepsilon}-\sum_{j=1}^n\frac{\partial(f\psi)}{\partial x_j}\frac{\partial E}{\partial\eta_j}d\eta$$

$$=\lim_{\varepsilon\to 0}C_n\int\limits_{S^0_\varepsilon} f(x+\eta)\psi(x+\eta)\frac{\partial E(0,\eta)}{\partial\nu}dS.$$

若 ε 充分小当 $\eta\in Q^0_\varepsilon$, $x\in Q^{x^0}_{\frac{R}{4}}$ 时函数 $\psi(x+\eta)=1$. 所以当 $x\in Q^{x^0}_{\frac{R}{4}}$ 及 $n>2$ 时

$$\Delta v_1(x)=\lim_{\varepsilon\to 0}C_n\int\limits_{S^0_\varepsilon}\frac{\partial E(0,\eta)}{\partial\nu}f(x+\eta)dS$$

$$=\lim_{\varepsilon\to 0}(2-n)\varepsilon^{1-n}\int\limits_{S^0_\varepsilon} f(x+\eta)dS=(2-n)\omega_nf(x).$$

当 $n=2$ 时有

$$\Delta v_1(x)=\lim_{\varepsilon\to 0}\left(-\frac{1}{\varepsilon}\int\limits_{S^0_\varepsilon} f(x+\eta)dS\right)=-2\pi f(x).$$

于是, 定理证毕. □

定理 50 拉普拉斯算子是 $\mathbb{R}^n_x$ 内的亚椭圆算子.

证明 设 $u\in D'(\Omega)$, 在 Ω 内 $\Delta u=f$ 且 $f\in C^\infty(\Omega)$. 我们来证明 $u\in C^\infty(\Omega)$, 设 $x^0\in\Omega, Q^{x^0}_{2R}\subset\Omega, \psi\in C^\infty_0(Q^{x^0}_{2R})$ 且在 $Q^{x^0}_R$ 内 $\psi(x)=1$. 考虑密度为 $f\psi C_n^{-1}$ 的牛顿势

$$w(x)=\int\limits_\Omega f(y)\psi(y)E(x,y)dy.$$

根据定理 48, 函数 $w(x)$ 在 Ω 内无穷次可微, 在 Ω 内 $\Delta w=-(n-2)\omega_n f(x)\psi(x)C_n^{-1}=f(x)\psi(x)$, 并且 $D'(\Omega)$ 中的 $u-w$ 是 $Q_R^{x^0}$ 内的广义调和函数. 依照 3.11 节的定理 42, $u-w$ 是 $Q_R^{x^0}$ 内的调和函数, 因而, 如同在 3.3 节证明的, 函数 $u-w$ 属于 $C^\infty(Q_R^{x^0})$ 类. 因为 x^0 是 Ω 的任意点, 那么 $u\in C^\infty(\Omega)$. 定理证毕. □

在 3.2 节我们定义了拉普拉斯方程的基本解为在 $\mathbb{R}_x^n$ 中满足方程

$$\Delta_x V=\delta(x-x_0) \tag{3.113}$$

的、$D'(\mathbb{R}_x^n)$ 中的广义函数 $V(x,x^0)$. 显然, 在这样的定义之下, 基本解的确定准确到 $\mathbb{R}_x^n$ 中的调和函数. 如果在 $V(x,x^0)$ 上加上条件: 对 $n>2$, 当 $|x|\to\infty$ 时 $V(x,x^0)\to 0$, 当 $|x-x^0|>1$ 时 $|V|\leqslant K_1+K_2|x|^p$, 其中 K_1, K_2,p 为常数, $0<p<1$, 对 $n=2$, $\int\limits_{S_1^{x^0}} V(x,x^0)dS=0$, 那么拉普拉斯方程的基本解可唯一地确定并由公式 (3.8), (3.9) 给出. 实际上, 在这样的假定下, 方程 (3.113) 在 $\mathbb{R}_x^n$ 中的两个解之差 $V_1(x,x^0)-V_2(x,x^0)$ 是 $\mathbb{R}_x^n$ 中的调和函数, 如果 $n>2$, 当 $|x|\to\infty$ 它趋于零; 如果 $n=2$, 它在 $\mathbb{R}_x^n$ 中不超过 $K_1'+K_2'|x|^p, K_1',K_2'$ 为常数, $p<1$. 依照刘维尔定理 (参看 3.9 节), $V_1(x,x^0)-V_2(x,x^0)$ 为常数. 在 $n>2$ 的情形, 这个常数等于零, 因为当 $|x|\to\infty$ 时 $V_1-V_2\to 0$. 在 $n=2$ 的情形, 由条件 $\int\limits_{S_1^{x^0}} V(x,x^0)dS=0$ 推出, $V_1-V_2=0$. 所以在上述补充条件下, 拉普拉斯方程的基本解与由公式 (3.8), (3.9) 给出的函数 $E(x,x^0)$ 重合.

现在考虑泊松方程 $\Delta u=f$ 的广义解. 设 f 是 $D'(\mathbb{R}_x^n)$ 中的、在 Ω 中具有支集的广义函数, 其中 Ω 是 $\mathbb{R}_x^n$ 中的有界区域. 那么 f 与 $C_nE(0,x)$ 作为 $D'(\mathbb{R}_x^n)$ 中的广义函数, 其卷积确定了 $D'(\mathbb{R}_x^n)$ 中形如

$$v=f*C_nE(0,x),\quad \text{当 } n>2 \text{ 时 } C_n=-\omega_n(n-2),\quad \text{当 } n=2 \text{ 时 } C_n=-2\pi,$$

的广义函数, 它们被称为广义牛顿势. 依照卷积的微分法则 (参看 1.3 节), 有

$$\Delta v=\Delta(f*C_nE(0,x))=f*C_n\Delta E=f*C_n\delta=C_nf.$$

如果 f 是 $\mathbb{R}_x^n$ 中的可积的具有紧支集的函数, 那么广义牛顿势具有如下形状:

$$v(x)=C_n\int\limits_{\mathbb{R}^n} f(y)E(x,y)dy,$$

且函数 $w=\dfrac{1}{C_n}v$ 是泊松方程 $\Delta w=f$ 的广义解.

3.13 狄利克雷问题的广义解

本节我们来说明在有界区域 $\Omega\subset\mathbb{R}^n$ 中所谓的广义狄利克雷问题的提法及研究它的性质. 在索伯列夫空间 $H^1(\Omega)$ 及 $\overset{\circ}{H}{}^1(\Omega)$ 中可求出这样问题的解.

我们记得 (参看第 1 章), 希尔伯特空间 $L_2(\Omega)$ 是区域 Ω 内的平方可积函数空间; $L_2(\Omega)$ 中的内积与范数以下述方式给出:

$$(u,v)=\int\limits_{\Omega} uvdx, \quad \|u\|_0^2=(u,u)=\int\limits_{\Omega} u^2dx, \quad u,v\in L_2(\Omega).$$

空间 $H^1(\Omega)$ 中包含着 $L_2(\Omega)$ 中的函数 $u(x)$, 对这些函数, 其所有的一阶导数 $\partial u/\partial x_i$ 同样也是空间 $L_2(\Omega)$ 中的元素. (导数理解为广义函数的意义下的导数.) 空间 $H^1(\Omega)$ 关于内积

$$[u,v]_{H^1(\Omega)}=\int\limits_{\Omega} uvdx+\int\limits_{\Omega}\sum_{k=1}^{n}\frac{\partial u}{\partial x_k}\frac{\partial v}{\partial x_k}dx, \quad u,v\in H^1(\Omega) \tag{3.114}$$

同样是希尔伯特空间. 在空间 $H^1(\Omega)$ 中的范数, 与内积相应, 由下式给出:

$$\|u\|_{H^1(\Omega)}^2=[u,u]_{H^1(\Omega)}=\int\limits_{\Omega} u^2dx+\int\limits_{\Omega}\sum_{k=1}^{n}\left(\frac{\partial u}{\partial x_k}\right)^2dx=\|u\|_0^2+\|\nabla u\|_0^2, \tag{3.115}$$

其中 $\|\nabla u\|_0$, 我们将其理解为在空间 $(L_2(\Omega))^n$ 中的向量函数 $\nabla u(x)=(\partial u/\partial x_1,\cdots,\partial u/\partial x_n)$ 的范数.

最后, $C_0^\infty(\Omega)$ 按空间 $H^1(\Omega)$ 的范数的完备化称为空间 $\overset{\circ}{H}{}^1(\Omega)$. 由这个空间的定义得出

$$C_0^\infty(\Omega)\subset \overset{\circ}{H}{}^1(\Omega)\subset H^1(\Omega)\subset L_2(\Omega).$$

空间 $\overset{\circ}{H}{}^1(\Omega)$ 中的内积与范数可由 $H^1(\Omega)$ 的诱导出, 同样可由公式 (3.114), (3.115) 给出. 然而, 如我们稍后所看到的, 可用弗里德里希斯不等式在 $\overset{\circ}{H}{}^1(\Omega)$ 中引入另一个与前述等价的范数以及相应的内积:

$$\|u\|_1^2=[u,u]=\int\limits_{\Omega}\sum_{k=1}^{n}\left(\frac{\partial u}{\partial x_k}\right)^2dx=\|\nabla u\|_0^2, \quad u\in \overset{\circ}{H}{}^1(\Omega), \tag{3.116}$$

$$[u,v]=\int\limits_{\Omega}\sum_{k=1}^{n}\frac{\partial u}{\partial x_k}\frac{\partial v}{\partial x_k}dx=(\nabla u,\nabla v)_{(L_2(\Omega))^n}, \quad u,v\in \overset{\circ}{H}{}^1(\Omega). \tag{3.117}$$

在这个表示之下, 关系式 (3.114)~(3.115) 可改写为:

$$\|u\|_{H^1(\Omega)}^2=\|u\|_0^2+\|u\|_1^2, \quad [u,v]_{H^1(\Omega)}=(u,v)+[u,v].$$

我们看出, 在这个表示之下, 弗里德里希斯不等式 (1.9) 具有如下形式:

$$\|u\|_0^2\leqslant C(\Omega)\|u\|_1^2 \quad \forall u\in \overset{\circ}{H}{}^1(\Omega). \tag{3.118}$$

定理 51 在空间 $\overset{\circ}{H}{}^1(\Omega)$ 中, 范数 $\|\cdot\|_{H^1(\Omega)}$ 与 $\|\cdot\|_1$ 等价.

证明 通过 $\|u\|_{H^1(\Omega)}$ 由上方来估计 $\|u\|_1$, 显然有:

$$\|u\|_1^2 \leqslant \|u\|_0^2 + \|u\|_1^2 = \|u\|_{H^1(\Omega)}^2.$$

反方向的估计由弗里德里希斯不等式 (3.118) 直接得出:

$$\|u\|_{H^1(\Omega)}^2 = \|u\|_0 + \|u\|_1^2 \leqslant (C(\Omega)+1)\|u\|_1^2. \qquad \square$$

以下我们将处处应用由 (3.116)~(3.117) 给出的 $\overset{\circ}{H}{}^1(\Omega)$ 中的范数与内积.

3.13.1 $\overset{\circ}{H}{}^1(\Omega)$ 中函数的迹

索伯列夫空间的定义基于勒贝格积分, 所以几乎处处重合 (即在零测度集上不同) 的函数在每一个空间 $L_2(\Omega), H^1(\Omega), \overset{\circ}{H}{}^1(\Omega)$ 中都给出相同的元素. 因此, 作为从 Ω 或 $\overline{\Omega}$ 到 $\mathbb{R}$ 内的映射的函数 $u(x)$ 在任何超曲面 (而超曲面在包容它的空间中自然是具有零测度的) 上的改变不会改变作为泛函空间 $L_2(\Omega), H^1(\Omega), \overset{\circ}{H}{}^1(\Omega)$ 的元素 的这个函数. 由此, 似乎应得出: “$L_2(\Omega), H^1(\Omega), \overset{\circ}{H}{}^1(\Omega)$ 中函数在超曲面上的值” 这一概念本身没有意义. 但是, 这一概念具有完全确定的意义, 而在空间 $H^1(\Omega)$ 或 $\overset{\circ}{H}{}^1(\Omega)$ (但不是 $L_2(\Omega)$) 的情形, 甚至不超出通常函数 (而不是广义函数) 类的范围.

为了简单, 限于较为狭窄的空间 $\overset{\circ}{H}{}^1(\Omega)$. 依照定义, 无穷次可微的具有紧支集的函数的空间 $C_0^\infty(\Omega)$ 在 $\overset{\circ}{H}{}^1(\Omega)$ 中处处稠密. 我们可以假设, 函数 $u \in C_0^\infty(\Omega)$ 给定在整个空间 $\mathbb{R}^n$, 这只要在 Ω 外补充定义其为零即可. 对于任意的函数 $u \in C_0^\infty(\mathbb{R}^n)$, 定义它在超平面 $x_j = C$ (C 为常数) 上的迹 $\gamma(u)$, 这个迹乃是空间 $C_0^\infty(\mathbb{R}^{n-1})$ 的元素. 从而存在映射

$$\gamma : C_0^\infty(\mathbb{R}^n) \to C_0^\infty(\mathbb{R}^{n-1}).$$

我们证明, 这个映射 γ 可延拓为由 $\overset{\circ}{H}{}^1(\Omega)$ 到 $L_2(\Omega')$ 的连续映射, 其中 Ω' 是区域 Ω 被超平面 $x_j = C$ 所截得的截面, $\Omega' = \Omega \cap \{x_j = C\}$, 其中 C 为常数.

定理 52 如果序列 $u_m(x) \in C_0^\infty(\Omega)$ 按 $\overset{\circ}{H}{}^1(\Omega)$ 的范数是基本列, 那么它在超平面 $x_j = C$ 上按 $L_2(\Omega')$ 的范数是基本列.

证明 为了确定起见, 设 $j = 1$, $x_1 =$ 常数 $= x_1^0$. 假设, $\Omega \subset \{x; |x_i| \leqslant A,\ i = 1, \cdots, n\}$. 如同前面一样, 假定在 Ω 之外 $u = 0$, 我们有

$$u(x_1^0, x_2, \cdots, x_n) = \int_{-A}^{x_1^0} \frac{\partial u}{\partial x_1} dx_1.$$

按照柯西 – 布尼亚科夫斯基不等式

$$u^2(x_1^0, x_2, \cdots, x_n) = \left(\int_{-A}^{x_1^0} \frac{\partial u}{\partial x_1} dx_1\right)^2 \leqslant \int_{-A}^{x_1^0} dx_1 \cdot \int_{-A}^{x_1^0} \left(\frac{\partial u}{\partial x_1}\right)^2 dx_1$$
$$\leqslant 2A \int_{-A}^{A} \left(\frac{\partial u}{\partial x_1}\right)^2 dx_1.$$

对超平面 $x = x_1^0$ 积分这个不等式. 我们有

$$\int_{(x_1 = x_1^0)\cap\Omega} u^2(x_1^0, x_2, \cdots, x_n) dx_2 \cdots dx_n \leqslant 2A \int_\Omega \left(\frac{\partial u}{\partial x_1}\right)^2 dx$$
$$= 2A \left\|\frac{\partial u}{\partial x_1}\right\|_0^2 \leqslant 2A\|u\|_1^2.$$

对差 $u = u_m - u_k$ 写出这个不等式. 得到

$$\|u_m - u_k\|_{L_2(\Omega')} = \int_{\Omega'} (u_m - u_k)^2 dx_2 \cdots dx_n \leqslant 2A\|u_m - u_k\|_1. \tag{3.119}$$

这样一来, 按 $\overset{\circ}{H}{}^1(\Omega)$ 范数收敛的函数序列 $u_m \in C_0^\infty(\Omega)$ 当 $m \to \infty$ 时在平面 $x_j = C$ 上按 $L_2(\Omega')$ 的范数收敛. □

已证明的定理允许把定义在空间 $\overset{\circ}{H}{}^1(\Omega)$ 中处处稠密的集合 $C_0^\infty(\Omega)$ 上的迹映射 γ 按连续性延拓为在整个空间 $\overset{\circ}{H}{}^1(\Omega)$ 上的映射:

$$\gamma : \overset{\circ}{H}{}^1(\Omega) \to L_2(\Omega').$$

这个映射自然是以连续甚至是李普希茨连续性而得到 (参看 (3.119) 式). 从而, 函数 $u(x) \in \overset{\circ}{H}{}^1(\Omega)$ 的迹 $\gamma(u)$ 的概念是作为空间 $L_2(\Omega')$ 中元素而定义的.

定理 53 函数 $u(x) \in \overset{\circ}{H}{}^1(\Omega)$ 在超平面 $x_j = x_j^0$ 上的迹连续依赖于 x_j^0.

证明 取序列 $u_m \in C_0^\infty(\Omega), \|u_m - u\|_1^2 \to 0$. 在这种情形下函数 $u_m(x)$ 在超平面 $x_1 = x_1^0$ 及 $x_1 = x_1^0 + \Delta x_1^0$ 上的迹按 $L_2(\mathbb{R}^{n-1})$ 范数 (按定义) 收敛到函数 $u = u(x_1, x')$ 的迹 $u(x_1^0, x')$ 及 $u(x_1^0 + \Delta x_1^0, x')$, 其中 $x' = (x_2, \cdots, x_n)$.

我们有

$$u_m(x_1^0, x') - u_m(x_1^0 + \Delta x_1^0, x') = \int_{x_1^0}^{x_1^0 + \Delta x_1^0} \frac{\partial u_m}{\partial x_1} dx_1.$$

与定理 52 的证明类似,

$$(u_m(x_1^0,x')-u_m(x_1^0+\Delta x_1^0,x'))^2 \leqslant \Delta x_1^0 \int\limits_{x_1^0}^{x_1^0+\Delta x_1^0} \left(\frac{\partial u_m}{\partial x_1}\right)^2 dx_1 \leqslant \Delta x_1^0 \int\limits_{-A}^{A} \left(\frac{\partial u_m}{\partial x_1}\right)^2 dx_1,$$

$$\int\limits_{x_1=x_1^0} (u_m(x_1^0,x')-u_m(x_1^0+\Delta x_1^0,x'))^2 dx' \leqslant \Delta x_1^0 \int\limits_{\Omega} \left(\frac{\partial u_m}{\partial x_1}\right)^2 dx \leqslant \|u_m\|_1^2 \Delta x_1^0.$$

令 $m\to\infty$ 取极限, 得到: 当 $\Delta x_1^0 \to 0$时

$$\int\limits_{x_1=x_1^0} (u(x_1^0,x')-u(x_1^0+\Delta x_1^0,x'))^2 dx' \leqslant K\Delta x_1^0 \to 0,$$

其中 $K=\sup\limits_m \|u_m\|_1^2$ (我们记得, 序列 $u_m(x)$ 在 $\overset{\circ}{H}{}^1(\Omega)$ 中收敛, 因而表明, 序列在这个空间中有界). □

于是, 函数 $u(x)\in \overset{\circ}{H}{}^1(\Omega)$ 在任意的坐标超平面上定义了 L_2 中的函数, 这个函数连续地依赖于超平面 (或者在 $n=2$ 的情形是曲线). 这对任意 $n-1$ 维的光滑超曲面同样也是对的.

实际上, 如果超曲面由方程 $F(x_1,\cdots,x_n)=C$ 给定, $F\in C^1$, $\dfrac{\partial F}{\partial x_1}\neq 0$, 那么作坐标变换

$$y_1=F(x_1,\cdots,x_n),\quad y_2=x_2,\cdots,y_n=x_n, \tag{3.120}$$

我们便把超曲面 $F(x_1,\cdots,x_n)=C$ 变为超平面 $y_1=C$. 在光滑 ($C^1(\overline{\Omega})$ 类) 变量变换的情形下, 定义在变量 x 中的空间 $\overset{\circ}{H}{}^1(\Omega)$ 的范数与定义在变量 y 中的这个空间的范数等价. 序列是基本列这一性质对于换成等价范数是不变的.

附注 5 (关于 $\overset{\circ}{H}{}^1(\Omega)$ 中函数的有界值) 在前述迹的定义的意义上, 函数 $u\in \overset{\circ}{H}{}^1(\Omega)$ 在区域 Ω 的边界 $\partial\Omega$ 上等于零 (因为在 $\partial\Omega$ 上, 所有 $C_0^\infty(\Omega)$ 中的函数等于零), 即

$$u|_{x\in\partial\Omega}=0 \quad \forall u\in \overset{\circ}{H}{}^1(\Omega).$$

函数 $u\in \overset{\circ}{H}{}^1(\Omega)$ 在区域 Ω 的边界上等于零可以在这个函数的平方沿超曲面 $\Gamma_c\subset\Omega$ 的积分趋于零的意义上来理解, 其中 Γ_c 当 $c\to+0$ 时收敛于 $\partial\Omega=\Gamma_0$. 更确切地说, 设存在一族超曲面 $\{\Gamma_c;\, 0\leqslant c\leqslant c_0\}$, 它们由方程 $F(x_1,\cdots,x_n)=\widetilde{n}$ 给定, 并且函数 F 在 $\partial\Omega$ 的邻域属于 C^1 类, $\Delta F\neq 0$, 同时当 $0<c\leqslant c_0$ 时 $\Gamma_c\subset\Omega$, $\Gamma_0=\partial\Omega$.

那么, (在任意点 $P\in\partial\Omega$ 的邻域) 作形如 (3.120) 的坐标变换, 由定理 53 推出: 对任意函数 $u\in \overset{\circ}{H}{}^1(\Omega)$, 当 $c\to+0$ 时

$$\int\limits_{\Gamma_c} u^2(x)dS_x \to 0 = \int\limits_{\partial\Omega} u^2(x)dS_x. \tag{3.121}$$

3.13.2 具有齐次边界条件的狄利克雷问题

在定义问题

$$\Delta u = f, \quad x \in \Omega, \tag{3.122}$$

$$u|_{\partial\Omega} = 0 \tag{3.123}$$

的广义解之前, 先引入某些有启发性的考虑. 我们记得, 一个 $C^2(\Omega)\cap C(\overline{\Omega})$ 类的函数 $u(x)$, 其在 Ω 的边界上为零, 当把它代入方程后给出永真的等式, 就称函数是这个问题的古典解. 同时函数 $f(x)$ 假设在 Ω 内连续.

命题 1 设函数 $u \in C^2(\Omega)$ 满足方程 (3.122), $f \in C(\Omega)$ 那么

$$[u,\varphi] + (f,\varphi) = 0 \quad \forall \varphi \in \overset{\circ}{H}{}^1(\Omega).$$

证明 对任意函数 $\varphi \in C_0^\infty(\Omega)$, 由 (3.122) 式推出

$$\int\limits_\Omega \varphi \Delta u dx = \int\limits_\Omega f\varphi dx.$$

对等式左端进行分部积分 (由于实际上我们是在某个子区域 Ω_1 上积分, $\overline{\Omega}_1 \subset \Omega$, 在 Ω_1 外 $\varphi \equiv 0$, 这样进行积分是合法的而对 u 的直到边界的光滑性没有任何条件), 得到

$$-\int\limits_\Omega \sum_{j=1}^n \frac{\partial u}{\partial x_j}\frac{\partial \varphi}{\partial x_j} dx = \int\limits_\Omega f\varphi dx \quad \forall \varphi \in C_0^\infty(\Omega),$$

或者, 记起在 $\overset{\circ}{H}{}^1(\Omega)$ 有关内积的公式 (3.117)

$$-[u,\varphi] = (f,\varphi) \quad \forall \varphi \in C_0^\infty(\Omega). \tag{3.124}$$

在空间 $\overset{\circ}{H}{}^1(\Omega)$ 意义下的内积 $[u,\varphi]$ 与在空间 $L_2(\Omega)$ 意义下的内积 (f,φ) 连续依赖于作为空间 $H^1(\Omega)$ 的元素的 φ. 于是, 等式 (3.124) 被延拓到整个空间 $\overset{\circ}{H}{}^1(\Omega)$. □

现在, 在问题 (3.122)~(3.123) 中以在命题 1 中证明的等式取代 (3.122), 以函数 $u(x)$ 属于空间 $\overset{\circ}{H}{}^1(\Omega)$ 取代边条件 (3.123) (参看附注 5). 我们得到如下定义.

定义 2 如果对于函数 $u(x) \in \overset{\circ}{H}{}^1(\Omega)$ 成立

$$[u,\varphi] + (f,\varphi) = 0 \quad \forall \varphi \in \overset{\circ}{H}{}^1(\Omega), \tag{3.125}$$

其中 $f \in L_2(\Omega)$, 函数 $u(x)$ 称为狄利克雷问题 (3.122)~(3.123) 的广义解.

命题 2 设函数 $u \in C^2(\Omega) \cap C(\overline{\Omega})$ 是狄利克雷问题 (3.122)~(3.123) 的广义解, $f \in C(\Omega)$. 那么 u 是这个问题的古典解.

证明 实际上, 当 $u \in C^2(\Omega)$ 及 $\varphi \in C_0^\infty(\Omega)$ 时, 把证明命题 1 的全部推演反过来进行, 而由等式

$$\int_\Omega (\Delta u - f)\varphi dx = 0 \quad \forall \varphi \in C_0^\infty(\Omega)$$

推出在 Ω 内连续的函数 $(\Delta u - f)$ 恒等于零. 这表明方程 (3.122) 在古典的意义下成立.

至于边界条件, 那么对于在 $\overline{\Omega}$ 上连续的函数 $u(x)$, 由 (3.121) 可推出 (3.123). □

定理 54 狄利克雷问题 (3.122)~(3.123) 的广义解存在且唯一.

证明 当 $f \in L_2(\Omega)$ 时, 线性泛函 $l(\varphi) = -(f, \varphi)$ 在空间 $\overset{\circ}{H}{}^1(\Omega)$ 中对 φ 是连续的. 事实上, 根据柯西 – 布尼亚科夫斯基不等式及弗里德里希斯不等式 (3.118),

$$\begin{aligned}|l(\varphi)| = |(f, \varphi)| &\leqslant \|f\|_0 \cdot \|\varphi\|_0 \leqslant \|f\|_0 \cdot \sqrt{C(\Omega)}\|\varphi\|_1 \\ &\leqslant K\|\varphi\|_1 \quad \forall \varphi \in \overset{\circ}{H}{}^1(\Omega).\end{aligned}$$

由关于在希尔伯特空间中连续线性泛函一般形式的黎斯 (Riesz F.) 定理推出, 存在唯一的向量 $u \in \overset{\circ}{H}{}^1(\Omega)$ 使得

$$[u, \varphi] = l(\varphi) = -(f, \varphi) \quad \forall \varphi \in \overset{\circ}{H}{}^1(\Omega).$$

余下的仅仅是注意到, 所得等式丝毫不差地正是狄利克雷问题广义解的定义. □

附注 6 不引用黎斯定理很容易证明狄利克雷问题广义解的唯一性. (或者, 换句话说, 在黎斯定理中唯一性的证明是如此简单, 不费力气且重复的.) 实际上, 设有两个函数 $u_1, u_2 \in \overset{\circ}{H}{}^1(\Omega)$ 都是问题 (3.122)~(3.123) 的广义解. 那么, 根据定义

$$[u_1, \varphi] = [u_2, \varphi] = -(f, \varphi) \quad \forall \varphi \in \overset{\circ}{H}{}^1(\Omega).$$

因此,

$$[u_1 - u_2, \varphi] = 0 \quad \forall \varphi \in \overset{\circ}{H}{}^1(\Omega).$$

在这个等式中令 $\varphi = u_1 - u_2 \in \overset{\circ}{H}{}^1(\Omega)$, 得

$$[u_1 - u_2,\ u_1 - u_2] = \|u_1 - u_2\|_1^2 = 0.$$

后一等号表明, 作为 $\overset{\circ}{H}{}^1(\Omega)$ 中的元素 $u_1 - u_2 = 0$ 或者说, 几乎处处有 $u_1 = u_2$.

附注 7 设 $\varphi_1, \cdots, \varphi_k, \cdots$ 是可分空间 $\overset{\circ}{H}{}^1(\Omega)$ 中的完全正交系,

$$\|\varphi_k\| = 1, \quad [\varphi_k, \varphi_j] = 0 \quad \text{当 } k \neq j.$$

把 φ_k 代入到定义问题 (3.122)~(3.123) 广义解的积分等式 (3.125) 中, 得到 $[u_0, \varphi_k] = -(f, \varphi_k)$. 于是便求出广义解 u_0 对函数系 $\{\varphi_k\}$ 的傅里叶展开的系数:

$$u_0 = -\sum_{k=1}^{\infty}(f, \varphi_k)\varphi_k.$$

3.13.3 变分方法

为了证明狄利克雷问题 (3.122)~(3.123) 广义解的存在性和唯一性, 可以用另外的方法, 即所谓的**变分方法**.

对固定的函数 $f \in L_2(\Omega)$ 在空间 $\overset{\circ}{H}{}^1(\Omega)$ 中考虑泛函

$$\Phi(u) = \frac{1}{2}[u, u] + (f, u) = \frac{1}{2}\|u\|_1^2 + (f, u), \quad u \in \overset{\circ}{H}{}^1(\Omega).$$

令我们感兴趣的是泛函的极小化问题:

$$\Phi(u) \to \inf_{u \in \overset{\circ}{H}{}^1(\Omega)}. \tag{3.126}$$

我们来证明一系列关于这个泛函性质的简单断言.

命题 3 *泛函 $\Phi(u)$ 在 $\overset{\circ}{H}{}^1(\Omega)$ 中连续.*

证明 范数 $\|u\|_1$ (按连续性的定义) 是在赋范空间 $\overset{\circ}{H}{}^1(\Omega)$ 中的连续函数. 加项 (f, u) 当函数 $f \in L_2(\Omega)$ 固定时, 它作为 $u \in \overset{\circ}{H}{}^1(\Omega)$ 的函数的连续性当我们证明定理 54 时已经证明了. □

命题 4 *泛函 $\Phi(u)$ 在空间 $\overset{\circ}{H}{}^1(\Omega)$ 中下有界.*

证明 由初等不等式 $ab \leqslant \frac{\varepsilon}{2}a^2 + \frac{1}{2\varepsilon}b^2$, $\varepsilon > 0$ 推出

$$\Phi(u) = \frac{1}{2}\|u\|_1^2 + (f, u) \geqslant \frac{1}{2}\|u\|_1^2 - \|f\|_0\|u\|_0 \geqslant \frac{1}{2}\|u\|_1^2 - \frac{\varepsilon}{2}\|u\|_0^2 - \frac{1}{2\varepsilon}\|f\|_0^2.$$

应用弗里德里希斯不等式 (3.118), 得

$$\Phi(u) \geqslant \frac{1}{2}\|u\|_1^2 - \frac{\varepsilon C(\Omega)}{2}\|u\|_1^2 - \frac{1}{2\varepsilon}\|f\|_0^2.$$

选取 ε 使得 $\varepsilon C(\Omega) \leqslant 1$. 那么

$$\Phi(u) \geqslant -\frac{1}{2\varepsilon}\|f\|_0^2,$$

因而泛函 $\Phi(u)$ 下有界. □

因此, 对泛函 $\Phi(u)$ 来说, 存在着下确界

$$\inf_{u\in \overset{\circ}{H}{}^1(\Omega)} \Phi(u) = \mu.$$

命题 5 如果函数 $u_0 \in \overset{\circ}{H}{}^1(\Omega)$ 是泛函 $\Phi(u)$ 的极小值点, 即 $\Phi(u_0) = \mu$, 那么 u_0 是狄利克雷问题 (3.122)~ (3.123) 的广义解.

证明 设 $\Phi(u_0) = \mu$. 那么对任意元素 $\varphi \in \overset{\circ}{H}{}^1(\Omega)$ 及 ε 为常数成立

$$\Phi(u_0 + \varepsilon\varphi) \geqslant \mu = \Phi(u_0).$$

我们有

$$\begin{aligned}\Phi(u_0 + \varepsilon\varphi) &= \frac{1}{2}[u_0 + \varepsilon\varphi, u_0 + \varepsilon\varphi] + (f, u_0 + \varepsilon\varphi)\\ &= \frac{1}{2}[u_0, u_0] + \varepsilon[u_0, \varphi] + \frac{1}{2}\varepsilon^2[\varphi, \varphi] + (f, u_0) + \varepsilon(f, \varphi)\\ &= \frac{1}{2}[u_0, u_0] + (f, u_0) + \varepsilon([u_0, \varphi] + (f, \varphi)) + \frac{\varepsilon^2}{2}[\varphi, \varphi].\end{aligned}$$

因此, ε 的二次三项式

$$\frac{\varepsilon^2}{2}[\varphi, \varphi] + \varepsilon([u_0, \varphi] + (f, \varphi)) = \Phi(u_0 + \varepsilon\varphi) - \Phi(u_0)$$

对所有的 ε 值非负. 这导致对 ε 的系数为零, 也就是 (3.125) 式成立. □

命题 6 如果函数 $u_0 \in \overset{\circ}{H}{}^1(\Omega)$ 是狄利克雷问题 (3.122)~(3.123) 的广义解, 那么泛函 $\Phi(u)$ 在 u_0 点达到极小值, 也就是 $\Phi(u_0) = \mu$.

证明 设 $u_0 \in \overset{\circ}{H}{}^1(\Omega)$ 是狄利克雷问题 (3.122)~(3.123) 的广义解, 而 u 是 $\overset{\circ}{H}{}^1(\Omega)$ 中任意一个元素. 设在 (3.125) 中 $\varphi = u - u_0 \in \overset{\circ}{H}{}^1(\Omega)$, 我们有

$$[u_0, u - u_0] + (f, u - u_0) = 0 \quad \forall u \in \overset{\circ}{H}{}^1(\Omega). \tag{3.127}$$

类似于前一断言的证明, 我们有

$$\begin{aligned}\Phi(u) &= \Phi(u_0 + (u - u_0))\\ &= \frac{1}{2}[u_0, u_0] + [u_0, u - u_0] + \frac{1}{2}[u - u_0, u - u_0]\\ &\quad + (f, u_0) + (f, u - u_0)\\ &= \Phi(u_0) + \frac{1}{2}\|u - u_0\|_1^2 + [u_0, u - u_0] + (f, u - u_0).\end{aligned}$$

由于 (3.127) 式

$$\Phi(u) - \Phi(u_0) = \frac{1}{2}[u - u_0, u - u_0] \geqslant 0 \quad \forall u \in \overset{\circ}{H}{}^1(\Omega).$$

这表明泛函 $\Phi(u)$ 在点 u_0 达到了极小值. □

命题 5 与命题 6 说明狄利克雷问题 (照定义 2 理解的) 与变分问题 (3.126) 的等价性. 虽然我们已经借助于黎斯定理证明了狄利克雷问题的广义解的存在与唯一性, 我们还是要独立地证明变分问题解的存在与唯一性.

我们称序列 $u_n \in \overset{\circ}{H}{}^1(\Omega)$ 为**极小化序列**, 是指

$$\lim_{n\to\infty} \Phi(u_n) = \mu = \inf_{u\in \overset{\circ}{H}{}^1(\Omega)} \Phi(u).$$

显然, 极小化序列是存在的 (回忆下确界的定义).

命题 7 任何极小化序列 $\{u_n\}$ 在 $\overset{\circ}{H}{}^1(\Omega)$ 中收敛.

证明 我们来证明, $\overset{\circ}{H}{}^1(\Omega)$ 中的极小化序列 $\{u_n\}$ 是基本列. 成立如下关系式:

$$\frac{1}{2}\|u_n\|_1^2 + \frac{1}{2}\|u_m\|_1^2 = \left\|\frac{u_n+u_m}{2}\right\|_1^2 + \left\|\frac{u_n-u_m}{2}\right\|_1^2,$$

它类似于初等的算术等式 $\dfrac{a^2}{2}+\dfrac{b^2}{2} = \left(\dfrac{a+b}{2}\right)^2 + \left(\dfrac{a-b}{2}\right)^2$ (同样可证明). 由此

$$\begin{aligned}\Phi(u_n)+\Phi(u_m) &= \frac{1}{2}\|u_n\|_1^2 + (f,u_n) + \frac{1}{2}\|u_m\|_1^2 + (f,u_m)\\ &= \left\|\frac{u_n+u_m}{2}\right\|_1^2 + \left\|\frac{u_n-u_m}{2}\right\|_1^2 + (f,u_n+u_m)\\ &= 2\Phi\left(\frac{u_n+u_m}{2}\right) + \left\|\frac{u_n-u_m}{2}\right\|_1^2.\end{aligned}$$

因为 $\Phi(u_n) \to \mu$, 那么对任意 $\varepsilon > 0$, 只要 n 与 m 充分大就成立 $\Phi(u_n) < \mu + \varepsilon, \Phi(u_m) < \mu+\varepsilon$, 另一方面, $\Phi\left(\dfrac{u_n+u_m}{2}\right) \geqslant \mu$, 因为 μ 是泛函 $\Phi(u)$ 的下确界. 这意味着

$$2\mu+2\varepsilon > \Phi(u_n)+\Phi(u_m) = 2\Phi\left(\frac{u_n+u_m}{2}\right) + \left\|\frac{u_n-u_m}{2}\right\|_1^2 \geqslant 2\mu + \left\|\frac{u_n-u_m}{2}\right\|_1^2.$$

于是当 n 与 m 充分大时成立

$$\left\|\frac{u_n-u_m}{2}\right\|_1^2 < 2\varepsilon,$$

即序列 $\{u_n\}$ 是 $\overset{\circ}{H}{}^1(\Omega)$ 中的基本列. □

命题 8 极小化序列 $\{u_n\}$ 的极限 u 是变分问题的解.

证明 根据泛函 $\Phi(u)$ 的连续性有

$$\Phi(u) = \Phi\left(\lim_{n\to\infty} u_n\right) = \lim_{n\to\infty}\Phi(u_n) = \mu = \inf_{u\in \overset{\circ}{H}{}^1(\Omega)} \Phi(u),$$

在点 $u \in \overset{\circ}{H}{}^1(\Omega)$ 达到泛函 $\Phi(u)$ 的极小. □

命题 9　任意两个极小化序列 $\{u_n\}$ 与 $\{v_n\}$ 的极限 u 与 v 重合. (等价的叙述: 变分问题的解是唯一的.)

证明　实际上, 序列 $u, v, u, v, \cdots$ 是极小化序列 (因为 $\Phi(u) = \Phi(v) = \mu$). 这表明, 根据命题 7, 这个序列有极限, 这仅在 $u = v$ 时才可能. □

总结上面所证明的命题 5~9, 成立如下的定理.

定理 55　变分问题 (3.126) 的解 $u(x)$ 存在、唯一, 它与狄利克雷问题 (3.122) ~ (3.123) 的广义解重合, 任何极小化序列按 $\overset{\circ}{H}{}^1(\Omega)$ 中的范数收敛于这个解.

3.13.4 具有非齐次边界条件的狄利克雷问题

定义狄利克雷问题

$$\Delta u = f, \quad x \in \Omega, \tag{3.128}$$

$$u|_{\partial\Omega} = \psi \tag{3.129}$$

广义解的一般方法仍旧与齐次边界条件 (3.123) 的情形一样. 用分部积分引入积分等式并把它取作广义解的定义. 这时当然解不能在空间 $\overset{\circ}{H}{}^1(\Omega)$ 中选取, 而是在空间 $H^1(\Omega)$ 中选取. 但是, 此时立刻发生这样一个问题 "一般地说, 是否可以把定义在边界 $\partial\Omega$ 上的函数 ψ 延拓到区域 Ω 内成为 $H^1(\Omega)$ 中的函数?" 这个问题不是那么简单的, 一般说来, 如果仅仅 $\psi \in C(\partial\Omega)$, 只有否定的答案.

所以我们从一开始就要求 $\psi(x)$ 不是给定在边界 $\partial\Omega$ 上, 而是给定在整个区域 Ω 内, 同时 ψ 属于 $H^1(\Omega)$ 类, 而边界条件 (3.129) 将理解为函数 u 与 ψ 之差对于空间 $\overset{\circ}{H}{}^1(\Omega)$ 的属性, 或者, 如果事先准确地定义 $H^1(\Omega)$ 中函数的迹的概念, 可以等价地理解为等于这个函数在 $\partial\Omega$ 上的迹. 这样一来便导致如下的定义.

定义 3　函数 $u(x) \in H^1(\Omega)$ 称为狄利克雷问题 (3.128)~(3.129) 的广义解, 是指: 对于 $\psi \in H^1(\Omega), f \in L_2(\Omega)$, 有

1) $u - \psi \in \overset{\circ}{H}{}^1(\Omega)$;

2) 成立等式

$$[u, \varphi] + (f, \varphi) = 0 \quad \forall \varphi \in \overset{\circ}{H}{}^1(\Omega). \tag{3.130}$$

引入表示 $u - \psi = v \in \overset{\circ}{H}{}^1(\Omega), u = \psi + v$, 等式 (3.130) 可以改写为用 v 表示的形式:

$$[v, \varphi] = -[\psi, \varphi] - (f, \varphi) \quad \forall \varphi \in \overset{\circ}{H}{}^1(\Omega). \tag{3.131}$$

我们可以理解函数 $\psi \in H^1(\Omega)$ 与函数 $v \in \overset{\circ}{H}{}^1(\Omega)$ 之和为狄利克雷问题 (3.128) ~ (3.129) 的广义解，对这个函数之和, (3.131) 式成立. 这时, 由黎斯定理我们又是容易地得到广义解的存在与唯一性. 实际上线性泛函

$$l(\varphi) = -[\psi, \varphi] - (f, \varphi)$$

对固定的 $\psi \in H^1(\Omega)$ 及 $f \in L_2(\Omega)$, 在空间 $\overset{\circ}{H}{}^1(\Omega)$ 中关于 φ 是连续的, 因为

$$|l(\varphi)| \leqslant \|\nabla\psi\|_0 \cdot \|\varphi\|_1 + \|f\|_0 \cdot \|\varphi\|_0 \leqslant \left(\|\varphi\|_{H^1(\Omega)} + \sqrt{C(\Omega)}\|f\|_0\right)\|\varphi\|_1,$$

其中 $C(\Omega)$ 是弗里德里希斯不等式 (3.118) 中的常数. 因此, 存在并且是唯一的 $\overset{\circ}{H}{}^1(\Omega)$ 中的元素 v, 使得 (3.131) 成立.

狄利克雷问题 (3.128)~(3.129) 的解可以用变分方法得到. 仅限于拉普拉斯方程, 即假设 $f \equiv 0$. 对我们来说出现了一个关于在闭的仿射子空间 $H_\psi = \{u \in H^1(\Omega);\, u - \psi \in \overset{\circ}{H}{}^1(\Omega)\}$ 上泛函 $\Phi(u) = \dfrac{1}{2}\|\nabla u\|_0^2$ 极小化的问题:

$$\Phi(u) = \frac{1}{2}\|\nabla u\|_0^2 \to \inf_{u \in H_\psi} \Phi(u) = \mu.$$

附注 8 所得到的泛函

$$\Phi(u) = \frac{1}{2}\|\nabla u\|_0^2 = \frac{1}{2}\int_\Omega \sum_{k=1}^n \left(\frac{\partial u}{\partial x_k}\right)^2 dx$$

称为**狄利克雷积分**, 它具有物理意义 (准确到乘以常数因子): 振动介质的位能. 于是我们解决了位能的极小化问题, 例如 (在 $n = 2$ 的情形) 边缘绷紧的薄膜的位能极小化问题.

这个问题具有与我们在齐次边条件的情形所建立的性质相同的性质 (参看定理 55). 例如, 泛函 Φ 在 $H^1(\Omega)$ 中范数下的连续性及下有界性 (以零为下界) 是没有疑问的. 我们来验证变分问题与狄利克雷问题的等价性.

如果点 $u_0 \in H_\psi$ 是泛函 $\Phi(u)$ 在 H_ψ 上的极小值点, 那么对任意元素 $\varphi \in \overset{\circ}{H}{}^1(\Omega)$ 及任意常数 ε 成立

$$\frac{1}{2}[u_0, u_0] + \varepsilon[u_0, \varphi] + \frac{\varepsilon^2}{2}[\varphi, \varphi] = \Phi(u_0 + \varepsilon\varphi) \geqslant \Phi(u_0) = \frac{1}{2}[u_0, u_0],$$

即

$$\varepsilon[u_0, \varphi] + \frac{\varepsilon^2}{2}[\varphi, \varphi] \geqslant 0 \quad \forall \varepsilon \in \mathbb{R}, \forall \varphi \in \overset{\circ}{H}{}^1(\Omega).$$

这仅在

$$[u_0, \varphi] = 0 \quad \forall \varphi \in \overset{\circ}{H}{}^1(\Omega) \tag{3.132}$$

的情形才是可能的, 这是在拉普拉斯方程情形对于定义广义解的积分恒等式.

反之, 如果 $u_0 \in H_\psi$ 满足恒等式 (3.132), 而 u 是 H_ψ 中的任意一个元素, 那么依照 H_ψ 的定义 $u - u_0 = (u - \psi) - (u_0 - \psi) \in \overset{\circ}{H}{}^1(\Omega)$. 设在 (3.132) 式中 $\varphi = u - u_0$, 有 $[u_0, \varphi] = 0$, 那么有

$$\begin{aligned}\Phi(u) = \Phi(u_0 + \varphi) &= \frac{1}{2}[u_0, u_0] + [u_0, \varphi] + \frac{1}{2}[\varphi, \varphi] \\ &\geqslant \frac{1}{2}[u_0, u_0] = \Phi(u_0),\end{aligned} \tag{3.133}$$

即在点 u_0, 泛函 $\Phi(u)$ 取 H_ψ 上的极小值. 同时 u_0 是唯一的极小值点, 因为在 (3.133) 式中仅仅当 $\varphi = 0$ 时成立等号, 即当 $\varphi = 0$ 时 $u = u_0$ 几乎处处成立.

为了事情完满, 还需要证明在 $H^1(\Omega)$ 中任意极小化序列 $\{u_n\}$ (其中 $u_n \in H_\psi$) 的收敛性: $\Phi(u_n) \to \mu = \inf\limits_{u \in H_\psi} \Phi(u)$.

如同前面一样, 我们有

$$\begin{aligned}\Phi(u_n) + \Phi(u_m) &= \frac{1}{2}\|u_n\|_1^2 + \frac{1}{2}\|u_m\|_1^2 = \left\|\frac{u_n + u_m}{2}\right\|_1^2 + \left\|\frac{u_n - u_m}{2}\right\|_1^2 \\ &= 2\Phi\left(\frac{u_n + u_m}{2}\right) + \left\|\frac{u_n - u_m}{2}\right\|_1^2.\end{aligned}$$

对任意 $\varepsilon > 0$, 只要 n 与 m 充分大成立 $\Phi(u_n) < \mu + \varepsilon$, $\Phi(u_m) < \mu + \varepsilon$. 另一方面 $\dfrac{u_n + u_m}{2} \in H_\psi$, 因为 $\dfrac{u_n + u_m}{2} - \psi = \dfrac{1}{2}((u_n - \psi) + (u_m - \psi)) \in \overset{\circ}{H}{}^1(\Omega)$, 而这表明 $\Phi\left(\dfrac{u_n + u_m}{2}\right) \geqslant \mu$. 因此

$$\begin{aligned}2\mu + 2\varepsilon > \Phi(u_n) + \Phi(u_m) &= 2\Phi\left(\frac{u_n + u_m}{2}\right) + \left\|\frac{u_n - u_m}{2}\right\|_1^2 \\ &\geqslant 2\mu + \frac{1}{4}\|u_n - u_m\|_1^2.\end{aligned}$$

于是, 对于充分大的 n 与 m 成立不等式

$$\|u_n - u_m\|_1^2 < 8\varepsilon.$$

注意到 $u_n - u_m = (u_n - \psi) - (u_m - \psi) \in \overset{\circ}{H}{}^1(\Omega)$, 对函数 $u_n - u_m$ 应用弗里德里希斯不等式, 有

$$\|u_n - u_m\|_0^2 \leqslant C(\Omega)\|u_n - u_m\|_1^2 \leqslant 8C(\Omega)\varepsilon,$$

而这表明

$$\|u_n - u_m\|_{H^1(\Omega)}^2 = \|u_n - u_m\|_1^2 + \|u_n - u_m\|_0^2 \leqslant K\varepsilon,$$

因此序列 $\{u_n\}$ 在 $H^1(\Omega)$ 中是基本列. 这个序列的极限同样属于 $H^1(\Omega)$ 中的闭集 H_ψ, 而根据泛函的连续性, 在这一点将达到 $\inf\limits_{u \in H_\psi} \Phi(u)$.

第 4 章　热传导方程

同拉普拉斯方程一样, 热传导方程

$$\frac{\partial u}{\partial t}-\sum_{j=1}^{n}\frac{\partial^2 u}{\partial x_j^2}=0$$

在偏微分方程的理论及其应用中占有重要位置. 在热传导理论, 在扩散理论以及物理学的许多其他部门中都会遇到热传导方程, 在概率论中它同样起着重要作用. 它是抛物型方程这一类中最简单的代表. 本章将要叙述热传导方程的解的基本性质. 这些性质当中有许多在某种形式上对于不同类型的抛物型方程及抛物型方程组也成立. 与它们的物理意义相对应, 热传导方程解的某些性质与拉普拉斯方程解的性质相似. 热传导方程是在 1822 年在 J. 傅里叶的著名文章《热的解析理论》中最先引入和研究的. 此文在数学物理的方法与三角级数理论的发展中起了重要的作用.

4.1 格林公式. 基本解

引入记号

$$T_u \equiv \frac{\partial u}{\partial t}-\sum_{j=1}^{n}\frac{\partial^2 u}{\partial x_j^2}, \tag{4.1}$$

$$T^*v \equiv -\frac{\partial v}{\partial t}-\sum_{j=1}^{n}\frac{\partial^2 v}{\partial x_j^2}. \tag{4.2}$$

算子 T 称为**热传导算子**, 而算子 T^* 称为与 T **形式共轭**的算子.

今后以 ω_τ 表示属于空间 $\mathbb{R}^{n+1}_{x,t}$ 的柱体: $\omega_\tau=\{x,t;\,x\in\Omega,\,0<t\leqslant\tau\}$, 其中 $x=(x_1,\cdots,x_n)$, Ω 是 $\mathbb{R}^n_x$ 中的有界区域. (应注意, ω_τ 含有柱体的上底, 所以它不是区域, 即在通常意义下的开连通集. 这样的表示在后面是方便的.) 假设, 区域 Ω 的边界 $\partial\Omega$ 属于 B^1 类. 柱体 ω_τ 的侧曲面表示为 $S_\tau=\partial\Omega\times[0,\tau]$.

设 $u(x,t)$ 与 $v(x,t)$ 是 $C^{2,1}(\overline{\omega}_\tau)$ 类函数, 应用分部积分公式得

$$\int\limits_{\omega_\tau} vTu dxdt=\int\limits_{\omega_\tau}\left(\sum_{j=1}^n\frac{\partial u}{\partial x_j}\frac{\partial v}{\partial x_j}-u\frac{\partial v}{\partial t}\right)dxdt$$
$$-\int\limits_{S_\tau} v\frac{\partial u}{\partial \nu}dS+\int\limits_{\Omega_\tau} v(x,\tau)u(x,\tau)dx-\int\limits_{\Omega} v(x,0)u(x,0)dx. \tag{4.3}$$

这里 $\nu=(\nu_1,\cdots,\nu_n,0)$ 是 S_τ 的单位外法向量, $\Omega_\tau=\{x,t;\,x\in\Omega,\ t=\tau\}$, dS 是曲面 S_τ 的面积元素. 等式 (4.3) 称为对于算子 T 的**格林第一公式**. 同样可以得到

$$-\int\limits_{\omega_\tau} u\Delta v dxdt=\int\limits_{\omega_\tau}\sum_{j=1}^n\frac{\partial u}{\partial x_j}\frac{\partial v}{\partial x_j}dxdt-\int\limits_{S_\tau} u\frac{\partial v}{\partial \nu}dS \tag{4.4}$$

由 (4.3) 式减去 (4.4) 式, 得到对于热传导算子 T 的**格林第二公式**:

$$\int\limits_{\omega_\tau}(vTu-uT^*v)dxdt=\int\limits_{S_\tau}\left(\frac{\partial v}{\partial \nu}u-\frac{\partial u}{\partial \nu}v\right)dS$$
$$+\int\limits_{\Omega_\tau} v(x,\tau)u(x,\tau)dx-\int\limits_{\Omega} v(x,0)u(x,0)dx. \tag{4.5}$$

如同在拉普拉斯算子的情形, 对算子 T 的格林公式可用于研究热传导方程解的性质.

基本解在研究热传导方程中起着重要的作用. 我们用 $\theta(t)$ 表示这样的函数: 当 $t\leqslant 0$ 时它等于零, 当 $t>0$ 时它等于 1. 考虑对 $(x,t)\in\mathbb{R}^{n+1}_{x,t}$ 定义的函数

$$\varGamma(x,x^0,t,t^0)=\frac{\theta(t-t^0)}{(2\sqrt{\pi(t-t^0)})^n}\exp\left\{-\frac{|x-x^0|^2}{4(t-t^0)}\right\}. \tag{4.6}$$

公式 (4.6) 中的点 (x^0,t^0) 考虑作参数, $(x^0,t^0)\in\mathbb{R}^{n+1}_{x^0,t^0}$. 容易验证, 当 $t>t^0$ 时

$$T\varGamma\equiv\frac{\partial\varGamma}{\partial t}-\sum_{j=1}^n\frac{\partial^2\varGamma}{\partial x_j^2}=0,\quad T^*_{x^0t^0}\varGamma\equiv-\frac{\partial\varGamma}{\partial t^0}-\sum_{j=1}^n\frac{\partial^2\varGamma}{\partial {x_j^0}^2}=0.$$

若把算子 T 或 T^* 应用于点 (x^0,t^0) 的函数, 那么我们将在今后当这一点不明显时, 相应地表示为 $T_{x^0t^0}$, $T^*_{x^0t^0}$.

函数 $\varGamma(x,x^0,t,t^0)$ 是 $\mathbb{R}^{n+1}_{x,t}$ 中的局部可和函数. 实际上, 对任意的 $R>0$

$$\int\limits_{\substack{|x-x^0|<R\\|t-t^0|<R}}\varGamma(x,x^0,t,t^0)dxdt\leqslant\frac{1}{\pi^{\frac{n}{2}}}\int\limits_{t^0}^{t^0+R}\int\limits_{\mathbb{R}^n_\xi}\theta(t-t^0)e^{-|\xi|^2}d\xi dt<\infty.$$

(位于不等式左端的积分作了积分变量的变换: $x_j - x_j^0 = 2\sqrt{t-t^0}\xi_j$, $j=1,\cdots,n,t=t$.) 所以 $\Gamma(x,x^0,t,t^0)$ 可以看作是 $D'(\mathbb{R}_{x,t}^{n+1})$ 中的广义函数.

我们来证明

$$T\Gamma = \delta(x-x^0, t-t^0), \tag{4.7}$$

其中 $\delta(x,t)$ 是狄拉克 δ 函数, 即 $D'(\mathbb{R}_{x,t}^{n+1})$ 中这样的广义函数: 对 $D(\mathbb{R}_{x,t}^{n+1})$ 中的任意函数 $\varphi(x,t)$

$$\langle \delta, \varphi \rangle = \varphi(0,0).$$

$D'(\mathbb{R}_{x,t}^{n+1})$ 中满足方程 (4.7) 的广义函数称为热传导方程的**基本解**.

显然, 热传导方程的基本解不是唯一的, 它的确定是准确到在 $\mathbb{R}_{x,t}^{n+1}$ 全空间给定的方程 $Tu=0$ 的解 $u(x,t)$. 在 4.9 节我们将指出基本解的补充条件, 在这个补充条件下基本解是唯一的, 并且与函数 $\Gamma(x,x^0,t,t^0)$ 重合.

等式 (4.7) 表明, 对于 $D(\mathbb{R}_{x,t}^{n+1})$ 中任意函数 φ

$$\langle T\Gamma, \varphi \rangle = \varphi(x^0, t^0).$$

根据广义导数的定义

$$\langle T\Gamma, \varphi \rangle = \langle \Gamma, T^*\varphi \rangle.$$

所以需要证明

$$\langle \Gamma, T^*\varphi \rangle = \varphi(x^0, t^0).$$

因为 $\Gamma(x,x^0,t,t^0)$ 是 $\mathbb{R}_{x,t}^{n+1}$ 中 x,t 的局部可和函数, 那么

$$\langle \Gamma, T^*\varphi \rangle = \int\limits_{\mathbb{R}_{x,t}^{n+1}} \Gamma(x,x^0,t,t^0) T^*\varphi(x,t)dxdt = \lim_{\varepsilon\to 0} \int\limits_{t>t^0+\varepsilon} \Gamma T^*\varphi dxdt,$$

其中 $\varepsilon > 0$ 为常数. 应用格林公式 (4.5) 变换后一积分, 并考虑到 $\varphi(x,t)$ 属于空间 $D(\mathbb{R}_{x,t}^{n+1})$. 我们有

$$\int\limits_{t>t^0+\varepsilon} \Gamma T^*\varphi dxdt = \int\limits_{t>t^0+\varepsilon} \varphi T\Gamma dxdt + \int\limits_{t=t^0+\varepsilon} \Gamma\varphi dx.$$

因为当 $t > t^0 + \varepsilon$ 时 $T\Gamma = 0$, 那么

$$\langle \Gamma, T^*\varphi \rangle = \lim_{\varepsilon\to 0} \int\limits_{\mathbb{R}_x^n} \Gamma(x,x^0,t^0+\varepsilon,t^0)\varphi(x,t^0+\varepsilon)dx.$$

我们证明

$$\lim_{\varepsilon\to 0} \int\limits_{\mathbb{R}_x^n} \Gamma(x,x^0,t^0+\varepsilon,t^0)\varphi(x,t^0+\varepsilon)dx = \varphi(x^0,t^0). \tag{4.8}$$

容易看出,

$$\begin{aligned}&\int\limits_{\mathbb{R}_x^n}\Gamma(x,x^0,t^0+\varepsilon,t^0)\varphi(x,t^0+\varepsilon)dx\\&=\int\limits_{\mathbb{R}_x^n}(2\sqrt{\pi\varepsilon})^{-n}\exp\left\{-\frac{|x-x^0|^2}{4\varepsilon}\right\}\varphi(x,t^0+\varepsilon)dx\\&=\varphi(x^0,t^0)\int\limits_{\mathbb{R}_x^n}(2\sqrt{\pi\varepsilon})^{-n}\exp\left\{-\frac{|x-x^0|^2}{4\varepsilon}\right\}dx\\&\quad+\int\limits_{\mathbb{R}_x^n}(2\sqrt{\pi\varepsilon})^{-n}\exp\left\{-\frac{|x-x^0|^2}{4\varepsilon}\right\}[\varphi(x,t^0+\varepsilon)-\varphi(x^0,t^0)]dx\end{aligned}\tag{4.9}$$

我们来证明, 对任意 $\varepsilon>0$

$$\int\limits_{\mathbb{R}_x^n}\Gamma(x,x^0,t^0+\varepsilon,t^0)dx=\int\limits_{\mathbb{R}_x^n}(2\sqrt{\pi\varepsilon})^{-n}\exp\left\{-\frac{|x-x^0|^2}{4\varepsilon}\right\}dx=1.\tag{4.10}$$

实际上

$$\begin{aligned}&\int\limits_{\mathbb{R}_x^n}(2\sqrt{\pi\varepsilon})^{-n}\exp\left\{-\frac{|x-x^0|^2}{4\varepsilon}\right\}dx\\&=\prod_{j=1}^n\int\limits_{\mathbb{R}_{x_j}^1}(2\sqrt{\pi\varepsilon})^{-1}\exp\left\{-\frac{|x_j-x_j^0|^2}{4\varepsilon}\right\}dx_j=\pi^{-\frac{n}{2}}\left(\int\limits_{\mathbb{R}_\eta^1}e^{-\eta^2}d\eta\right)^n=1.\end{aligned}$$

在这里, 为了计算对 $\mathbb{R}_{x_j}^1$ 的积分, 我们作了积分变量变换 $x_j-x_j^0=2\eta\sqrt{\varepsilon}$. 显然

$$\begin{aligned}&\left|\int\limits_{\mathbb{R}_x^n}(2\sqrt{\pi\varepsilon})^{-n}\exp\left\{-\frac{|x-x^0|^2}{4\varepsilon}\right\}[\varphi(x,t^0+\varepsilon)-\varphi(x^0,t^0)]\right|\\&\leqslant(\sqrt{\pi})^{-n}\int\limits_{\mathbb{R}_x^n}e^{-|\xi|^2}|\varphi(2\xi\sqrt{\varepsilon}+x^0,t^0+\varepsilon)-\varphi(x^0,t^0)|d\xi.\end{aligned}\tag{4.11}$$

因为函数 $\varphi(x,t)$ 在 $\mathbb{R}_x^n$ 中连续且具有紧支集, 那么当 $\varepsilon\to 0$ 时不等式 (4.11) 的右端趋于零. 因此

$$\langle\Gamma,T^*\varphi\rangle=\varphi(x^0,t^0)=\langle\delta(x-x^0,t-t^0),\varphi\rangle,$$

这表明等式 (4.7) 成立.

于是, 函数 $\Gamma(x,x^0,t,t^0)$ 可以解释为空间 $\mathbb{R}_x^n$ 中当在时刻 t^0 放置在点 x^0 的点热源, 在时刻 $t>t_0$ 温度的分布. 当 $\mathbb{R}_x^n$ 中的温度由函数 $\Gamma(x,x^0,t,t^0)$ 给定时, 积分

$$\int\limits_{\mathbb{R}_x^n}\Gamma(x,x^0,t,t^0)dx$$

在相应的测量单位选择下确定在空间 $\mathbb{R}_x^n$ 中在时刻 t 的热量. 由等式 (4.10) 推出这个热量与 $t>t^0$ 无关并且等于单位.

由等式 (4.9) 及前述估计推出, 当 $\varepsilon\to 0$ 时, 在 $D'(\mathbb{R}_x^n)$ 中广义函数收敛意义下

$$\Gamma(x,x^0,t^0+\varepsilon,t^0)\to\delta(x-x^0),$$

即对任意函数 $\varphi(x)\in D(\mathbb{R}_x^n)$ 当 $\varepsilon\to 0$ 时

$$\int\limits_{\mathbb{R}_x^n}\Gamma(x,x^0,t^0+\varepsilon,t^0)\varphi(x)dx\to\varphi(x^0). \tag{4.12}$$

这表明函数 $\Gamma(x,x^0,t^0+\varepsilon_m,t^0)$ 当 $\varepsilon_m\to 0$ 时在 $D'(\mathbb{R}_x^n)$ 中构成 δ 型序列.

附注 9 容易验证, $\Gamma(x,x^0,t,t^0)$ 当固定点 (x,t), 作为点 (x^0,t^0) 的函数是方程 $T^*v=0$ 的基本解. 实际上, 对 $D(\mathbb{R}^{n+1}_{x^0,t^0})$ 中的任意函数 $\varphi(x^0,t^0)$, 应用格林公式 (4.5) 并考虑到 $\varphi(x^0,t^0)\in D(\mathbb{R}^{n+1}_{x^0,t^0})$, 得到

$$\begin{aligned}\langle T^*_{x^0,t^0}\Gamma,\varphi\rangle&=\langle\Gamma,T\varphi\rangle=\lim_{\varepsilon\to 0}\int\limits_{-\infty}^{t-\varepsilon}\int\limits_{\mathbb{R}^n_{x^0}}\Gamma(x,x^0,t,t^0)T\varphi(x^0,t^0)dx^0dt^0\\&=\lim_{\varepsilon\to 0}\left[\int\limits_{-\infty}^{t-\varepsilon}\int\limits_{\mathbb{R}^n_{x^0}}\varphi(x^0,t^0)T^*_{x^0,t^0}\Gamma(x,x^0,t,t^0)dx^0dt^0\right.\\&\quad\left.+\int\limits_{\mathbb{R}^n_{x^0}}\Gamma(x,x^0,t,t-\varepsilon)\varphi(x^0,t-\varepsilon)dx^0\right]=\varphi(x,t),\end{aligned}$$

因为当 $t^0<t$ 时 $T^*_{x^0,t^0}\Gamma=0$ 且成立关系式 (4.8). 因此

$$T^*_{x^0,t^0}\Gamma=\delta(x^0-x,t^0-t).$$

我们指出热传导方程基本解与拉普拉斯方程基本解之间有趣的联系. 我们证明, 当 $n>2$

$$E(x,x^0)=-\int\limits_0^\infty\Gamma(x,x^0,t,0)dt, \tag{4.13}$$

其中 $E(x,x^0)$ 是拉普拉斯方程的基本解. 实际上, 当 $x\neq x^0$ 且 $n>2$ 时

$$\begin{aligned}V(x,x^0)&\equiv\int\limits_0^\infty\Gamma(x,x^0,t,0)dt=\int\limits_0^\infty(2\sqrt{\pi t})^{-n}\exp\left\{-\frac{|x-x^0|^2}{4t}\right\}dt\\&=|x-x^0|^{2-n}\int\limits_0^\infty\frac{1}{4}(\sqrt{\pi s})^{-n}e^{-\frac{1}{s}}ds.\end{aligned}$$

这表明, $V(x,x^0)=CE(x,x^0)$, 其中 C 为常数. 我们来证明 $C=-1$. 设 $\varphi\in D(\mathbb{R}^n_x)$. 那么根据广义函数的导数的定义

$$\begin{aligned}\langle\Delta V,\varphi\rangle=\langle V,\Delta\varphi\rangle&=\lim_{\substack{N\to\infty\\ \varepsilon\to 0}}\int_\varepsilon^N\int_{\mathbb{R}^n_x}\Gamma\Delta\varphi dxdt\\&=\lim_{\substack{N\to\infty\\ \varepsilon\to 0}}\int_\varepsilon^N\int_{\mathbb{R}^n_x}\varphi\Delta\Gamma dxdt=\lim_{\substack{N\to\infty\\ \varepsilon\to 0}}\int_\varepsilon^N\int_{\mathbb{R}^n_x}\varphi\frac{\partial\Gamma}{\partial t}dxdt\\&=\lim_{\substack{N\to\infty\\ \varepsilon\to 0}}\left[\int_{\mathbb{R}^n_x}\varphi(x)\Gamma(x,x^0,N,0)dx-\int_{\mathbb{R}^n_x}\varphi(x)\Gamma(x,x^0,\varepsilon,0)dx\right]\\&=-\varphi(x^0).\end{aligned}$$

在这里, 我们考虑到关系式 (4.12) 以及当 $N\to\infty$ 时 $\Gamma(x,x^0,N,0)\to 0$. 因此

$$\langle\Delta V,\varphi\rangle=-\varphi(x^0),\quad\langle\Delta(-V),\varphi\rangle=\langle\delta(x-x^0),\varphi\rangle.$$

此外, 因为当 $|x|\to\infty$ 时 $-V\to 0$, 那么根据在 3.12 节已证明过的拉普拉斯方程当 $|x|\to 0$ 时趋于零的基本解的唯一性, 成立等式 $-V(x,x^0)=E(x,x^0)$.

在 $n=2$ 的情形, 位于等式 (4.13) 右边的积分发散. 所以当 $n=2$ 及 $x\neq x^0$ 时考虑积分

$$V(x,x^0)=\int_0^\infty(\Gamma(x,x^0,t,0)-\psi(t))dt,\tag{4.14}$$

其中当 $t\geqslant 1$ 时, $\psi(t)=\dfrac{1}{4\pi t}$; 当 $t\leqslant\dfrac{1}{2}$ 时 $\psi(t)=0,\psi(t)\in C^\infty(\mathbb{R}^1_t)$. 积分 (4.14) 当 $x\neq x^0$ 时收敛, 因为当 $t\geqslant 1$ 时

$$\begin{aligned}\Gamma(x,x^0,t,0)-\frac{1}{4\pi t}&=\frac{1}{4\pi t}\left(e^{-\frac{|x-x^0|^2}{4t}}-1\right)\\&=-\frac{|x-x^0|^2}{16\pi t^2}e^{-\frac{\theta|x-x^0|^2}{4t}},\quad 0<\theta<1.\end{aligned}$$

积分 (4.14) 可以在积分号下对 x_j $(j=1,2)$ 取微分, 因为所得到的积分对 x_j 一致收敛. 我们有

$$\begin{aligned}\frac{\partial V}{\partial x_j}&=\int_0^\infty\frac{\partial\Gamma}{\partial x_j}dt=-\int_0^\infty\frac{2(x_j-x_j^0)}{16\pi t^2}e^{-\frac{|x-x^0|^2}{4t}}dt\\&=-\frac{(x_j-x_j^0)}{2\pi|x-x^0|^2}\int_0^\infty\frac{1}{s^2}e^{-\frac{1}{s}}ds.\end{aligned}$$

显然

$$\int_0^\infty \frac{1}{s^2}e^{-\frac{1}{s}}ds = \int_0^\infty e^{-y}dy = 1.$$

所以

$$\frac{\partial V}{\partial x_j} = -\frac{1}{2\pi}\frac{\partial \ln|x-x^0|}{\partial x_j}, \quad j=1,2.$$

因此

$$V(x,x^0) = -\frac{1}{2\pi}\ln|x-x^0| + C_1,$$
$$V(x,x^0) = -E(x,x^0) + C_1.$$

容易看出, 在积分 (4.14) 中可以取任意连续函数作为 $\psi(t)$, 只要使得积分 (4.14) 收敛即可. 常数 C_1 与 $\psi(t)$ 的选择有关. 我们发现, 在 $n>2$ 的情形, 关系式 $V(x,x^0) = CE(x,x^0)$ 中的 C 可在计算积分

$$\int_0^\infty \frac{1}{4}\pi^{-\frac{n}{2}}s^{-\frac{n}{2}}e^{-\frac{1}{s}}ds$$

时直接确定. 实际上

$$\int_0^\infty \frac{1}{4}\pi^{-\frac{n}{2}}s^{-\frac{n}{2}}e^{-\frac{1}{s}}ds = \frac{1}{4\pi^{\frac{n}{2}}}\int_0^\infty y^{\frac{n}{2}-2}e^{-y}dy = \frac{1}{4\pi^{\frac{n}{2}}}\Gamma\left(\frac{n}{2}-1\right) = \frac{1}{(n-2)\omega_n}.$$

4.2 解借助于势的表示. 解的无穷次可微性

设在柱体 $\omega_\tau = \{x,t;\ x\in\Omega, 0<t\leqslant\tau\}$ 内函数 $u(x,t)$ 属于 $C^{2,1}(\overline{\omega}_\tau)$ 类且在 ω_τ 内

$$Tu = f(x,t), \tag{4.15}$$

其中 $f(x,t)$ 是 ω_τ 内的有界、连续函数. 设 $(x^0,t^0)\in\omega_\tau$. 对空间 $\mathbb{R}^{n+1}_{x,t}$ 中的柱体 $\omega_\tau\cap\{t\leqslant t^0-\varepsilon\} = \omega_{t^0-\varepsilon}, \varepsilon>0$, 函数 $u(x,t)$ 及函数 $v(x,t) = \varGamma(x^0,x,t^0,t)$ 应用格林第二公式 (4.5). 我们注意到, 当 $t<t^0$ 时

$$T^*v = -\frac{\partial\varGamma}{\partial t} - \sum_{j=1}^n \frac{\partial^2\varGamma}{\partial x_j^2} = 0.$$

我们有

$$\int_{\omega_{t^0-\varepsilon}} (vTu - uT^*v)dxdt = \int_{S_{t^0-\varepsilon}} \left(\frac{\partial u}{\partial \nu}u - v\frac{\partial u}{\partial \nu}\right)dS + \int_{\Omega_{t^0-\varepsilon}} uvdx - \int_{\Omega} uvdx, \tag{4.16}$$

其中 $S_{t^0-\varepsilon}=\partial\Omega\times[0,t^0-\varepsilon],\Omega_{t^0-\varepsilon}=\{x,t;x\in\Omega,\ t=t^0-\varepsilon\}$. 考虑到在 $\omega_{t^0-\varepsilon}$ 内 $T^*v=0$, 在 ω_τ 内 $Tu=f$, 当 $\varepsilon\to 0$ 时

$$\int\limits_{\Omega_{t^0-\varepsilon}}\Gamma(x^0,x,t^0,t^0-\varepsilon)u(x,t^0-\varepsilon)dx\to u(x^0,t^0),\tag{4.17}$$

在等式 (4.16) 中令 $\varepsilon\to 0$ 而取极限, 得到

$$\begin{aligned}u(x^0,t^0)=&\int\limits_{\omega_{t^0}}\Gamma(x^0,x,t^0,t)f(x,t)dxdt\\&+\int\limits_{S_{t^0}}\left(\Gamma\frac{\partial u}{\partial\nu}-u\frac{\partial\Gamma}{\partial\nu}\right)dS+\int\limits_{\Omega}u(x,0)\Gamma(x^0,x,t^0,0)dx.\end{aligned}\tag{4.18}$$

关系式 (4.17) 可如同 (4.8) 式一样证明.

形如

$$\int\limits_{\omega_t}\Gamma(x,x',t,t')f(x',t')dx'dt'$$

的积分称为具有密度 $f(x,t)$ 的**体积热势** (与拉普拉斯方程类比). 形如

$$\int\limits_{S_t}\Gamma(x,x',t,t')a(x',t')dS',\qquad\int\limits_{S_t}\frac{\partial\Gamma(x,x',t,t')}{\partial\nu}b(x',t')dS'$$

的积分分别称为 S_τ 上具有密度 $a(x,t)$ 的**单层热势**及 S_τ 上具有密度 $b(x,t)$ 的**双层热势**. 于是, 公式 (4.18) 给出了在 ω_τ 内方程 (4.15) 的解 $u(x,t)$ 借助于体积热势、单层热势、双层热势以及对位于平面 $t=0$ 上的区域 Ω 所取的积分的表示, 这个积分同样也称为单层热势.

为了证明热传导方程解的无穷次可微性, 我们应用公式 (4.18).

定理 56 在 ω_τ 内满足方程 $Tu=0$ 的 $C^{2,1}(\overline{\omega}_\tau)$ 类函数 $u(x,t)$ 是 ω_τ 内 x,t 的无穷次可微函数.

证明 在 ω_τ 内借助于公式 (4.18) 表示函数 $u(x,t)$. 对 $(x^0,t^0)\in\omega_\tau$ 有

$$\begin{aligned}u(x^0,t^0)=&\int\limits_{S_{t^0}}\left[\Gamma(x^0,x,t^0,t)\frac{\partial u(x,t)}{\partial\nu}-u(x,t)\frac{\partial\Gamma(x^0,x,t^0,t)}{\partial\nu}\right]dS\\&+\int\limits_{\Omega}u(x,0)\Gamma(x^0,x,t^0,0)dx\end{aligned}\tag{4.19}$$

后一积分当 $t^0>0$ 时是 x^0,t^0 的无穷次可微函数, 它的导数可用在积分号下取微分来计算, 因为 $\Gamma(x^0,x,t^0,0)$ 当 $t^0>0$ 时是 x^0,x,t^0 的无穷次可微函数. 由于当 $t>t^0$ 时 $\Gamma(x^0,x,t^0,t)=0$, 在等式 (4.19) 中沿 S_{t^0} 的积分可记作沿 S_τ 的积分. 这个积分

可在积分号下对 x^0 与 t^0 微分任意多次, 因为, 如果由 (x^0,t^0) 到 S_τ 的距离为正的时, 被积函数对 x^0,t^0 的导数在 S_τ 上是连续的.

由定理 56 推出, 方程 $Tu=0$ 的任何 $C^{2,1}(\omega)$ 类解 $u(x,t)$ 是 $C^\infty(\omega)$ 类中函数, 其中 ω 是空间 $\mathbb{R}^{n+1}_{x,t}$ 中任意区域. □

4.3 边值问题与柯西问题的提法

热传导方程的基本边值问题对应于如下最简单的物理问题: 按照给定的补充条件确定一个物体内部温度的分布, 这种补充条件包括在物体的边界上热的状态以及在初始时刻温度的分布. 在本节中叙述基本边值问题和柯西问题的古典提法.

热传导方程的**第一边值问题**是: 在 $\omega_\tau=\{x,t;\, x\in\Omega,\, 0<t\leqslant\tau\}$ 中求 $C^{2,1}(\omega_\tau)\cap C^0(\overline{\omega}_\tau)$ 类中函数 $u(x,t)$ 使其在 ω_τ 内满足方程

$$Tu=0, \tag{4.20}$$

初始条件

$$u|_{t=0}=u_0(x),\quad x\in\Omega \tag{4.21}$$

及边界条件

$$u|_{S_\tau}=\psi_1, \tag{4.22}$$

其中 u_0,ψ_1 是给定的连续函数.

第一边值问题 (4.20)~(4.22) 有时也称为混合问题. 它对应于对于物体 Ω 在边界上以及在时刻 $t=0$ 时给定的温度分布求解物体 Ω 内部的温度.

热传导方程的**第二边值问题**是: 在 ω_τ 内求 $C^{2,1}(\omega_\tau)\cap C^1(\overline{\omega}_\tau)$ 类的函数 $u(x,t)$, 使其在 ω_τ 内满足方程 (4.20), 当 $x\in\Omega$ 时的初始条件 (4.21) 以及边界条件

$$\left.\frac{\partial u}{\partial\nu}\right|_{S_\tau}=\psi_2, \tag{4.23}$$

其中 u_0,ψ_2 是给定的函数. 在这里, 我们假定区域 Ω 属于 A^1 类. 边界条件 (4.23) 表明, 在任意时刻 $t\geqslant 0$, 通过物体边界的热流是已知的.

如果当 $t>0$ 时介质外的温度已知, 那么代替边界条件 (4.23) 有形如

$$\left.\left(\frac{\partial u}{\partial\nu}+au\right)\right|_{S_\tau}=\psi_3 \tag{4.24}$$

的边界条件, 其中 ψ_3 是在 S_τ 上给定的函数. 边值问题 (4.20), (4.21), (4.24) 称为热传导方程的**第三边值问题**.

热传导方程的**柯西问题**是: 在层 $G_\tau=\{x,t;\ x\in\mathbb{R}^n_x,\ 0<t\leqslant\tau\}$ 内求 $C^{2,1}(G_\tau)\cap C^0(\overline{G}_\tau)$ 类中的函数 $u(x,t)$, 使其在 G_τ 内满足方程 $Tu=0$ 及初始条件

$$u|_{t=0}=u_0(x),\quad x\in\mathbb{R}^n_x. \tag{4.25}$$

柯西问题对应于确定如此之大的一个物体内部的温度, 这个物体近似地看作具有初始温度分布的整个空间 $\mathbb{R}_x^n$. 我们注意到, 超平面 $t=0$ 是方程 $Tu=0$ 的特征. 这样一来, 在上面叙述的热传导方程柯西问题具有确定的物理意义, 其初始条件给定在整个特征 $t=0$ 上.

如果物体 Ω 内部有热源, 那么在 Ω 内部的温度分布 $u(x,t)$ 满足形如

$$Tu=f$$

的方程.

与热传导方程一样, 对于方程 $Tu=f$ 可以提出具有条件 (4.21), (4.22) 的第一边值问题, 具有条件 (4.21), (4.23) 的第二边值问题, 具有条件 (4.21), (4.24) 的边值问题以及具有条件 (4.25) 的柯西问题. 也可以对比 ω_τ 更加一般的区域提上述边值问题, 特别是对下面 4.4 节所定义的满足某些补充条件的 "曲柱体" ω_τ 是如此.

在本章中, 我们研究这里所叙述的边值问题和柯西问题.

4.4 有界区域与无界区域中的极值原理

极值原理是热传导方程及整个一类二阶抛物型方程的重要性质.

今后以 ω 表示空间 $\mathbb{R}_{x,t}^{n+1}$ 中位于层 $\{x,t;\ t'<t<t''\}$ 内的有界区域. 以 S 表示位于层 $\{x,t;\ t'<t<t''\}$ 内 ω 的边界点, 以 Ω' 表示 $\overline{\omega}\cap\{x,t;\ t=t'\}$, 而以 Ω'' 表示属于 $\overline{\omega}\cap\{x,t;\ t=t''\}$ 的点的集合, 这些点是这个集合在超平面 $t=t''$ 内的内点. 以 σ 表示集合 $\overline{S}\cup\Omega'$, 而以 $\widetilde{\omega}$ 表示集合 $\omega\cup\Omega''$, 我们将称这个集合为 "曲柱体".

定理 57 (有界区域内的极值原理) 设 $u(x,t)$ 是方程 $Tu=0$ 在有界区域 ω 内、属于 $C^{2,1}(\widetilde{\omega})\cap C^0(\overline{\omega})$ 类的解. 那么对任意点 $(x,t)\in\widetilde{\omega}$ 成立不等式

$$\min_\sigma u\leqslant u(x,t)\leqslant\max_\sigma u. \tag{4.26}$$

这个定理的断言可直接从下述引理推出.

引理 6 设函数 $u(x,t)$ 属于 $C^{2,1}(\widetilde{\omega})\cap C^0(\overline{\omega})$ 类且在 $\widetilde{\omega}$ 内的点处满足不等式

$$Tu\geqslant 0. \tag{4.27}$$

那么对于 $\widetilde{\omega}$ 内的任意点 (x,t)

$$\min_\sigma u\leqslant u(x,t). \tag{4.28}$$

如果在 $\widetilde{\omega}$ 的点处成立不等式

$$Tu\leqslant 0, \tag{4.29}$$

那么对于 $\widetilde{\omega}$ 内的任意点 (x,t)

$$u(x,t)\leqslant\max_\sigma u. \tag{4.30}$$

证明 设成立不等式 (4.27). 因为函数 $u(x,t)$ 在 $\widetilde{\omega}$ 有界, 那么, 在 $\widetilde{\omega}$ 内对充分大的常数 M 有 $v\equiv u-M<0$. 此外, 对 $u(x,t)$ 如果条件 (4.27) 成立, 在 $\widetilde{\omega}$ 内 $Tv\geqslant 0$. 令 $v=e^{\gamma t}w, \gamma>0$ 为常数. 显然在 $\widetilde{\omega}$ 内有

$$Tv\equiv e^{\gamma t}\left(\frac{\partial w}{\partial t}-\Delta w+\gamma w\right)=e^{\gamma t}(Tw+\gamma w)\geqslant 0. \tag{4.31}$$

函数 $w(x,t)$ 在 $\widetilde{\omega}$ 内不可能取负的极小值, 因为在位于 $\widetilde{\omega}$ 内的负的极小值点处成立如下关系式:

$$\frac{\partial w}{\partial t}\leqslant 0,\quad \frac{\partial^2 w}{\partial x_j^2}\geqslant 0,\quad j=1,\cdots,n,\quad w<0$$

因此, $Tw+\gamma w<0$, 这与不等式 (4.31) 矛盾. 所以函数 $w(x,t)$ 的负的极小值在 σ 上取到, 这意味着对 $(x,t)\in\overline{\omega}$

$$\min_{\sigma} w\leqslant w(x,t),\quad \min_{\sigma} e^{-\gamma t}v\leqslant e^{-\gamma t}v(x,t).$$

后一不等式对任意 $\gamma>0$ 成立. 当 $\gamma\to 0$ 时, 由这一不等式得到, 对 $(x,t)\in\overline{\omega}$

$$\min_{\sigma} v\leqslant v(x,t),$$

因为 $\lim\min\limits_{\sigma} e^{-\gamma t}v$ 当 $\gamma\to 0$ 时等于 $\min\limits_{\sigma} v$. 由此推出, 在 $\overline{\omega}$ 内

$$\min_{\sigma}(u-M)\leqslant u(x,t)-M,\quad \min_{\sigma} u\leqslant u(x,t).$$

为了在关系式 (4.29) 成立的条件下证明不等式 (4.30), 考虑函数 $-u(x,t)$. 这时 $T(-u)\geqslant 0$, 按照上面证明的, 对于 $(x,t)\in\overline{\omega}$

$$\min_{\sigma}(-u)\leqslant -u(x,t),\quad -\min_{\sigma}(-u)\geqslant u(x,t).$$

因为 $-\min\limits_{\sigma}(-u)=\max\limits_{\sigma} u$, 于是得到 $\max\limits_{\sigma} u\geqslant u(x,t)$. 引理证毕. □

定理 58 (无界区域内的极值原理) *设 $u(x,t)$ 是在层 $G_\tau=\{x,t;\ x\in\mathbb{R}_x^n, 0<t\leqslant\tau\}$ 内方程 $Tu=0$ 的、属于 $C^{2,1}(G_\tau)\cap C^0(\overline{G}_\tau)$ 类的解. 设对所有 $(x,t)\in G_\tau$*

$$|u(x,t)|\leqslant M, \tag{4.32}$$

其中 M 为常数. 那么, 对于所有 $(x,t)\in G_\tau$

$$\inf_{\mathbb{R}_x^n} u(x,0)\leqslant u(x,t)\leqslant\sup_{\mathbb{R}_x^n} u(x,0). \tag{4.33}$$

证明 设 $\sup u(x,0)=M_1, \inf u(x,0)=M_2$. 那么当 $t=0$ 时 $u(x,t)-M_1\leqslant 0, u(x,t)-M_2\geqslant 0$. 容易看出, 函数 $v(x,t)=|x|^2+2nt$ 在 G_τ 满足方程 $Tv=0$. 设 ε 是任意一个正数, 那么在 G_τ 内

$$\begin{aligned} v_1(x,t)&=u(x,t)-M_1-\varepsilon v(x,t)\leqslant 0,\\ v_2(x,t)&=u(x,t)-M_2+\varepsilon v(x,t)\geqslant 0. \end{aligned} \tag{4.34}$$

事实上, 设常数 R_0 是如此之大, 使得当 $|x| \geqslant R_0$ 有 $\varepsilon v \geqslant 2M$. 这时对任意柱体 $\{x,t;\,|x|<R,\ 0<t\leqslant\tau\}$ 当 $R \geqslant R_0$ 时在其下底及侧曲面上成立不等式

$$v_1 \leqslant 0, \quad v_2 \geqslant 0.$$

因为 $Tv_1=0, Tv_2=0$ 在 G_τ 内成立, 那么根据定理 57, 在柱体 $\{x,t;\,|x|<R,\ 0<t\leqslant\tau\}$ 内有 $v_1(x,t)\leqslant 0, v_2(x,t)\geqslant 0$, 由于 R 是任意充分大的数, 这意味着在 G_τ 内也成立. 在不等式 (4.34) 中 ε 是任意正数. 所以这个不等式在令 $\varepsilon\to 0$ 而取极限时在任意点 (x,t) 应当成立. 由 (4.34) 式令 $\varepsilon\to 0$ 得到: 对于 $(x,t)\in G_\tau$

$$u(x,t)-M_1\leqslant 0, \quad u(x,t)-M_2\geqslant 0,$$

这就是所要证明的. □

定理 57 是对有关调和函数的极值原理的定理的类比. 在第三章证明了对调和函数的关于严格极值原理的定理: 如果在有界区域 Ω 内调和且在 $\overline{\Omega}$ 内连续的函数 $u(x)$ 在区域 Ω 的内点取到最大值或最小值, 那么 $u(x)$ 在 Ω 内为常数. 容易看出, 热传导方程的解在区域内部有可能取最大值或最小值且不与常数重合. 例如, 函数

$$u(x,t)=0 \quad \text{当 } 0\leqslant t\leqslant t^0, \quad |x|\leqslant 1$$
$$u(x,t)=\Gamma(x,x^0,t,t^0) \quad \text{当 } t^0<t\leqslant\tau, \quad |x|<1,\ |x^0|=2,$$

在柱体 $\omega_\tau=\{x,t;|x|<1,\ 0<t\leqslant\tau\}$ 的内点取最小值 $u=0$, 在 ω_τ 内 $Tu=0$ 并且在 ω_τ 内 $u\not\equiv 0$. 对于热传导方程成立如下形式的严格极值原理.

定理 59 (严格极值原理) 如果函数 $u(x,t)$ 在柱体 $\omega_\tau=\{x,t;\ x\in\Omega,\ 0<t\leqslant\tau\}$ 内满足方程 $Tu=0$, 属于 $C^{2,1}(\omega_\tau)\cap C^0(\overline{\omega}_\tau)$ 类并在点 $(x^0,t^0)\in\omega_\tau$ 取最大值或最小值, 那么在柱体 $\omega_{t^0}=\omega_\tau\cap\{t\leqslant t^0\}$ 内 $u(x,t)\equiv u(x^0,t^0)$ 为常数.

证明 设 $u(x^0,t^0)=\max\limits_{\overline{\omega}_\tau}u(x,t)=M$ 并且 $(x^0,t^0)\in\omega_\tau$. 我们来证明, 在 ω_τ 内当 $t\leqslant t^0$ 时 $u=M$. 假若不然, 设在某一点 (x^1,t^1) 处, $t^1<t^0$, 成立不等式 $u(x^1,t^1)<M-\varepsilon$, 其中 $\varepsilon>0$ 为常数. 我们证明由这个假设推出 $u(x^0,t^0)<M$. 用含于 ω_{t^0} 内的折线联接点 (x^0,t^0) 与 (x^1,t^1), 折线的顶点为 $(x^1,t^1),(x^2,t^2),\cdots,(x^k,t^k)$, (x^0,t^0), 并且 $t^1<t^2<\cdots<t^k<t^0$; $x^{k+1}=x^0$, $t^{k+1}=t^0$. 如果我们证明由不等式 $u(x^s,t^s)<M$ 推出 $u(x^{s+1},t^{s+1})<M$, $s=1,2,\cdots,k$, 那么, 逐次地由顶点 (x^s,t^s) 过渡到顶点 (x^{s+1},t^{s+1}), 我们便证明了 $u(x^0,t^0)<M$. 所得的矛盾证明了定理的正确性.

就这样, 我们假设 $u(x^s,t^s)<M$, 并证明此时便有 $u(x^{s+1},t^{s+1})<M$. 点 (x^s,t^s) 与 (x^{s+1},t^{s+1}) 位于直线

$$x_j=k_jt+a_j, \quad j=1,\cdots,n,$$

上, 其中 $k_j = \dfrac{x_j^{s+1} - x_j^s}{t^{s+1} - t^s}$, $a_j = x_j^{s+1} - k_j t^{s+1}$. 令 $P(x,t) = \sum\limits_{j=1}^{n}(x_j - k_j t - a_j)^2$, 考虑函数

$$v(x,t) = (\rho^2 - P(x,t))^2 e^{-\gamma t},$$

其中 $\gamma > 0$ 为常数, $\rho > 0$ 为常数. 常数 ρ 选取得如此之小, 使得在位于平面 $t = t^s$ 上的球 $P(x,t^s) \leqslant \rho^2$ 内成立不等式 $u(x,t) < M - \varepsilon_1$, 其中 $\varepsilon_1 > 0$ 为常数. 常数 γ 可以这样选取, 使得在由平面 $t = t^s$, $t = t^{s+1}$ 与曲面 $P(x,t) = \rho^2$ 所界定的区域 ω 中成立不等式 $Tv < 0$. 实际上

$$\begin{aligned} Tv = \frac{\partial v}{\partial t} - \Delta v = e^{-\gamma t}\Big[&-\gamma(\rho^2 - P(x,t))^2 - 2(\rho^2 - P(x,t))\frac{\partial P}{\partial t} \\ &+4n(\rho^2 - P(x,t) - 8P(x,t)\Big]. \end{aligned} \tag{4.35}$$

容易看出, 在曲面 $P(x,t) = \rho^2$ 的某个邻域中成立不等式 $Tv < 0$, 因为当 $P(x,t) = \rho^2$ 时, 等式 (4.35) 的方括号中的各项除了最后一项之外都等于零. 设 $\delta > 0$ 选取使得当 $P(x,t) \geqslant \rho^2 - \delta$ 时在 ω 内 $Tv < 0$. 如果 $P(x,t) < \rho^2 - \delta$, 那么 $\rho^2 - P(x,t) > \delta$ 并且常数 γ 可以选取得这样大, 使得在方括号中第一项按模超过所有其余各项模的和. 在 γ 这样的选取之下, 当 $\rho^2 - P(x,t) > \delta$ 时 $Tv < 0$. 在 ω 中考虑函数

$$V(x,t) = M - \varepsilon_2 v - u, \quad \varepsilon_2 > 0 \quad \text{为常数}.$$

容易看出, $TV = -\varepsilon_2 Tv > 0$ 在 ω 中成立. 根据引理 6 对 $(x,t) \in \overline{\omega}$

$$V(x,t) \geqslant \min_{\sigma} V, \tag{4.36}$$

其中 σ 由 ω 的这样一些边界点组成: 它们位于平面 $t = t^s$ 上及曲面 $P(x,t) = \rho^2$ 上. 我们证明, 对适当选择的 ε_2, 在 σ 上 $V \geqslant 0$. 实际上, 在曲面 $P(x,t) = \rho^2$ 上有 $V = M - u \geqslant 0$. 选取常数 ε_2 使得在 ω 上 $\varepsilon_2 v < \varepsilon_1$. 这时, 由于 ρ 的选择对 $t = t^s$ 有 $V = M - \varepsilon_2 v - u > M_1 - \varepsilon_1 - u > 0$. 因此, 根据 (4.36) 式, 在 ω 内

$$M - \varepsilon_2 v - u \geqslant 0,$$

所以 $u(x^{s+1}, t^{s+1}) \leqslant M - \varepsilon_2 v(x^{s+1}, t^{s+1}) < M$. 如果在点 $(x^0, t^0) \in \omega_\tau$ 函数 $u(x,t)$ 取最小值, 那么 $-u(x,t)$ 在这一点取最大值, 所以在 ω_τ 内当 $t \leqslant t^0$ 时 $-u(x,t) = -u(x^0, t^0)$. 定理证毕. □

严格极值原理对某些类型的具有非负特征形式的二阶方程同样成立. 在书 [20] 中叙述了属于这类问题的结果. 对于非齐次热传导方程的解成立与极值原理类似的估计. 设对于在本节开始所定义的区域 ω 有 $t' = 0, t'' = \tau$.

定理 60 设 $u(x,t)$ 是方程

$$Tu=\frac{\partial u}{\partial t}-\Delta u=f(x,t) \tag{4.37}$$

在“曲柱体” $\widetilde{\omega}$ 内 $C^{2,1}(\widetilde{\omega})\cap C^0(\overline{\omega})$ 类的解. 那么对 $\overline{\omega}$ 中任意的点 (x,t)

$$\min_{\sigma} u-\tau\sup_{\omega}|f|\leqslant u(x,t)\leqslant\max_{\sigma} u+\tau\sup_{\omega}|f|. \tag{4.38}$$

证明 考虑 $\widetilde{\omega}$ 中的函数

$$v_1(x,t)=u(x,t)+tK \quad 及 \quad v_2(x,t)=u(x,t)-tK,$$

其中 $K=\sup\limits_{\widetilde{\omega}}|f|$. 容易看出, 在 $\widetilde{\omega}$ 的点处

$$Tv_1=f+K\geqslant 0,\quad Tv_2=f-K\leqslant 0.$$

所以, 根据引理 6 对 $(x,t)\in\overline{\omega}$, 成立不等式

$$\min_{\sigma} v_1\leqslant v_1(x,t),\quad \max_{\sigma} v_2\geqslant v_2(x,t).$$

由这些不等式推出, 在 $\widetilde{\omega}$ 的点处

$$\min_{\sigma} u\leqslant u(x,t)+tK,\quad \max_{\sigma} u\geqslant u(x,t)-tK,$$

因此

$$\min_{\sigma} u-\tau K\leqslant u(x,t)\leqslant\max_{\sigma} u+\tau K.$$

我们看出由不等式 (4.38) 推出如下对方程 (4.37) 的解的估计:

$$|u(x,t)|\leqslant\max_{\sigma}|u|+\tau\sup_{\omega}|f|. \quad \square \tag{4.39}$$

定理 61 设 $u(x,t)$ 是方程 (4.37) 在层 $G_\tau=\{x,t;\ x\in\mathbb{R}_x^n,\ 0<t\leqslant\tau\}$ 内 $C^{2,1}(G_\tau)\cap C^0(\overline{G}_\tau)$ 类的解且设在 G_τ 内

$$|u(x,t)|\leqslant M,$$

其中 M 是某个常数. 那么对 $(x,t)\in G_\tau$

$$\inf_{\mathbb{R}_x^n} u(x,0)-\tau\sup_{G_\tau}|f|\leqslant u(x,t)\leqslant\sup_{\mathbb{R}_x^n} u(x,0)+\tau\sup_{G_\tau}|f|. \tag{4.40}$$

证明 在 G_τ 内考虑函数

$$w_1=u(x,t)-M_1-tK-\varepsilon v,\quad w_2=u(x,t)-M_2+tK+\varepsilon v,$$

其中 $M_1 = \sup\limits_{\mathbb{R}_x^n} u(x,0)$, $M_2 = \inf\limits_{\mathbb{R}_x^n} u(x,0)$, $K = \sup\limits_{G_\tau} |f|$, $v = |x|^2 + 2nt$, $\varepsilon > 0$ 为常数. 容易看出, 在 G_τ 内

$$Tw_1 = f - K = f - \sup_{G_\tau} |f| \leqslant 0, \quad Tw_2 = f + K = f + \sup_{G_\tau} |f| \geqslant 0.$$

所以, 根据引理 6, 对任意柱体 $G^R = \{x, t;\ |x| < R,\ 0 < t \leqslant \tau\}$, (其中 $R > 0$ 为常数) 的点 (x,t), 下述不等式成立:

$$w_1(x,t) \leqslant \max_{\sigma_R} w_1, \quad w_2(x,t) \geqslant \min_{\sigma_R} w_2,$$

其中 σ_R 由柱体 G^R 的侧曲面及下底组成. 容易看出, 如果 $R \geqslant R^0$, 且 R^0 是充分大的数, 则在 σ_R 上 $w_2 \geqslant 0$, $w_1 \leqslant 0$. 因此, 当 $R \geqslant R^0$ 时在 G^R 内

$$w_1(x,t) \leqslant 0, \quad w_2(x,t) \geqslant 0,$$

所以对 $(x,t) \in G_\tau$

$$u(x,t) - M_1 - tK - \varepsilon v \leqslant 0, \quad u(x,t) - M_2 + tK + \varepsilon v \geqslant 0. \tag{4.41}$$

因为不等式 (4.41) 对任意 $\varepsilon > 0$ 成立, 那么当 $\varepsilon \to 0$ 时由不等式 (4.41) 得出, 在 G_τ 内

$$u(x,t) \leqslant M_1 + tK, \quad u(x,t) \geqslant M_2 - tK.$$

由此推出不等式 (4.40). 定理证毕. □

4.5 边值问题与柯西问题解的先验估计. 唯一性定理. 解的稳定性

本节中我们来建立边值问题与柯西问题解的估计. 由这些估计与 4.4 节所证明的定理推出唯一性定理及关于问题的解对给定函数的依赖性特征的定理.

定理 62 设函数 $u(x,t)$ 在 ω_τ 内满足方程 (4.37), 它属于 $C^{2,1}(\overline{\omega}_\tau)$ 类并满足边界条件

$$u|_{S_\tau} = 0 \tag{4.42}$$

或者边界条件

$$\left.\frac{\partial u}{\partial \nu}\right|_{S_\tau} = 0, \tag{4.43}$$

其中 $\nu = (\nu_1, \cdots, \nu_n, 0)$ 是 S_τ 的外法线方向. 那么, 存在仅与 τ 有关的常数 K, 使得

对闭区间 $[0,\tau]$ 中的任意 t^0 成立如下估计:

$$\int\limits_{\omega_{t^0}} \left[\sum_{j=1}^{n}\left(\frac{\partial u}{\partial x_j}\right)^2 + u^2\right] dxdt + \int\limits_{\Omega_{t^0}} u^2 dx$$
$$\leqslant K(\tau)\left[\int\limits_{\Omega} u^2(x,0)dx + \int\limits_{\omega_{t^0}} f^2(x,t)dxdt\right]. \tag{4.44}$$

证明 对区域 ω_{t^1} 与函数 $u=u(x,t)$ 及 $v=u(x,t), 0\leqslant t^1\leqslant t^0$, 写出格林公式 (4.3), 我们有

$$\int\limits_{\omega_{t^1}} ufdxdt = \int\limits_{\omega_{t^1}} \sum_{j=1}^{n}\left(\frac{\partial u}{\partial x_j}\right)^2 dxdt + \frac{1}{2}\int\limits_{\Omega_{t^1}} u^2(x,t^1)dx - \frac{1}{2}\int\limits_{\Omega} u^2(x,0)dx \tag{4.45}$$

由这个等式推出

$$\int\limits_{\Omega_{t^1}} u^2(x,t^1)dx \leqslant \int\limits_{\Omega} u^2(x,0)dx + 2\int\limits_{\omega_{t^0}} |u||f|dxdt.$$

对 t^1 从 0 到 t^0 积分这个不等式并应用初等的不等式 $2ab\leqslant \varepsilon a^2+\varepsilon^{-1}b^2$, 得

$$\int\limits_{\omega_{t^0}} u^2(x,t)dxdt \leqslant t^0\left[\int\limits_{\Omega} u^2(x,0)dx + \frac{1}{2t^0}\int\limits_{\omega_{t^0}} u^2(x,t)dxdt + 2t^0\int\limits_{\omega_{t^0}} |f|^2dxdt\right]. \tag{4.46}$$

由不等式 (4.46) 与等式 (4.45) 得到不等式

$$\int\limits_{\omega_{t^0}} u^2(x,t)dxdt \leqslant 2t^0\int\limits_{\Omega} u^2(x,0)dx + 4(t^0)^2\int\limits_{\omega_{t^0}} |f|^2dxdt, \tag{4.47}$$

$$\int\limits_{\omega_{t^0}} \sum_{j=1}^{n}\left(\frac{\partial u}{\partial x_j}\right)^2 dxdt + \frac{1}{2}\int\limits_{\Omega_{t^0}} u^2(x,t^0)dx$$
$$\leqslant \frac{1}{2}\int\limits_{\Omega} u^2(x,0)dx + \int\limits_{\omega_{t^0}} |f||u|dxdt$$
$$\leqslant \frac{1}{2}\int\limits_{\Omega} u^2(x,0)dx + \frac{1}{2}\int\limits_{\omega_{t^0}} |f|^2dxdt + t^0\int\limits_{\Omega} u^2(x,0)dx$$
$$+2(t^0)^2\int\limits_{\omega_{t^0}} |f|^2dxdt. \tag{4.48}$$

将不等式 (4.47) 与 (4.48) 相加, 便得到所要的不等式 (4.44). □

推论 6 设函数 $u(x,t)$ 满足定理 62 的条件并设 $f\equiv 0$. 那么从等式 (4.45) 推出对任意 $t^0<\tau$ 有

$$\int\limits_{\Omega_{t^0}} u^2(x,t^0)dx \leqslant \int\limits_{\Omega} u^2(x,0)dx.$$

推论 7 方程 $Tu=f$ 的属于 $C^{2,1}(\overline{\omega}_\tau)$ 类的第一边值问题的解是唯一的.

证明 实际上这个问题的两个解 $u(x,t)$ 之差在 ω_τ 内满足方程 $Tu=0$, 且属于 $C^{2,1}(\overline{\omega}_\tau)$ 类并且 $u|_{S_\tau}=0, u|_{t=0}=0$. 所以由定理 62 推出

$$\int\limits_{\omega_\tau} u^2(x,t)dxdt=0,$$

这表明在 ω_τ 中 $u\equiv 0$. □

推论 8 方程 $Tu=f$ 在 ω_τ 中第二边值问题属于 $C^{2,1}(\overline{\omega}_\tau)$ 类的解是唯一的.

这个论断可以像推论 7 那样得到.

在这里, 我们还要指出格林公式 (4.3) 的一个推论.

设 $u(x,t)$ 是热传导方程 $Tu=0$ 属于 $C^{2,1}(\overline{\omega}_\tau)$ 类的解, 它满足边界条件

$$\left.\frac{\partial u}{\partial \nu}\right|_{S_\tau}=0.$$

那么对任意 $t^0\leqslant\tau$ 成立等式

$$\int\limits_{\Omega_{t^0}} u(x,t^0)dx=\int\limits_{\Omega} u(x,0)dx.$$

这个等式有如下物理意义. 边界条件 $\left.\dfrac{\partial u}{\partial \nu}\right|_{S_\tau}=0$ 意味着: 在任何时刻 $t^0\leqslant\tau$ 通过物体边界的热流等于零. 所以在任意所考虑的时刻 $0\leqslant t^0\leqslant\tau$, 物体内部的热量保持常值.

借助于极值原理, 我们可以证明在更为宽泛的函数类中第一边值问题解的唯一性.

定理 63 在柱体 ω_τ 内方程 $Tu=f$ 满足条件 (4.21), (4.22) 的在 $C^{2,1}(\omega_\tau)\cap C^0(\overline{\omega}_\tau)$ 类中第一边值问题的解是唯一的.

证明 设 $u_1(x,t)$ 与 $u_2(x,t)$ 是方程 $Tu=f$ 满足条件 (4.21), (4.22) 的第一边值问题的两个解. 那么它们的差 $u(x,t)=u_1(x,t)-u_2(x,t)$ 在 ω_τ 中满足方程 $Tu=0$ 及条件

$$u|_{t=0}=0,\quad u|_{S_\tau}=0.$$

根据 4.4 节的定理 57, 对 ω_τ 内的任意点 (x,t)

$$\min_{\sigma_\tau} u \leqslant u(x,t) \leqslant \max_{\sigma_\tau} u, \quad \sigma_\tau = \Omega \cup S_\tau.$$

所以在 ω_τ 内 $u \equiv 0$. □

下述定理建立了第一边值问题的解对初始函数、给定在 S_τ 上的函数及方程的右端项 $f(x,t)$ 的连续依赖性, 同样地对于柯西问题的解, 也可建立其对初始函数及函数 $f(x,t)$ 的连续依赖的特性.

定理 64 设 $u_1(x,t)$ 是方程 $Tu=f_1$ 满足条件 $u_1|_{t=0}=u_{01}(x), u_1|_{S_\tau}=\psi_1$ 在 ω_τ 内的解, $u_2(x,t)$ 是方程 $Tu=f_2$ 满足条件 $u_2|_{t=0}=u_{02}(x), u_2|_{S_\tau}=\psi_2$ 在 ω_τ 内的解. 设 $u_1,u_2 \in C^{2,1}(\omega_\tau) \cap C^0(\overline{\omega}_\tau)$. 那么对 $(x,t)\in\omega_\tau$ 成立如下估计:

$$|u_1(x,t)-u_2(x,t)| \leqslant \sup_{\Omega} |u_{01}-u_{02}| + \tau \sup_{\omega_\tau} |f_1-f_2| + \sup_{S_\tau} |\psi_1-\psi_2|.$$

定理 64 的论断可直接从估计 (4.39) 推出, 即把 (4.39) 应用于 $u(x,t)=u_1(x,t)-u_2(x,t)$.

定理 65 设 $u_1(x,t)$ 是方程 $Tu=f_1$ 满足初始条件 $u_1|_{t=0}=u_{01}(x)$ 在 G_τ 内的柯西问题解, $u_2(x,t)$ 是方程 $Tu=f_2$ 满足初始条件 $u_2|_{t=0}=u_{02}(x)$ 在 G_τ 内的柯西问题解. 假设在 G_τ 内

$$|u_1(x,t)| \leqslant M_1, \quad |u_2(x,t)| \leqslant M_2,$$

其中 M_1, M_2 是某些常数. 设 $u_1(x,t)$ 与 $u_2(x,t)$ 属于 $C^{2,1}(G_\tau)\cap C^0(\overline{G}_\tau)$ 类. 那么成立如下先验估计: 对任意点 $(x,t)\in G_\tau$

$$|u_1(x,t)-u_2(x,t)| \leqslant \sup_{\mathbb{R}_x^n} |u_{01}-u_{02}| + \tau \sup_{G_\tau} |f_1-f_2|. \tag{4.49}$$

不等式 (4.49) 是 4.4 节的定理 61 以及把不等式 (4.40) 应用于函数 $u(x,t)=u_1(x,t)-u_2(x,t)$ 所得的推论. 由估计 (4.49) 推出如下在 G_τ 内有界函数类中柯西问题解唯一性的定理.

定理 66 方程 $Tu=f$ 满足初始条件 (4.25) 的柯西问题 G_τ 内的有界解 $u(x,t)$ 在 $C^{2,1}(G_\tau)\cap C^0(\overline{G}_\tau)$ 类中是唯一的.

我们指出, 在 G_τ 内柯西问题解的有界性条件, 对于唯一性定理的成立与否是本质性的条件. 这个条件可以减弱 (参看下面的 4.6 节), 但不能取消. A. H. 吉洪诺夫 (A. H. Тихонов) 曾构造一个例子 [21], 热传导方程 $Tu=0$ 满足初始条件 $u|_{t=0}=0$ 的、$C^{2,1}(G_\tau)\cap C^0(\overline{G}_\tau)$ 类中的解 $u(x,t)$ 在 G_τ 中不恒等零. 这个解当 $|x|\to\infty$ 时无界增长. 热传导方程柯西问题在 G_τ 内的无界解在 4.6 节中研究.

对许多物理问题来说, 研究方程 $Tu=0$ 的解当 $t\to\infty$ 时的性态是重要的. 在这里我们举出这类定理当中一些最简单的定理.

定理 67 设函数 $u(x,t)$ 在区域 $\omega_\infty=\{x,t;\ x\in\Omega,\ 0<t<\infty\}$ 内满足方程 $Tu=0$ 及满足边界条件

$$u|_{S_\infty}=0,$$

其中 $S_\infty=\partial\Omega\times\{0<t<\infty\}$, $u\in C^{2,1}(\omega_\infty)\cap C^0(\overline{\omega}_\infty)$. 那么当 $t\to\infty$ 时 $u(x,t)\to 0$ 在 Ω 内对 x 一致地成立.

证明 不失一般性, 可以假设 Ω 包含点 $x=0$. 显然方程 $Tu=0$ 有形如

$$v(x,t)=e^{-at}\prod_{j=1}^{n}\cos bx_j$$

的解, 其中常数 $b>0$ 及 $a=nb^2$. 选取 b 使其如此之小, 使得区域 Ω 位于 n 维平行六面体 $\{x;\ |x_j|<\dfrac{\pi}{4b},\ j=1,\cdots,n\}$ 内部. 显然, 在这个 n 维平行六面体内部函数 $v(x,0)$ 严格为正, 所以可以选取常数 $M>0$ 使得在 Ω 内 $Mv(x,0)\geqslant|u(x,0)|$. 显然 $v|_{S_\infty}>0$. 对函数 $w_1(x,t)=Mv-u$ 与 $w_2(x,t)=Mv+u$ 应用极值原理, 得到在 ω_∞ 内

$$Mv+u\geqslant 0,\quad Mv-u\geqslant 0.$$

因此, $|u|\leqslant Mv$ 在 ω_∞ 内成立. 因为当 $t\to\infty$ 时 $v(x,t)\to 0$ 在 Ω 内对 x 一致地成立, 那么当 $t\to\infty$ 时 $u(x,t)\to 0$ 也在 Ω 内对 x 一致地成立. □

定理 68 设 $u(x,t)$ 是方程 $Tu=0$ 在区域 $G_\infty=\{x,t;\ x\in\mathbb{R}^n_x,\ 0<t<\infty\}$ 内的解, $u\in C^{2,1}(G_\infty)\cap C^0(\overline{G}_\infty)$. 假设在 G_∞ 内 $|u(x,t)|\leqslant M$ 且当 $|x|\to\infty$ 时 $u(x,0)\to 0$, 即对于任意 $\varepsilon>0$ 可以找到这样的 $R(\varepsilon)$, 使得如果 $|x|>R(\varepsilon)$ 则 $|u(x,t)|\leqslant\varepsilon$. 那么当 $t\to\infty$ 时 $u(x,t)\to 0$ 在 $\mathbb{R}^n_x$ 中对 x 一致地成立.

证明 在 G_∞ 内考虑方程 $Tu=0$ 的基本解 $\Gamma(x,0,t,-\delta)$, 其中 $\delta>0$ 为常数. 当 $t=0$ 时函数 $\Gamma(x,0,t,-\delta)>0$, 当 $t\to\infty$ 时在 $\mathbb{R}^n_x$ 中 $\Gamma(x,0,t,-\delta)\to 0$ 一致地成立. 设 $\varepsilon>0$ 是任意数. 根据当 $|x|\to\infty$ 时 $u(x,0)\to 0$ 的条件, 存在这样的数 $M(\varepsilon)>0$ 使得当 $x\in\mathbb{R}^n_x$ 时

$$\varepsilon+M(\varepsilon)\Gamma(x,0,0,-\delta)>u(x,0)>-\varepsilon-M(\varepsilon)\Gamma(x,0,0,-\delta).$$

根据对于无界区域的极值原理 (参看定理 58), 在 G_∞ 内成立不等式

$$|u(x,t)|\leqslant\varepsilon+M(\varepsilon)\Gamma(x,0,t,-\delta).$$

因为 $\varepsilon>0$ 是任意的数, 那么上述不等式表明当 $t\to\infty$ 时在 $\mathbb{R}^n_x$ 中 $u(x,t)\to 0$ 对 x 一致地成立. 定理证毕. □

4.6 导数的估计. 解对变量 x 的解析性. 应用

我们应用调和函数的算术平均定理, 即应用调和函数的特殊性质, 得出了拉普拉斯方程解的导数的估计 (参看 3.8 节). 对于热传导方程, 我们不得不采取另外的方法, 应用更为复杂的但同时又是更为一般的方法. C. H. 伯恩斯坦为了估计椭圆型和抛物型方程解的导数应用了这个方法并且在二阶方程的各种研究中获得了许多应用 (例如, 参看 [22], [23]).

定理 69 设 $u(x,t)$ 在区域 $\omega^{R+\rho}=\{x,t;\ |x|^2+|t|<(R+\rho)^2, t<0\}$ 内满足方程 $Tu=0$ 并且属于 $C^{2,1}(\overline{\omega}^{R+\rho})$ 类. 那么, 对于区域 $\omega^R=\{x,t;\ |x|^2+|t|<R^2, t<0\}$ 中的 (x,t) 成立估计

$$\sum_{j=1}^{n}\left(\frac{\partial u(x,t)}{\partial x_j}\right)^2\leqslant\frac{C}{\rho^2}\max_{\overline{\omega}^{R+\rho}}|u|^2, \tag{4.50}$$

其中 $C=2n+10$.

证明 在区域 $\omega^{R+\rho}$ 内考虑函数

$$v(x,t)=[(R+\rho)^2-|x|^2-|t|]^2\sum_{j=1}^{n}\left(\frac{\partial u}{\partial x_j}\right)^2+C_1u^2,$$

其中 C_1 是正的常数. 我们来证明, 常数 C_1 可以选取得使在 $\omega^{R+\rho}$ 内 $Tv\leqslant 0$. 那么由 4.4 节的引理 6 推出在 $\omega^{R+\rho}$ 内

$$v(x,t)\leqslant\max_{\sigma}v, \tag{4.51}$$

其中 σ 是位于曲面 $|x|^2+|t|=(R+\rho)^2$ 上的 $\omega^{R+\rho}$ 的边界部分.

容易看出,

$$\max_{\sigma}v=C_1\max_{\sigma}u^2=C_1\max_{\overline{\omega}^{R+\rho}}u^2.$$

于是, 由估计式 (4.51) 推出, 在$\omega^{R+\rho}$ 内

$$[(R+\rho)^2-|x|^2-|t|]^2\sum_{j=1}^{n}\left(\frac{\partial u}{\partial x_j}\right)^2+C_1u^2\leqslant C_1\max_{\overline{\omega}^{R+\rho}}|u|^2,$$

所以

$$\max_{\overline{\omega}^{R}}\sum_{j=1}^{n}\left(\frac{\partial u}{\partial x_j}\right)^2\leqslant\frac{C_1}{[\rho(2R+\rho)]^2}\max_{\overline{\omega}^{R+\rho}}|u|^2. \tag{4.52}$$

因此, 为了证明不等式 (4.50), 只需证明在 $\overline{\omega}^{R+\rho}$ 内对适当选择的 C_1 有 $Tv\leqslant 0$. 为了计算 Tv, 我们注意到: 对任意两个函数 z 与 w,

$$T(wz)=wTz+zTw-2\sum_{j=1}^{n}\frac{\partial w}{\partial x_j}\frac{\partial z}{\partial x_j}.$$

所以容易看出

$$T(u^2)=-2\sum_{l=1}^{n}\left(\frac{\partial u}{\partial x_l}\right)^2,\quad T\left(\left(\frac{\partial u}{\partial x_j}\right)^2\right)=-2\sum_{k=1}^{n}\left(\frac{\partial^2 u}{\partial x_k\partial x_j}\right)^2,$$

$$\begin{aligned}&T\left([(R+\rho)^2-|x|^2-|t|]^2\right)\\&=2(2n+1)[(R+\rho)^2-|x|^2-|t|]-8|x|^2\equiv q(x,t).\end{aligned}$$

我们有

$$\begin{aligned}Tv=&-2[(R+\rho)^2-|x|^2-|t|]^2\sum_{k,j=1}^{n}\left(\frac{\partial^2 u}{\partial x_k\partial x_j}\right)^2+q(x,t)\sum_{j=1}^{n}\left(\frac{\partial u}{\partial x_j}\right)^2\\&+8[(R+\rho)^2-|x|^2-|t|]\sum_{k,j=1}^{n}2x_k\frac{\partial^2 u}{\partial x_k\partial x_j}\frac{\partial u}{\partial x_j}-2C_1\sum_{j=1}^{n}\left(\frac{\partial u}{\partial x_j}\right)^2.\end{aligned}$$

为了估计上面等式中右端的第三个和式, 应用估计式 $2ab\leqslant a^2+b^2$, 得

$$\begin{aligned}Tv\leqslant&-2[(R+\rho)^2-|x|^2-|t|]^2\sum_{k,j=1}^{n}\left(\frac{\partial^2 u}{\partial x_k\partial x_j}\right)^2+q(x,t)\sum_{j=1}^{n}\left(\frac{\partial u}{\partial x_j}\right)^2\\&+2[(R+\rho)^2-|x|^2-|t|]^2\sum_{k,j=1}^{n}\left(\frac{\partial^2 u}{\partial x_k\partial x_j}\right)^2\\&+32|x|^2\sum_{j=1}^{n}\left(\frac{\partial u}{\partial x_j}\right)^2-2C_1\sum_{j=1}^{n}\left(\frac{\partial u}{\partial x_j}\right)^2,\end{aligned}$$

因为在 $\omega^{R+\rho}$ 内

$$32|x|^2+q(x,t)\leqslant(4n+20)(R+\rho)^2,$$

那么, 令 $C_1=(2n+10)(R+\rho)^2$, 得到在 $\overline{\omega}^{R+\rho}$ 内 $Tv\leqslant 0$. 把如此选取的常数 C_1 代入到关系式 (4.52), 得到不等式 (4.50). 定理证毕. □

我们应用不等式 (4.50) 来建立热传导方程解的任意阶导数的估计.

定理 70 设 $u(x,t)$ 在区域 $\omega^{R+\rho}=\{x,t;\ |x|^2+|t|<(R+\rho)^2, t<0\}$ 内满足方程 $Tu=0$ 并且属于 $C^{2,1}(\overline{\omega}^{R+\rho})$ 类. 那么对于区域 ω^R 中的 (x,t) 当 $|\alpha|=k$ 时成立如下估计:

$$|\mathcal{D}_x^\alpha u(x,t)|^2\leqslant\left(\frac{Ck^2}{\rho^2}\right)^k\max_{\overline{\omega}^{R+\rho}}|u|^2,\tag{4.53}$$

其中 $\mathcal{D}_x^\alpha=\mathcal{D}_{x_1}^{\alpha_1}\cdots\mathcal{D}_{x_n}^{\alpha_n}$, $\alpha=(\alpha_1,\cdots,\alpha_n)$, $|\alpha|=\alpha_1+\cdots+\alpha_n$, $C=2n+10$.

证明 考虑嵌套的区域序列

$$\omega^{R+\frac{j}{k}\rho}=\left\{x,t;\ |x|^2+|t|<\left(R+\frac{j}{k}\rho\right)^2,\ t<0\right\},\quad j=0,1,\cdots,k.$$

根据定理 69, 当 $|\alpha'| = k-j$, $|\alpha''| = k-j-1$ 时如果对某个 l 有 $\mathcal{D}^{\alpha'}u = \dfrac{\partial}{\partial x_l}\mathcal{D}^{\alpha''}u$, 则有

$$\max_{\overline{\omega}^{R+\frac{j}{k}\rho}} |\mathcal{D}^{\alpha'}u|^2 \leqslant \frac{Ck^2}{\rho^2} \max_{\overline{\omega}^{R+\frac{(j+1)\rho}{k}}} |\mathcal{D}^{\alpha''}u|^2. \tag{4.54}$$

假设在这个不等式中 $j=0$, 而后为了估计所得不等式的右边, 对 $j=1,2,\cdots,k-1$ 接连地应用不等式 (4.54), 我们便得出估计 (4.53). 注意, 这里我们应用了在 4.2 节所证明的 $u(x,t)$ 在 $\omega^{R+\rho}$ 内的无穷次可微性, 以及如果在 $\omega^{R+\rho}$ 内 $Tu=0, \mathcal{D}^\alpha u$ 是热传导方程的解. □

定理 71　设 $u(x,t)$ 在 $\overline{\omega}^{R+\rho}$ 内满足方程 $Tu=0$ 且属于 $C^{2,1}(\overline{\omega}^{R+\rho})$ 类. 那么对 $|\alpha|=k$ 及任意 $p\geqslant 0$, 对于 $(x,t)\in\omega^R$ 成立如下估计:

$$\left|\frac{\partial^p}{\partial t^p}\mathcal{D}_x^\alpha u\right|^2 \leqslant n^{2p}\left(\frac{C(k+2p)^2}{\rho^2}\right)^{k+2p} \max_{\overline{\omega}^{R+\rho}} |u|^2, \tag{4.55}$$

其中 $\mathcal{D}_x^\alpha = \mathcal{D}_{x_1}^{\alpha_1}\cdots\mathcal{D}_{x_n}^{\alpha_n}$, $|\alpha| = \alpha_1+\cdots+\alpha_n$, $C=2n+10$.

证明　由方程 $Tu=0$ 推出

$$\left|\frac{\partial^p}{\partial t^p}\mathcal{D}^\alpha u\right| = |\mathcal{D}^\alpha\Delta^p u| \leqslant n^p \max_\beta |\mathcal{D}^\beta u|, \quad 其中\ |\beta| = 2p+|\alpha|.$$

所以根据定理 70

$$\begin{aligned}\max_{\overline{\omega}^R}\left|\frac{\partial^p}{\partial t^p}\mathcal{D}^\alpha u\right|^2 &\leqslant n^{2p}\max_{|\beta|=2p+|\alpha|}\max_{\overline{\omega}^{R+\rho}}|\mathcal{D}_x^\beta u|^2\\ &\leqslant n^{2p}(C(k+2p)^2\rho^{-2})^{k+2p}\max_{\overline{\omega}^{R+\rho}}|u|^2.\end{aligned}$$

由此推出所要求的不等式. □

定理 72 (关于解对空间变量的解析性)　方程 $Tu=0$ 在区域 ω 内 $C^{2,1}(\omega)$ 类的解 $u(x,t)$ 是变量 $x_1,\cdots,x_n$ 的解析函数, 即对任意的点 $(x^0,t^0)\in\omega$, 函数 $u(x,t^0)$ 当 $|x-x^0|<\varepsilon$ 时可表示为按 $x_j-x_j^0$ $(j=1,\cdots,n)$ 的幂的形状的收敛幂级数, 其中 $\varepsilon(x^0,t^0)>0$.

证明　因为根据 4.2 节的定理 56, 函数 $u(x,t)$ 是 ω 内 x 与 t 的无穷次可微函数, 那么按照泰勒公式

$$u(x,t^0) = \sum_{|\alpha|\leqslant m}\frac{\mathcal{D}^\alpha u(x^0,t^0)}{\alpha!}(x-x^0)^\alpha + \sum_{|\alpha|=m}\frac{\mathcal{D}^\alpha u(\widetilde{x},t^0)}{\alpha!}(x-x^0)^\alpha,$$

其中 $\alpha=(\alpha_1,\cdots,\alpha_n)$, $\alpha! = \alpha_1!\cdots\alpha_n!$, $(x-x^0)^\alpha = (x_1-x_1^0)^{\alpha_1}\cdots(x_n-x_n^0)^{\alpha_n}$, m 是任意整数, $x\in Q_R^{x^0} = \{x;\ |x-x^0|<R\}$, $\widetilde{x}\in Q_R^{x^0}$, 集合 $\{x,t;\ |x-x^0|<R+\rho,\ t=t^0\}$

属于 ω, R, ρ 是某些正的常数. 我们来证明, 如果 $\widetilde{x} \in Q_R^{x^0}$ 及 $|x-x^0| < \varepsilon$, 同时 ε 选取得充分小, 当 $m \to \infty$ 时

$$\gamma_m(x, t^0, \widetilde{x}) \equiv \sum_{|\alpha|=m} \frac{\mathcal{D}^\alpha u(\widetilde{x}, t^0)}{\alpha!}(x-x^0)^\alpha$$

趋于零. 应用定理 70 中所得 $u(x,t)$ 的导数的估计. 设数 $R+\rho$ 如此之小, 使得区域 $\omega^{R+\rho} = \{x, t;\ |x-x^0|^2 + |t-t^0|^2 < (R+\rho)^2,\ t < t^0\}$ 属于 ω. 那么, 根据定理 70 对 $|\alpha| = k$ 有

$$\max_{\overline{\omega}^R} |\mathcal{D}_x^\alpha u|^2 \leqslant \left(\frac{Ck^2}{\rho^2}\right) \max_{\overline{\omega}^{R+\rho}} |u|^2, \quad C = 2n+10.$$

所以

$$|\gamma_m(x, t^0, \widetilde{x})| \leqslant \left(\frac{\sqrt{C}m}{\rho}\right)^m |x-x^0|^m \max_{\overline{\omega}^{R+\rho}} |u| \sum_{|\alpha|=m} \frac{1}{\alpha!}.$$

正如在 3.8 节所证明的

$$\sum_{|\alpha|=m} \frac{1}{\alpha!} = \frac{n^m}{m!}.$$

根据斯特林公式 (参看 [18, 422 页]) $m^m \leqslant m!e^m$. 所以对 $(x, t^0) \in \omega^R$

$$|\gamma_m(x, t^0, \widetilde{x})| \leqslant (\sqrt{C}|x-x^0|e^n\rho^{-1})^m \max_{\omega^{R+\rho}} |u|.$$

如果 $|x-x^0| < \varepsilon$, $\widetilde{x} \in Q_R^{x^0}$ 以及

$$\sqrt{C}\varepsilon en\rho^{-1} < 1,$$

那么当 $m \to \infty$ 时 $|\gamma_m(x, t^0, \widetilde{x})|$ 对 x 与 $\widetilde{x}$ 一致地趋于零. 因此, 当 $|x-x^0| < \varepsilon$ 时函数 $u(x, t^0)$ 的泰勒级数收敛于这个函数. 定理证毕. □

附注 10 在 ω 内满足方程 $Tu = 0$ 的函数 $u(x,t)$ 可能是变量 t 的非解析函数. 那么, 当 $x^1 \neq x^0$ 时函数 $u(x,t) = \Gamma(x, x^0, t, t^0)$ 在点 (x^1, t^0) 的邻域是满足方程 $Tu = 0$ 的无穷次可微函数, 然而这个函数不可能对 $x = x^1$ 按 $t - t^0$ 的幂展开成幂级数, 因为对所有 $t \leqslant t^0$, $\Gamma(x^1, x^0, t, t^0) = 0$.

定理 73 (解的解析延拓的估计) 设区域 $\omega_0 \subset \omega$ 且对每个点 $(x^0, t^0) \in \omega_0$, 区域 $\omega_{x^0,t^0}^{R+\rho} = \{x, t;\ |x-x^0|^2 + |t-t^0|^2 < (R+\rho)^2, t-t^0 < 0\}$ 属于 ω, 其中 R 与 ρ 是某些常数. 那么在 ω 内方程 $Tu = 0$ 的解 $u(x,t)$ 可对于复值 $x+iy$ 在区域 $Q_\delta(\omega_0) = \{x, t, y;\ (x,t) \in \omega_0, |y| < \delta\}$ 内作解析延拓, 其中 $\delta = (\rho^{-1}2en\sqrt{C})^{-1}$, $C = 2n+10$, 并且对 $u(x,t)$ 的解析延拓成立如下估计:

$$\sup_{Q_\delta(\omega_0)} |u(x+iy, t)| \leqslant 2\max_{\overline{\omega}} |u|. \tag{4.56}$$

证明 在证明定理 72 时, 我们证明了当 $|x-x^0|<\delta$, 对任意点 $(x^0,t^0)\in\omega_0$ 函数 $u(x,t)$ 可表示为泰勒级数

$$u(x,t^0)=\sum_{\alpha}\frac{\mathcal{D}^\alpha u(x^0,t^0)}{\alpha!}(x-x^0)^\alpha, \tag{4.57}$$

并且这个级数以形如

$$v(x,t)=\sum_{m=1}^{\infty}(\sqrt{C}|x-x^0|en\rho^{-1})^m\max_{\overline{\omega}}|u|,\quad C=2n+10,$$

的几何级数为其强级数. 因为 $|u(x,t)|\leqslant v(x,t)$, 假定 $\delta=\rho(2en\sqrt{C})^{-1}$ 并考虑到级数 (4.57) 对复值 x 有定义并且当 $|x+iy-x^0|<\delta$ 给出函数 $u(x,t)$ 的解析延拓, 我们得到

$$\sup_{Q_\delta(\omega_0)}|u(x+iy,t)|\leqslant 2\sup_{\omega}|u|. \qquad \square$$

形如 (4.56) 的估计可应用于研究抛物型方程的解在无界区域中的性态 (参看 [24]). 应用之一是证明方程 $Tu=f$ 的柯西问题的解在增长函数类中的唯一性定理. 对于方程 $Tu=f$, 这个定理可用另一种方法证明, 例如, 应用极值原理及类似于证明 4.4 节定理 58 所用的辅助函数. 这里所用的方法具有更大的一般性, 可应用于任意抛物型方程与抛物型方程组.

定理 74 *方程 $Tu=0$ 满足初始条件*

$$u|_{t=0}=0$$

的、在区域 $G_\tau=\{x,t;\ x\in\mathbb{R}^n_x,\ 0<t\leqslant\tau\}$ 内属于 $C^{2,1}(\overline{G}_\tau)$ 类, 并且使得对所有 $(x,t)\in G_\tau$

$$|u(x,t)|\leqslant C_1e^{a|x|^2} \tag{4.58}$$

的解 $u(x,t)$ 在 G_τ 中恒等于零, 其中 C_1,a 是某些正的常数.

证明 因为按照假设, $u(x,t)\in C^{2,1}(\overline{G}_\tau)$, $u|_{t=0}=0$, 在 G_τ 内 $Tu=0$, 而这意味着 $\left.\frac{\partial u}{\partial t}\right|_{t=0}=0$, $\left.\frac{\partial u}{\partial x_j}\right|_{t=0}=0$, $\left.\frac{\partial^2 u}{\partial x_j^2}\right|_{t=0}=0$, $j=1,\cdots,n$, 那么当 $t<0$ 时假设 $u(x,t)=0$, 我们得到 $C^{2,1}(\mathbb{R}^{n+1}_{x,t})$ 类的函数 $u(x,t)$. 引入补充自变量 x_{n+1}. 如果函数 $u(x,t)$ 在 $\mathbb{R}^{n+1}_{x,t}$ 中满足方程 $\frac{\partial u}{\partial t}-\sum\limits_{j=1}^{n}\frac{\partial^2 u}{\partial x_j^2}=0$, 那么函数 $v(x,x_{n+1},t)=\cos\mu x_{n+1}\exp\{-\mu^2t\}u(x,t)$ 在 $\mathbb{R}^{n+2}_{x,x_{n+1},t}$ 中对任意常数 $\mu>0$ 满足方程 $\frac{\partial v}{\partial t}-\sum\limits_{j=1}^{n+1}\frac{\partial^2 v}{\partial x_j^2}=0$.

在空间 $\mathbb{R}^{n+2}_{x,n+1,t}=(x_1,\cdots,x_n,x_{n+1},t)$ 中考虑区域 $G^s=\{x,x_{n+1},t;\ |x|<s,|x_{n+1}|<s,\ -s<t<\tau_1\}$ 的序列及在空间 $\mathbb{R}^{n+1}_{x,t}$ 中考虑区域 $G^s_0=\{x,t;\ |x|<s,\ 0<t<\tau_1\}$ 的序列, 并且常数 τ_1 我们在后面选取.

对区域 G^s, G^{s+1} 及函数 $v(x, x_{n+1}, t)$ 应用定理 73. 显然, 对任意 s 可以取 $R+\rho = 1, R = \frac{1}{2}, \rho = \frac{1}{2}$. 所以定理 73 中的 δ 与 s 无关而仅与 n 有关. 根据定理 73 有

$$\sup_{Q_\delta(G^s)} |v(x+iy, x_{n+1}+iy_{n+1}, t)| \leqslant 2 \sup_{G^{s+1}} |v(x, x_{n+1}, t)|.$$

容易看出

$$\begin{aligned} 2 \sup_{G^{s+1}} \left| e^{-\mu^2 t} u(x,t) \right| &\geqslant \sup_{Q_s(G^s)} |v| \\ &\geqslant \sup_{\substack{(x, x_{n+1}, t) \in G^s \\ |y_{n+1}| < \delta}} \left| \frac{1}{2} \left(e^{i\mu(x_{n+1}+iy_{n+1})} + e^{-i\mu(x_{n+1}+iy_{n+1})} \right) e^{-\mu^2 t} u(x,t) \right| \\ &\geqslant \frac{1}{2} \left(e^{\mu\delta} + e^{-\mu\delta} \right) \sup_{G^s} \left| e^{-\mu^2 t} u(x,t) \right|. \end{aligned} \tag{4.59}$$

因为当 $t < 0$ 时 $u(x,t) = 0$, 那么由关系式 (4.59) 推出

$$\sup_{G_0^s} \left| e^{-\mu^2 t} u(x,t) \right| \leqslant \sup_{G_0^{s+1}} \left| e^{-\mu^2 t} u(x,t) \right| \cdot 4e^{-\mu\delta} \tag{4.60}$$

当 $s = s_0$ 时考虑不等式 (4.60) 并且此后为了估计这个不等式的右端, 当 $s = s_0 + 1, s_0 + 2, \cdots, s_0 + k$ 时接连地应用不等式 (4.60). 我们得到

$$\sup_{G_0^{s_0}} \left| e^{-\mu^2 t} u(x,t) \right| \leqslant \left(4e^{-\mu\delta} \right)^k \sup_{G_0^{s_0+k}} \left| e^{-\mu^2 t} u(x,t) \right|, \quad k = 1, 2, \cdots,$$

或者

$$\sup_{G_0^{s_0}} |u(x,t)| \leqslant \exp\{k \ln 4 - \mu\delta k + \mu^2 \tau_1\} \sup_{G_0^{s_0+k}} |u(x,t)|. \tag{4.61}$$

设选取常数 $d > 0$ 及 $\tau_1 > 0$ 使得 $-d\delta + d^2\tau_1 + a < 0$. 为了估计不等式 (4.61) 的右端, 应用条件 (4.58) 并令 $\mu = dk$. 得到

$$\sup_{G_0^{s_0}} |u(x,t)| \leqslant C_1 \exp\{k \ln 4 - \delta d k^2 + \tau_1 d^2 k^2 + a(s_0 + k)^2\}. \tag{4.62}$$

因为

$$-\delta d + \tau_1 d^2 + a < 0,$$

于是不等式 (4.62) 右端当 $k \to \infty$ 时趋于零. 所以在 $G_0^{s_0}$ 内 $u \equiv 0$, 并且因为 s_0 是任意数, 那么在 $G_\tau \cap \{x, t;\ x \in \mathbb{R}_x^n,\ 0 < t < \tau_1\}$ 内 $u \equiv 0$.

对函数 $u(x,t)$ 应用上述论证于层 $\tau_1 \leqslant t \leqslant 2\tau_1$, 然后应用于层 $2\tau_1 \leqslant t \leqslant 3\tau_1$, 等等, 我们得到在 G_τ 内 $u \equiv 0$. 定理证毕. □

附注 11 在定理 74 中我们假定, $u(x,t) \in C^{2,1}(\overline{G}_\tau)$. 这个假设可以减弱. 当假定 $u \in C^{2,1}(G_\tau) \cap C^0(\overline{G}_\tau)$ 时, 定理 74 仍然成立. 在 4.9 节将证明, 如果 $u \in C^{2,1}(G_\tau) \cap C^0(\overline{G}_\tau), u|_{t=0} = 0$, 在 G_τ 内 $Tu = 0$, 那么 $u \in C^{2,1}(\overline{G}_\tau)$.

显然, 由定理 74 可以推出对于方程 $Tu=f$ 在满足条件 (4.58) 的函数类中的柯西问题的解的唯一性定理.

4.7 刘维尔定理. 关于可去奇点的定理. 解族的紧性

对于拉普拉斯方程的刘维尔定理已在 3.9 节证明过了. 通常把刘维尔定理理解为关于定义在全空间或半空间, 并且在无穷远满足某些条件的解的特性的论断. 对热传导方程也成立这种类型的定理.

定理 75 (刘维尔) 设在半空间 $G^0=\{x,t;\ x\in\mathbb{R}^n_x,\ t\leqslant t^0\}$ 中给定了方程 $Tu=0$ 的 $C^{2,1}(G^0)$ 类的解 $u(x,t)$ 并设

$$|u(x,t)|\leqslant C_1(1+|x|^2+|t|)^{\frac{q}{2}}, \tag{4.63}$$

其中 $C_1>0, q>0$ 为常数. 那么 $u(x,t)$ 在 G^0 中是幂次不高于 $[q]$ 的关于 x,t 的多项式. 更准确地, 在 G^0 中

$$u(x,t)=\sum_{|\alpha|+2p\leqslant[q]}C_{\alpha,p}x^\alpha t^p, \tag{4.64}$$

其中 $x^\alpha=x_1^{\alpha_1}\cdots x_n^{\alpha_n}$, $|\alpha|=\alpha_1+\cdots+\alpha_n$, $[q]$ 表示 q 的整数部分, $C_{\alpha,p}$ 为常数, $\alpha_j(j=1,\cdots,n)$, p 是非负整数.

证明 为了证明等式 (4.64) 只需证明 $u(x,t)$ 的所有形如

$$\frac{\partial^p}{\partial t^p}\mathcal{D}_x^\alpha u,\quad |\alpha|+2p\geqslant[q]+1, \tag{4.65}$$

的导数在 G^0 中恒等于零. 设 $\omega^s=\{x,t;\ |x|^2+|t-t^0|<s^2, t\leqslant t^0\}$. 那么根据 4.6 节的定理 71, 对任意 $p\geqslant 0$ 及 $|\alpha|=k$ 成立以下估计:

$$\max_{\overline{\omega}^R}\left|\frac{\partial^p}{\partial t^p}\mathcal{D}_x^\alpha u\right|\leqslant n^p(\sqrt{C}(k+2p)\rho^{-1})^{k+2p}\max_{\overline{\omega}^{R+\rho}}|u|,\quad C=2n+10.$$

由这个估计, 应用条件 (4.63), 对 $|\alpha|=k$ 得

$$\max_{\overline{\omega}^R}\left|\frac{\partial^p}{\partial t^p}\mathcal{D}_x^\alpha u\right|\leqslant C_2\rho^{-(k+2p)}(1+2(R+\rho)^2+|t^0|)^{\frac{q}{2}}, \tag{4.66}$$

其中常数 C_2 与 ρ 无关. 显然, 当 $k+2p>q$ 时不等式 (4.66) 的右端当 $\rho\to\infty$ 时趋于零. 如果 $|\alpha|+2p\geqslant[q]+1$, 那么 $|\alpha|+2p>q$, 所以所有形如 (4.65) 的导数在 ω^R 内等于零. 因为 R 是任意数, 那么在 G^0 中这些导数等于零. 定理证毕. □

由已证明的定理 75, 特别地, 可以推出, 方程 $Tu=0$ 在半空间 $t\leqslant t^0$ 中的有界解, 在这个半空间中是常数.

与拉普拉斯方程一样, 弄清楚热传导方程的解容许有什么类型的孤立奇点是有意义的. 在 4.1 节曾研究过热传导方程的基本解 $\Gamma(x,x^0,t,t^0)$, 它在 $\mathbb{R}^{n+1}_{x,t}$ 中除去点 (x^0,t^0) 之外处处是 x,t 的无穷次可微函数. 容易看出, 当 $t>t^0$ 时

$$\begin{aligned} J_1 &= \int\limits_{|x-x^0|<\rho} \Gamma(x,x^0,t,t^0)dx \\ &= 2^{-n}(\pi(t-t^0))^{-\frac{n}{2}} \int\limits_{|x-x^0|<\rho} \exp\left\{-\frac{|x-x^0|^2}{4(t-t^0)}\right\}dx \\ &= \pi^{-\frac{n}{2}} \int\limits_{|\xi|<\rho(2\sqrt{(t-t^0)})^{-1}} e^{-|\xi|^2}d\xi. \end{aligned}$$

所以对于任意不论怎么小的 $\rho>0$, 积分 J_1 当 $t\to t^0$ 时趋于 1. 显然, 点 (x^0,t^0) 是函数 $\Gamma(x,x^0,t,t^0)$ 的本性奇点: 当 $t\to t^0$ 且 $t>t^0$ 时 $\Gamma(x,x^0,t,t^0)\to\infty$. 我们同样看出这个函数的奇点 (x^0,t^0) 如下的性质: 对任意 $t^1>t^0$

$$\int_{t^0}^{t^1} \Gamma(x,x^0,t,t^0)dt = |x-x^0|^{2-n} \int_0^{4(t^1-t^0)|x-x^0|^{-2}} \frac{1}{4}(\sqrt{\pi s})^{-n}e^{-\frac{1}{s}}ds.$$

所以对 $n>2$ 及任意 $t^1>t^0, x\neq x^0$

$$\int_{t^0}^{t^1} \Gamma(x,x^0,t,t^0)dt \leqslant C|x-x^0|^{2-n}, \quad C \text{ 为常数},$$

而对 $n=2$

$$\begin{aligned} \int_{t^0}^{t} \Gamma(x,x^0,t,t^0)dt &\leqslant C_1 + C_2 \int_1^{\frac{4(t^1-t^0)}{|x-x^0|^2}} \frac{1}{s}ds \\ &= C_1 + C_2 \ln\frac{4(t^1-t^0)}{|x-x^0|^2}, \quad C_1, C_2 \text{ 为常数}. \end{aligned}$$

下述定理表述了热传导方程的可去奇点.

定理 76 (关于可去奇点) 设函数 $u(x,t)$ 给定在 $\omega_\tau\backslash(x^0,t^0)$ 内, 其中 $\omega_\tau=\{x,t;\ x\in\Omega,\ 0<t\leqslant\tau\}$ 且 $(x^0,t^0)\in\omega_\tau$. 设 $u(x,t)$ 在 $\omega_\tau\setminus(x^0,t^0)$ 内满足方程 $Tu=0$ 并属于 $C^{2,1}(\overline{\omega}_\tau\setminus(x^0,t^0))$ 类. 假设对任意 $\varepsilon>0$ 可以找到 $\rho>0$ 使得对所有的 $t>t^0$

$$\int\limits_{|x-x^0|<\rho} |u(x,t)|dx < \varepsilon. \tag{4.67}$$

那么函数 $u(x,t)$ 在点 (x^0,t^0) 的奇性是可去的, 即可在点 (x^0,t^0) 给函数 $u(x,t)$ 补充定义使得 $u(x,t)$ 属于 $C^{2,1}(\overline{\omega}_\tau)$ 类且在 ω_τ 内满足方程 $Tu=0$.

对任何孤立奇点 (x^0,t^0), 即没有假设 (4.67), 函数 $u(x,t)$ 当 $t<t^0$ 时与属于 $C^{2,1}(\overline{\omega}_{t^0})$ 类的函数重合, 其中 $\omega_{t^0}=\{x,t;\ x\in\Omega,\ 0<t\leqslant t^0\}$.

证明 首先证明定理的后一断言. 对于任意点 $(x^1,t^1)\in\omega_\tau$, 当 $t^1<t^0$ 时成立函数 $u(x,t)$ 借助于在 4.2 节得到的由公式 (4.18) 给出的势的表达式. 依照 (4.18) 式, 当 $t^1<t^0$ 有

$$u(x^1,t^1)=\int\limits_{S_{t^1}}\left(\Gamma(x^1,x,t^1,t)\frac{\partial u(x,t)}{\partial\nu}-u(x,t)\frac{\partial\Gamma(x^1,x,t^1,t)}{\partial\nu}\right)dS$$
$$+\int\limits_{\Omega}\Gamma(x^1,x,t^1,0)u(x,0)dx. \tag{4.68}$$

等式 (4.68) 右端当 $t^1=t^0$ 时有意义且在 $\overline{\omega}_{t^0}$ 内给出与当 $t\leqslant t^0$ 且 $(x,t)\neq(x^0,t^0)$ 时的 $u(x,t)$ 重合的 $C^{2,1}(\overline{\omega}_{t^0})$ 类函数.

现在证明定理的第一个断言. 我们注意到, 等式 (4.68) 的右端对任意 $(x^1,t^1)\in\omega_\tau$ 有定义且在 ω_τ 内给定某个函数 $v(x^1,t^1)$, 如同上面所证明的, 当 $t^1\leqslant t^0$ 时如果 $(x^1,t^1)\neq(x^0,t^0)$, $v(x^1,t^1)$ 便与 $u(x^1,t^1)$ 重合, 并且属于 $C^{2,1}(\omega_\tau)$ 类.

我们来证明, $w=u-v$ 属于 $C^{2,1}(\omega_\tau)$ 类. 为此考虑区域

$$g_\delta=\{x,t;\ x\in\Omega_1,t^0-\delta<t<\tau\},$$

其中 $\delta>0$ 为常数, 而区域 $\overline{\Omega}_1\subset\Omega$ 且 $(x^0,t^0)\in\Omega_1$. 因为函数 $w(x,t)$ 属于 $C^{2,1}(\overline{g}_\delta)$ 类, 那么依照公式 (4.18), 对 $t^1>t^0+\delta$ 有

$$w(x^1,t^1)=\int\limits_{\partial\Omega_1\times[t^0+\delta,t^1]}\left(\Gamma(x^1,x,t^1,t)\frac{\partial w(x,t)}{\partial\nu}-w(x,t)\frac{\partial\Gamma(x^1,x,t^1,t)}{\partial\nu}\right)dS$$
$$+\int\limits_{\Omega_1}\Gamma(x^1,x,t^1,t^0+\delta)w(x,t^0+\delta)dx. \tag{4.69}$$

由于对函数 $u(x,t)$ 的条件 (4.67) 及函数 $v(x,t)$ 在 $\Omega_1\times[0,\tau]$ 的连续性, 对任意固定的点 (x^1,t^1) 当 $t^1>t^0$ 及 $x^1\in\Omega_1$ 当 $\delta\to0$ 时

$$\int\limits_{\Omega_1}\Gamma(x^1,x,t^1,t^0+\delta)w(x,t^0+\delta)dx\to0, \tag{4.70}$$

因为对任意常数 $\rho>0$, 当 $t\to t^0$ 时 $w(x,t)\to0$ 在区域 $\Omega\backslash\{x;|x-x^0|<\rho\}$ 内对 x 一致地成立. 在等式 (4.69) 中令 $\delta\to0$ 而取极限并注意到 (4.70) 式, 对于 $(x^1,t^1)\in\omega_\tau$ 当 $t^1>t^0,x^1\in\Omega_1$ 时得到

$$w(x^1,t^1)=\int\limits_{\partial\Omega_1\times[t^0,t^1]}\left(\Gamma(x^1,x,t^1,t)\frac{\partial w(x,t)}{\partial\nu}-w(x,t)\frac{\partial\Gamma(x^1,x,t^1,t)}{\partial\nu}\right)dS. \tag{4.71}$$

由对函数 $w(x^1,t^1)$ 的表达式 (4.71) 推出, $w(x^1,t^1)$ 对 x^1,t^1 的所有导数当 $t^1\to t^0$ 时存在等于零的极限, 因为当 $t^1>t^0$ 及 $x^1\in\Omega_1$ 时等式 (4.71) 的右端可在积分号下对 x^1 与 t^1 进行任意次微分. 因此, 函数 $w(x,t)$ 在 (x^0,t^0) 的邻域连续并且有连续导数

$$\frac{\partial w}{\partial t},\quad \frac{\partial w}{\partial x_j},\quad \frac{\partial^2 w}{\partial x_j^2},\quad j=1,\cdots,n.$$

由此推出, $u(x,t)=w(x,t)+v(x,t)$ 属于 $C^{2,1}(\omega_\tau)$ 类. 由 u 的导数的连续性推出, 在点 (x^0,t^0) 有 $\dfrac{\partial u}{\partial t}=\Delta u$. 定理证毕. □

我们现在来证明关于位于线段上的可去奇性的定理.

定理 77 设函数 $u(x,t)$ 给定在 $\overline{\omega}_\tau\setminus l$ 内, 其中 $l=\{x,t;\ x=x^0,t^0\leqslant t\leqslant\tau\}$, $(x^0,t^0)\in\omega_\tau$. 设 $u(x,t)$ 在 $\omega_\tau\setminus l$ 内满足方程 $Tu=0$ 且属于 $C^{2,1}(\overline{\omega}_\tau\setminus l)$ 类. 假设当 $n\geqslant 2$ 时对任意 $t>0$ 及 $x\in\Omega\setminus x^0$ 有

$$\int_0^t |u(x,t)|dt\leqslant |x-x^0|^{1-n}a(|x-x^0|),$$

$$\int_0^t \left|\frac{\partial u(x,t)}{\partial x_j}\right|dt\leqslant |x-x^0|^{1-n}a(|x-x^0|),\quad j=1,\cdots,n, \tag{4.72}$$

其中当 $s\to 0$ 时函数 $a(s)\to 0$ 及 $s>0$ 时 $a(s)>0$. 那么函数 $u(x,t)$ 可以在线段 l 上补充定义, 使得 $u(x,t)$ 属于 $C^{2,1}(\omega_\tau)$ 类且在 ω_τ 内满足方程 $Tu=0$.

证明 与证明定理 76 时一样, 我们可以证明, 当 $t<t^0$ 时函数 $u(x,t)$ 与属于 $C^{2,1}(\overline{\omega}_{t^0})$ 的函数重合. 设 $\omega_\tau^\varepsilon=\{x,t;\ |x-x^0|<\varepsilon,\ 0<t\leqslant\tau\}$. 对于任意点 $(x^1,t^1)\in\omega_\tau\setminus\omega_\tau^\varepsilon$ 成立解 $u(x,t)$ 借助于 4.2 节得到的公式 (4.18) 的表达式. 我们有

$$\begin{aligned}u(x^1,t^1)=&\int\limits_{S_{t^1}\cup S_{t^1}^\varepsilon}\left(\Gamma(x^1,x,t^1,t)\frac{\partial u(x,t)}{\partial\nu}-u(x,t)\frac{\partial\Gamma(x^1,x,t^1,t)}{\partial\nu}\right)dS,\\&+\int\limits_{\Omega\setminus\{|x-x^0|<\varepsilon\}}\Gamma(x^1,x,t^1,0)u(x,0)dx,\end{aligned}\tag{4.73}$$

其中 $S_{t^1}^\varepsilon=\{x,t;\ |x-x^0|=\varepsilon,\ 0<t<t^1\}$. 我们来证明, 当 $\varepsilon\to 0$ 时 (4.73) 式中沿 $S_{t^1}^\varepsilon$ 所取的积分趋于零. 实际上

$$\begin{aligned}\left|\int\limits_{S_{t^1}^\varepsilon}\Gamma(x^1,x,t^1,t)\frac{\partial u(x,t)}{\partial\nu}dS\right|&\leqslant C_1\int\limits_{|x-x^0|=\varepsilon}\int_0^{t^1}\left|\frac{\partial u(x,t)}{\partial\nu}\right|dtd\sigma\\&\leqslant C_2\int\limits_{|x-x^0|=\varepsilon}|x-x^0|^{1-n}a(|x-x^0|)d\sigma=C_3a(\varepsilon),\end{aligned}$$

其中 $dS = d\sigma dt, C_1, C_2, C_3$ 都是与 ε 无关的常数. 同样可以得到

$$\left|\int\limits_{S_{t^1}^{\varepsilon}} u(x,t)\frac{\partial\Gamma(x^1,x,t^1,t)}{\partial\nu}dS\right| \leqslant C_4 \int\limits_{|x-x^0|=\varepsilon}\int\limits_0^{t^1}|u(x,t)|dtd\sigma = C_5 a(\varepsilon).$$

所以在 (4.73) 式中令 $\varepsilon \to 0$ 而取极限, 便得到

$$\begin{aligned} u(x^1,t^1) = &\int\limits_{S_{t^1}}\left(\Gamma(x^1,x,t^1,t)\frac{\partial u(x,t)}{\partial\nu} - u(x,t)\frac{\partial\Gamma(x^1,x,t^1,t)}{\partial\nu}\right)dS \\ &+\int\limits_{\Omega}\Gamma(x^1,x,t^1,0)u(x,0)dx. \end{aligned} \tag{4.74}$$

等式 (4.74) 右端当 $(x^1,t^1)\in l$ 时同样给定函数. 这个函数属于 $C^{2,1}(\overline{\omega}_\tau)$ 类并在 $\overline{\omega}_\tau\setminus l$ 中与 $u(x,t)$ 重合. 定理证毕. □

我们发现, 当 $n=1$ 时方程 $Tu=0$ 的解 $u(x,t)$ 在线段 l 上的奇点不是可去奇点, 甚至如果 $u(x,t)$ 在 $\overline{\omega}_\tau$ 上连续也是如此. 当 $n=1$ 时热传导方程在 $\omega_\tau\setminus l$ 内的解在线段 l 上的奇点是可去奇点的充分条件是 $u(x,t)$ 与 $\dfrac{\partial u}{\partial x_1}$ 在 l 上连续. 这可如同对定理 77 那样证明.

定理 77 的条件 (4.72) 可以减弱. 如果当 $n>2$ 时, 条件 (4.72) 代之以如下条件: 对于任意 $t>0$ 及 $x\in\Omega\setminus x^0$

$$\left|\int\limits_0^t u(x,t)dt\right| \leqslant |x-x^0|^{2-n}a(|x-x^0|),\quad n>2, \tag{4.75}$$

定理 77 仍然成立.

函数 $\Gamma(x,x^0,t,t^0)$ 的例子表明条件 (4.75) 在多大的程度上是精确的, 因为当 $n>2$

$$\left|\int\limits_0^t \Gamma(x,x^0,t,t^0)dt\right| \leqslant C_1|x-x^0|^{2-n},\quad C_1 \text{ 为常数},$$

这个函数在点 (x^0,t^0) 的奇性是不可去的.

当以条件 (4.75) 代替条件 (4.72) 时, 进行定理 77 的证明同样要借助于 (4.18) 式. 同时为了估计等式 (4.73) 中沿 $S_{t^1}^{\varepsilon}$ 的积分需要用对 t 的分部积分来变换这个积分, 并且为了估计

$$\left|\int\limits_0^t \frac{\partial u(x,t)}{\partial\nu}dt\right|$$

要应用 4.6 节关于估计方程 $Tu=0$ 的解的导数的定理 69. 不失一般性, 可以假定 $u|_{t=0}=0$, 所以 $w(x,t)=\int\limits_0^t u(x,t)dt$ 在这种情况下同样是方程 $Tu=0$ 的解. 详细的证明我们留给读者.

对于热传导方程与对拉普拉斯方程一样都发生这样的问题: 在正维数的流形上解的怎样的奇点是可去奇点? 特别地, 在 4.9 节证明的热传导方程广义解的光滑性的定理是对这个问题的答案. 在这里我们引入对拉普拉斯方程解 $u(x)$ 与热传导方程解 $u(x,t)$ 在 n 维空间中的 k 维曲面上可去奇点的充分条件. 我们以习题形式叙述这些条件, 这两个习题的解可以如同 3.10 节定理 39 和 4.7 节定理 71 那样得到.

习题 1 设拉普拉斯方程的解 $u(x)$ 给定在 $\Omega\setminus M$ 内, 其中 M 是属于 Ω 的 k 维光滑闭流形, 并设

$$\sup_{x\in\Omega\setminus M_\rho}|u(x)|\leqslant\rho^{-n+k+2}a(\rho),\quad -n+k+2<0,$$

其中当 $\rho\to 0$ 时 $a(\rho)\to 0$ 且 M_ρ 是 Ω 内到 M 的距离不大于 ρ 的点的集合. 那么 $u(x)$ 可在 M 上补充定义, 使得 $u(x)$ 在 Ω 上是调和函数.

习题 2 设热传导方程 $Tu=0$ 的解 $u(x,t)$ 定义在 $\omega_\tau\setminus\{M\times[t^0\leqslant t\leqslant\tau]\}$ 内, 其中 M 是属于 Ω 的 k 维光滑流形, 设

$$\sup_{x\in\Omega\setminus M_\rho}\left|\int\limits_0^t u(x,t)dt\right|\leqslant\rho^{-n+k+2}a(\rho),\quad -n+k+2<0.$$

那么 $u(x,t)$ 可以在 $M\times\{t^0\leqslant t\leqslant\tau\}$ 上补充定义, 使得 $u(x,t)$ 属于 $C^{2,1}(\overline{\omega}_\tau)$ 类且在 ω_τ 内 $Tu=0$.

现在我们证明关于热传导方程解的序列的收敛性的定理.

定理 78 设方程 $Tu=0$ 的 $C^{2,1}(\widetilde{\omega})\cap C^0(\overline{\omega})$ 类的解的序列 $u_m(x,t)$, $m=1,2,\cdots$ (参看 4.4 节的符号). 当 $m\to\infty$ 时, 在 σ 上一致收敛. 那么序列 $u_m(x,t)$ 当 $m\to\infty$ 时在 $\overline{\omega}$ 上一致收敛且这个序列的极限是方程 $Tu=0$ 在 $\widetilde{\omega}$ 内的解 $u(x,t)$.

证明 如果序列 $u_m(x,t)$ 当 $m\to\infty$ 时在 σ 上一致收敛, 那么对任意常数 $\varepsilon>0$, 如果 m,m_1 充分大则在 σ 上 $|u_m(x,t)-u_{m_1}(x,t)|<\varepsilon$. 根据 4.4 节关于极值原理的定理 57, 由此推出在 $\overline{\omega}$ 上有 $|u_m(x,t)-u_{m_1}(x,t)|<\varepsilon$. 这意味着在 $\overline{\omega}$ 上当 $m\to\infty$ 时 $u_m(x,t)$ 一致收敛. 在任一内点 $(x^0,t^0)\in\omega$ 的某个邻域 $\{x,t;\ |x-x^0|<\rho,|t-t^0|<\rho\}$ 内或者, 如果 $(x^0,t^0)\in\Omega''$ 在形如 $\{x,t;\ |x-x^0|<\rho,t^0-t<\rho\}$ 的区域内, 根据 4.6 节的定理 71 $u_m(x,t)$ 的所有直到三阶的导数对 m 一致有界. 这表明序列 $u_m(x,t)$ 及其直到二阶的导数在这个区域内一致有界且等度连续. 所以按照阿尔泽拉定理, 由序列 $u_m(x,t)$ 可以选出在所考虑的区域中连同其一阶、二阶导数都一致收敛的子序列. 在方程 $Tu_m=0$ 中对这个子序列取极限, 就得出所要求的论断. □

定理 79 (关于紧性) 由方程 $Tu=0$ 在 ω_τ 内有界的解族 $\{u_m(x,t)\}$ 可以选出序列 $u_{m'}(x,t)$, 使得它在形如 $\{x,t;\ x\in\Omega^1,\ \varepsilon^1\leqslant t\leqslant\tau\}$ 的任意柱体内当 $m'\to\infty$ 时一致收敛, 其中 $\varepsilon^1>0$ 为常数, $\overline{\Omega}^1\subset\Omega$.

证明 根据 4.6 节定理 71, 在柱体 $\widetilde{\Omega}\times[\varepsilon,\tau]$ 内, 函数 $u_m(x,t)$ 所有的一阶导数对 m 一致有界, 其中 $\varepsilon>0,\overline{\widetilde{\Omega}}\subset\Omega$. 所以, 应用阿尔泽拉定理得出, 由族 $\{u_m(x,t)\}$ 在这个柱体中可以选出一致收敛的序列 $u_{m'}(x,t)$.

根据定理 78, 一致收敛序列 $u_{m'}(x,t)$ 的极限是在所考虑的柱体内满足方程 $Tu=0$ 的函数 $u(x,t)$. 应用对角线方法, 如同在证明对拉普拉斯方程类似定理的证明中所做的, 考虑柱体的集合 $\{x,t;\ x\in\Omega_k,\ \varepsilon_k\leqslant t\leqslant\tau\}$, $k=1,2,\cdots$, 其中 $\Omega_k\subset\Omega_{k+1},\overline{\Omega}_k\subset\Omega,\cup\Omega_k=\Omega$, 当 $k\to\infty$ 时 $\varepsilon_k\to0$, 可以构造当 $m\to\infty$ 时在这些柱体中的任何一个一致收敛的序列 $u_m(x,t)$, 而这意味着在柱体 $\{x,t;\ x\in\Omega^1,\varepsilon^1\leqslant t\leqslant\tau\}$ 内也一致收敛. □

4.8 借助傅里叶变换解柯西问题. 体热势的光滑性

初始条件给定在超平面 $t=0$ 上的方程 $Tu=f$ 的柯西问题的解可能借助于基本解而写成显式的形式. 在这里, 我们要应用傅里叶变换独立地得出这些公式, 特别地, 要得出热传导方程的基本解.

于是, 我们将在层 $G_\tau=\{x,t;\ x\in\mathbb{R}_x^n,0<t\leqslant\tau\}$ 内求出方程

$$Tu\equiv\frac{\partial u}{\partial t}-\sum_{j=1}^{n}\frac{\partial^2u}{\partial x_j^2}=f(x,t)\tag{4.76}$$

满足初始条件

$$u|_{t=0}=\psi(x)\tag{4.77}$$

的有界解. 首先假设问题 (4.76), (4.77) 的解存在, 并且当 $0\leqslant t\leqslant\tau$ 时对于每一个 $t,u,\dfrac{\partial u}{\partial t},f$ 都属于 $S(\mathbb{R}_x^n)$ 类, 同时在 $u,\dfrac{\partial u}{\partial t},f$ 及其对 x 的导数的估计中常数 $C_{\alpha,p}$ 与 t 无关 (参看 1.3 节). 考虑函数 $u(x,t)$ 的傅里叶变换. 引入表示

$$\widehat{v}(\xi)=\int\limits_{\mathbb{R}_x^n}v(x)e^{i(x,\xi)}dx,$$

其中 $(x,\xi)=\sum\limits_{j=1}^{n}x_j\xi_j$. 如果函数 $v(x)$ 属于 $S(\mathbb{R}_x^n)$ 类, 那么函数 $v(x)$ 的傅里叶变换 $\widehat{v}(\xi)$ 同样属于 $S(\mathbb{R}_\xi^n)$ 类并成立公式 (参看 1.3 节)

$$v(x)=(2\pi)^{-n}\int\limits_{\mathbb{R}_\xi^n}\widehat{v}(\xi)e^{-i(x,\xi)}d\xi.$$

对方程 (4.76) 的左、右两端应用傅里叶变换后, 得到对 $\widehat{u}(\xi,t)$ 的方程

$$\frac{\partial \widehat{u}(\xi,t)}{\partial t}+|\xi|^2\widehat{u}(\xi,t)=\widehat{f}(\xi,t), \tag{4.78}$$

因为 $\widehat{\dfrac{\partial u}{\partial t}}=\dfrac{\partial \widehat{u}}{\partial t}, \widehat{\Delta u}=-|\xi|^2\widehat{u}(\xi,t),\ |\xi|^2=\sum\limits_{j=1}^{n}\xi_j^2$. 与条件 (4.77) 对应的 $\widehat{u}(\xi,t)$ 的初始条件形如

$$\widehat{u}|_{t=0}=\widehat{\psi}(\xi). \tag{4.79}$$

问题 (4.78), (4.79) 的解可写为如下形式:

$$\widehat{u}(\xi,t)=\widehat{\psi}(\xi)e^{-|\xi|^2t}+e^{-|\xi|^2t}\int\limits_0^t\widehat{f}(\xi,s)e^{|\xi|^2s}ds. \tag{4.80}$$

因为按照假设 $u(x,t)$ 对于任意 t 属于 $S(\mathbb{R}_x^n)$ 类, 那么成立公式

$$u(x,t)=(2\pi)^{-n}\int\limits_{\mathbb{R}_\xi^n}\left[\widehat{\psi}(\xi)e^{-|\xi|^2t}+e^{-|\xi|^2t}\int\limits_0^t\widehat{f}(\xi,s)e^{|\xi|^2s}ds\right]e^{-i(x,\xi)}d\xi. \tag{4.81}$$

容易验证, 公式 (4.81) 给出对 $S(\mathbb{R}_x^n)$ 类中任意函数 $\psi(x), S(\mathbb{R}_x^n)$ 类中函数 $f(x,t)$ 以及与 t 无关的常数 $C_{\alpha,p}$ 的柯西问题 (4.76), (4.77) 的解. 实际上, 位于等式 (4.81) 右端的以积分表示的函数 u 对 x,t 连续, 因为当任意 $t\geqslant 0$ 及常数 $C_{\alpha,p}$ 与 t 无关时, 根据 $\widehat{\psi}\in S(\mathbb{R}_\xi^n)$ 及 $\widehat{f}(x,t)\in S(\mathbb{R}_\xi^n)$, 这个积分对 x,t 一致收敛. 导数 $\dfrac{\partial u}{\partial t}$ 及 $\dfrac{\partial^2 u}{\partial x_j^2}$ 同样对 x 及 t 是连续的且可以在积分 (4.81) 中由积分号下取微分得到这些导数. 所以对 $(x,t)\in G_\tau$ 有

$$\begin{aligned}Tu&=(2\pi)^{-n}\int\limits_{\mathbb{R}_\xi^n}T\left[\left(\widehat{\psi}e^{-|\xi|^2t}+e^{-|\xi|^2t}\int\limits_0^t\widehat{f}(\xi,s)e^{|\xi|^2s}ds\right)e^{-i(x,\xi)}\right]d\xi\\&=(2\pi)^{-n}\int\limits_{\mathbb{R}_\xi^n}\widehat{f}(\xi,t)e^{-i(x,\xi)}d\xi=f(x,t).\end{aligned}$$

在公式 (4.81) 中令 $t=0$, 得到

$$u(x,0)=(2\pi)^{-n}\int\limits_{\mathbb{R}_\xi^n}\widehat{\psi}(\xi)e^{-i(x,\xi)}d\xi=\psi(x).$$

于是, 以直接的验证证明了, 在上述关于函数 $\psi(x)$ 与 $f(x,t)$ 的假设下, 柯西问题 (4.76), (4.77) 的有界解存在, 并由公式 (4.81) 表示.

其次我们来证明, 对于更为宽泛的一类函数 $\psi(x)$ 与 $f(x,t)$, 公式 (4.81) 给出柯西问题 (4.76), (4.77) 的解. 为此, 当 $t>0$ 时我们来变换积分 (4.81).

我们来求以 $e^{-|\xi|^2 t}(t>0)$ 为其傅里叶变换的函数 $v(x,t)$, 这意味着

$$v(x,t)=(2\pi)^{-n}\int\limits_{\mathbb{R}^n_\xi} e^{-|\xi|^2 t}e^{-i(x,\xi)}d\xi$$
$$=(2\pi)^{-n}\prod_{j=1}^{n}\int\limits_{\mathbb{R}^1_{\xi_j}} e^{-\xi_j^2 t}e^{-ix_j\xi_j}d\xi_j. \tag{4.82}$$

计算积分

$$\int\limits_{-\infty}^{+\infty} e^{-s^2t-isx_j}ds=\int\limits_{-\infty}^{+\infty} e^{-t\left(s+\frac{ix_j}{2t}\right)^2-\frac{x_j^2}{4t}}ds=e^{-\frac{|x_j|^2}{4t}}\int\limits_{-\infty}^{+\infty} e^{-t\left(s+\frac{ix_j}{2t}\right)^2}ds.$$

因为 e^{-tz^2} 是 z 的解析函数, 那么依照柯西定理

$$\int\limits_{-\infty}^{+\infty} e^{-t\left(s+\frac{ix_j}{2t}\right)^2}ds$$
$$=\lim_{N\to\infty}\left[\int\limits_{-N}^{N} e^{-ts^2}ds+\int\limits_{0}^{x_j/2t} e^{-t(N+i\gamma)^2}d\gamma-\int\limits_{0}^{x_j/2t} e^{-t(-N+i\gamma)^2}d\gamma\right].$$

后两个积分当 $N\to\infty$ 时趋于零, 这是因为

$$\left|\int\limits_{0}^{x_j/2t} e^{-tN^2\pm 2tiN\gamma+t\gamma^2}d\gamma\right|\leqslant e^{-tN^2}\int\limits_{0}^{x_j/2t} e^{t\gamma^2}d\gamma=C_1e^{-tN^2},$$

其中 C_1 与 N 无关. 所以

$$\int\limits_{-\infty}^{+\infty} e^{-t\left(s+\frac{ix_j}{2t}\right)^2}ds=\int\limits_{-\infty}^{+\infty} e^{-ts^2}ds=\frac{1}{\sqrt{t}}\int\limits_{-\infty}^{+\infty} e^{-\eta^2}d\eta=\frac{\sqrt{\pi}}{\sqrt{t}}.$$

于是, 对由等式 (4.82) 给出的函数 $v(x,t)$, 得到表达式

$$v(x,t)=(2\pi)^{-n}\left(\frac{\sqrt{\pi}}{\sqrt{t}}\right)^n e^{-\frac{|x|^2}{4t}}=\frac{1}{(2\sqrt{\pi t})^n}e^{-\frac{|x|^2}{4t}}\equiv \varGamma(x,0,t,0),\quad t>0.$$

在 1.3 节已证明了, 对 $S(\mathbb{R}^n_x)$ 中任意的函数 v_1 与 v_2 成立等式

$$\widehat{v_1}\cdot\widehat{v_2}=\widehat{v_1 * v_2},$$

其中 $v_1 * v_2$ 是函数 $v_1(x)$ 与 $v_2(x)$ 的卷积. 所以, 当 $t>0$ 时, 积分 (4.81) 可记为如下形式:

$$u(x,t)=(2\pi)^{-n}\int\limits_{\mathbb{R}^n_\xi}\widehat{\psi * v}e^{-i(x,\xi)}d\xi$$

$$+(2\pi)^{-n}\int\limits_0^t\int\limits_{\mathbb{R}^n_\xi}\widehat{f(x,s)*v(x,t-s)}\,e^{-i(x,\xi)}d\xi.$$

这意味着

$$u(x,t)=\psi(x)*\varGamma(x,0,t,0)+\int\limits_0^t f(x,s)*\varGamma(x,0,t,s)ds.$$

于是, 对于柯西问题 (4.76), (4.77) 在上述关于函数 $\psi(x)$ 与 $f(x,t)$ 的假设下的解 $u(x,t)$, 我们得到了当 $t>0$ 时的公式:

$$u(x,t)=(2\sqrt{\pi t})^{-n}\int\limits_{\mathbb{R}^n_y}\psi(y)e^{-\frac{|x-y|^2}{4t}}dy$$

$$+\int\limits_0^t\int\limits_{\mathbb{R}^n_y}f(y,s)e^{-\frac{|x-y|^2}{4(t-s)}}(2\sqrt{\pi(t-s)})^{-n}dyds. \tag{4.83}$$

定理 80 对于在 $\mathbb{R}^n_x$ 中有界的、$C^0(\mathbb{R}^n_x)$ 类的函数 $\psi(x)$ 及这样的函数 $f(x,t)$: f 与 $\dfrac{\partial f}{\partial x_j}$, $j=1,\cdots,n$, 在 G_τ 中有界、属于 $C^0(\overline{G}_\tau)$, 柯西问题 (4.76), (4.77) 属于 $C^{2,1}(G_\tau)\cap C^0(\overline{G}_\tau)$ 类的有界解 $u(x,t)$ 存在. 当 $t>0$ 时, 这个解 $u(x,t)$ 可用公式 (4.83) 表示.

证明 考虑函数

$$u_1(x,t)=\int\limits_{\mathbb{R}^n_y}\frac{1}{(2\sqrt{\pi t})^n}e^{-\frac{|x-y|^2}{4t}}\psi(y)dy. \tag{4.84}$$

容易看出, 如果 $\psi(x)$ 在 $\mathbb{R}^n_x$ 中连续且有界, 那么在任何属于 G_τ 的紧子集中, 积分 (4.84) 及其在积分号下对 x,t 的微分任意次所得到的积分对 x,t 一致收敛. 所以对 $t>0$

$$T(u_1)=\int\limits_{\mathbb{R}^n_y}\psi(y)T(\varGamma(x,y,t,0))dy=0.$$

显然,

$$|u_1(x,t)-\psi(x^0)| = \left|\frac{1}{(\sqrt{\pi})^n}\int\limits_{\mathbb{R}^n_\eta} e^{-|\eta|^2}[\psi(x+2\eta\sqrt{t})-\psi(x^0)]d\eta\right|$$
$$\leqslant 2M(\sqrt{\pi})^{-n}\int\limits_{|\eta|>N} e^{-|\eta|^2}d\eta$$
$$+(\sqrt{\pi})^{-n}\int\limits_{|\eta|<N}|\psi(x+2\eta\sqrt{t})-\psi(x^0)|d\eta, \tag{4.85}$$

其中 N 是任意一个正数, $M=\sup\limits_{\mathbb{R}^n_x}|\psi|$. 所以对于任意 $\varepsilon>0$ 不等式 (4.85) 中右端如果 N 充分大, 第一项便小于 $\dfrac{\varepsilon}{2}$, 如果 δ 充分小, 对固定的 N 当 $|x-x^0|<\delta$ 及 $|t|<\delta$ 时, 第二项小于 $\dfrac{\varepsilon}{2}$, 这是因为函数 $\psi(x)$ 在 $\mathbb{R}^n_x$ 中的连续性. 所以当 $(x,t)\to(x^0,0)$ 时 $u_1(x,t)\to\psi(x^0)$. 因此, 公式 (4.84) 给出当 $t>0$ 时柯西问题

$$Tu_1=0\quad 在\ G_\tau\ 内, \tag{4.86}$$
$$u_1|_{t=0}=\psi(x),\quad x\in\mathbb{R}^n_x \tag{4.87}$$

的解.

现在考虑体热势

$$u_2(x,t)=\int_0^t\int\limits_{\mathbb{R}^n_y}(2\sqrt{\pi(t-s)})^{-n}e^{-\frac{|x-y|^2}{4(t-s)}}f(y,s)dyds. \tag{4.88}$$

显然, 等式 (4.83) 可写成 $u(x,t)=u_1(x,t)+u_2(x,t)$ 的形式. 对反常积分 (4.88) 作积分变量的变换:

$$\frac{y_j-x_j}{2\sqrt{t-s}}=\eta_j,\quad j=1,\cdots,n,\quad s=s.$$

得到

$$u_2(x,t)=\int\limits_{\mathbb{R}^n_\eta}\int_0^t(\sqrt{\pi})^{-n}e^{-|\eta|^2}f(2\eta\sqrt{t-s}+x,s)dsd\eta. \tag{4.89}$$

由等式 (4.89) 容易推出: $u_2(x,t)$ 是 $\overline{G}_\tau$ 上的连续函数, 因为 $f(x,t)$ 在 $\overline{G}_\tau$ 上有界并且连续, 且积分 (4.89) 对 x 及 t 一致收敛. 由等式 (4.89) 推出, 当 $(x,t)\to(x^0,0)$ 时, $u_2(x,t)\to 0$, 即

$$u_2|_{t=0}=0. \tag{4.90}$$

积分 (4.89) 可在积分号下对 x_j 进行微分, 因为所得积分对 x 与 t 一致收敛. 于是有

$$\frac{\partial u_2(x,t)}{\partial x_j}=\int_0^t\int_{\mathbb{R}^n_\eta}(\sqrt{\pi})^{-n}e^{-|\eta|^2}\frac{\partial f(x+2\eta\sqrt{t-s},s)}{\partial x_j}d\eta ds$$

$$=\int_0^t\int_{\mathbb{R}^n_\eta}\frac{e^{-|\eta|^2}}{2(\sqrt{\pi})^n\sqrt{t-s}}\frac{\partial f(x+2\eta\sqrt{t-s},s)}{\partial \eta_j}d\eta ds.$$

对最后一个积分作分部积分, 得到

$$\frac{\partial u_2(x,t)}{\partial x_j}=\int_0^t(\sqrt{\pi})^{-n}\int_{\mathbb{R}^n_\eta}e^{-|\eta|^2}\frac{\eta_j}{\sqrt{t-s}}f(x+2\eta\sqrt{t-s},s)d\eta ds. \tag{4.91}$$

容易看出, 导数 $\dfrac{\partial^2 u_2}{\partial x_k\partial x_j}$, $k,j=1,\cdots,n$, 在 G_τ 内连续, 因为

$$\frac{\partial^2 u_2(x,t)}{\partial x_k\partial x_j}=\int_0^t(\sqrt{\pi})^{-n}\int_{\mathbb{R}^n_\eta}e^{-|\eta|^2}\frac{\eta_j}{\sqrt{t-s}}\frac{\partial f(x+2\eta\sqrt{t-s},s)}{\partial x_k}d\eta ds, \tag{4.92}$$

后一积分在 G_τ 内对 x 及 t 一致收敛. 其次, 将等式 (4.89) 对 t 微分, 得

$$\frac{\partial u_2(x,t)}{\partial t}=(\sqrt{\pi})^{-n}\int_{\mathbb{R}^n_\eta}e^{-|\eta|^2}f(x,t)d\eta$$

$$+\int_0^t(\sqrt{\pi})^{-n}\int_{\mathbb{R}^n_\eta}e^{-|\eta|^2}\sum_{j=1}^n\frac{\partial f(x+2\eta\sqrt{t-s},s)}{\partial x_j}\frac{\eta_j}{\sqrt{t-s}}d\eta ds. \tag{4.93}$$

这样的微分是合法的, 因为所得积分在 G_τ 内对 x 及 t 是一致收敛的. 考虑到等式 (4.92), 关系式 (4.93) 可记为如下形式:

$$\frac{\partial u_2}{\partial t}=f(x,t)+\sum_{j=1}^n\frac{\partial^2 u_2}{\partial x_j^2}.$$

这意味着在 G_τ 内

$$Tu_2=f \tag{4.94}$$

并且等式 (4.89) 给出的函数 $u_2(x,t)$ 是柯西问题 (4.94), (4.90) 的解, 而 $u(x,t)=u_1(x,t)+u_2(x,t)$ 给出柯西问题 (4.76), (4.77) 的有界解. 定理证毕. □

附注 12 函数 $u_2(x,t)$ 可以表示为

$$u_2(x,t)=\int_0^t U(x,t,s)ds \tag{4.95}$$

的形式, 这里当 $t > s \geqslant 0$ 时

$$U(x,t,s) = \int\limits_{\mathbb{R}_y^n} (2\sqrt{\pi(t-s)})^{-n} e^{-\frac{|x-y|^2}{4(t-s)}} f(y,s)dy,$$

正如上面所证明的, 当 $t > s$ 时

$$TU = 0, \quad U(x,t,s)|_{t=s} = f(x,t).$$

积分 (4.95) 称为**杜阿梅尔 (Duhamel) 积分**

定理 81 (关于体热势的光滑性) 设在 $\overline{G}_\tau$ 上函数 $f(x,t)$ 的形如

$$\mathcal{D}_x^{\alpha'} f, \quad \frac{\partial^p}{\partial t^p}\mathcal{D}_x^\alpha f \tag{4.96}$$

的导数有界且连续, 其中 $|\alpha'| \leqslant k, |\alpha| + 2p \leqslant k-1, p \geqslant 0$, k 是整数且 $k \geqslant 1$. 那么, 由等式 (4.88) 给定的函数 $u_2(x,t)$ 在 G_τ 内满足方程 $Tu_2 = f$ 并且在 $\overline{G}_\tau$ 内有形如

$$\frac{\partial^q}{\partial t^q}\mathcal{D}_x^\beta u_2 \tag{4.97}$$

的连续且有界的导数, 其中 $|\beta| + 2q \leqslant k+1$.

证明 我们对 q 作归纳法来证明定理的论断. 当 $q = 0$ 时, 函数 $u_2(x,t)$ 的形如 (4.97) 的导数在 $\overline{G}_\tau$ 内存在, 且是在 $\overline{G}_\tau$ 内的有界与连续的函数, 因为积分 (4.91) 可在积分号下对 x 微分 k 次. 由于关于 $f(x,t)$ 的假设, 所得到的积分对 G_τ 内的 x 及 t 一致收敛. 假设定理的论断对所有 $q \leqslant q_0$ 成立. 我们来证明, 如果 $2(q_0+1) \leqslant k+1$, 当 $q = q_0 + 1$ 时论断也成立. 正如在证明定理 80 时所表明的, 在 G_τ 内成立等式

$$\frac{\partial u_2}{\partial t} = \Delta u_2 + f(x,t). \tag{4.98}$$

设 $|\beta| + 2(q_0+1) \leqslant k+1$. 那么根据归纳假设与关于函数 f 的导数的条件 (4.96), 可以把算子 $\mathcal{D}_x^\beta \dfrac{\partial^{q_0}}{\partial t^{q_0}}$ 作用于等式 (4.98) 右端. 因此在 $\overline{G}_\tau$ 内存在形如

$$\mathcal{D}_x^\beta \frac{\partial^{q_0+1} u_2}{\partial t^{q_0+1}}$$

的有界、连续导数, 它是把算子 $\mathcal{D}_x^\beta \dfrac{\partial^{q_0}}{\partial t^{q_0}}$ 应用于等式 (4.98) 左端而得到的. 定理证毕. □

推论 9 如果 $f(x,t)$ 在 G_τ 内无穷次可微, 且它的任何导数在 G_τ 内有界, 那么由公式 (4.88) 所给出体热势 $u_2(x,t)$ 是在 $\overline{G}_\tau$ 内无穷次可微的函数且它的导数在 G_τ 内有界.

习题 3 试验证: 如果紧支集函数 $f_m(x,t)$ 当 $m \to \infty$ 时在 $D'(\mathbb{R}_{x,t}^{n+1})$ 中广义函数意义下收敛于 $\delta(x-x^0, t-t^0)$, 其中 $(x^0,t^0) \in G_\infty$, 那么, 如果当 $t < 0$ 时令 $u_2^m(x,t) = 0$, 则 $u_2^m(x,t)$ 在 $D'(\mathbb{R}_{x,t}^{n+1})$ 中收敛于 $\varGamma(x,x^0,t,t^0)$.

4.9 广义解. 热传导算子的亚椭圆性

区域 $\omega \subset \mathbb{R}^{n+1}_{x,t}$ 内方程 $Tu = f$ 的**广义解** u 是指空间 $D'(\omega)$ 中这样的广义函数: 对任意函数 $\varphi \in D(\omega)$, 成立如下等式:

$$\langle u, T^*\varphi\rangle = \langle f, \varphi\rangle. \tag{4.99}$$

特别地, 在 ω 内使得对任意的函数 $\varphi(x,t) \in D(\omega)$, 等式

$$\int\limits_{\omega} uT^*\varphi dxdt = \int\limits_{\omega} f\varphi dxdt \tag{4.100}$$

成立的、在 ω 内有界可测的函数 $u(x,t)$ 称为方程 $Tu = f$ 的广义解. 等式 (4.100) 通常称为积分恒等式. 函数 $f(x,t)$ 假设是在 ω 内局部可和的函数. 容易证明, 热传导方程 $Tu = 0$ 在 ω 内这样的广义解是 $C^\infty(\omega)$ 类函数. 对拉普拉斯方程广义解的类似的断言 (外尔引理) 已在 3.11 节证明过了.

定理 82 *其本身为 ω 内有界可测函数的、方程 $Tu = 0$ 在区域 ω 内的广义解 $u(x,t)$ 属于 $C^\infty(\omega)$ 类.*

证明 令 $T_{x^0,t^0} \equiv \dfrac{\partial}{\partial t^0} - \sum\limits_{j=1}^{n} \dfrac{\partial^2}{\partial x_j^{02}}$, $T^*_{x^0,t^0} \equiv -\dfrac{\partial}{\partial t^0} - \sum\limits_{j=1}^{n} \dfrac{\partial^2}{\partial x_j^{02}}$. 设 $(x^0,t^0) \in \omega$, ε 是充分小的正数. 在等式 (4.100) 中取在 1.2 节构造的磨光核 $w_h(x-x^0, t-t^0)$ 作为函数 $\varphi(x,t)$. 我们得到

$$\begin{aligned} 0 &= \int\limits_{\omega} u(x,t)T^*_{x,t}w_h(x-x^0,t-t^0)dxdt \\ &= \int\limits_{\omega} u(x,t)T_{x^0,t^0}w_h(x-x^0,t-t^0)dxdt \\ &= T_{x^0,t^0}\int\limits_{\omega} u(x,t)w_h(x-x^0,t-t^0)dxdt = Tu^h. \end{aligned} \tag{4.101}$$

因为在 ω 内 $|u(x,t)| < M$, 那么只要 $h < h^0$, 而 h^0 充分小, 显然在任意的区域 ω' 内 (其中 $\overline{\omega}' \subset \omega$) 有 $|u^h(x,t)| < M$. 由关系式 (4.101) 推出, 在 ω' 内当 $h < h^0$ 时 $Tu^h = 0$. 依据在 4.7 节所证明的定理 79, 由序列 u^h 中可以选出子序列 u^{h_k}, 使得它当 $h_k \to 0$ 时在 ω'' 内一致收敛于在 ω'' 内满足方程 $T\widetilde{u} = 0$ 的、$C^{2,1}(\omega'')$ 类的函数 $\widetilde{u}(x,t)$, 其中 ω'' 是任意这样的区域: $\overline{\omega}'' \subset \omega'$. 根据 4.2 节的定理 56, 函数 $\widetilde{u}(x,t)$ 属于 $C^\infty(\omega'')$ 类. 在 1.2 节已证明了当 $h \to 0$ 时在 $L_2(\omega)$ 范数下 $u^h(x,t) \to u(x,t)$. 所以在 ω'' 中 $u(x,t)$ 与 $\widetilde{u}(x,t)$ 重合, 因此 $u(x,t)$ 属于 $C^\infty(\omega)$ 类. 定理证毕. □

由定理 82 容易推出在 4.6 节中附注 11 所叙述的断言: 如果 $u \in C^{2,1}(G_\tau) \cap C^0(\overline{G}_\tau)$, $G_\tau = \{x,t;\ x \in \mathbb{R}^n_x,\ 0 < t \leqslant \tau\}$, $u|_{t=0} = 0$, 在 G_τ 内 $Tu = 0$, 那么

$u \in C^{2,1}(\overline{G}_\tau)$. 实际上, 考虑区域 $\omega_\tau^\delta = \{x, t;\ |x| < R,\ -\delta < t < \tau\}$, 其中 $R > 0$, $\delta > 0$ 都是常数, 在这个区域中当 $t < 0$ 时补充定义函数 $u(x,t)$, 在 $-\delta < t < 0$ 时令 $u(x,t) = 0$. 不难证明, 这样构造的函数 $u(x,t)$ 是方程 $Tu = 0$ 在 ω_τ^δ 内的广义解, 因为对于 $D(\omega_\tau^\delta)$ 类中的任意函数 $\varphi(x,t)$ 成立等式

$$\int\limits_{\omega_\tau^\delta} uT^*\varphi dxdt = \int\limits_{\omega_\tau^\delta \cap \{t>0\}} uT^*\varphi dxdt = 0.$$

这个等式是我们在区域 $\omega_\tau^\delta \cap \{\varepsilon < t < \tau\}$ 内对函数 $u(x,t)$ 与 $\varphi(x,t)$ 应用格林公式 (4.5) 且在所得等式

$$\int\limits_{\omega_\tau^\delta \cap \{\varepsilon < t < \tau\}} uT^*\varphi dxdt = \int\limits_{|x|<R} u(x,\varepsilon)\varphi(x,\varepsilon)dx$$

中使 ε 趋于零而得到的. 依照定理 82, 函数 $u(x,t) \in C^\infty(\omega_\tau^\delta)$ 并因而 $u(x,t) \in C^\infty(\overline{G}_\tau)$, 因为 R 是任意正数.

现在我们来证明热传导方程的任意广义解的光滑性定理, 定理 82 是这个定理的特殊情况. 这个证明用到在第 1 章中证明了的广义函数论中的一些定理以及热传导方程基本解的性质. 类似的方法可应用于证明具有常系数的任何椭圆型和抛物型方程广义解的光滑性.

定理 83 *方程 $Tu = 0$ 在 ω 内的广义解 $u(x,t)$ 是 $C^\infty(\omega)$ 类的函数.*

证明 只需证明, 假设球 $Q_{4\rho}^{x^0t^0} \subset \omega$, $\rho > 0$ 为常数, 在任意球 $Q_\rho^{x^0,t^0}$ 内广义函数 u 是无穷次可微函数. 设 $\eta(x,t) \in D(Q_{3\rho}^{x^0t^0})$ 且在 $Q_{2\rho}^{x^0t^0}$ 内 $\eta = 1$. 考虑 $D'(Q_{4\rho}^{x^0t^0})$ 内的广义函数 $v = u\eta$. 显然, 在 $Q_{2\rho}^{x^0t^0}$ 内 $v = u$, 因为对任意 $\varphi \in D(Q_{2\rho}^{x^0t^0})$ 有

$$\langle v, \varphi\rangle = \langle u\eta, \varphi\rangle = \langle u, \eta\varphi\rangle = \langle u, \varphi\rangle.$$

此外, 假设对于 $\varphi \in D(\mathbb{R}_{x,t}^{n+1})$

$$\langle v, \varphi\rangle = \langle u, \eta\varphi\rangle,$$

v 可看作 $D'(\mathbb{R}_{x,t}^{n+1})$ 中的广义函数. 显然, 在 $\mathbb{R}_{x,t}^{n+1} \setminus \overline{Q}_{3\rho}^{x^0t^0}$ 内 $v = 0$. 我们注意到, 在 $Q_\rho^{x^0t^0}$ 内 $Tv = T(u\eta) = 0$. 实际上, 对 $\varphi \in D(Q_\rho^{x^0t^0})$, 由于条件 $\langle u, T^*\varphi\rangle = 0$,

$$\langle Tv, \varphi\rangle = \langle T(u\eta), \varphi\rangle = \langle u\eta, T^*\varphi\rangle = \langle u, \eta T^*\varphi\rangle = \langle u, T^*\varphi\rangle = 0.$$

如果 $\varphi \in D(\mathbb{R}_{x,t}^{n+1} \setminus Q_{3\rho}^{x^0t^0})$, 那么 $\langle Tv, \varphi\rangle = 0$, 因为 $\operatorname{supp} v \cap \operatorname{supp}\varphi = \varnothing$. 记 $T(u\eta) = F$. 我们有

$$Tv = F \tag{4.102}$$

且 $\operatorname{supp} F \subset Q_{3\rho}^{x^0t^0} \setminus \overline{Q}_\rho^{x^0t^0}$.

设 $\Gamma^1=\Gamma(x,0,t,0)$. 由等式 (4.102) 推出对于卷积的等式

$$Tv*\Gamma^1=F*\Gamma^1. \tag{4.103}$$

这些卷积存在, 因为 Γ^1 是 x,t 的局部可和函数, 而 F 是 $D'(\mathbb{R}^{n+1}_{x,t})$ 中具有紧支集的广义函数. 因为根据卷积的性质 $Tv*\Gamma^1=v*T\Gamma^1=v*\delta=v$, 那么由等式 (4.103) 得

$$v=F*\Gamma^1.$$

设 $\varphi\in D(Q^{x^0t^0}_\rho)$. 根据卷积的定义有

$$\langle F*\Gamma^1,\varphi\rangle=\langle F(y,s)\Gamma(\xi,0,\tau,0),\ \psi(y,s)\varphi(y+\xi,s+\tau)\rangle,$$

其中 $\psi(y,s)\in D(\mathbb{R}^{n+1}_{y,s})$ 并且在 F 的支集的邻域中 $\psi=1$. 设在 $Q^{x^0t^0}_\rho$ 中 $\psi(y,s)=0$. 那么

$$\begin{aligned}\langle F*\Gamma^1,\varphi\rangle&=\left\langle F(y,s),\psi(y,s)\int\limits_{\mathbb{R}^{n+1}_{\xi,\tau}}\Gamma(\xi,0,\tau,0)\varphi(y+\xi,s+\tau)d\xi d\tau\right\rangle\\&=\left\langle F(y,s),\psi(y,s)\int\limits_{\mathbb{R}^{n+1}_{x,t}}\Gamma(x,y,t,s)\varphi(x,t)dxdt\right\rangle.\end{aligned}$$

因为函数 $\psi(x,t)$ 与 $\varphi(x,t)$ 的支集不相交, 那么 $\psi(y,s)\Gamma(x,y,t,s)\varphi(x,t)$ 是 $D(\mathbb{R}^{2n+2}_{x,y,s,t})$ 中的函数. 所以按照 1.3 节的引理 2 有

$$\langle v,\varphi\rangle=\langle F*\Gamma^1,\varphi\rangle=\int\limits_{\mathbb{R}^{n+1}_{x,t}}\langle F(y,s),\psi(y,s)\Gamma(x,y,t,s)\rangle\varphi(x,t)dxdt.$$

由此推出 v 是通常的函数并且

$$v(x,t)=\langle F(y,s),\psi(y,s)\Gamma(x,y,t,s)\rangle.$$

如果 $(x,t)\in Q^{x^0t^0}_\rho$, 那么 $\psi(y,s)\Gamma(x,y,t,s)$ 当 $y,s\in\mathbb{R}^{n+1}_{y,s}$ 时是 x,y,t 与 s 的无穷次可微函数. 这可以从下述得出: 函数 $\Gamma(x,y,t,s)$ 当 $(y,s)\neq(x,t)$ 时是无穷次可微的. 所以, 根据 1.3 节引理 1, $v(x,t)\in C^\infty(Q^{x^0t^0}_\rho)$. 定理得证. □

下面证明的定理是基本定理 83 的推论.

我们来证明热传导算子 T 的亚椭圆性.

我们忆起, 如果对任意区域 $\omega\subset\mathbb{R}^{n+1}_{x,t}$, 在 ω 内对任意函数 $u\in D'(\omega)$ 及 $f\in C^\infty(\omega)$, 由 $Lu=f$ 推出 $u\in C^\infty(\omega)$, 那么, 这个线性算子 L 称为亚椭圆算子.

定理 84 算子 $T\equiv\dfrac{\partial}{\partial t}-\sum\limits_{j=1}^n\dfrac{\partial^2}{\partial x_j^2}$ 是亚椭圆算子, 即: 对任意区域 $\omega\subset\mathbb{R}^{n+1}_{x,t}$, 如果在 ω 内 $Tu=f$, $u\in D'(\omega)$, $f\in C^\infty(\omega)$, 那么 $u\in C^\infty(\omega)$.

证明　我们将假设 ω 位于半空间 $t>0$ 内. 设 $\eta(x,t)\in D(\omega)$, 在区域 ω^1 内 $\eta\equiv 1$, 同时 $\overline{\omega^1}\subset\omega$. 在 4.8 节的定理 81 中证明了函数

$$v(x,t)=\int_0^t\int_{\mathbb{R}^n_\xi}\Gamma(x,x^0,t,t^0)f(x^0,t^0)\eta(x^0,t^0)dx^0dt^0$$

当 $t\geqslant 0$ 时是无穷次可微函数并且 $Tv=f\eta$. 所以 $u(x,t)-v(x,t)=w(x,t)$ 在 ω^1 内满足方程 $Tw=0$ 并且依照定理 83, 函数 $w(x,t)$ 属于 $C^\infty(\omega^1)$ 类. 因为 $u=v+w$, 那么 $u(x,t)$ 同样属于 $C^\infty(\omega^1)$ 类. 位于 ω 内的区域 ω^1 可任意选取. 所以 $u\in C^\infty(\omega)$. □

对于有界可测且具有紧支集的函数 $f(x,t)$, 广义函数

$$u=f*\Gamma(x,0,t,0)$$

是方程 $Tu=f$ 的广义解的例子. 根据卷积的性质

$$Tu=f*T\Gamma=f*\delta=f.$$

定理 85　方程 $TV=\delta(x-x^0,t-t^0)$ 在如下的广义函数类中的广义解是唯一的: 这类广义函数当 $t\leqslant t^0$ 时等于零, 当 $|x-x^0|>1$ 时

$$|V(x,t,x^0,t^0)|\leqslant C_1\exp\{C_2|x|^2\},$$

其中 $C_1>0$, $C_2>0$ 为常数. 这个解与 4.1 节所研究的基本解 $\Gamma(x,x^0,t,t^0)$ 重合.

证明　考虑广义函数 $u(x,t)=V(x,t,x^0,t^0)-\Gamma(x,x^0,t,t^0)$. 显然, 在 $\mathbb{R}^{n+1}_{x,t}$ 中 $Tu=0$, 所以由定理 83 推出, $u\in C^\infty(\mathbb{R}^{n+1}_{x,t})$. 因为当 $t=t^0$ 时 $u=0$, 而当 $|x-x^0|>1$ 时

$$|u|\leqslant C_1'\exp\{C_2'|x|^2\},$$

那么, 根据 4.6 节所证明的柯西问题解的唯一性定理, 在 $\mathbb{R}^{n+1}_{x,t}$ 中 $u\equiv 0$. 于是

$$V(x,t,x^0,t^0)=\Gamma(x,x^0,t,t^0).$$

□

第 5 章　双曲型方程与双曲型方程组

5.1 波动方程

波动方程 —— 这是形如

$$\frac{\partial^2 u}{\partial t^2} = a^2 \Delta_x u(t,x) + f(t,x) \tag{5.1}$$

的方程, $u(t,x)$ 是时间变量 $t \in \mathbb{R}^1$ 及空间变量 $x = (x_1, \cdots, x_n) \in \mathbb{R}^n$ 两个变量的函数. 拉普拉斯算子 $\Delta_x = \dfrac{\partial^2}{\partial x_1^2} + \cdots + \dfrac{\partial^2}{\partial x_n^2}$ 的下标 x 是强调, 它仅仅作用于空间变量.

这个方程刻画了对不同的物理过程的许多最简单的模型在弹性介质中的振动的传播. 例如, 在一维情形 $(n=1)$ 这个方程刻画弦振动或杆的弹性纵向振动, 在两个空间变量的情形, 是薄膜的振动 (在这里 $u(t,x)$ 是薄膜的点的垂直位移); 当 $n=3$ 时, 方程 (5.1) 刻画声波或电磁波的传播. (5.1) 式中的函数 $f(t,x)$ 具有外力的物理意义, 容易看出常数 a 具有速度 (x/t) 的量纲, 正如我们在下面所看到的, 它实际上是在给定的具体问题中波的传播速度.

波动方程 —— 这是线性二阶**双曲型**方程的典型代表.

附注 13　在时间 $t \to -t$ 的代换下波动方程不变. 于是, 它可在沿时间的两个方面同样地被解出 (这意味着机械波过程的可逆性). 但是在传统上, 是求这个方程当 $t > 0$ 时的解 (即将来), 它依赖于时间的初始时刻 $t = 0$.

5.1.1 柯西问题. 能量不等式

我们研究齐次波动方程, 即在 (5.1) 中 $f(t,x) \equiv 0$:

$$u_{tt} = a^2 \Delta u(t,x), \quad (t,x) \in K \subset \mathbb{R}^{n+1}. \tag{5.2}$$

我们将要研究方程的区域 K 位于半空间 $t>0$ 中, 并且与超平面 $t=0$ 相邻接. 更确切地, $\partial K=(\{t=0\}\times\Omega_0)\cup S$, 这里 $\Omega_0\subset\mathbb{R}^n$ 是空间中的有界区域. 分块光滑的超曲面 S 是 “足够平坦的”, 即在任意一点 $(t,x)\in S$, 这个曲面的外法线方向 $\nu=(\nu_t,\nu_x)$ 满足不等式

$$\nu_t\geqslant a|\nu_x|, \tag{5.3}$$

其中 $\nu_t=\cos(\nu,t)\in\mathbb{R}^1$, $\nu_x=(\cos(\nu,x_1),\cdots,\cos(\nu,x_n))\in\mathbb{R}^n$, 或者按另一方式, $\cos^2(\nu,t)\geqslant a^2(\cos^2(\nu,x_1)+\cdots+\cos^2(\nu,x_n))$.

附注 14 其法线满足不等式 (5.3), 并且以等式代替非严格不等式所得曲面 S 乃是所谓的顶点在任意点 $(t_0,x_0),t_0>0$ 的**特征锥** S_{t_0,x_0}, 即下述这样的点 (t,x) 的集合:

$$|x-x_0|^2=a^2(t-t_0)^2,\quad t\leqslant t_0. \tag{5.4}$$

实际上, S_{t_0,x_0} 在点 $(t,x)\in S_{t_0,x_0}$ 的 (虽然如前, 不是单位的) 向量

$$\nu=(\nu_t,\nu_x),\quad \nu_t=a^2(t-t_0),\quad \nu_x=\frac{1}{2}\nabla_x(|x-x_0|^2)=x-x_0$$

就是法线. 因此, 由于 (5.4)

$$\nu_t^2=a^4(t-t_0)^2=a^2|x-x_0|^2=a^2\nu_x^2.$$

附注 15 在一个空间变量的情形, 弦振动方程的特征 —— 直线 $x\pm at=$ 常数 $=x_0\pm at_0$ 是特征锥 S_{t_0,x_0} (在这种情形下 S_{t_0,x_0} 是平面上的角) 的母线.

我们还要引进某些记号. 令 $\Omega_\tau=K\cap\{t=\tau\}$ —— 区域 K 与平面 $\{t=\tau\}$ 的截面, $K_\tau=K\cap\{0<t<\tau\}$; $S_\tau=S\cap\{0<t<\tau\}$. 区域 K_τ 的边界记为 $\partial K_\tau=\Omega_0\cup\Omega_\tau\cup S_\tau$. 记

$$\begin{aligned}E(\tau)&=\frac{1}{2}\|u_t(\tau,\cdot)\|^2_{L_2(\Omega_\tau)}+\frac{1}{2}a^2\|\nabla_x u(\tau,\cdot)\|^2_{(L_2(\Omega_\tau))^n}\\&\equiv\int\limits_{\Omega_\tau}\left[\frac{1}{2}\left(\frac{\partial u}{\partial t}\right)^2+\frac{a^2}{2}\sum_{k=1}^n\left(\frac{\partial u}{\partial x_k}\right)^2\right]dx\end{aligned}$$

是在时刻 τ 能量泛函的值. 在这个和式中第一项有振动的动能的物理含义, 而第二项是势能.

定理 86 *设函数 $u(t,x)\in C^2(K)\cap C^1(\overline{K})$ 在 K 内满足波动方程 (5.2). 那么对任意 $\tau\geqslant 0$ 成立能量不等式*

$$E(\tau)\leqslant E(0).$$

证明 将方程 (5.2) 乘以 u_t 并对区域 K_τ 积分, 得:

$$0 = \int\limits_{K_\tau} (u_{tt} - a^2\Delta u)u_t dtdx$$
$$= \int\limits_{K_\tau} \left[\frac{1}{2}\frac{\partial}{\partial t}\left(u_t^2 + a^2\sum_{k=1}^{n} u_{x_k}^2\right) - a^2\sum_{k=1}^{n}\frac{\partial}{\partial x_k}(u_t u_{x_k})\right] dtdx.$$

在这里我们应用了

$$u_{tt}u_t = \frac{1}{2}\frac{\partial}{\partial t}(u_t)^2,$$
$$u_{x_k x_k}u_t = \frac{\partial}{\partial x_k}(u_t u_{x_k}) - u_{tx_k}u_{x_k} = \frac{\partial}{\partial x_k}(u_t u_{x_k}) - \frac{1}{2}\frac{\partial}{\partial t}(u_{x_k})^2.$$

应用高斯 – 奥斯特罗格拉茨基公式, 化各个导数对区域 K_τ 的积分为沿 K_τ 的边界 $\partial K_\tau = \Omega_0 \cup \Omega_\tau \cup S_\tau$ 的积分. 考虑到区域 Ω_τ 的外法向 $\nu = (\nu_t, \nu_x)$ 具有 $(1, 0, \cdots, 0)$ 的形状, 而在 Ω_0 的外法向具有形状 $(-1, 0, \cdots, 0)$, 得到:

$$0 = \frac{1}{2}\int\limits_{\Omega_\tau}\left(u_t^2 + a^2\sum_{k=1}^{n} u_{x_k}^2\right)dx - \frac{1}{2}\int\limits_{\Omega_0}\left(u_t^2 + a^2\sum_{k=1}^{n} u_{x_k}^2\right)dx$$
$$+ \int\limits_{S_\tau}\left[\frac{1}{2}\left(u_t^2 + a^2\sum_{k=1}^{n} u_{x_k}^2\right)\cos(\nu, t) - a^2\sum_{k=1}^{n} u_t u_{x_k}\cos(\nu, x_k)\right] dS$$
$$= E(\tau) - E(0) + \int\limits_{S_\tau}\left[\left(\frac{u_t^2}{2} + \frac{a^2|\nabla u|^2}{2}\right)\nu_t - a^2 u_t(\nabla u, \nu_x)\right] dS, \tag{5.5}$$

其中 $(\nabla u, \nu_x) = \sum\limits_{k=1}^{n} u_{x_k}\cos(\nu, x_k)$ 是向量 $\nabla u \equiv (u_{x_1}, \cdots, u_{x_n})$ 与单位法向量 $\nu = (\nu_t, \nu_x)$ 的射影 ν_x 的数量积. 因为根据 (5.3) 式

$$|a^2 u_t(\nabla u, \nu_x)| \leqslant a^2|u_t||\nabla u||\nu_x|$$
$$\leqslant a|\nu_x|\left(\frac{|u_t|^2}{2} + \frac{a^2|\nabla u|^2}{2}\right) \leqslant \left(\frac{u_t^2}{2} + \frac{a^2|\nabla u|^2}{2}\right)\nu_t,$$

那么 (5.5) 式中后一积分非负, 于是 $E(\tau) - E(0) \leqslant 0$. 定理得证. □

推论 10 柯西问题

$$\begin{cases} u_{tt} = a^2\Delta u(t, x) + f(t, x), & (t, x) \in K \subset \mathbb{R}^{n+1}, \\ u|_{t=0} = \varphi(x), u_t|_{t=0} = \psi(x), & x \in \Omega \end{cases} \tag{5.6}$$

的解是唯一的.

证明　设 $u_1(t,x)$ 与 $u_2(t,x)$ 是问题 (5.6) 的两个解. 那么函数 $v(x,t)=u_1(t,x)-u_2(t,x)$ 是柯西问题

$$\begin{cases} v_{tt}=a^2\Delta v(t,x) & (t,x)\in K\subset\mathbb{R}^{n+1}, \\ v|_{t=0}=v_t|_{t=0}=0, & x\in\Omega_0 \end{cases}$$

的解. 这个解在初始时刻 $t=0$ 的能量 $E(0)$ 等于零. 考虑到泛函 $E(t)$ 是非负的, 由上面证明的定理推出, $E(t)\equiv 0$. 因此, v_t, v_{x_k} 恒等于零, 因而 $v(t,x)\equiv$ 常数. 考虑到 $v(0,x)=0$, 应有 $v(t,x)\equiv 0$, 从而 $u_1(t,x)\equiv u_2(t,x)$. □

上面我们研究了在某个区域 $K\subset\mathbb{R}^{n+1}$ 内的柯西问题, 它的初始条件仅给定在有界区域 $\Omega_0\subset\mathbb{R}^n$. 如果初始函数 $\varphi(x)$ 与 $\psi(x)$ 对所有 $x\in\mathbb{R}^n$ 给定, 那么可以求在整个半空间 $t>0$ 的解. 于是我们有如下的柯西问题:

$$\begin{cases} u_{tt}=a^2\Delta u(t,x) & t>0,\quad x\in\mathbb{R}^n, \\ u|_{t=0}=\varphi(x)\in C^2(\mathbb{R}^n), & u_t|_{t=0}=\psi(x)\in C^1(\mathbb{R}^n). \end{cases} \tag{5.7}$$

并且在函数类 $u(t,x)\in C^2(\overline{\mathbb{R}_+\times\mathbb{R}^n})$ 中求解.

附注 16　由上面所说过的可推出问题 (5.7) 的解 $u(t,x)$ 的唯一性. 实际上, 半空间中任意一点 $(t,x)\in\mathbb{R}_+\times\mathbb{R}^n$ 都落在某个特征锥 $|x-x_0|^2\leqslant a^2(t-t_0)^2$ 内, $0\leqslant t\leqslant t_0$, 在特征锥内, 柯西问题解的唯一性已得到证明. 还可看出, 在锥内, 解 $u(t,x)$ 仅依赖于初始函数 $\varphi(x)$ 与 $\psi(x)$ 在锥底上 —— 集合 $|x-x_0|^2\leqslant a^2t_0^2$ (中心在 x_0、半径为 at_0 的球) 的值.

5.1.2 在 $n=3$ 时柯西问题的解. 基尔霍夫公式

对任意函数 $g(x)\in C^2(\mathbb{R}^3)$, 按下述规则构造函数 $M_g(t,x), t>0$:

$$M_g(t,x)=\frac{1}{4\pi a^2t}\int\limits_{|\xi-x|=at} g(\xi)dS_\xi, \tag{5.8}$$

dS_ξ 是半径为 at (中心在 x) 的球上的面积元素. 或者在 (5.8) 式中作变量变换: $\xi=x+at\eta$, $dS_\xi=(at)^2dS_\eta$, 其中 S_η 是 (中心在 0 点) 单位球上的面积元, 便得到算子 $M_g(t,x)$ 的另一种形状:

$$M_g(t,x)=\frac{t}{4\pi}\int\limits_{|\eta|=1} g(x+at\eta)dS_\eta. \tag{5.9}$$

特别地, 由这个表示看出函数 $M_g(t,x)$ 的光滑性与函数 $g(x)$ 的光滑性一致.

命题 10 对任意函数 $g(x) \in C^2(\mathbb{R}^3)$ 有:

$$\frac{\partial^2}{\partial t^2} M_g(t,x) = a^2 \Delta M_g(t,x), \quad t>0, \quad x \in \mathbb{R}^3, \tag{5.10}$$

$$M_g(t,x)|_{t=0} = 0, \tag{5.11}$$

$$\left.\frac{\partial M_g(t,x)}{\partial t}\right|_{t=0} = g(x). \tag{5.12}$$

证明 初始条件 (5.11) 是 (5.9) 式的明显推论.

从 (5.9) 式同样可以求出:

$$\frac{\partial}{\partial t} M_g(t,x) = \frac{1}{4\pi} \int\limits_{|\eta|=1} g(x+at\eta) dS_\eta + \frac{t}{4\pi} \int\limits_{|\eta|=1} (\nabla g(x+at\eta), a\eta) dS_\eta. \tag{5.13}$$

考虑到 $g(x)$ 是光滑函数, 我们有

$$\left.\frac{\partial M_g(t,x)}{\partial t}\right|_{t=0} = \frac{1}{4\pi} \int\limits_{|\eta|=1} g(x) dS_\eta = g(x),$$

初始条件 (5.12) 同样成立.

为了证明 (5.10) 式, 把 (5.13) 式变换为

$$\begin{aligned} \frac{\partial}{\partial t} M_g(t,x) &= \frac{M_g}{t} + \frac{at}{4\pi} \int\limits_{|\eta|=1} (\nabla g(x+at\eta), \eta) dS_\eta \\ &= \frac{M_g}{t} + \frac{1}{4\pi at} \int\limits_{|\xi-x|=at} (\nabla g(\xi), \eta) dS_\xi = \frac{M_g}{t} + \frac{1}{4\pi at} \int\limits_{|\xi-x|<at} \Delta g(\xi) d\xi. \end{aligned} \tag{5.14}$$

在这里我们又回到了变量 $\xi = x + at\eta$, 而后根据高斯 – 奥斯特罗格拉茨基公式, 向量场 $\nabla g(\xi)$ 通过球面 $|\xi - x| = at$ (准确地说, η 是这个球的单位法向量) 的流动变成散度 $\operatorname{div}(\nabla g(\xi)) = \Delta g(\xi)$ 对球 $|\xi - x| < at$ 的积分. 其次, 再将 (5.14) 式对 t 微分, 有

$$\frac{\partial^2}{\partial t^2} M_g(t,x) = \frac{1}{4\pi at} \frac{\partial}{\partial t} \left(\int\limits_{|\xi-x|<at} \Delta g(\xi) d\xi \right), \tag{5.15}$$

因为

$$\frac{\partial}{\partial t}\left(\frac{M_g}{t}\right)=\frac{1}{t}\frac{\partial}{\partial t}M_g-\frac{M_g}{t^2}=\frac{M_g}{t^2}+\frac{1}{4\pi a t^2}\int\limits_{|\xi-x|<at}\Delta g(\xi)d\xi-\frac{M_g}{t^2}$$

$$=\frac{1}{4\pi a t^2}\int\limits_{|\xi-x|<at}\Delta g(\xi)d\xi;$$

$$\frac{\partial}{\partial t}\left(\frac{1}{4\pi a t}\int\limits_{|\xi-x|<at}\Delta g(\xi)d\xi\right)=-\frac{1}{4\pi a t^2}\int\limits_{|\xi-x|<at}\Delta g(\xi)d\xi$$

$$+\frac{1}{4\pi a t}\frac{\partial}{\partial t}\left(\int\limits_{|\xi-x|<at}\Delta g(\xi)d\xi\right).$$

(5.15) 式右端的导数, 如果变到球坐标是易于计算的:

$$\frac{\partial}{\partial t}\left(\int\limits_{|\xi-x|<at}\Delta g(\xi)d\xi\right)=\frac{\partial}{\partial t}\left(\int_0^{at}\int\limits_{|\eta|=1}\Delta g(x+r\eta)r^2dS_\eta dr\right)$$

$$=a\int\limits_{|\eta|=1}\Delta g(x+at\eta)(at)^2dS_\eta$$

$$=a(at)^2\int\limits_{|\eta|=1}\Delta g(x+at\eta)dS_\eta.$$

由此

$$\frac{\partial^2}{\partial t^2}M_g(t,x)=\frac{a^2t}{4\pi}\int\limits_{|\eta|=1}\Delta g(x+at\eta)dS_\eta.$$

另一方面, 由 (5.9) 式有:

$$\Delta M_g(t,x)=\frac{t}{4\pi}\int\limits_{|\eta|=1}\Delta g(x+at\eta)dS_\eta,$$

(5.10) 式得证. □

定理 87 设 $\varphi(x)\in C^3(\mathbb{R}^3)$, $\psi(x)\in C^2(\mathbb{R}^3)$. 那么柯西问题

$$\begin{cases}u_{tt}=a^2\Delta u(t,x), & t>0,\quad x\in\mathbb{R}^3,\\ u|_{t=0}=\varphi(x), & u_t|_{t=0}=\psi(x)\end{cases}\tag{5.16}$$

的解由基尔霍夫公式

$$u(t,x)=\frac{\partial}{\partial t}M_\varphi(t,x)+M_\psi(t,x)\tag{5.17}$$

给出, 其中算子 M 在 (5.8) ~ (5.9) 式中定义.

证明 实际上, 如同在命题 10 中所证明的, 函数 $u^{II}(t,x) \equiv M_\psi(t,x)$ 是柯西问题

$$u_{tt}^{II} = a^2 \Delta u^{II}(t,x), \quad u^{II}|_{t=0} = 0, \quad u_t^{II}|_{t=0} = \psi(x) \tag{5.18}$$

的解. 我们证明函数 $u^I(t,x) \equiv \dfrac{\partial M_\varphi(t,x)}{\partial t}$ 是下述柯西问题的解:

$$u_{tt}^I = a^2 \Delta u^I(t,x), \quad u^I|_{t=0} = \varphi(x), \quad u_t^I|_{t=0} = 0. \tag{5.19}$$

实际上, 因为 $\varphi(x) \in C^3(\mathbb{R}^3)$, 那么 $M_\varphi(t,x) \in C^3(\mathbb{R}_+ \times \mathbb{R}^3)$, 且因为函数 $M_\varphi(t,x)$ 满足波动方程, 那么 u^I 作为 $M_\varphi(t,x)$ 的导数, 同样满足这个方程. 根据 (5.12) 式, 得

$$u^I|_{t=0} = \frac{\partial}{\partial t} M_\varphi(t,x)|_{t=0} = \varphi(x),$$

而由于 (5.10) 式与 (5.11) 式有

$$\left.\frac{\partial u^I}{\partial t}\right|_{t=0} = \left.\frac{\partial^2}{\partial t^2} M_\varphi(t,x)\right|_{t=0} = a^2 \Delta M_\varphi(t,x)|_{t=0} = 0.$$

由 (5.18) 式与 (5.19) 式推出, 函数 $u(t,x) = u^I(t,x) + u^{II}(t,x)$ 满足 (5.16) 式. □

5.1.3 降维法. 在 $n = 2$ 时柯西问题的解. 泊松公式

现在求解两个空间变量, 即 $x \in \mathbb{R}^2$ 的情形的柯西问题. 合理的想法提示: 变量个数的减少不应导致更复杂的问题. 实际上, 事情也确实如此. 能够把较少维数的问题转化为更多维数问题的方法称为**降维法**. 我们现在来叙述它.

设 $u(t,x) = u(t,x_1,x_2,x_3)$ 是空间变量为三维的波动方程

$$\frac{\partial^2 u}{\partial t^2} = a^2 \left(\frac{\partial^2 u}{\partial x_1^2} + \frac{\partial^2 u}{\partial x_2^2} + \frac{\partial^2 u}{\partial x_3^2} \right)$$

柯西问题 (5.16) 的解, 并设初始函数与第三个空间变量 x_3 无关, 即 $\varphi = \varphi(x_1,x_2)$, $\psi = \psi(x_1,x_2)$. 应指出, 我们是知道这个问题的解的, 它由基尔霍夫公式 (5.17) 给出, 在公式中函数 φ 与 ψ 的积分是在空间 $\mathbb{R}^3$ 中沿球面进行的.

沿 x_3 轴作任意数 $x_3^0 \in \mathbb{R}$ 的位移. 一方面函数 $u(t,x)$ 变为 $\tilde{u}(t,x) = u(t,x_1,x_2,x_3 + x_3^0)$. 另一方面, 就像沿 x_3 轴的位移不改变初始条件 φ 与 ψ 一样, 沿坐标轴之一的位移也不会改变波动方程. 这意味着 $\tilde{u}(t,x)$ 与函数 $u(t,x)$ 是同一个柯西问题 (5.16) 的解. 由于这个问题解的唯一性, $\tilde{u}(t,x) \equiv u(t,x)$, 即

$$u(t,x_1,x_2,x_3 + x_3^0) = u(t,x_1,x_2,x_3), \quad \forall x_3^0 \in \mathbb{R}.$$

上式确切地表明, 函数 $u(t,x)$ 与 x_3 无关; $u = u(t,x_1,x_2)$. 这意味着 $\dfrac{\partial^2 u}{\partial x_3^2} = 0$, 且函数 $u(t,x)$ 是方程

$$\frac{\partial^2 u}{\partial t^2} = a^2 \left(\frac{\partial^2 u}{\partial x_1^2} + \frac{\partial^2 u}{\partial x_2^2} \right)$$

的解.

于是, 如果初始函数 $\varphi(x_1,x_2)$ 与 $\psi(x_1,x_2)$ 假设在 $\mathbb{R}^3$ 中给定, 但与 x_3 无关, 我们便得到, 基尔霍夫公式 (5.17) 给出的函数 $u(t,x)$ 是波动方程柯西问题 (5.16) 的二维空间变量的解. 确实, 在这种情况下, 沿 $\mathbb{R}^3$ 中的球面的积分 —— M_φ 与 M_ψ 是通过这个积分给出的 (参见 (5.8)) —— 理应化为对空间 $\mathbb{R}^2$ 的积分. 我们就来谈谈此事.

中心在点 $x=(x_1,x_2,x_3)$、半径为 R 的球面可投影到具有同样半径、中心在 (x_1,x_2) 的圆内. 球面上的面积元素 dS 与圆上的面积元素 $d\xi=d\xi_1d\xi_2$ 由关系式 $d\xi=dS\cos\gamma$ 相联系, 其中 γ 是球面的切平面与平面 (x_1,x_2) 间的夹角, 或者同样地, 是球面的法线与 x_3 轴之间的夹角 (x_3 轴是平面 (x_1,x_2) 的法线). 容易看出, $\sin\gamma$ 等于球面半径在平面 (x_1,x_2) 上的投影与半径 R 本身之比, 即

$$\sin\gamma=\frac{|\xi-x|}{R}=\frac{\sqrt{(\xi_1-x_1)^2+(\xi_2-x_2)^2}}{R},\quad \cos\gamma=\frac{\sqrt{R^2-|\xi-x|^2}}{R}.$$

还注意到 $R=at$, 还有, 在圆的每一点处, 有球面上的两个点投影到其上 (“上半球” 与 “下半球”), 最终得到, 公式 (5.8) 可改写成二维的情形:

$$M_g(t,x)=\frac{1}{4\pi a^2t}\int\limits_{|\xi-x|\leqslant at}g(\xi)\frac{2d\xi_1d\xi_2}{\cos\gamma}=\frac{2at}{4\pi a^2t}\int\limits_{|\xi-x|\leqslant at}\frac{g(\xi)d\xi_1d\xi_2}{\sqrt{(at)^2-|\xi-x|^2}}.$$

结果有:

$$M_g(t,x)=\frac{1}{2\pi a}\int\limits_{|\xi-x|\leqslant at}\frac{g(\xi)d\xi_1d\xi_2}{\sqrt{(at)^2-(\xi_1-x_1)^2-(\xi_2-x_2)^2}}.\tag{5.20}$$

这样一来, 我们就证明了如下定理.

定理 88　设 $\varphi(x)\in C^3(\mathbb{R}^2)$, $\psi(x)\in C^2(\mathbb{R}^2)$. 那么柯西问题

$$\begin{cases}u_{tt}=a^2\Delta u(t,x), & t>0,\quad x\in\mathbb{R}^2,\\ u|_{t=0}=\varphi(x) & u_t|_{t=0}=\psi(x)\end{cases}$$

的解由如下的泊松公式给出:

$$u(t,x)=\frac{\partial}{\partial t}M_\varphi(t,x)+M_\psi(t,x),$$

其中算子 M 在 (5.20) 式中定义.

5.1.4 弦振动方程的达朗贝尔公式

很自然地, 由三维空间不仅可以 “降” 到二维空间, 而且也可 “降” 到一维空间, 得到弦振动方程柯西问题解的达朗贝尔公式 (参看下面的 (5.24) 式) (我们记起, 弦

振动方程是空间变量为一维的波动方程). 我们立刻预先说明, 这个公式很容易用初等方法得出 (转到特征并求出弦振动方程的一般解), 还有, 不仅对分别属于空间 $C^3(\mathbb{R})$ 和 $C^2(\mathbb{R})$ 的初始条件 $\varphi(x)$ 与 $\psi(x)$ 有用达朗贝尔公式表示的柯西问题的古典解 (这如同三维与二维的情形), 而且对 $\varphi \in C^2(\mathbb{R}), \psi \in C^1(\mathbb{R})$ 也有柯西问题的古典解, 这容易直接用计算验证. 然而由基尔霍夫公式导出达朗贝尔公式仍然是用降维法.

于是, 如同上一部分, 我们考虑当 $x \in \mathbb{R}^3$, 但初始函数仅与一个变量 x_1 有关时: $\varphi = \varphi(x_1), \psi = \psi(x_1)$, 波动方程柯西问题的解 $u(t,x)$. 此时当沿 x_2 轴和 x_3 轴有位移时, 由于解的唯一性, 问题没有改变, 函数 $u(t,x)$ 也没有改变, 即 $u = u(t,x_1)$. 这意味着, 解对 x_2 及 x_3 的二阶导数等于 0, $u(t,x_1)$ 是问题

$$\frac{\partial^2 u}{\partial t^2} = a^2 \frac{\partial^2 u}{\partial x_1^2}, \quad u\,|_{t=0} = \varphi(x_1), \quad u_t|_{t=0} = \psi(x_1) \tag{5.21}$$

的解. 余下的仅仅是把公式 (5.8) 中的沿球面的积分化为对线段 $[x_1 - at, x_1 + at]$ 的积分, 这一线段是球面在 x_1 轴上的投影.

球面的一层投影为线段上的长度元素 $d\xi_1$. 这一层的面积 dS 投影为 $2\pi r d\xi_1$ 的 $1/\cos\gamma$ 倍大 —— $2\pi r d\xi_1$ 是具有同样高度与同样底面半径的圆柱面的侧面积, 其中 γ 是球面的这一层与柱面的法线的夹角 (γ 是与 5.1.3 所说的一样的角). 在这里 $r = R\cos\gamma$ 是球面的一层的底以及柱面的底的半径, $d\xi_1$ 是它们的高, $R = at$ 是球面的半径. 于是

$$dS = \frac{2\pi r d\xi_1}{\cos\gamma} = 2\pi R d\xi_1 = 2\pi a t d\xi_1. \tag{5.22}$$

附注 17 球面层的面积的公式 $S = 2\pi Rh$ 可从 (5.22) 式对 ξ_1 积分而得到, 这个公式可在任何一本数学手册中找到. 我们发现, 这一面积仅与球半径 R、层高 h 有关, 而与这一球面层的位置无关 —— 无论是在 "中间" 还是在 "最边上". 这意味着, 当我们切薄皮橙子为 "小圆轮" 时若具有同样的厚度, 则每一块都得到同样数量的果皮, 当然此时果肉却如我们所知, 中间的 "小圆轮" 比 "边上" 的要多.

在 $h = 2R$ 的特别情形, 便有熟知的整个球面的面积 $S = 4\pi R^2$.

将 (5.22) 式代入 (5.8) 式, 得

$$M_g(t,x_1) = \frac{1}{4\pi a^2 t} \int_{x_1 - at}^{x_1 + at} g(\xi_1) 2\pi a t d\xi_1 = \frac{1}{2a} \int_{x_1 - at}^{x_1 + at} g(\xi_1) d\xi_1. \tag{5.23}$$

我们看出, 在所研究的一维情形

$$\frac{\partial}{\partial t} M_g(t,x_1) = \frac{1}{2a}(a g(x_1 + at) - (-a) g(x_1 - at)) = \frac{g(x_1 - at) + g(x_1 + at)}{2}.$$

因此, 下述函数 $u(t,x)$ (已去掉不必要的下标 1) 是柯西问题 (5.21) 的解:

$$
\begin{aligned}
u(t,x) &= \frac{\partial}{\partial t} M_{\varphi}(t,x) + M_{\psi}(t,x) \\
&= \frac{\varphi(x-at)+\varphi(x+at)}{2} + \frac{1}{2a}\int_{x-at}^{x+at} \psi(\xi)d\xi.
\end{aligned} \tag{5.24}
$$

这就是**达朗贝尔公式**.

5.1.5 基尔霍夫公式、泊松公式和达朗贝尔公式的定性研究. 波在不同维数空间中的传播

已经看出 (参看附注 16), 波动方程柯西问题 (5.7) 解 $u(t,x)$ 在任何维数的空间, 在某一点 (t_0,x_0) (其中 $t_0>0$) 的值仅与初值函数 $\varphi(x)$ 及 $\psi(x)$ 在特征锥底上的值有关, 这个底即是球 (或者在 $\mathbb{R}^2$ 内是圆, 或者在 $\mathbb{R}^1$ 内是闭区间) $|x-x_0|\leqslant at_0$. 这可从泊松公式看得很清楚, 在那里积分 (5.20) 刚好是对这个圆进行的. 至于基尔霍夫公式, 如同我们从 (5.8) 式看出的, 在那里, 对我们来说, 仅仅在球 $|x-x_0|\leqslant at_0$ 边界的邻域内, 即球面 $|x-x_0|=at_0$ 上 $\varphi(x)$ 与 $\psi(x)$ 的值才是重要的. 更准确地说, 为了求出值 $u(t_0,x_0)$, 我们需要知道在这个球面上初始速度 $\psi(x)$ 的值以及初始位移 $\varphi(x)$ 及其导数的值 (因为 $M_{\varphi}(t,x)$ 以其对 t 的偏导数出现在解中). 初看起来, 基尔霍夫公式与泊松公式在确定其中进行积分的集合、包括符号 "=" 与 "⩽" 的差别不很大, 但却导致在不同维数空间中波的传播过程中本质不同的效果.

所谓的解对初始条件的**依赖集合**是波的传播的重要特征. 假设我们已知具有某些初始资料 $\varphi(x)$ 与 $\psi(x)$ 的波动方程柯西问题的解 $u(t,x)$. 现在, 我们并不是在全空间, 而只是在某个 (比如, 有界的) 集合 B 上改变了初始资料, 即考虑对我们的方程的柯西问题, 它具有另外的初始资料 $\widetilde{\varphi}(x)$ 与 $\widetilde{\psi}(x)$, 同时当 $x\notin B$ 时 $\widetilde{\varphi}(x)=\varphi(x)$ 及 $\widetilde{\psi}(x)=\psi(x)$. 用 $\widetilde{u}(t,x)$ 表示这个新问题的解. 发生这样的问题: 在什么地方解没有改变? 更准确地说, 在哪些点 $(t,x)\in\mathbb{R}_+\times\mathbb{R}^n$ 我们可明白地断定 $u(t,x)=\widetilde{u}(t,x)$? 于是, 当仅在某个集合 B 上改变初始条件时, 解**可能改变**的点 (t,x) 的集合称为解对于 B 上初始条件值的**依赖集合**.

由于问题的线性性质, 可以假设 $\varphi(x)\equiv\psi(x)\equiv0$, 并且相应地, 解 $u(t,x)$ 也是零, $u(t,x)\equiv0$. 令对 $x\notin B, \widetilde{\varphi}(x)=\widetilde{\psi}(x)=0$, 并试图回答问题: 在什么地方显然有 $\widetilde{u}(t,x)=0$, 而在哪些点我们不能断言这一点? 原来, 答案与空间的维数 $(n=1,2$ 或 $3)$ 有关.

三维空间 为了确定起见, 令 $B=\{x\in\mathbb{R}^3\,\big|\,|x|<1\}$ —— 单位球, 并设仅在球内初始条件 φ 与 ψ 可能异于零. 这意味着在零时刻, 在 0 的邻域发生了某个扰动 (爆炸). 设我们位于点 $x_0,|x_0|>1$. 我们试图弄明白, 什么时候 (关于时间) 我们感觉到这个扰动 (听到爆炸), 即对怎样的 $t,u(t,x_0)\neq0$?

根据基尔霍夫公式 (5.17), (5.8), 为了确定 $u(t,x_0)$ 的值, 我们应当对中心在点 x_0, 半径为 at 的球面 $S_{x_0}^{at}$ 积分初始条件. 仅仅当这个球面与单位球 B 的交非空时我们可以得到非零的结果. 这表明, 如果 $at \leqslant |x_0|-1$, 那么球 B 位于球面 $S_{x_0}^{at}$ 之外, 于是 $u(t,x_0)=0$. 这意味着, 扰动还没有到达点 x_0. 一般地, 对任意集合 B, 在距离 B 大于 at 的点 (t,x) 处, $u(t,x)$ 的值明显地为零. 因此, 振动在空间中以速率 a 行进.

如果 $at \geqslant |x_0|+1$, 那么球 B 整个落在球面 $S_{x_0}^{at}$ 之内, 积分是对 $\varphi=\psi=0$ 的集合进行的, 因此仍有 $u(t,x_0)=0$ (波已经走过了点 x_0).

总结上述, 我们得到, 在任意时刻 $t>0$, 仅可能在位于球层

$$at-1<|x|<at+1, \quad t>0 \tag{5.25}$$

内 (当 $t<\dfrac{1}{a}$ 时, 在球 $|x|<at+1$ 内) 的点 x 处, 解取非零值. 在这种情况下, 使得 $|x|=at+1$ 的点 (t,x) 的集合 (即距离 B 为 at 的点的集合) 称为**前波阵面**, 而使得 $|x|=at-1$ 的点的集合称为**后波阵面**. 波阵面在空间中以速率 a 传播. 解对于在 B 中初始值的依赖区域是前后阵面之间点的集合. 在我们的情况下依赖区域由 (5.25) 式给定.

二维空间 二维空间与三维空间原则区别在于: 在 (5.20) 中的积分是对整个的中心在点 x_0、半径为 at 的二维圆 $B_{x_0}^{at}$ 进行的, 而不是对它的边界 (圆周) 进行的. 所以, 仅当 $at \leqslant |x_0|-1$ 时, 此时单位球 B 位于 $B_{x_0}^{at}$ 之外, 明显地有 $u(t,x_0)=0$, 而当 $at \geqslant |x_0|+1$ (即 $B\subset B_{x_0}^{at}$) 时, $u(t,x_0)$ 的值不一定是零. 因此, 解 $u(t,x)$ 仅在满足

$$|x|<at+1, \quad t>0 \tag{5.26}$$

的点可能取非零值.

于是, 当在二维空间中的振动传播时, **存在**如同在 $\mathbb{R}^3$ 中一样的**前波阵面**, 它由到集合 B 的距离等于 at 的点构成, 而**不存在后波阵面**. 解对初始条件的依赖集合是在前波阵面内, 距离 B 小于 at 的、$\mathbb{R}^2$ 中的点 x 的区域.

设在某个有界集合 B 内发生初始条件扰动的振动在时间的某一瞬间达到点 x_0. 其次, 直到在 x_0 点之前的时间内, 此扰动确实在较小的程度上经常会被感觉到. 其条件为: 在 (5.20) 式中被积表达式的分母中, 数量 $\sqrt{(at)^2-|x_0-\xi|^2}$ (x_0 是固定的, 而 ξ 遍历有界集合 B) 是随 t 增长的. 正如我们所看见的, 对量 $u(t,x_0)$ 最大的影响是初始条件 $\varphi(\xi)$ 与 $\psi(\xi)$ 在那些距 x_0 接近 at 的点 ξ 处的值, 因为在那里 (5.20) 式中的分母小. 为了强调振动随时间衰减, 常说及在 $\mathbb{R}^2$ 中后波阵面的弥散 (而不是说它的消失).

附注 18 我们以物理上的例子来说明数学上的结论. 在三维空间中声波的传播当然是有后波阵面的, 否则我们听到任何声音时都带有很长时间的 (虽然逐渐减弱) "回声". 而在水面抛掷石块 (这是很强烈的初始资料的局部扰动) 产生的逐渐发散的

圆 (不止一个圆) 很好地表现了在二维空间中传播的清楚的前波阵面和弥散的后波阵面.

一维空间 正如我们由达朗贝尔公式 (5.24) 看到的, 弦振动方程柯西问题的解 $u(t,x_0)$ 的值依赖于弦在点 $x_0 \pm at$ 的初始位移 φ 及在闭区间 $[x_0-at, x_0+at]$ 上的初始速度 ψ. 在这里闭区间是一维的球, 而点 $x_0 \pm at$ 是一维空间中的球面 (球的边界). 于是, 解原则上以不同的方式依赖于 φ 与 ψ : 依赖于 φ 与三维情形类似, 而依赖于 ψ 则是类似于二维情形.

例如, 如果 $\psi \equiv 0$, 而当 $|x| \geqslant 1$ 时 $\varphi(x)=0$, 当 $x \in (-1,1)$ 时 $\varphi(x)>0$, 那么

$$u(t,x)=\frac{\varphi(x-at)+\varphi(x+at)}{2},$$

并且, 如果至少有数 $x \pm at$ 中之一属于开区间 $(-1,1)$, 那么 $u(t,x)>0$, 在其余的点处 $u(t,x)=0$. 解对于初始位移 φ 的值的依赖集合, 如同在三维的情形, 由不等式 (5.25) 在开区间 $(-1,1)$ 上给定.

反之, 如果 $\varphi \equiv 0$, 当 $|x| \geqslant 1$ 时 $\psi(x)=0$ 及当 $|x|<1$ 时 $\psi(x)>0$, 那么

$$u(t,x)=\frac{1}{2a}\int\limits_{x-at}^{x+at}\psi(\xi)d\xi,$$

并且当 $(-1,1)\cap(x_0-at, x_0+at) \neq \varnothing$ 时 $u(t,x)>0$, 在其余的点处, 即 $x_0-at \geqslant 1$ 或 $x_0+at \leqslant -1$ 时 $u(t,x)=0$. 解对于初始速度 ψ 的依赖集合, 如同二维的情形, 由关系式 (5.26) 在开区间 $(-1,1)$ 上给定. 我们也可看出, 对于所考虑的具有紧支集的初始条件, 当 $t \to +\infty$ 时没有 $u(t,x_0)$ 趋于 0 :

$$\lim_{t\to+\infty}u(t,x_0)=\frac{1}{2a}\int\limits_{\mathbb{R}}\psi(\xi)d\xi=\frac{1}{2a}\int\limits_{-1}^{1}\psi(\xi)d\xi>0, \quad \forall x_0 \in \mathbb{R}.$$

这就把一维问题不仅与三维问题, 而且也与二维问题区别开了.

任意维数的空间 自然出现这样的问题: 在 n 个空间变量的情形, 波的传播本质上发生了什么? 或者按另一方式说: 如果 $x \in \mathbb{R}^n$, 在确定算子 $M_g(t,x)$ 时, 是在怎样的集合上进行积分, 是在球面 S_x^{at} 上还是在球 B_x^{at} 上? 在 n 个空间变量的情形, 给出柯西问题解的公式称为赫格洛茨 – 彼得罗夫斯基公式. 我们在这里不想涉及它, 仅仅给出原则性的回答. 建议有兴趣的读者参看例如 [16].

在奇数 n 维空间 (除了 $n=1$ 之外) 中, 确定算子 M_g 的积分是沿球面 S_x^{at} 进行的, 因此, 如同我们所研究过的三维的情形, 波的传播存在着前波阵面和后波阵面.

在偶数维空间的情形, 确定算子 M_g 的积分是对球 B_x^{at} 进行的, 因此, 如同二维情形, 波仅有前波阵面, 而后波阵面弥散了.

一维空间是特殊的.

5.1.6 非齐次方程. 杜阿梅尔原理

在本质上, 杜阿梅尔 (Duhamel) 原理断言: 知道了齐次波动方程柯西问题的解, 我们可以求解非齐次方程

$$u_{tt} = a^2\Delta_x u(t,x) + f(t,x), \quad t>0, \quad x\in\mathbb{R}^n, \tag{5.27}$$

例如, 具有零初始条件

$$u|_{t=0} = u_t|_{t=0} = 0 \tag{5.28}$$

的问题.

定理 89 设 $U(t,\tau,x)$ 是齐次波动方程

$$U_{tt} = a^2\Delta_x U(t,\tau,x), \quad t>\tau, \quad x\in\mathbb{R}^n \tag{5.29}$$

具有当 $t=\tau$ 时给定的初始条件

$$U|_{t=\tau} = U(\tau,\tau,x) = 0, \quad U_t|_{t=\tau} = U_t(\tau,\tau,x) = f(\tau,x) \tag{5.30}$$

的解. 那么函数

$$u(t,x) := \int_0^t U(t,\tau,x)d\tau \tag{5.31}$$

是非齐次问题 (5.27) ~ (5.28) 的解.

附注 19 在问题 (5.29) ~ (5.30) 中所提初值条件不是在时刻 $t=0$, 而是对 $t=\tau>0$, 这仅仅导致, 在相应的公式 (基尔霍夫、泊松、达朗贝尔) 中需要以 $t-\tau$ 代替 t.

附注 20 在二维与三维情形齐次柯西问题解的存在性的证明是对初始速度 $\psi\in C^2$ 的光滑性进行的, 因此, 非齐次问题的解我们仅仅是在 $f(t,x)\in C^2$ 的假定下得到的.

证明 我们将要对 (5.29) 式给出的函数 $u(t,x)$ 进行微分. 下面所有的求微分都是合法的, 因为函数 $U(t,\tau,x)$ 作为齐次柯西问题的解, 对 t 与 x 都是两次连续可微的. 为了求对 x 的导数, 我们在积分号下直接对参数进行微分:

$$\Delta_x u(t,x) = \int_0^t \Delta_x U(t,\tau,x)d\tau.$$

为了求函数 $u(t,x)$ 对变量 t 的导数, 既要对参数微分, 也要对积分上限微分:

$$u_t(t,x) = \frac{\partial}{\partial t}\int_0^t U(t,\tau,x)d\tau = U(t,t,x) + \int_0^t U_t(t,\tau,x)d\tau$$

$$= \int_0^t U_t(t,\tau,x)d\tau,$$

$$u_{tt}(t,x) = \frac{\partial}{\partial t}\int_0^t U_t(t,\tau,x)d\tau = U_t(t,t,x) + \int_0^t U_{tt}(t,\tau,x)d\tau$$

$$= f(t,x) + \int_0^t U_{tt}(t,\tau,x)d\tau,$$

在这里我们利用了下述事实: 根据初始条件 (5.30), $U(t,t,x) = 0, U_t(t,t,x) = f(t,x)$. 另一方面, $U_{tt} = a^2\Delta_x U$(参看 (5.29)), 我们得到 (5.27). 显然, 初始条件 (5.28) 也成立. □

由于问题的线性性质, 具有初始条件

$$u|_{t=0} = \varphi(x), \quad u_t|_{t=0} = \psi(x)$$

的方程 (5.27) 的解可以表示为:

$$u(t,x) = \frac{\partial}{\partial t}M_{\varphi(x)}(t,x) + M_{\psi(x)}(t,x) + \int_0^t M_{f(\tau,x)}(t-\tau,x)d\tau,$$

其中算子 M_g 依空间的维数分别由 (5.8), (5.20) 或 (5.23) 给出. 例如当 $n=1$, 达朗贝尔公式 (5.24) 可改写为如下形式:

$$u(t,x) = \frac{\varphi(x-at)+\varphi(x+at)}{2} + \frac{1}{2a}\int_{x-at}^{x+at}\psi(\xi)d\xi + \frac{1}{2a}\int_0^t\int_{x-a(t-\tau)}^{x+a(t-\tau)} f(\tau,\xi)d\xi d\tau.$$

5.2 弦振动方程的混合问题

双曲型方程的基本问题之一就是混合问题. 薄膜振动方程的混合问题以下述形式提出: 在区域 $G = \{0 < t < T, (x,y)\in\Omega\}$ 中求方程 $u_{tt} - \Delta u = 0$ 满足条件

$$\begin{cases} u|_{t=0} = \varphi_0, \\ u_t|_{t=0} = \varphi_1, \\ u|_S = 0 \quad \text{或} \quad \left.\dfrac{\partial u}{\partial n}\right|_S = 0 \end{cases}$$

的解 $u(t,x,y)$, 其中 $S=\{0<t<T,(x,y)\in\sigma\}$, σ 是区域 Ω 的边界. 我们暂不考虑解 $u(t,x,y)$ 应当属于怎样的函数类.

现在考虑一维情形, 即弦振动方程.

设 p 是弦的密度, 弦在粘滞的介质中振动, 粘滞度以 q 表示, 那么这样的弦的振动方程具有如下形状:

$$(p(x)u_x)_x-q(x)u=u_{tt}. \tag{5.32}$$

这个方程是双曲型的. 按照问题的物理意义 $p(x)\geqslant p_0, p_0>0$ 为常数,$q(x)\geqslant 0$. 长度为 l 的弦, 端点固定, 其振动问题相应于边界条件

$$u|_{x=0}=0,\quad u|_{x=l}=0 \tag{5.33}$$

及初始条件

$$u|_{t=0}=\varphi_0(x),\quad u_t|_{t=0}=\varphi_1(x). \tag{5.34}$$

我们来详细地研究混合问题 (5.32) ~ (5.34). 首先证明这个问题的解的唯一性.

引入记号:

$$Q_T=\{0<t<T,0<x<l\},\quad Q_\tau=\{0<t<\tau,0<x<l\}.$$

我们将假设 $p\in C^1([0,l])$.

定理 90 (唯一性) 问题 (5.32) ~ (5.34) 的解是唯一的.

证明 为了证明, 将方程 (5.32) 乘以 $2u_t$ 并对 Q_τ 积分. 容易看出, 方程

$$2u_t(u_{tt}-(pu_x)_x+qu)=0$$

可改写为如下形式:

$$(u_t^2)_t+(pu_x^2)_t-2(pu_xu_t)_x+q(u^2)_t=0.$$

所以有

$$\int\limits_{Q_\tau}\{(u_t^2)_t+(pu_x^2)_t-2(pu_xu_t)_x+q(u^2)_t\}dxdt=0.$$

应用高斯 – 奥斯特罗格拉茨基公式得

$$\begin{aligned}0=&\int\limits_{t=\tau}(u_t^2+pu_x^2+qu^2)dx-\int\limits_{t=0}(u_t^2+pu_x^2+qu^2)dx\\&+\int\limits_{x=0}2pu_xu_tdt-\int\limits_{x=l}2pu_xu_tdt.\end{aligned}$$

根据边界条件 (5.33), 后两个积分等于零. 我们得到在自由端点情况 $\left(\left.\dfrac{\partial u}{\partial x}\right|_{\substack{x=0\\x=l}}=0\right)$ 或固定端点 $(u|_{\substack{x=0\\x=l}}=0)$ 情况的能量等式: 对任意 $\tau\geqslant 0$

$$\int\limits_{t=\tau}(u_t^2+p(x)u_x^2+qu^2)dx=\int\limits_{t=0}(u_t^2+p(x)u_x^2+qu^2)dx$$

或

$$\int\limits_{t=\tau}(u_t^2+p(x)u_x^2+qu^2)dx=\int\limits_{t=0}(\varphi_1^2+p(\varphi_0')^2+q\varphi_0^2)dx,\tag{5.35}$$

即对于端点固定的弦能量守恒 (因为我们所推证的积分不依赖于时间, 它有物理意义, 表示弦的能量).

现在由能量等式 (5.35) 可得到混合问题 (5.32) ~ (5.34) 解的唯一性. 设该问题有两个解 u_1 与 u_2.

记 $v=u_1-u_2$, 则有

$$v_{tt}-(pv_x)_x+qv=0,\quad v|_{t=0}=0,\quad v_t|_{t=0}=0,\quad v|_{\substack{x=0\\x=l}}=0.$$

根据能量等式 (5.35)

$$\int\limits_{t=\tau}(v_t^2+pv_x^2+qv^2)dx=0.$$

依照假设 $p(x)\geqslant p_0>0,p_0$ 为常数,$q(x)\geqslant 0$. 所以对任意 $t,v_t\equiv 0,v_x\equiv 0$, 这表明 v 等于常数, 但是因为 $v|_{t=0}=0$, 那么 $v\equiv 0$, 所以 $u_1=u_2$. 定理证毕. □

现在考虑混合问题 (5.32) ~ (5.34) 当初始资料变化时其解在量值上的变化. 设 $\overline{u}$ 与 $\overline{\overline{u}}$ 是分别相应于下述条件的两个解:

$$\begin{cases}\overline{u}|_{t=0}=\overline{\varphi}_0,\\ \overline{u}_t|_{t=0}=\overline{\varphi}_1,\\ \overline{u}|_{x=0}=\overline{u}|_{x=l}=0,\end{cases}\qquad \begin{cases}\overline{\overline{u}}|_{t=0}=\overline{\overline{\varphi}}_0,\\ \overline{\overline{u}}_t|_{t=0}=\overline{\overline{\varphi}}_1,\\ \overline{\overline{u}}|_{x=0}=\overline{\overline{u}}|_{x=l}=0.\end{cases}$$

对于解 $\overline{u}-\overline{\overline{u}}$ 成立能量等式

$$\begin{aligned}&\int\limits_{t=\tau}(\overline{u}-\overline{\overline{u}})_t^2+p(x)(\overline{u}-\overline{\overline{u}})_x^2+q(\overline{u}-\overline{\overline{u}})^2dx\\=&\int\limits_{t=0}(\overline{\varphi}_1-\overline{\overline{\varphi}}_1)^2+p(x)(\overline{\varphi}_0'-\overline{\overline{\varphi}}_0')^2+q(\overline{\varphi}_0-\overline{\overline{\varphi}}_0)^2dx.\end{aligned}$$

这意味着与初始函数的微小变化对应着解的范数的微小变化, 而范数的平方由能量等式 (5.35) 定义.

混合问题 (5.32) ~ (5.34) 的解的存在性, 我们用傅里叶方法来证明, 这个方法叙述如下.

首先来求方程 (5.32) 形如

$$u(t,x)=T(t)X(x)$$

的特解. 我们有

$$T''X-T(pX_x)_x+qTX=0$$

或者

$$\frac{T''}{T}=\frac{(pX_x)_x-qX}{X}=-\lambda,\quad \lambda \text{ 为常数},$$

由此

$$T''+\lambda T=0 \tag{5.36}$$

及

$$-(pX_x)_x+qX=\lambda X \tag{5.37}$$

为了使得函数 $T(t)X(x)$ 满足边界条件 (5.33), 必须使

$$X(0)=X(l)=0 \tag{5.38}$$

定义 4 使得满足边界条件 (5.38) 的方程 (5.37) 存在非平凡解 $X(x)$ 的数值 λ 称为本征值,而与此 λ 相应的解 $X(x)$ 称为本征函数.

其次, 我们证明, 存在可数的、正的本征值的序列

$$\lambda_1,\cdots,\lambda_n\cdots\to\infty$$

及相应的本征函数的序列 $X_1,\cdots,X_n,\cdots$, 同时 $\{X_n\}$ 是在 $L_2(0,l)$ 中的完备正交系. 假设

$$\int_0^1 X_k^2dx=1.$$

于是有

$$-(pX_k')'+qX_k=\lambda_kX_k,\quad X_k(0)=X_k(l)=0,\quad T''=-\lambda_kT.$$

因此,

$$T_k(t)=A_k\cos\sqrt{\lambda_k}t+B_k\sin\sqrt{\lambda_k}t,\quad u_k(t,x)=T_k(t)X_k(x).$$

我们来求问题 (5.32) ~ (5.34) 形如

$$u(t,x)=\sum_{k=1}^{\infty}T_k(t)X_k(x) \tag{5.39}$$

的解. 假设问题 (5.32) ~ (5.34) 的解存在并可表为 (5.39) 式的形状. 那么

$$u|_{t=0} \equiv \varphi_0 = \sum_{k=1}^{\infty} A_k X_k(x), \quad u_t|_{t=0} \equiv \varphi_1 = \sum_{k=1}^{\infty} \sqrt{\lambda_k} B_k X_k(x).$$

将这两个等式乘以 X_k 并对 x 从 0 到 l 积分. 引入记号

$$\int_0^l \psi\varphi dx = (\psi, \varphi)$$

并且考虑到 $(X_k, X_m) = \delta_{km}$, 得到 $(\varphi_0, X_k) = A_k$ 及 $(\varphi_1, X_k) = \sqrt{\lambda_k} B_k$. 于是得到

$$u(t,x) = \sum_{k=1}^{\infty} X_k(x)(A_k \cos\sqrt{\lambda_k}t + \frac{C_k}{\sqrt{\lambda_k}} \sin\sqrt{\lambda_k}t),$$

其中 $C_k = (\varphi_1, X_k), A_k = (\varphi_0, X_k)$.

我们来证明, 在对 φ_0 与 φ_1 确定的限制下, 这个级数给出混合问题 (5.32) ~ (5.34) 的 $C^2(\overline{Q}_T)$ 类的解.

为此, 首先着手于斯图姆 – 刘维尔 (Sturm-Liouville) 问题, 即求方程

$$-(pX_x)_x + qX = \lambda X$$

在限制条件 $X(0) = 0, X(l) = 0$ 下的本征函数与本征值问题. 记 $\mathcal{L}(X) \equiv -(pX_x)_x + qX$.

引理 7 设 $\varphi(x), \psi(x) \in C^2([0,l])$ 且 $\varphi(0) = \varphi(l) = 0, \psi(0) = \psi(l) = 0$. 那么

$$(\mathcal{L}\varphi, \psi) = (\varphi, \mathcal{L}\psi) \tag{5.40}$$

(即 $\mathcal{L}$ 是在上述函数类中函数上的对称算子).

证明 我们有

$$(\mathcal{L}\varphi, \psi) = \int_0^l ((-p\varphi')'\psi + q\varphi\psi)dx = \int_0^l (\varphi(-p\psi')' + q\varphi\psi)dx = (\varphi, \mathcal{L}\psi). \qquad \square$$

现在来证明斯图姆 – 刘维尔问题 (5.37) ~ (5.38) 的本征函数与本征值的一些性质.

1° 所有的本征值 λ_k 都是正的.

我们有

$$(\mathcal{L}(X_k), X_k) = \lambda_k \int_0^l X_k^2 dx = \lambda_k,$$

其中 $\mathcal{L}(X_k)=\lambda_k X_k$. 进行分部积分, 得

$$(\mathcal{L}(X_k),X_k)=\int_0^l (p(X_k')^2+qX_k^2)dx.$$

于是

$$\lambda_k=(\mathcal{L}(X_k),X_k)=\int_0^l (p(X_k')^2+qX_k^2)dx>0,$$

因为 $X_k\not\equiv 0, p\geqslant p_0>0, q\geqslant 0, X_k(0)=X_k(l)=0$.

2° 对于 $\lambda_k\neq\lambda_m, (X_k,X_m)=0$.

根据等式 (5.39), $(\mathcal{L}(X_k),X_m)=(X_k,\mathcal{L}X_m)$, 因此 $\lambda_k(X_k,X_m)=\lambda_m(X_k,X_m)$. 因为 $\lambda_k\neq\lambda_m$, 那么 $(X_k,X_m)=0$; 即对应于不同本征值的本征函数正交.

3° 与每一个本征值 λ_k 对应着唯一的本征函数 X_k (精确到符号), 使得 $(X_k,X_k)=1$.

设有两个线性无关的本征函数 X^1 与 X^2 与某个本征值 λ 对应.

考虑对这两个函数在点 $x=0$ 的朗斯基 (Wronski) 行列式. 它的形状为

$$\begin{vmatrix} X^1(0) & X^2(0) \\ (X^1)'(0) & (X^2)'(0) \end{vmatrix}.$$

这个行列式等于零, 因为 X^1 与 X^2 满足边界条件, 因此 X^1 与 X^2 线性相关. 所得矛盾证明了我们的论断.

4° 本征函数系 $\{X_k\}$ 在 $L_2(0,l)$ 是完备的. 这意味着, 对任意函数 $\varphi\in L_2$ 有

$$\varphi=\sum_{k=1}^{\infty}C_kX_k(x),\quad 其中\quad C_k=(\varphi,X_k),$$

这个级数平均收敛, 即当 $N\to\infty$ 时

$$\left\|\varphi-\sum_{k=1}^{N}C_kX_k\right\|\xrightarrow{L_2(0,l)}0.$$

证明 借助于希尔伯特关于共轭紧算子的著名定理, 我们来证明后一论断. 首先考虑常微分方程的边值问题

$$\mathcal{L}(u)\equiv(p(x)u')'-q(x)u=f(x),\quad u(0)=u(l)=0, \tag{5.41}$$

其中 $f(x)$ 是某个连续函数.

设 u_1 与 u_2 是齐次方程 $\mathcal{L}(u)=0$ 的两个解. 现在应用常数变易法来求问题 (5.41) 的解, 即把问题 (5.41) 的解表示为如下形式:

$$u(x)=C_1(x)u_1(x)+C_2(x)u_2(x),$$

其中 $C_1(x), C_2(x)$ 是未知函数, 而 $u_1(x), u_2(x)$ 是方程 $\mathcal{L}(u) = 0$ 满足条件 $u_1|_{x=0} = 0, u_2|_{x=l} = 0$ 的线性无关的解.

这样的解存在, 因为 $\lambda = 0$ 不是本征值, 因为如果 $u_1 = Cu_2$, 那么 u_1 乃是当 $\lambda = 0$ 时的本征函数.

令

$$C_1(l) = 0, \quad C_2(0) = 0, \quad C_1'u_1 + C_2'u_2 = 0, \quad C_1'u_1' + C_2'u_2' = \frac{f}{p}.$$

那么

$$C_1' = \frac{-\dfrac{f}{p}u_2}{\Delta}, \quad C_2' = \frac{\dfrac{f}{p}u_1}{\Delta}, \quad \text{其中} \quad \Delta = \begin{vmatrix} u_1 & u_2 \\ u_1' & u_2' \end{vmatrix}.$$

由此

$$C_2(x) = \int_0^x \frac{f(s)u_1(s)}{p(s)\Delta(s)}ds, \quad C_1(x) = \int_x^l \frac{f(s)u_2(s)}{p(s)\Delta(s)}ds.$$

我们求得问题 (5.41) 的显式形式的解

$$u(x) = \int_0^x \frac{f(s)u_1(s)u_2(x)}{p(s)\Delta(s)}ds + \int_x^l \frac{f(s)u_2(s)u_1(x)}{p(s)\Delta(s)}ds.$$

根据常微分方程理中熟知的刘维尔定理有

$$\Delta(x) = \Delta(0)\exp\left(-\int_0^x \frac{p'(x)}{p(x)}dx\right) = \frac{\Delta(0)p(0)}{p(x)}.$$

于是得到

$$u(x) = \int_0^x \frac{f(s)u_1(s)u_2(x)}{\Delta(0)p(0)}ds + \int_x^l \frac{f(s)u_2(s)u_1(x)}{\Delta(0)p(0)}ds.$$

用以下等式定义格林函数:

$$G(x,s) = \frac{u_2(s)u_1(x)}{\Delta(0)p(0)} \quad \text{当} \quad 0 < x < s,$$

$$G(x,s) = \frac{u_1(s)u_2(x)}{\Delta(0)p(0)} \quad \text{当} \quad s < x < l.$$

最后我们得到问题 (5.41) 解的公式:

$$u(x) = \int_0^l G(x,s)f(s)ds.$$

这个问题的解是唯一的. 实际上, 如果 $\overline{u}$ 与 $\overline{\overline{u}}$ 是这个问题的两个解, 那么对于 $v = \overline{u} - \overline{\overline{u}}$ 有

$$\mathcal{L}(v) = 0, \quad v(0) = v(l) = 0.$$

这意味着 v 是对应于 $\lambda = 0$ 的本征函数, 但是我们已经证明了本征值是正的, 所以 $v \equiv 0, \overline{u} \equiv \overline{\overline{u}}$.

容易验证, 如果 $f(x)$ 连续且

$$u(x) = \int_0^l G(x,s)f(s)ds,$$

那么 $\mathcal{L}(u) = f$ 且 $u(0) = u(l) = 0$. 如果注意到 $G(x,s)$ 的形状, 这易于得到.

下面指出格林函数的性质:

1. $G(x,s) = G(s,x)$.
2. $G(x,s)$ 是 x 与 s 的连续函数, 当 $x \neq s$ 时 $G(x,s)$ 两次连续可微.
3. $G'_x(s-0,s) = \dfrac{u_2(s)u'_1(s)}{\Delta(0)p(0)}, \quad G'_x(s+0,s) = \dfrac{u_1(s)u'_2(s)}{\Delta(0)p(0)},$

   $G'_x(s+0,s) - G'_x(s-0,s) = \dfrac{\Delta(s)}{\Delta(0)p(0)} = \dfrac{1}{p(s)}.$
4. 作为 x 的函数, $G(x,s)$ 当 $x \neq s$ 时满足方程 $\mathcal{L}(G) = 0$.
5. $G|_{x=0} = G|_{x=l} = 0$.

习题 4 证明 $-\mathcal{L}(G) = \delta(x-s)$.

现在我们可以证明, 斯图姆 – 刘维尔问题与求某个具有连续对称核的积分算子的本征函数等价.

实际上, 设当 $\lambda = \lambda_k$ 时, 斯图姆 – 刘维尔问题的本征函数存在:

$$-\mathcal{L}(X_k) = \lambda_k X_k; \quad X_k(0) = X_k(l) = 0.$$

那么, 以 $f(x)$ 表示 $-\lambda_k X_k$ 后, 得

$$X_k(x) = -\int_0^l G(x,s)\lambda_k X_k(s)ds.$$

引入算子

$$A(u) \equiv \int_0^l G(x,s)u(s)ds.$$

那么

$$A(X_k) = -\frac{1}{\lambda_k}X_k, \quad \mu_k = -\frac{1}{\lambda_k}, \quad A(X_k) = \mu_k X_k.$$

这表明 X_k 是算子 A 对应于本征值 $\mu_k=-\dfrac{1}{\lambda_k}$ 的本征函数.

反之, 设 $A(X_l)=\mu_l X_l$ 或

$$\int_0^l G(x,s)X_l(s)ds=\mu_l X_l.$$

那么对这个等式的左、右两端应用算子 $\mathcal{L}$, 得到

$$-\mathcal{L}(\mu_l X_l)=X_l \quad 或 \quad \mathcal{L}(X_l)=-\frac{1}{\mu_l}X_l.$$

这表明, 算子 A 的任何本征函数都是斯图姆 – 刘维尔问题 (5.37)、(5.38) 的本征函数. □

我们的任务是证明混合问题

$$\begin{aligned}&u_{tt}-(p(x)u_x)_x+q(x)u=0,\\&u|_{x=0}=u|_{x=l}=0,\quad u|_{t=0}=\varphi_0(x),\quad u_t|_{t=0}=\varphi_1(x)\end{aligned}$$

的解的存在性. 是在区域 $Q_T=\{0\leqslant t\leqslant T, 0\leqslant x\leqslant l\}$ 内求解. 先前我们已得到形式级数

$$u(t,x)=\sum_{k=1}^{\infty}\left(A_k X_k(x)\cos\sqrt{\lambda_k}t+\frac{B_k}{\sqrt{\lambda_k}}X_k(x)\sin\sqrt{\lambda_k}t\right),\tag{5.42}$$

其中 $A_k=(\varphi_0,X_k), B_k=(\varphi_1,X_k)$.

我们来证明, 在关于 φ_0 与 φ_1 的确定的假设下, 级数绝对与一致收敛, 且对此级数可逐项对 x 与 t 微分两次.

级数

$$\sum_{k=1}^{\infty}|X_k(x)|\left(|A_k|+\frac{|B_k|}{\sqrt{\lambda_k}}\right) \quad 及 \quad \sum_{k=1}^{\infty}|X_k(x)|(|A_k|\lambda_k+|B_k|\sqrt{\lambda_k})$$

分别是级数 (5.42) 及由它对 t 逐项微分两次所得级数的强级数.

级数

$$\sum_{k=1}^{\infty}|X_k'(x)|\left(|A_k|+\frac{|B_k|}{\sqrt{\lambda_k}}\right)$$

是 u_x 的强级数, 而级数

$$\sum_{k=1}^{\infty}|X_k''(x)|\left(|A_k|+\frac{|B_k|}{\sqrt{\lambda_k}}\right)$$

是 u_{xx} 的强级数. 于是, 我们只需证明上述这些级数的收敛性.

定理 91 如果 $p(x), p_x(x), q(x)$ 在闭区间 $[0,l]$ 上连续以及如果

1. $\varphi_0, \mathcal{L}(\varphi_0) \in H$,
2. $\varphi_1, \mathcal{L}(\varphi_1) \in L_2(0,l)$,

其中空间 H 由在闭区间 $[0,l]$ 上连续. 当 $x=0$ 及 $x=l$ 时其函数值等于零、其一阶广义导数属于 $L_2(0,l)$ 的函数组成, 那么混合问题 (5.32) $\sim$ (5.34) 在区域 $Q_T=\{0 \leqslant t \leqslant T, 0 \leqslant x \leqslant l\}$ 内的 $C^2(Q_T)$ 类的解 $u(t,x)$ 存在.

证明 可以看出, 对任意函数 $f \in H$, 积分

$$\int_0^l (p(f')^2 + qf^2)dx$$

存在. 此外, 对 H 中任意的函数 f_1 与 f_2, 按分部积分得到

$$(\mathcal{L}(f_1), f_2) = \int_0^l (pf_1'f_2' + qf_1f_2)dx \equiv [f_1, f_2] = (\mathcal{L}(f_2), f_1).$$

在空间 $L_2(0,l)$ 中贝塞尔不等式成立:$f = \Sigma C_k X_k, \Sigma C_k^2 \leqslant (f,f)$.

引理 8 设 $f \in H$, 那么 $\Sigma \lambda_k C_k^2 \leqslant [f,f]$, 其中 $C_k = (f, X_k)$(这个不等式对于空间 H 来说是贝塞尔不等式的类比).

证明 考虑不等式

$$\begin{aligned} 0 &\leqslant \left[f - \sum_{k=1}^N C_k X_k, f - \sum_{k=1}^N C_k X_k\right] \\ &= [f,f] + \left[\sum_{k=1}^N C_k X_k, \sum_{k=1}^N C_k X_k\right] - 2\left[f, \sum_{k=1}^N C_k X_k\right] \\ &= [f,f] - \sum_{k=1}^N \lambda_k C_k^2. \end{aligned}$$

在这里我们利用了下面的等式.

容易看出,

$$[X_k, X_l] = \begin{cases} \lambda_k, & \text{如果 } k = l, \\ 0, & \text{如果 } k \neq l. \end{cases}$$

因为 $[X_k, X_l] = (\mathcal{L}(X_k), X_l) = \lambda_k (X_k, X_l)$, 那么

$$\sum_{k=1}^N C_k [f, X_k] = \sum_{k=1}^N C_k (f, \mathcal{L}(X_k)) = \sum_{k=1}^N \lambda_k C_k^2.$$

于是引理 8 得证. □

引理 9 成立如下不等式:

$$\sum_{k=1}^{\infty}\frac{X_k^2(x)}{\lambda_k}\leqslant [G,G] \tag{5.43}$$

$$\sum_{k=1}^{\infty}\frac{(X_k'(x))^2}{\lambda_k^2}\leqslant (G_x,G_x) \tag{5.44}$$

(右端的积分是对 s 取的).

证明 根据方程 $\mathcal{L}(X_k)=\lambda_k X_k$ 有

$$\int_0^l G(x,s)X_k(s)ds=-\frac{1}{\lambda_k}X_k(x). \tag{5.45}$$

上面的等式表明, $-X_k(x)/\lambda_k$ 是作为 s 的函数 $G(x,s)$ 的傅里叶系数. 因为 $G(x,s)\in H$, 那么按照引理 8 有

$$\sum_{k=1}^{\infty}\lambda_k\frac{X_k^2(x)}{\lambda_k^2}\leqslant [G,G].$$

将等式 (5.45) 对 x 取微分, 有

$$\int_0^l G_x(x,s)X_k(s)ds=-\frac{1}{\lambda_k}X_k'(x).$$

这意味着, $-X_k'(x)/\lambda_k$ 是函数 $G_x(x,s)$ 的傅里叶系数, 因为 $G_x(x,s)\in L_2(0,l)$, 那么根据贝塞尔不等式有 (5.44). □

现在来证明级数

$$u(t,x)=\sum_{k=1}^{\infty}X_k(x)\left[A_k\cos\sqrt{\lambda_k}t+\frac{B_k}{\sqrt{\lambda_k}}\sin\sqrt{\lambda_k}t\right]$$

及其对 x,t 微分两次所得级数一致收敛, 其中 $A_k=(\varphi_0,X_k), B_k=(\varphi_1,X_k)$.

为了证明这些级数的一致收敛性, 考虑 “强级数”

I) $\displaystyle\sum_{k=1}^{\infty}|X_k(x)|\left[|A_k|\lambda_k+|B_k|\sqrt{\lambda_k}\right]$,

II) $\displaystyle\sum_{k=1}^{\infty}|X_k'(x)|\left[|A_k|+\frac{|B_k|}{\sqrt{\lambda_k}}\right]$.

为了证明上述这些强级数的收敛性, 将要应用如下一些关系式. 我们来证明, 在

我们对 φ_0, φ_1 所作的假设下, 成立以下的不等式:

1° $\sum_{k=1}^{\infty} \lambda_k^3 A_k^2 < \infty$;

2° $\sum_{k=1}^{\infty} \lambda_k^2 A_k^2 < \infty$;

3° $\sum_{k=1}^{\infty} \lambda_k^2 B_k^2 < \infty$;

4° $\sum_{k=1}^{\infty} \lambda_k B_k^2 < \infty$.

依照 A_k 的定义有

$$A_k = (\varphi_0, X_k) = \frac{1}{\lambda_k}(\varphi_0, \mathcal{L}(X_k)) = \frac{1}{\lambda_k}(\mathcal{L}(\varphi_0), X_k),$$

即 $\lambda_k A_k = (\mathcal{L}(\varphi_0), X_k)$ 是函数 $\mathcal{L}(\varphi_0) \in H$ 的傅里叶系数. 根据引理 8

$$\sum_{k=1}^{\infty} \lambda_k (\lambda_k^2 A_k^2) \leqslant [\mathcal{L}(\varphi_0), \mathcal{L}(\varphi_0)] < \infty.$$

于是不等式 1° 得证.

由贝塞尔不等式推出

$$\sum_{k=1}^{\infty} \lambda_k^2 A_k^2 \leqslant (\mathcal{L}(\varphi_0), \mathcal{L}(\varphi_0)) < \infty.$$

对于 $\mathcal{L}(\varphi_1)$ 类似地有

$$B_k = (\varphi_1, X_k) = \frac{1}{\lambda_k}(\varphi_1, \mathcal{L}(X_k)) = \frac{1}{\lambda_k}(\mathcal{L}(\varphi_1), X_k).$$

所以依照贝塞尔不等式得

$$\sum_{k=1}^{\infty} (\lambda_k B_k)^2 \leqslant (\mathcal{L}(\varphi_1), \mathcal{L}(\varphi_1)) < \infty.$$

因为 $\varphi_1 \in H$, 那么依照引理 8

$$\sum_{k=1}^{\infty} \lambda_k B_k^2 \leqslant [\varphi_1, \varphi_1] < \infty.$$

在引理 9 中已证明

$$5^\circ \sum_{k=1}^{\infty} \frac{X_k^2(x)}{\lambda_k} \leqslant [G,G] \leqslant M;$$

$$6^\circ \sum_{k=1}^{\infty} \frac{(X_k'(x))^2}{\lambda_k^2} \leqslant (G_x,G_x) \leqslant M_1,$$

其中 M, M_1 为常数.

我们利用 $1^\circ \sim 6^\circ$ 来证明级数 I) 与 II) 的收敛性. 应用柯西 – 布尼亚科夫斯基不等式, 如果 m 与 n 充分大, 便有

$$\sum_{k=m}^{n} |X_k(x)|[|A_k|\lambda_k + |B_k|\sqrt{\lambda_k}] = \sum_{k=m}^{n} \frac{|X_k(x)|}{\sqrt{\lambda_k}}[|A_k|\lambda_k + |B_k|\sqrt{\lambda_k}]\sqrt{\lambda_k}$$

$$\leqslant \sqrt{\sum_{k=m}^{n} \frac{|X_k(x)|^2}{\lambda_k}} \left\{ \sqrt{\sum_{k=m}^{n} \lambda_k^3 A_k^2} + \sqrt{\sum_{k=m}^{n} \lambda_k^2 B_k^2} \right\} \leqslant \sqrt{M} \cdot 2\varepsilon.$$

这表明级数 I) 一致收敛.

我们来证明级数 II) 的收敛性. 如果 m 与 n 充分大则有

$$\sum_{k=m}^{n} \frac{|X_k'(x)|}{\lambda_k} \left[|A_k|\lambda_k + \frac{|B_k|\lambda_k}{\sqrt{\lambda_k}} \right]$$

$$\leqslant \sqrt{\sum_{k=m}^{n} \frac{|X_k'(x)|^2}{\lambda_k^2}} \left\{ \sqrt{\sum_{k=m}^{n} \lambda_k^2 A_k^2} + \sqrt{\sum_{k=m}^{n} \lambda_k B_k^2} \right\} \leqslant \sqrt{M_1}\varepsilon,$$

这表明级数 II) 一致收敛.

将 $u(t,x)$ 的级数对 x 微分两次得到的级数

$$\sum_{k=1}^{\infty} X_k''(x) \left[A_k \cos \sqrt{\lambda_k} t + \frac{B_k}{\sqrt{\lambda_k}} \sin \sqrt{\lambda_k} t \right]$$

的绝对、一致收敛性可以由级数 I) 与 II) 的一致收敛性推出, 因为由斯图姆 – 刘维尔方程推出

$$X_k'' = \frac{1}{p}(qX_k - p'X_k' - \lambda_k X_k),$$

所以对于 u_{xx} 的级数以形如 I) 与 II) 的级数为其强级数. □

现在说明, 对混合边值问题在 $C^2(\overline{Q}_T)$ 类中的解的存在性, 我们加在 φ_0 与 φ_1 上的某些限制是必要的.

把方程 (5.32) 改写为如下形式:

$$u_{tt} + \mathcal{L}(u) = 0. \tag{5.46}$$

我们有

$$u|_{t=0}=\varphi_0,\quad u_t|_{t=0}=\varphi_1,\quad u|_{x=0}=0,\quad u|_{x=l}=0.$$

因为函数 $u(t,x)$ 在 $\overline{Q}_T$ 内连续, 那么

$$\varphi_0(0)=u|_{\substack{x=0\\t=0}}=0,\quad \varphi_0(l)=u|_{\substack{x=l\\t=0}}=0.$$

此外, 由于导数 u_t 的连续性, 有

$$\varphi_1(0)=u_t|_{\substack{x=0\\t=0}}=0,\quad \varphi_1(l)=u_t|_{\substack{x=l\\t=0}}=0.$$

如果 $u\in C^2(\overline{Q}_T)$, 因为在点 $(0,0)$ 与 $(0,l)u_{tt}=0$, 那么由方程 (5.46) 推出

$$\mathcal{L}(\varphi_0)|_{x=0}=0,\quad \mathcal{L}(\varphi_0)|_{x=l}=0.$$

5.3 双曲型偏微分方程组的柯西问题

在本章我们研究基本的数学物理问题之一 —— 偏微分方程组的柯西问题.

5.4 柯西定理

一阶常微分方程的柯西问题

$$\frac{du}{dt}=f(t,u),t>t_0,u(t_0)=u_0,\tag{5.47}$$

解的存在性与唯一性的第一个证明是柯西得到的, 其条件是函数 f 在点 (t_0,u_0) 的邻域中全纯. 在这种情形下他证明了在点 t_0 的邻域全纯的解 $u(t)$ 存在并且仅有一个. 证明的思想是简单的. 令 $u=v+u_0$, 把 (5.47) 化为齐次初条件的柯西问题. 于是

$$\frac{dv}{dt}=f(v,t),\quad v|_{t=0}=0,\tag{5.48}$$

其中 $f(v,t)\in\mathcal{A}_{loc}$ 是对变量 (v,t) 的局部实解析函数.

柯西定理的证明 求在局部解析函数类 $\mathcal{A}^1_{loc}$ 中的解 $v(t)$, 它可在 $t=t_0$ 的邻域中展为幂级数:

$$v(t)=\sum_{j=0}^{\infty}a_j(t-t_0)^j,\quad a_j\in\mathbb{C},\quad t\in\mathbb{R}.$$

我们忆起 $\mathcal{A}^m_{loc}$ 解析向量函数 $f(t,x,u)\in\mathcal{A}^m_{loc}$ 的某些一般性质, 其中 $t\in\mathbb{R}^1,u,f\in\mathbb{R}^m,x\in\mathbb{R}^n$,

$$f(t,x,u)=\sum_{k,|\alpha|,|\beta|\geqslant 0}f_{k,\beta,\alpha}(t-t_0)^k(x-x_0)^\beta(u-u_0)^\alpha,\tag{5.49}$$

$$\alpha=(\alpha_1,\cdots,\alpha_m),\quad \beta=(\beta_1,\cdots,\beta_n),f_{k,\beta,\alpha}\in\mathbb{C}^m.$$

定义 5 (强函数) 在点 (t_0, x_0, u_0) 解析的实值函数

$$g(t,x,u)=\sum_{k,|\alpha|,|\beta|\geqslant 0} g_{k,\beta,\alpha}(t-t_0)^k(x-x_0)^\beta(u-u_0)^\alpha.$$

如果对所有的 $k, \alpha_j \geqslant 0, \beta_l \geqslant 0, j=1,\cdots,m, l=1,\cdots,n$, 成立不等式

$$|f_{k,\beta,\alpha}|\leqslant g_{k,\beta,\alpha},$$

就称 g 在点 (t_0,x_0,u_0) 为向量函数 $f(t,x,u)$ 的强函数, 记为 $g\succ f$.

显然, 对任意的、在点 (t_0,x_0,u_0) 的邻域内解析的函数 $f(t,x,u)$ 都在这一点存在强函数, 例如可以取

$$g=\sum_{k,|\beta|,|\alpha|\geqslant 0}|f_{k,\beta,\alpha}|(t-t_0)^k(x-x_0)^\beta(u-u_0)^\alpha$$

为其强函数. 也可以用如下方式构造强函数. 设级数 (5.49) 在立方体 $K_\rho(t_0,x_0,u_0)=\{|t-t_0|\leqslant\rho, |x-x_0|\leqslant\rho, |u-u_0|\leqslant\rho\}$ 内绝对收敛. 那么存在这样的正数 M_f 使得

$$|f_{k,\beta,\alpha}|\leqslant M_f\rho^{-(k+|\beta|+|\alpha|)}\quad \forall k,\ |\beta|\geqslant 0,\ |\alpha|\geqslant 0.$$

这就是说, 函数

$$\begin{aligned}g&=\sum_{k,|\beta|,|\alpha|\geqslant 0}\frac{M_f(t-t_0)^k(x-x_0)^\beta(u-u_0)^\alpha}{\rho^{k+|\beta|+|\alpha|}}\\&=M_f\left\{\left(1-\frac{t-t_0}{\rho}\right)\left(1-\frac{u_1-u_1^0}{\rho}\right)\cdots\left(1-\frac{u_m-u_m^0}{\rho}\right)\left(1-\frac{x_1-x_1^0}{\rho}\right)\right.\\&\qquad\left.\cdots\left(1-\frac{x_n-x_n^0}{\rho}\right)\right\}^{-1}\end{aligned}$$

是这个函数的强函数, 同样地, $\forall N\geqslant 1$

$$g=M_f\left\{1-\frac{(u_1-u_1^0)+\cdots+(u_m-u_m^0)+(x_1-x_1^0)+\cdots+(x_n-x_n^0)+N(t-t_0)}{\rho}\right\}^{-1}$$

也是这个函数的强函数. 这里我们用到了

$$\frac{M_fN^k(|\alpha|+|\beta|)!}{\rho^{k+|\beta|+|\alpha|}\alpha!\beta!}\geqslant|f_{k,\alpha}|,\quad \forall k,|\alpha|\geqslant 0.$$

我们以下述引理的一系列断言来叙述强函数的性质.

引理 10 下述断言成立:

$$g \succ f \Rightarrow \partial_t^k \partial_x^\alpha \partial_u^\beta g \succ \partial_t^k \partial_x^\alpha \partial_u^\beta f, \quad \forall k \geqslant 0, |\alpha| \geqslant 0, |\beta| \geqslant 0. \tag{5.50}$$

$$g_1 \succ f_1, g_2 \succ f_2 \Rightarrow \gamma_1 g_1 + \gamma_2 g_2 \succ \gamma_1 f_1 + \gamma_2 f_2, \quad \forall \gamma_1, \gamma_2 \in \mathbb{R}, \gamma_1, \gamma_2 > 0. \tag{5.51}$$

$$g \succ f \Rightarrow \int\limits_{t_0}^{t}\int\limits_{x_0}^{x}\int\limits_{u_0}^{u} g(\tau, y) d\tau dy \succ \int\limits_{t_0}^{t}\int\limits_{x_0}^{x}\int\limits_{u_0}^{u} f(\tau, y) d\tau dy. \tag{5.52}$$

$$g \succ f, g_1 \succ f_1 \Rightarrow g g_1 \succ f f_1. \tag{5.53}$$

$$g(t,x,u) \succ f(t,x,u), U(t,x) \succ u(t,x) \Rightarrow g(t,x,U(t,x)) \succ f(t,x,u(t,x)). \tag{5.54}$$

下面转向对方程 (5.47) 的柯西定理的证明. 在局部解析函数类中考虑右端项 $f(t,v)$, $f \in \mathcal{A}_{loc}^2$, 即在点 $(t_0, 0)$ 的某个邻域 $\mathcal{Q}_0 = Q_0 \times (t_0 - \delta, t_0 + \delta)$ 中 (其中 $Q_0 \in \mathbb{R}^1$ 是 $v = 0$ 的邻域) f 可表为绝对收敛幂级数的函数:

$$f(t,v) = \sum_{k,\alpha \geqslant 0}^{\infty} f_{k,\alpha} v^\alpha (t - t_0)^k. \tag{5.55}$$

以级数形式

$$v(t) = \sum_{j=0}^{\infty} a_j (t - t_0)^j \tag{5.56}$$

求解 v. 将 (5.56) 代入 (5.55), 求系数 a_j

$$a_0 = 0, a_1 = f(t_0, u_0), a_2 = \frac{1}{2}(\partial_t f(t,v) + \partial_v f(t,v))\Big|_{t=t_0, v=0}, \cdots.$$

所有上述系数都可用对方程 (5.48) 式两边取微分并把 $t = t_0$ 及上一步已求出的系数代入其中而得出. 于是, 系数 a_j 可由方程及初始资料唯一地确定. 为了证明解的存在, 只需证明级数 (5.56) 在点 t_0 的某个邻域内收敛. 在这里我们应用强函数方法. 由引理 10 的性质推出: 下述的问题是强柯西问题:

$$\frac{dm}{dt} = \frac{M_f}{\left(1 - \dfrac{t - t_0}{\rho}\right)\left(1 - \dfrac{m}{\rho}\right)}, \quad t > t_0, \quad m(t_0) = 0, \tag{5.57}$$

它可用分离变量法求解:

$$m(t) = \frac{1}{2\rho}(m(t))^2 - \rho M_f \ln\left(1 - \frac{t - t_0}{\rho}\right), \tag{5.58}$$

即

$$m(t)=\rho\left(1-\sqrt{1+2M_f\ln\left(1-\frac{t-t_0}{\rho}\right)}\right).$$

由 (5.50) ~ (5.54) 推出, 对充分小的 $\rho>0$, 级数 (5.56) 以 (5.58) 右端所展成的级数为强级数, 即如果 $m_j\geqslant 0, j\geqslant 1, m_0=0$,

$$|a_j|\leqslant m_j,\quad \forall_j\geqslant 0.$$

余下的是要证明

$$m_j>0,\quad j\geqslant 1. \tag{5.59}$$

首先注意到级数

$$-\ln\left(1-\frac{t-t_0}{\rho}\right)=\sum_{j\geqslant 1}\frac{1}{j}\left(\frac{t-t_0}{\rho}\right)^j$$

有正系数. 例如

$$m_1=M_f>0,\quad m_2=\frac{1}{2\rho}m_1^2+\frac{M_f}{2\rho}>0,\quad m_3=\frac{1}{\rho}m_1m_2+\frac{M_f}{3\rho^2}>0.$$

那么, 由 (5.58) 依次地证明 (5.59) 式的正确性. 由此推出 $v(t)$ 展成的级数的收敛性, 以及柯西问题 (5.47) 解的存在性.

5.5 柯瓦列夫斯卡娅定理及其推广

C. B. 柯瓦列夫斯卡娅把柯西定理推广到偏微分方程. 这个定理适用于现在称之为柯瓦列夫斯卡娅型方程的一类方程:

$$\partial_t^{n_i}u_i=f_i(t,x,u,\partial_t u,\partial_x u,\cdots),\quad i=1,\cdots,m. \tag{5.60}$$

在这里 ∂_t 与 ∂_{x_k} 是对 t 及空间变量 $x=(x_1,\cdots,x_{n-1})$ 求导数, $u=(u_1,\cdots,u_m)$, 对每一个 $i=1,\cdots,m$, 函数 f_i 依赖于函数 $u_j, j=1,\cdots,m$, 的导数 $\partial_t^{\alpha_0}\partial_x^{\alpha}u_j$ 仅到 n_j 阶, 而与 $\partial_t^{n_j}u_j$ 无关, f_i 是其所有自变量的实解析函数. (5.60) 的柯西问题是构造这个方程组的解, 使其当 $t=0$ 时取给定的初始值

$$\partial_t^k u_i(0,x)=\varphi_{i,k}(x),\quad k=0,1,\cdots,n_i-1, i=1,\cdots,m. \tag{5.61}$$

假设, 初始资料 $\varphi_{i,k}(x)$ 在点 $x=0$ 的某个邻域 $\mathcal{Q}_0$ 是变量 x 的实解析函数. 显然, 像上面一样, 初始条件使得可以在 $x=0, t=0$ 的邻域中计算函数 f_i 的所有自变量的值. 固定这些导数的值, 补充假设函数 f_i 在这些固定值的邻域中是实解析函数.

定理 92 (柯瓦列夫斯卡娅) 在所作的假设下, 柯西问题 (5.60)、(5.61) 在点 $t=0, x=0$ 的邻域中有且仅有一个实解析解 $u(t,x)$.

这个定理的内容是足够简单的. 如果解析函数 $u(t,x)$ 满足方程 (5.60) 及条件 (5.61), 那么它的任意阶导数在点 $t=0, x=0$ 处是唯一确定的. 同时, 如果函数 u_i 对变量 t 的微分的阶数不超过 n_i-1, 那么这个导数可由条件 (5.61) 求出. 其余的导数可借助于微分方程 (5.60) 确定.

这样一来, 我们可以在点 $(0,0)$ 处求出所求解的泰勒级数的所有系数, 由此可得出解析解的唯一性. 为了证明解的存在性, 就要证明对函数 u_i 所构造的幂级数的收敛性, 这个幂级数的系数依照上面所指出的模式确定. 这个技巧上复杂的证明是基于强函数方法. 下面我们来给出简化了的程式的证明.

5.5.1 柯瓦列夫斯卡娅定理的证明

如果取解的导数 $v_{j,\alpha_0,\alpha}=\partial_t^{\alpha_0}\partial_x^{\alpha}u_j, \alpha_0+|\alpha|<n_j$, 作为新的未知函数, 那么可以把问题 (5.60)、(5.61) 归结为一阶拟线性微分方程组

$$\partial_t v_i=\sum_{s=1}^{K}\sum_{j=1}^{n}a_{ijs}(t,x,v_1,\cdots,v_K)\partial_{x_j}v_s+f_i(t,x,v_1,\cdots,v_K),\quad i=1,\cdots,K;$$

$$v_i(0,x)=\varphi_i(x),\quad i=1,\cdots,K.$$

为了简单, 我们研究线性方程组, 对于这种情况

$$a_{ijs}(t,x,v_1,\cdots,v_K)=a_{ijs}(x,t),\quad f_i(t,x,v_1,\cdots,v_K)=\sum_{s=1}^{K}b_{is}(x,t)v_s+f_i(x,t).$$

首先作函数代换 $v_i(t,x)=\varphi_i(x)+w_i(t,x)$. 由此得

$$\partial_t w_i=\sum_{s=1}^{K}\sum_{j=1}^{n}a_{ijs}(t,x)\partial_{x_j}w_s+\sum_{s=1}^{K}b_{is}(x,t)w_s+g_i(t,x), \tag{5.62}$$

$$w_i(0,x)=0,\quad i=1,\cdots,K. \tag{5.63}$$

$$g_i=f_i+\sum_{s=1}^{K}\sum_{j=1}^{n}a_{ijs}(t,x)\partial_{x_j}\varphi_s+\sum_{s=1}^{K}b_{is}(x,t)\varphi_s,\quad i=1,\cdots,K.$$

根据 (5.50) ~ (5.54) 式, 对充分大的 $M>0\forall N\geqslant 1$, 充分小的 $\rho>0$, 对 (5.62), (5.63) 式的强柯西问题由下述方程组

$$\partial_t W_i=$$

$$M\left(1-\frac{(x_1-x_1^0)+\cdots+(x_n-x_n^0)+N(t-t_0)}{\rho}\right)^{-1}\left[\sum_{j=1}^{K}\left(\sum_{l=1}^{n}\partial_{x_l}+1\right)W_j+1\right],$$

$$i=1,\cdots,K \tag{5.64}$$

及形如

$$W_i(0,x)=0,\quad i=1,\cdots,K \tag{5.65}$$

的初始资料给定.

我们的任务是证明在点 (t_0, x_0) 强函数的解析解的存在性, 此解的幂级数的系数是非负的.

将要求出问题的形如

$$W_j = V_j(\eta), \quad j = 1, \cdots, K, \quad \eta = \left((x_1 - x_1^0) + \cdots + (x_n - x_n^0) + N(t - t_0)\right)/\rho$$

的解. 那么便得到

$$\left(\frac{N}{\rho} - \frac{Mn}{\rho(1-\eta)}\right)\frac{d}{d\eta}V_j = \frac{1}{1-\eta}\left(\frac{Mn}{\rho}\sum_{i,j=1,\cdots,K,i\neq j}\frac{d}{d\eta}V_i + M\left(\sum_{i=1}^{K}V_i + 1\right)\right),$$
$$j = 1, \cdots, K.$$

除以

$$\frac{N}{\rho} - \frac{Mn}{\rho(1-\eta)} = \frac{N(a-\eta)}{\rho(1-\eta)}, \quad \text{其中} \quad a = \frac{N - Mn}{N},$$

得到

$$\frac{d}{d\eta}V_j = \frac{1}{a-\eta}\left(b\sum_{i,j=1,\cdots,K,i\neq j}\frac{d}{d\eta}V_i + c\rho\left(\sum_{i=1}^{K}V_i + 1\right)\right), \quad j = 1, \cdots, K. \tag{5.66}$$

在这里 $a = (N - Mn)/N, b = Mn/N, c = M/N$, 由条件 $a > 0$ 与

$$\frac{N}{\rho}(a-\eta) = N\left(1 - \frac{(x_1 - x_1^0) + \cdots + (x_n - x_n^0) + N(t - t_0)}{\rho}\right) - Mn \geqslant \frac{1}{2}N,$$
$$|t - t_0| \leqslant \frac{1}{4N}\rho, \quad |x_j - x_j^0| \leqslant \frac{1}{4n}\rho, j = 1, \cdots, n$$

可选出充分大的 $N \gg 1$ 及充分小的 $\rho \leqslant 1$. 令 $\mathcal{W} = \sum\limits_{i=1}^{K} V_i$, 将 (5.66) 式中诸方程相加, 这个方程组就化为常微分方程

$$\frac{d}{d\eta}\mathcal{W} = \frac{cK\rho}{a - (K-1)b - \eta}(\mathcal{W} + 1), \tag{5.67}$$

解之, 得

$$\mathcal{W} = \frac{(a - (K-1)b)^{cK_\rho}}{(a - (K-1)b - \eta)^{cK_\rho}} - 1.$$

在这里我们应用了: 如果

$$|t - t_0| \leqslant \frac{1}{4N}\rho, \quad |x_j - x_j^0| \leqslant \frac{1}{4n}\rho, \quad j = 1, \cdots, n,$$

对充分大的 N 有

$$a - (K-1)b > 0, \quad a - (K-1)b - \eta > \frac{1}{2}.$$

因为 $0 < a-(K-1)b < 1$, 那么函数 $(a-(K-1)b-\eta)^{-1}$ 在零点的幂级数有非负的系数. 由此, 根据 (5.67) 式, 函数 $\mathcal{W}$ 在零点的幂级数也有非负的系数. 将 (5.67) 式代入 (5.66) 式得

$$\frac{d}{d\eta}V_j + \frac{b}{a-\eta}V_j = G_j \equiv \frac{1}{a-\eta}\left(b\frac{d}{d\eta}\mathcal{W} + c\rho\mathcal{W} + 1\right), V_j(0) = 0, j = 1, \cdots, K. \quad (5.68)$$

因此, 这个方程右端在零点的幂级数的系数非负. 令

$$V_j = \sum_{k \geqslant 1} v_{jk}\eta^k, \quad G_j = \sum_{k \geqslant 0} g_{jk}\eta^k.$$

将 (5.68) 式乘以 $(a-\eta)$ 并在 (5.68) 式中代入函数 V_j 在零点的幂级数与 G_j 右端在零点的幂级数, 得到系数的方程组

$$akv_{j,k} = (k-1-b)v_{j,k-1} + g_{j,k-1}, j \geqslant 2, v_{j,0} = 0, v_{j,1} = g_{j,0}/a.$$

因为 $0 < b < 1$, 那么所有系数 $v_j \geqslant 0$. 由此得出, 函数

$$V_j(((x_1 - x_1^0) + \cdots + (x_n - x_n^0) + N(t-t_0))/\rho), \quad j = 1, \cdots, K$$

是函数 $w_j(t,x), j = 1, \cdots, K$ 的强函数. 这就完成了对方程组 (5.62) 的柯瓦列夫斯卡娅定理的证明.

5.5.2 某些推广

考虑方程组不能化为规范形式的情形, 即不能对最高阶导数解出的情形:

$$F_i(x, u, \partial_x u, \cdots, \partial_x^\alpha u, \cdots) = 0, \quad i = 1, \cdots, m, \quad (5.69)$$

其中 $u = (u_1, \cdots, u_m), \partial_x^\beta u = \dfrac{\partial^\beta}{\partial x^\beta}u$. 假设函数 F_i 是解析的, 依赖于函数 u_j 的小于等于 n_j 阶的导数. 考虑在光滑的解析超曲面 $\varGamma$ 上的初始条件

$$\partial_\nu^k u_i(x) = \varphi_{i,k}(x), \quad x \in \varGamma, k = 0, 1, \cdots, n_i - 1; i = 1, \cdots, m. \quad (5.70)$$

在这里 ∂_ν 是 $\varGamma$ 的法向导数.

首先把这个问题化为问题 (5.60)、(5.61) 式的形状. 可以在补充条件下来作这件事. 在某个点 $P_0 \in \varGamma$ 引入局部坐标系 $(t, y_1, \cdots, y_{n-1})$, 使得这些坐标可以解析地通过 x 表示, 并使得 t 变为 $\varGamma$ 的法线方向, 使得 $\varGamma$ 由等式 $t = 0$ 定义, 而使当 $t = 0$ 时, 坐标 $y_1, \cdots, y_{n-1}$ 是 $\varGamma$ 上的局部坐标. 条件 (5.70) 使得可以计算当 $t = 0$ 时函数 u_j 的直到 $n_j - 1$ 阶的所有导数, 使得在新的坐标系下初始条件成为 (5.61) 式的形式. 此外, 在 $t = 0$ 时微分初始条件, 可求出所有导数 $\partial_t^k \partial_y^\alpha u_j$, 其中对 t 的阶数 $\leqslant n_j - 1$ (对 y 有任意阶). 于是, 除去沿法线方向 ν 对 u_j 的最高阶 n_j 阶的导数之

外, 在 $t=0$ 时由初始条件可求出函数 F_i 的所有变量的值, 这些方程在 $t=0$ 时可以记为如下形状关于法向导数的方程:

$$\Phi_i(y,\partial_\nu^{n_1}u_1,\cdots,\partial_\nu^{n_m}u_m)=0,\quad i=1,\cdots,m. \tag{5.71}$$

如果要求雅可比行列式当 $t=0$ 时

$$\frac{\partial(\Phi_1,\cdots,\Phi_m)}{\partial(\partial_\nu^{n_1}u_1,\cdots,\partial_\nu^{n_m}u_m)}\neq 0,$$

方程组 (5.69) 可以化成 (5.60) 的形状.

如果曲面 Γ 由方程 $S(x)=0$ 给定, 其中 $|\nabla_x S|\neq 0$, 那么这个条件可以写成

$$\det\left(\sum_{|\alpha|=n_j}\frac{\partial F_i}{\partial(\partial_x^\alpha u_j)}(\partial_x S)^\alpha\right)_{i,j=1,\cdots,m}\neq 0,\quad t=0. \tag{5.72}$$

当 F_i 线性地依赖于导数时, 特征条件 (5.72) 有特别简单的意义. 例如

$$\sum_{|\alpha|\leqslant m}a_\alpha(x)\partial_x^\alpha u+f(x)=0, \tag{5.73}$$

那么条件 (5.72) 具有如下形状:

$$\sum_{|\alpha|=m}a_\alpha(x)(\partial_x S)^\alpha\neq 0,\quad S(x)=0.$$

在 (5.72) 式等于零的那些点, 就说 Γ 在这些点的法线具有特征方向. 如果在 Γ 的任意一点, (5.72) 中的行列式都等于零, 则曲面 Γ 称为特征曲面. 在这种情形下方程组 (5.69) 当 $t=0$ 时产生对初始资料的非平凡关系

$$\mathcal{R}(\varphi_{1,0},\cdots,\varphi_{m,0},\cdots,\partial_x\varphi_{i,j},\cdots)=0.$$

例如, 对 (5.73) 式当 $S(t,y)=t, x=(t,y)$ 得到关系式

$$\sum_{k\leqslant n-1,k+|\beta|=m}a_{k,\beta}(0,y)\partial_y^\beta\varphi_k(y)+f(y,0)=0.$$

5.5.3 不存在解析解的例子

在特征问题的情形将是怎样呢? 证明柯西问题解析解的唯一性时所应用的那些论断可应用于方程组 (5.60) 及当右端可能含有例如阶数 $k+\alpha>n_j, k<n_j$, 的导数 $\partial_t^k\partial_x^\alpha u_j$ 的情形 (对柯瓦列夫斯卡娅型方程组, 要求 $k+\alpha\leqslant n_j, k<n_j$). 然而, 一般说来在这种情形, 并非对所有初始资料都存在解析解.

考虑热传导方程的柯西问题

$$\partial_t u = \partial_x^2 u, \quad x \in \mathbb{R}^1, t > 0; \quad u(0,x) = \frac{1}{1+x^2}. \tag{5.74}$$

在这种情形下 $S(x,t) = t \Rightarrow \nabla S = (0,1)$ 并且

$$\sum_{|\alpha|=2} a_\alpha (\partial_x S)^{\alpha_1} (\partial_t S)^{\alpha_2} \equiv 0.$$

于是, 问题 (5.74) 是特征问题. 我们来证明, 在这种情形下, 在坐标原点 (0,0) 的邻域中不存在解析解.

将证明矛盾. 假设在坐标原点存在解析的解:

$$u(t,x) = \sum_{|\alpha| \geqslant 0} u_{\alpha_1,\alpha_2} t^{\alpha_1} x^{\alpha_2}.$$

那么系数 u_{α_1,α_2} 具有如下形状:

$$u_{2s,k} = \frac{(2s+2k)!}{(2s)!k!}(-1)^{k+s}, \quad u_{2s+1,k} = 0, \quad s \geqslant 0, k \geqslant 0.$$

但此时这个级数在坐标原点无论怎样的邻域中都不收敛, 因为例如它在任何一点 $(0,x), x \neq 0$, 是发散的.

5.6 可对称化组. 戈杜诺夫条件

大多数基础的数学物理方程组都可以写成所谓守恒律形式的方程组的形状:

$$\partial_t u^j + \sum_{k=1}^{n} \partial_{x_k} f^{j,k} = 0, \quad j = 1, \cdots, m, x \in \mathbb{R}^n. \tag{5.75}$$

在这里 $f^{j,k}$ 是量 $u = (u^1, \cdots, u^m)$ 的函数. 由 (5.75) 得出, 对于在无穷远处稳定 (如果 $|x| \to \infty, u \to 0$) 的光滑解, 平均值

$$\int u^j(t,x)dx = \text{常数},$$

即在发展中 u^j 保持自己的空间平均值 (它是守恒量).

在本节我们引入守恒律方程组 (5.75) 可对称化的必要且充分的条件. 将证明, 这个问题与所谓的方程组 (5.75) 的凸扩张 (按照戈杜诺夫 [25],[28]), 即附加守恒律

$$\partial_t \Phi(u) + \sum_{k=1}^{n} \partial_{x_k} \Psi^k(u) = 0 \tag{5.76}$$

相关联, 它是方程组 (5.75) 的结果 (这个方程对 (5.75) 的所有光滑解都成立). 光滑函数 $\Phi(u), (\Psi'(u), \cdots, \Psi^n(u))$ 分别称为熵和熵流. 如果二阶导数矩阵

$$(\partial_{u_k}\partial_{u_j}\Phi(u)) > 0, \tag{5.77}$$

即正定, 熵就称为严格凸的.

引理 11 方程组 (5.75) 如果存在其严格凸扩张, 则它就是可对称化的.

充分性 设存在具有任意光滑函数 $\Phi(u), (\Psi^1(u), \cdots, \Psi^n(u))$ 的附加守恒律. 依照 [6], 令 $\Phi_j = \partial_{u_j}\Phi, f_l^{j,k} = \partial_{u_l} f^{j,k}, \Psi_l = \partial_{u_l}\Psi$. 显然, (5.76) 式是 (5.75) 式的结果当且仅当

$$\Phi_j f_l^{j,k} = \Psi_l^k, j, l = 1, \cdots, m, k = 1, \cdots, n \tag{5.78}$$

将 (5.78) 式对 u^s 微分, 得

$$\Phi_{j,s} f_l^{j,k} = \Psi_{l,s}^k - \Phi_j^k f_{l,s}^{j,k}. \tag{5.79}$$

由 (5.79) 式右端的对称性可推出其左端的对称性. 由此, 将方程组 (5.75) 乘以 $\Phi_{j,h}$, 并关于 j 求和, 便得到方程组

$$\Phi_{j,h}\partial_t u^j + \Phi_{j,h} f_l^{j,k}\partial_{x_k} u^l = 0, \quad h = 1, \cdots, m, \tag{5.80}$$

由于 (5.79) 式, 这个方程组具有对称矩阵 $\partial^2\Phi = (\Phi_{j,h}), \mathcal{F}_{h,l}^k = (\Phi_{j,h} f_l^{j,k})$. 这样一来, 扩张 (5.76) 存在是守恒律方程组 (5.75) 对称的充分条件. 留下的是关于方程组 (5.75) 是否可约化为具有对导数 ∂_t 的单位矩阵的规范形式这一未解决问题 (参看 [25] 黎曼不变量). 在方程组 (5.75) 具有线性流 (矩阵 $(f_l^{j,k})$ 是常系数矩阵, 熵 $\Phi(u) = \Sigma a_{jk} u^j u^k$ 是二次函数) 的最简单情形, 只需要求熵的严格凸性. 此时存在变量变换 $u = \mathcal{O}v$, 它可把方程组 (5.80) 化为规范形式

$$\partial_t v_j + \lambda_j^{-1} G_l^{j,k}\partial_{x_k} v_l = 0, \quad (G_l^{j,k}) = \mathcal{O}^{-1}\mathcal{F}^k\mathcal{O},$$

$\lambda_j > 0$ 是矩阵 $\partial^2\Phi$ 的本征值.

必要性 我们看出, 如果方程组 (5.75) 对称:

$$f_l^{j,k} = f_j^{l,k}, \tag{5.81}$$

函数

$$\Phi = \frac{1}{2}\sum_{j=1}^m (u^j)^2, \quad \Psi^k = u^j f^{j,k} - g^k, \quad \nabla_{x_j} g^k = f^{j,k} \tag{5.82}$$

在方程组 (5.82) 可解的条件下确定严格凸扩张. 对称性条件 (5.81) 保证了方程组

$$\nabla_{x_j} g^k = f^{j,k}$$

光滑解的存在性.

例 举一个对称组的例子. 考虑齐次的一阶方程组

$$\begin{aligned} \partial_t u + \partial_x v = 0, \\ \partial_t v - \partial_x u - \partial_x \sigma = 0, \\ \partial_t \sigma - 3\partial_x v = 0. \end{aligned} \tag{5.83}$$

不难验证, 这个方程组对于熵偶

$$\Phi = u^2 + v^2 + (\sigma + 2u)^2, \quad \Psi = -2[v\sigma + uv]$$

有严格凸扩张

$$\partial_t[u^2 + v^2 + (\sigma + 2u)^2] - 2\partial_x[v\sigma + uv] = 0.$$

在这里, 二阶导数矩阵

$$\partial^2\Phi = \begin{pmatrix} 10 & 0 & 4 \\ 0 & 2 & 0 \\ 4 & 0 & 2 \end{pmatrix}; \quad \det(\partial^2\Phi) \neq 0.$$

把这个矩阵应用于方程组 (5.83), 得到对称方程组

$$\begin{pmatrix} 0 & -2 & 0 \\ -2 & 0 & -2 \\ 0 & -2 & 0 \end{pmatrix} \partial_t U + \begin{pmatrix} 10 & 0 & 4 \\ 0 & 2 & 0 \\ 4 & 0 & 2 \end{pmatrix} \partial_x U = 0, \quad U = (u, v, \sigma)^{\mathrm{T}},$$

它可以化为柯瓦列夫斯卡娅型的对称的规范形式:

$$\partial_t U + A\partial_x U = 0.$$

5.7 对称组柯西问题的解

在这一节我们继续研究一阶方程组的柯西问题, 但是为了简单仅限于线性的情形. 设在带形区域 $Q_T = \{0 \leqslant t \leqslant T, x \in \mathbb{R}^n\}$ 内给定 N 个方程的方程组

$$\mathcal{L}(u) = u_t + \sum_{j=1}^{n} \mathcal{A}^j(t,x)u_{x_j} + \mathcal{B}u = f(t,x), \tag{5.84}$$

其中 $u(t,x) = (u_1(t,x), \cdots, u_N(t,x)), f(t,x) = (f_1(t,x), \cdots, f_N(t,x))$. 矩阵 A^j $(j = 1, \cdots, n)$ 假设是对称的: $A^j = (A^j)^*$. 现给出一系列定义:

定义 6 如果方程 $\det(\sum\limits_{j=1}^{n} A^j\xi_j + \lambda E) = 0$ 对所有实的 $\xi \neq 0$ 关于 λ 刚好有 N 个实根 $\lambda_1, \cdots, \lambda_N$(其中可能有重根), 方程组 (5.84) 就称为对 t 轴方向是双曲型的.

定义 7　如果上述那些根对任意 $\xi=(\xi_1,\cdots,\xi_n)$ 都是实的、彼此不同的, 方程组 (5.84) 就称为严格双曲型的.

如果 A^j 是对称矩阵, $A^j=(A^j)^*$, 那么方程组自然就是双曲型的.

定义 8　对矩阵 B, 如果有 $(Bu,u)>0$ 对任意 $u\neq 0$ 成立, 矩阵 B 就称为正定的.

定义 9　对向量 $\xi=(\xi_0,\cdots,\xi_n)$, 如果有

$$\det(\xi_0 E+\sum_{j=1}^{n}\xi_j A^j)=0,$$

向量 ξ 就称为本征向量.

定义 10　如果对曲面 $S\subset\mathbb{R}^{n+1}$ 的任意外法线向量 $\nu=(\nu_0,\cdots,\nu_n)$, 矩阵

$$\nu_0 E+\sum_{j=1}^{n}\nu_j A^j$$

是正定的, 就称曲面 S 是类空的 (space-like surface).

显然曲面 $t=$ 常数是类空曲面. 这表明这样的曲面是存在的.

在今后, 如果 (5.75) 的柯西问题对任意的光滑初始资料, 至少在超平面 $t=$ 常数或者在成立先验估计的 (例如, 在 L_2 意义下) 非特征超曲面的充分小邻域内存在唯一的光滑解, 我们就称 (5.75) 的柯西问题是适定的. 本节的目的就是研究方程组 (5.84) 柯西问题的适定性条件.

5.7.1 唯一性定理

在平面 $t=0$ 上考虑区域 G, 并令 Ω 是 $\mathbb{R}^{n+1}$ 中的区域,Ω 由区域 $G\subset\mathbb{R}^n$ 及对自己的外法线为类空的曲面 S 所界定. 设对于方程组 (5.84) 的解给定了在区域 G 中的初始条件

$$u|_{t=0}=\psi(x), \tag{5.85}$$

即提出了柯西问题.

定理 93　在区域 Ω 的任意点处, 方程组 (5.84) 的 C^1 解由在 G 内给定的初始资料 (5.85) 唯一确定.

证明　考虑区域 Ω 由超平面 $t=\tau$ 所截得的截面

$$G_\tau=\Omega\cap\{t=\tau\}.$$

引入记号

$$Q_\tau=\{0\leqslant t\leqslant\tau,x\in\mathbb{R}^n\},\Omega_\tau=\Omega\cap Q_\tau,S_\tau=S\cap Q_\tau.$$

把向量等式 (5.84) 与向量 $2u$ 相乘作内积. 得到

$$(2u,u_t)+2\sum_{j=1}^{n}(A^j u_{x_j},u)+2(Bu,u)=(2u,f). \tag{5.86}$$

对个别项作变换:

$$(2u,u_t)=(u,u)_t,\quad (A^j u,u)_{x_j}=(A^j u,u_{x_j})+(A^j u_{x_j},u)+(A^j_{x_j}u,u),$$

由此, 根据矩阵 A^j 的对称性

$$2(A^j u_{x_j},u)=(A^j u,u)_{x_j}-(A^j_{x_j}u,u).$$

把所得表达式代入等式 (5.86). 得到

$$(u,u)_t+\sum_{j=1}^{n}(A^j u,u)_{x_j}+(\widetilde{B}u,u)=2(u,f), \tag{5.87}$$

其中 $\widetilde{B}=2B-\sum\limits_{j=1}^{n}A^j_{x_j}$. 我们假定, 矩阵 $\widetilde{B}$ 满足条件

$$(\widetilde{B}u,u)\geqslant(u,u).$$

下面我们说明, 在解的存在的有限时间间隔 $(0,T)$ 上, 这个补充条件不限制一般性.

为了变换在曲面上的体积分, 对 Ω_τ 积分 (5.87) 式并应用高斯 – 奥斯特罗格拉茨基定理 ($\vec{n}$ 处处表示界定 Ω_τ 的曲面外法线单位向量). 得到

$$\int\limits_{\Omega_\tau}\left\{(u,u)_t+\sum_{j=1}^{n}(A^j u,u)_{x_j}+(\widetilde{B}u,u)\right\}dxdt=2\int\limits_{\Omega_\tau}(u,f)dxdt$$

或者

$$\int\limits_{\partial\Omega_\tau=G\cup G_\tau\cup S_\tau}\left\{(u,u)\cos(\vec{n},t)+\sum_{j=1}^{n}(A^j u,u)\cos(\vec{n},x_j)\right\}d\sigma$$
$$+\int\limits_{\Omega_\tau}(\widetilde{B}u,u)dxdt=2\int\limits_{\Omega_\tau}(u,f)dxdt.$$

在 G_τ 上有 $\cos(\vec{n},t)=1,\cos(\vec{n},x_j)=0$, 同时在 G 上有 $\cos(\vec{n},t)=-1,\cos(\vec{n},x_j)=0$. 由此

$$\int\limits_{G_\tau}(u,u)dx-\int\limits_{G}(u,u)dx+\int\limits_{S_\tau}\left(\left[E\cos(\vec{n},t)+\sum_{j=1}^{n}A^j\cos(\vec{n},x_j)\right]u,u\right)d\sigma$$
$$+\int\limits_{\Omega_\tau}(\widetilde{B}u,u)dxdt=2\int\limits_{\Omega_\tau}(u,f)dxdt.$$

因为 S 是类空曲面, 法线向量

$$\overrightarrow{n}=(\cos(\overrightarrow{n},t),\cos(\overrightarrow{n},x_1),\cdots,\cos(\overrightarrow{n},x_n)),$$

那么

$$\int\limits_{S_\tau}\left(\left[E\cos(\overrightarrow{n},t)+\sum_{j=1}^{n}A^j\cos(\overrightarrow{n},x_j)\right]u,u\right)d\sigma\geqslant 0.$$

考虑到 $(\widetilde{B}u,u)\geqslant(u,u)$, 便得不等式

$$\int\limits_{G_\tau}(u,u)dx+\int\limits_{\Omega_\tau}(u,u)dxdt\leqslant\int\limits_{G}(u,u)dx+2\int\limits_{\Omega_\tau}(u,f)dxdt. \tag{5.88}$$

对任意向量 v,w 成立 $2(v,w)\leqslant(v,v)+(w,w)$, 由此

$$2\int\limits_{\Omega_\tau}(u,f)dxdt\leqslant\int\limits_{\Omega_\tau}(u,u)dxdt+\int\limits_{\Omega_\tau}(f,f)dxdt.$$

考虑到初始条件, 不等式 (5.88) 可记为如下形式:

$$\int\limits_{G_\tau}(u,u)dx\leqslant\int\limits_{G}(\psi,\psi)dx+\int\limits_{\Omega_\tau}(f,f)dxdt. \tag{5.89}$$

这个不等式称为柯西问题 C^1 解的**能量不等式**或者**先验估计**.

现在设 $u'(t,x)$ 与 $u''(t,x)$ 是方程组 (5.84) 的两个解, 它们满足初始条件 (5.85). 那么 $v=u'-u''$ 是与 (5.84) 对应的齐次方程组的解, 即当 $f(t,x)=0$, 并具有初始条件 $v|_{t=0}=0$ 的方程组的解. 由对于 v 的能量不等式推出 $v(t,x)\equiv 0$, 即 $u'\equiv u''$.

由先验估计 (5.89) 式同样可以得出 (5.84) 式的解对于初始资料与右端项 f 的连续依赖性定理. 事实上, 如果 f 在空间 $L_2(\Omega)$ 范数下是小量,ψ 在 $L_2(G)$ 范数下是小量, 那么 u 在 $L_2(\Omega)$ 范数下是小量.

现在来说明, 条件 $(\widetilde{B}u,u)\geqslant(u,u)$ 不限制我们研究的一般性.

设上述条件不成立, 作所求函数的代换 $v=ue^{-\mu t}$, 其中 μ 是某个常数, 下面再选择它. 新的向量 v 满足方程组

$$v_t+\sum_{j=1}^{n}A^jv_{x_j}+Bv+\mu Ev=fe^{-\mu t}.$$

选择常数 $\mu>0$ 充分大, 使得对新的方程组, 矩阵

$$\widetilde{B}=2B+2\mu E-\sum_{j=1}^{n}A^j_{x_j}$$

满足条件 $(\widetilde{B}u,u)\geqslant(u,u)$.

因为 $v|_{t=0}=u|_{t=0}=\psi(x)$, 那么对于 v 能量不等式取如下形式:

$$\int\limits_{G_\tau}(ue^{-\mu t},ue^{-\mu t})dx\leqslant\int\limits_{G}(\psi,\psi)dx+\int\limits_{\Omega_\tau}(fe^{-\mu t},fe^{-\mu t})dxdt$$

或者

$$\int\limits_{G_\tau}(u,u)dx\leqslant e^{-\mu T}\left[\int\limits_{G}(\psi,\psi)dx+\int\limits_{\Omega_\tau}(f,f)dxdt\right].$$

因为对于固定的 T,μ 仅与方程组 (5.84) 的系数有关, 而与右端项无关, 由这个不等式立即推出关于柯西问题解的唯一性及对于初始资料及右端项的连续依赖性定理.□

5.7.2 嵌入定理

现在减弱 (5.84) 的解的光滑性的条件. 为此先叙述一些今后必需的概念与命题. 令 $C^\infty(\mathbb{R}^n)$ 是 $\mathbb{R}^n$ 中无穷次可微函数的空间. 定义施瓦兹 (Schwartz) 函数类 S : 函数 $u(x)$ 如果满足条件:

1. $u(x)\in C^\infty(\mathbb{R}^n)$;
2. 对任意重指标 α,β 存在常数 $M_{\alpha,\beta}$ 使得

$$|x^\beta\mathcal{D}^\alpha u|\leqslant M_{\alpha,\beta},$$

就说 $u(x)$ 属于 S. 在 S 类中按照如下公式定义由 S 变到 S 内的傅里叶变换①:

$$\hat{u}(\xi)=\int\limits_{\mathbb{R}^n}e^{-i(x,\xi)}u(x)dx.$$

在 S 中可以用如下方式引入范数:

$$\|u\|_s^2=\int\limits_{\mathbb{R}^n}\sum_{|\alpha|\leqslant s}|\mathcal{D}^\alpha u|^2dx,\quad s=0,1,2,\cdots$$

(对于函数 $u(x)\in S$, 这样的积分绝对收敛).

定义 11 S 按范数 $\|u\|_s$ 取闭包所得空间称为 H_s 空间.

当 $s=0$ 得到 $H_0=L_2(\mathbb{R}^n)$. 可以提出如下一些命题作为习题.

命题 11 设序列 $\{u_m(x)\},u_m(x)\in S$, 在范数 $\|u\|_s$ 下是基本列. 那么由 $\|u_m\|_s$ 的有界性可推出有直到 s 阶平方可和包括广义导数在内的极限函数存在.

命题 12 空间 H_s 含有所有那些存在直到 s 阶平方可和广义导数的函数.

①请注意, 从本节开始, 傅里叶变换的定义与第 1 章 1.3 节所定义的不同 (见 (1.29) 式). —— 译者注

现在在 H_s 中引入等价范数. 设 $u,v\in S$, 那么由帕塞瓦尔等式有

$$(2\pi)^n\int\limits_{\mathbb{R}^n}u\overline{v}dx=\int\limits_{\mathbb{R}^n}\hat{u}(\xi)\overline{\hat{v}}(\xi)d\xi.$$

如果令 $v=u$, 得

$$(2\pi)^n\int\limits_{\mathbb{R}^n}|u|^2dx=\int\limits_{\mathbb{R}^n}|\hat{u}(\xi)|^2d\xi,$$

其中 $\bar{u}$ 是 u 的复共轭函数. 对于函数 $u(x)$ 的傅里叶变换成立公式 $\widehat{\mathcal{D}^\alpha u}=(i\xi)^\alpha\hat{u}(\xi)$. 所以 $\|u\|_s$ 可记为如下形式:

$$\|u\|_s^2=(2\pi)^{-n}\int\limits_{\mathbb{R}^n}\sum_{|\alpha|\leqslant s}|\widehat{\mathcal{D}^\alpha u}|^2d\xi=(2\pi)^{-n}\int\limits_{\mathbb{R}^n}\sum_{|\alpha|\leqslant s}\xi^{2\alpha}|\hat{u}(\xi)|^2d\xi,$$

即 $\|u\|_s$ 与由公式

$$\|u\|_s^2=(2\pi)^{-n}\int\limits_{\mathbb{R}^n}(1+|\xi|^2)^s|\hat{u}(\xi)|^2d\xi$$

给出的范数等价.

定理 94 (索伯列夫)　设 $u\in H_{l+k}(l,k\geqslant 0$ 为整数), 那时如果 $2l>n$, 那么函数 $u(x)$ 在整个空间 $\mathbb{R}^n$ 中有包括直到 k 阶在内的连续导数. 换句话说, 当 $n<2l$ 时,$H_{l+k}\subset C^k(\mathbb{R}^n)$.

此外, 如果序列 $\{u_m\},u_m\in H_{l+k}$, 在空间 H_{l+k} 的范数下收敛, 那么它在空间 $C^k(\mathbb{R}^n)$ 的范数下收敛.

在这里

$$\|u\|_{C^k}=\sup_{x\in\mathbb{R}^n}\left(\sum_{|\alpha|\leqslant k}|\mathcal{D}^\alpha u|\right).$$

证明　对 $u(x)\in S$ 有

$$\mathcal{D}^\alpha u=(2\pi)^{-n}\int\limits_{\mathbb{R}^n}e^{i(x,\xi)}\widehat{\mathcal{D}^\alpha u}d\xi=(2\pi)^{-n}\int\limits_{\mathbb{R}^n}(i\xi)^\alpha\hat{u}(\xi)d\xi.$$

由此

$$\begin{aligned}\sum_{|\alpha|\leqslant k}|\mathcal{D}^\alpha u|&=\sum_{|\alpha|\leqslant k}(2\pi)^{-n}\left|\int\limits_{\mathbb{R}^n}(i\xi)^\alpha\hat{u}(\xi)d\xi\right|\leqslant(2\pi)^{-n}\int\limits_{\mathbb{R}^n}\sum_{|\alpha|\leqslant k}|\xi|^\alpha|\hat{u}(\xi)|d\xi\\&\leqslant C_1\int\limits_{\mathbb{R}^n}(1+|\xi|^2)^{k/2}|\hat{u}(\xi)|d\xi=C_1\int\limits_{\mathbb{R}^n}(1+|\xi|^2)^{(k+l)/2}(1+|\xi|^2)^{-l/2}|\hat{u}(\xi)|d\xi.\end{aligned}$$

在这里常数 C_1 仅与 k 有关. 应用柯西 – 布尼亚科夫斯基不等式, 得

$$\sum_{|\alpha|\leqslant k}|\mathcal{D}^\alpha u|\leqslant C_1\sqrt{\int_{\mathbb{R}^n}(1+|\xi|^2)^{k+l}|\hat{u}(\xi)|d\xi}\cdot\sqrt{\int_{\mathbb{R}^n}(1+|\xi|^2)^{-l}d\xi}.$$

因为 $2l>n$, 那么

$$\int_{\mathbb{R}^n}(1+|\xi|^2)^{-l}d\xi<\infty.$$

考虑到在 H_{l+k} 中引入的范数的等价性, 有

$$\sum_{|\alpha|\leqslant k}|\mathcal{D}^\alpha u(x)|\leqslant C\|u\|_{l+k}.$$

这个估计对 $x\in\mathbb{R}^n$ 是一致的, 所以对于所有 $u\in S$

$$\|u\|_{C^k}\leqslant C\|u\|_{l+k}. \tag{5.90}$$

现在令 $u_m\in S, m=1,2,\cdots$, 及在空间 H_{l+k} 的范数下 $u_m\to u\in H_{l+k}$. 如果我们证明序列 $\{u_m\}$ 在 $C^k(\mathbb{R}^n)$ 范数下是基本列, 那么由于空间 $C^k(\mathbb{R})$ 的完备性, 定理将得到完全的证明. 由不等式 (5.90) 推出

$$\|u_{m_1}-u_{m_2}\|_{C^k}\leqslant C\|u_{m_1}-u_{m_2}\|_{l+k}.$$

序列 $\{u_m\}$ 在 H_{l+k} 中是基本列, 即当 $m_1,m_2\to\infty$ 时 $\|u_{m_1}-u_{m_2}\|_{l+k}\to 0$. 所以当 $m_1,m_2\to\infty$ 时 $\|u_{m_1}-u_{m_2}\|_{C^k}\to 0$. 这意味着 $\{u_m\}$ 在 $C^k(\mathbb{R}^n)$ 中是基本列. 定理证毕. □

5.7.3 先验估计

作为前一节结果的应用, 我们得到 (5.84) 的 H^k 解的先验估计,$k\geqslant 1$. 考虑 $\mathbb{R}^{n+1}$ 中的方程组 (5.84). 设 $f(t,x)$ 在 $\mathbb{R}^{n+1}$ 是具有紧支集的, 而 $\psi(x)$ 是在 $\mathbb{R}^n$ 中具有紧支集. 其次, 设 $f(t,x)$ 在 Q_T 内有直到 k 阶在内的平方可和导数, 矩阵 B 的元素在 Q_T 内有直到 k 阶在内的有界导数, 而矩阵 A^j 的元素在 Q_T 内有直到 $k+1$ 阶在内的有界导数. 这时成立如下估计:

$$\int_{G_\tau}\sum_{|\alpha|\leqslant k}(\mathcal{D}^\alpha u,\mathcal{D}^\alpha u)dx\leqslant C\left[\int_G\sum_{|\alpha|\leqslant k}(\mathcal{D}^\alpha u,\mathcal{D}^\alpha u)dx+\int_{\Omega_\tau}\sum_{|\alpha|\leqslant k}(\mathcal{D}^\alpha f,\mathcal{D}^\alpha f)dxdt\right], \tag{5.91}$$

其中 C 仅与矩阵 A^j, B 及它们的导数有关.

我们对常值的 A^j, B 来证明这一估计. 应用 $\mathcal{D}^\alpha$ 于方程组 (5.84) 并记 $w=\mathcal{D}^\alpha u$. 那么

$$w_t+\sum_{j=1}^n A^j w_{x_j}+Bw=\mathcal{D}^\alpha f,$$

并且由对 w 的能量不等式 (5.89) 得

$$\int\limits_{G_\tau}(\mathcal{D}^\alpha u,\mathcal{D}^\alpha u)dx\leqslant C_1\left[\int\limits_{G}(\mathcal{D}^\alpha u,\mathcal{D}^\alpha u)dx+\int\limits_{\Omega_\tau}(\mathcal{D}^\alpha f,\mathcal{D}^\alpha f)dxdt\right].$$

对 $|\alpha|$ 从 0 到 k 求和, 就得所求估计.

5.7.4 常系数方程组柯西问题解的存在性

现在考虑在带状区域 $Q_T=\{0\leqslant t\leqslant T,x\in\mathbb{R}^n\}$ 中的方程组 (5.84), 它具有常系数:

$$u_t+\sum_{j=1}^n A^j u_{x_j}+Bu=f(t,x),$$

其中 A^j,B 是具有常值元素的矩阵,A^j 是对称矩阵, 而 B 满足条件 $(Bu,u)\geqslant(u,u)$. 现在来求具有初始条件

$$u|_{t=0}=\varphi(x),\quad \varphi\in S_x \tag{5.92}$$

的柯西问题的解.

以下我们研究两个问题:

I) $\mathcal{L}(u)=0,\quad u|_{t=0}=\varphi(x)$.

II) $\mathcal{L}(u)=f,\quad u|_{t=0}=0$.

这两个问题的解之和就给出一般问题 (5.84)、(5.92) 的解. 首先考虑 $f\equiv0$ 的情形.[①] 假设对所有的 t 存在解 $u(t,x)\in S_x$. 在这种情况下在等式 (5.84) 两端对 x 应用傅里叶变换:

$$\hat{u}(t,\xi)=\int\limits_{\mathbb{R}^n}e^{-i(x,\xi)}u(t,x)dx.$$

此时柯西问题 (5.84)、(5.92) 具有形状:

$$\hat{u}_t+\sum_{j=1}^n iA^j\xi_j\hat{u}+B\hat{u}=0, \tag{5.93}$$

$$\hat{u}(0,\xi)=\hat{\varphi}(\xi). \tag{5.94}$$

我们得到带有参数 $\xi_1,\cdots,\xi_n$ 的一阶线性常微分方程组. 对这个方程组, 柯西问题有解. 于是在 Q_T 内存在 $\hat{u}(t,\xi)$ —— 方程组 (5.93) 带有初始条件 (5.94) 的解. 考虑积分

$$u(t,x)=(2\pi)^{-n}\int\limits_{\mathbb{R}^n}e^{i(x,\xi)}\hat{u}(t,\xi)d\xi. \tag{5.95}$$

[①] 说了这句话后, 在本段 (即 5.7.4) 内凡说到柯西问题 (5.84)、(5.92) 时, 实际上就是指问题 I). —— 译者注

命题 13 积分 (5.95) 给出的具有常系数的方程组 (5.84) 及初始条件 (5.92) 的柯西问题 I) 的解.

我们来推出对 $|\hat{u}(t,\xi)|$ 的估计. 为此, 写出 (5.93) 的复共轭:

$$\bar{\hat{u}}_t - \sum_{j=1}^{n} iA^j \xi_j \bar{\hat{u}} + B\bar{\hat{u}} = 0. \tag{5.96}$$

将 (5.93) 式乘以向量 $\bar{\hat{u}}$, 而将 (5.96) 乘以 $\hat{u}$, 然后将两式相加, 并考虑到

$$\hat{u}_t \bar{\hat{u}} + \bar{\hat{u}}_t \hat{u} = |\hat{u}|_t^2, \quad (iA^j \xi_j \hat{u}, \bar{\hat{u}}) = (\hat{u}, iA^j \xi_j \bar{\hat{u}}),$$

得到

$$|\hat{u}|_t^2 + (B\hat{u}, \bar{\hat{u}}) + (B\bar{\hat{u}}, \hat{u}) = 0. \tag{5.97}$$

在这里表达式 $(B\hat{u}, \bar{\hat{u}})$ 与 $(B\bar{\hat{u}}, \hat{u})$ 是关于 $\hat{u}$ 与 $\bar{\hat{u}}$ 的双线性形式. 所以从 (5.97) 式得出估计 $|\hat{u}|_t^2 \leqslant M \cdot |\hat{u}|^2$. 记 $v = |\hat{u}|^2$. 那么有 $v_t \leqslant Mv$. 将最后这个不等式乘以 e^{-Mt}, 得到

$$\frac{d}{dt}(e^{-Mt}v) \leqslant 0.$$

对上述不等式关于 t 从 0 到 t 求积分得到 $e^{-Mt}v(t) - v(0) \leqslant 0$. 由此 $v(t) \leqslant e^{Mt}v(0)$. 这表明

$$|\hat{u}(t,\xi)|^2 \leqslant e^{Mt}(|\hat{\varphi}(\xi)|^2) \quad \forall t \in [0,T]. \tag{5.98}$$

现在估计函数 (5.95) 的高阶导数. 我们证明,

$$\hat{u}(t,\xi) \in S \quad \forall t \in [0,T],$$

即对于任意多项式 $P(\xi)$ 与任意 α

$$|P(\xi)\mathcal{D}^\alpha \hat{u}| \leqslant M_{P,\alpha} = \text{常数}. \tag{5.99}$$

将 (5.98) 式乘以任意多项式, 并考虑到 $\hat{\varphi} \in S$, 得到当 $\alpha = 0$ 时 (5.99) 式的估计. 现在应注意, 常微分方程组可以对参数 ξ 求微分 (因为解光滑地依赖于参数). 我们得到对于所有的 $\mathcal{D}^\alpha \hat{u} = v_\alpha, |\alpha| \leqslant M$, 以及 $v_\alpha(0,\xi) = \mathcal{D}^\alpha \hat{\varphi}(\xi)$ 的类似方程组 (仅仅是 B 有改变). 所以

$$\sum_{|\alpha| \leqslant M} |v_\alpha| < C_M \sum_{|\alpha| \leqslant M} |\mathcal{D}^\alpha \hat{\varphi}(\xi)|,$$

由此得出对 $|\alpha| > 0$ 的 (5.99) 式.

这样一来, 积分

$$u(t,x) = (2\pi)^{-n} \int\limits_{\mathbb{R}^n} e^{i(x,\xi)} \hat{u}(t,\xi) d\xi$$

收敛并确定某个函数 $u(t,x)\in S$. 现在来验证 $u(t,x)$ 给出问题 I) 的解. 我们看出, 由于积分的一致收敛性

$$\mathcal{D}^\alpha u(t,x)=(2\pi)^{-n}\int\limits_{\mathbb{R}^n} e^{i(x,\xi)}(i\xi)^\alpha \hat{u}(t,\xi)d\xi.$$

函数 $u(t,x)$ 也可在积分号下对 t 取微分, 因为由 (5.96) 式知 $\hat{u}_t(t,\xi)$ 可通过 $\hat{u}$ 连同依赖于 ξ_j 的系数线性表出. 把 $u(t,x)$ 代入方程组 I), 便得出 $u(t,x)$ 是 I) 的解.

为了构造索伯列夫空间中的 H^k 的解 $u\in H^k$, 首先得出上面所构造的解 $u(t,x)\in S$ 的一致估计. 由帕塞瓦尔等式, 根据不等式 (5.99) 得出

$$\int\limits_{\mathbb{R}^n}|u(t,x)|^2dx\leqslant C\int\limits_{\mathbb{R}^n}|\varphi|^2dx.$$

其次, 由 $\widehat{\mathcal{D}^\alpha u}=(i\xi)^\alpha\hat{u}(\xi)$ 及 (5.98) 式得

$$|(i\xi)^\alpha|^2|\hat{u}(\xi)|^2\leqslant|(i\xi)^\alpha|^2|\hat{\varphi}(\xi)|^2,$$

由此, 从帕塞瓦尔等式同样可得

$$\int\limits_{\mathbb{R}^n}\sum_{|\alpha|\leqslant M}|\mathcal{D}_x^\alpha u|^2dx\leqslant C\int\limits_{\mathbb{R}^n}\sum_{|\alpha|\leqslant M}|\mathcal{D}_x^\alpha\varphi|^2dx. \tag{5.100}$$

现在, 如果 $\varphi\in H_m$, 我们来解问题 I). 在空间 H_m 中引入范数

$$\|u\|_m^2=\int\limits_{\mathbb{R}^n}\sum_{|\alpha|\leqslant M}|\mathcal{D}^\alpha u|^2dx.$$

如果 $\varphi\in H_m$, 那么这意味着在 H_m 范数下存在序列 $\varphi^k\xrightarrow{k\to\infty}\varphi$, 且对任意 $k=1,2,\cdots,\varphi^k\in S$. 对初始条件 $u|_{t=0}=\varphi^k, k=1,2,\cdots$, 我们已构造了柯西问题 (5.84)、(5.92) 的解 $u^k(t,x)$. 我们现在证明

引理 12 柯西问题 (5.84)、(5.92) 的解 $u^k(u^k(0,x)=\varphi^k)$ 当 $k\to\infty$ 时在 H_m 的范数下对 t 一致地趋于 u. 极限函数 u 是具有初始函数 φ 的问题 I) 的解.

序列 φ^k 在 H_m 中是基本列. 因此

$$\int\limits_{\mathbb{R}^n}\sum_{|\alpha|\leqslant M}|\mathcal{D}^\alpha\varphi^k-\mathcal{D}^\alpha\varphi^l|dx=\|\varphi^k-\varphi^l\|_m^2\to 0,\quad \text{当 } k,l\to\infty.$$

由不等式 (5.100) 推出

$$\int\limits_{\mathbb{R}^n}\sum_{|\alpha|\leqslant M}|\mathcal{D}^\alpha u^k-\mathcal{D}^\alpha u^l|dx\leqslant C\int\limits_{\mathbb{R}^n}\sum_{|\alpha|\leqslant M}|\mathcal{D}^\alpha\varphi^k-\mathcal{D}^\alpha\varphi^l|dx,$$

或对任意 t

$$\|u^k - u^l\|_m \leqslant C\|\varphi^k - \varphi^l\|_m.$$

这表明序列 u^k 在 H_m 中是基本列, 同时是关于 t 一致收敛的. 应用嵌入定理: 如果 $u \in H_{s+r}$ 且 $2r > n$, 那么 $u \in C^s(\mathbb{R}^n)$. 此外, 如果序列 u_m 在 H_{s+r} 收敛, 那么它在 $C^s(\mathbb{R}^n)$ 收敛. 这就证明了

$$\|u\|_{C^s} \leqslant M\|u\|_{H_{s+r}}.$$

设想 $m = s + r$, 假设 $s \geqslant 0$ 及 $2r > n$. 那么

$$\|u^k - u^l\|_{C^s} \leqslant \widetilde{C}\|u^k - u^l\|_m \leqslant C\|\varphi^k - \varphi^l\|_m.$$

这意味着 $u^k \to u$ 对 x 及 t 一致地成立, 并且连同它的直到 s 阶的所有对 x 的导数在内也成立. 函数 $u^k(t,x)$ 及它的直到 s 阶在内的对 x 的导数对 t 及 x 一致收敛, 但 $u^k(t,x)$ 对 t 的导数可由方程组 I) 及其对 t 与对 x 的微分所得方程组表示出来. 所以 $u^k(x,t)$ 的直到 s 阶的对 t 及 x 的任何阶导数在 $\mathbb{R}^{n+1}$ 中当 $k \to \infty$ 时一致收敛. 在方程组 I) 中令 $k \to \infty$ 而取极限, 得到: 极限函数 $u \in C^s, s \geqslant 1$, 是方程组 I) 带初始条件 $u|_{t=0} = \varphi, \varphi \in H_m$, 的解. 为了使 $s \geqslant 1$, 需要取 $m \geqslant \left[\dfrac{n}{2}\right] + 2$.

例 考虑波动方程

$$u_{tt} - \Delta u = 0, \quad \Delta u = \sum_{j=1}^{n} u_{x_j x_j}.$$

柯西问题

$$\begin{aligned} &u_{tt} - \Delta u = 0, \\ &u|_{t=0} = \varphi_0, u_t|_{t=0} = \varphi_1 \end{aligned} \tag{5.101}$$

可化为对于一阶常系数对称方程组的柯西问题. 考虑分量为 $N = n + 2$ 的向量函数 $(u, u_t, u_{x_1}, \cdots, u_{x_n})$. 把它重新表为 $(u, u^0, u^1, \cdots, u^n)$ 的形式. 柯西问题 (5.101) 的解显然满足方程组

$$\begin{cases} u_t - u^0 = 0, \\ u_t^0 - \displaystyle\sum_{j=1}^{n} u_{x_j}^j = 0, \\ u_t^j - u_{x_j}^0 = 0, \quad j = 1, \cdots, n \end{cases} \tag{5.102}$$

及初始条件

$$\begin{cases} u|_{t=0} = \varphi_0, \\ u^0|_{t=0} = \varphi_1, \\ u^j|_{t=0} = \dfrac{\partial \varphi_0}{\partial x_j}. \end{cases}$$

于是, 波动方程柯西问题的解是对称方程组柯西问题的解. 反之, 设存在 (5.102) 带有上述初始条件的解 u. 我们证明 u 是波动方程带有初始条件的波动方程 (5.101) 的解. 为此, 需要证明

$$u^j = u_{x_j}, \quad j = 1, \cdots, n.$$

方程组 (5.102) 的后 n 个方程可改写为如下形状:

$$\frac{\partial}{\partial t}(u^j - u_{x_j}) = 0, \quad j = 1, \cdots, n.$$

因此,$u^j - u_{x_j}$ 与 t 无关. 但当 $t = 0$ 时有 $u^j = u_{x_j}$. 意味着这对任何 t 都成立.

5.7.5 杜阿梅尔原理

现在考虑具有常系数的方程组之问题 II):

$$\begin{cases} u_t + \sum_{j=1}^{n} A^j u_{x_j} + Bu = f(t, x), \\ u|_{t=0} = 0. \end{cases}$$

这个问题的解可借助杜阿梅尔积分得到. 为此考虑如下形状的问题 I) 的解 $v(t, x, \tau)$:

$$\begin{cases} u_t + \sum_{j=1}^{n} A^j u_{x_j} + Bu = 0, \\ u|_{t=\tau} = f(\tau, x). \end{cases}$$

假设

1. $f \in C^\infty(Q)$,

2. $f \in S_x$ 对任意的 t 成立, 同时常数与 t 无关. 在这里 $Q = \{0 \leqslant t \leqslant T; x \in \mathbb{R}^n\}$.

我们证明, $v(t, x, \tau)$ 是 t 与 x 的无穷次可微函数. 考虑杜阿梅尔积分

$$u(t, x) = \int_0^t v(t, x, \tau) d\tau.$$

我们来证明这个积分给出问题 II) 的解.

容易看出 $u|_{t=0} = 0$. 其次, 由 $v(t, x, \tau)$ 借助于傅里叶积分的表达式, 考虑到函数 $f(t, x)$ 的性质, 可得出结论: $v(t, x, \tau), v_t(t, x, \tau)$ 及 $v_{x_j}(t, x, \tau)$ 连续依赖于 τ. 其次我们有

$$u_t(t, x) = \int_0^t \frac{\partial v}{\partial t} d\tau + v(t, x, t).$$

因为 $v(\tau, x, \tau) = f(\tau, x)$, 那么

$$u_t(t, x) = \int_0^t \frac{\partial v}{\partial t} d\tau + f(t, x), \quad u_{x_j}(t, x) = \int_0^t \frac{\partial v}{\partial x_j} d\tau.$$

因此,

$$u_t + \sum_{j=1}^{n} A^j u_{x_j} + Bu = \int_0^t (v_t + \sum_{j=1}^{n} A^j v_{x_j} + Bv) d\tau + f(t,x) = f(t,x),$$

因为

$$v_t + \sum_{j=1}^{n} A^j v_{x_j} + Bv = 0.$$

习题 5 证明: 所得问题 II) 的解是关于 x 和 t 无穷次可微的函数. 如果 $f(t,x)$ 仅有对 t 的有限次导数, 问题 II) 的解具有怎样的光滑性?

习题 6 证明: 对于任何具有常系数的二阶双曲型方程, 其柯西问题可化为对于一阶对称方程组的柯西问题.

5.8 柯西问题的广义解

考虑对常系数方程组

$$L(u) = u_t + \sum_{j=1}^{n} A^j u_{x_j} + Bu = 0, \tag{5.103}$$

具有初始条件

$$u|_{t=0} = \varphi_0(x), \quad \varphi_0 \in L_2(\mathbb{R}^n)$$

的柯西问题. 先前我们已构造了当 $\varphi_0 \in S$ 时, 这个柯西问题的解 $u(t,x)$. 现在定义 (5.103) 的柯西问题的弱解. 为此引入这个解满足的积分恒等式. 设向量函数 $\Phi(t,x)$ 连同其一阶导数在 $Q = \{0 \leqslant t \leqslant T;\ x \in \mathbb{R}^n\}$ 连续且有界, 即 $\Phi \in C^1(Q)$, 并设 $\Phi|_{t=T} = 0$. 将方程组乘以向量 Φ, 并在区域 $Q_M = \{0 \leqslant t \leqslant T, |x| \leqslant M\}$ 上积分, 得

$$\int\limits_{Q_M} \left(u_t + \sum_{j=1}^{n} A^j u_{x_j} + Bu, \Phi \right) dxdt =$$

$$- \int\limits_{Q_M} \left[(u, \Phi_t) + \sum_{j=1}^{n} (u, A^j \Phi_{x_j}) - (u, B^* \Phi) \right] dxdt$$

$$+ \int\limits_{|x|=M} \sum_{j=1}^{n} (\Phi, A^j u) \cos(n, x_j) dS + \int\limits_{\substack{t=T \\ |x| \leqslant M}} (u, \Phi) dx - \int\limits_{\substack{t=0 \\ |x| \leqslant M}} (\varphi_0, \Phi) dx = 0.$$

现在在这个等式中令 $M \to \infty$ 取极限. 显然当 $M \to \infty$ 时

$$\int\limits_{|x|=M} \sum_{j=1}^{n} (\Phi, A^j u) \cos(n, x_j) ds \to 0,$$

因为 $u \in S$ 对 t 是一致的, 而 Φ 在 Q 有界. 所以得到积分恒等式:

$$\int\limits_Q \left[(u, \Phi_t) + \sum_{j=1}^n (u, A^j \Phi_{x_j}) - (u, B^* \Phi)\right] dxdt + \int\limits_{t=0} (\varphi_0, \Phi) dx = 0.$$

这个积分恒等式可以作为 (5.103) 的柯西问题广义解定义的根据.

定义 12 向量函数 $u \in L_2(Q)$ 称为 (5.103) 的柯西问题的广义解, 如果对于满足下述条件的任意向量函数 $\Phi(t, x)$:

1. $\Phi \in C^1(Q), \Phi, \Phi_t, \Phi_{x_j} \in L_2(Q)$;
2. $\Phi|_{t=T} = 0, \Phi|_{t=0} \in L_2(Q)$,

成立等式:

$$\int\limits_Q \left[(u, \Phi_t) + \sum_{j=1}^n (u, A^j \Phi_{x_j}) - (u, B^* \Phi)\right] dxdt + \int\limits_{t=0} (\varphi_0, \Phi) dx = 0,$$

或者

$$\int\limits_Q (u, L^*(\Phi)) dxdt + \int\limits_{t=0} (\varphi_0, \Phi) dx = 0,$$

其中 $L^*(\Phi) = \Phi_t + \sum\limits_{j=1}^n A^j \Phi_{x_j} - B^* \Phi$.

命题 14 对于任意初始向量函数 $\varphi_0 \in H_0$ 存在 (5.103) 的柯西问题的唯一的广义解.

习题 7 证明: 如果柯西问题的广义解有对 t 及对 x 的连续导数, 满足初始条件 $u|_{t=0} = \varphi_0$, 那么 $u(t, x)$ 在通常的意义下满足方程组 (5.103).

我们在条件 $\varphi_0 \in H_0$ 之下来证明问题 (5.103) 的广义解的存在性. 用函数 $\varphi_0^k \in S$ 这样来逼近 $\varphi_0(x) \in H_0$: 使得当 $k \to \infty$ 时 $\varphi_0^k(x) \xrightarrow{H_0} \varphi_0(x)$. 设 $u^k(t, x)$ 是对应的柯西问题

$$L(u^k) = 0, \quad u^k|_{t=0} = \varphi_0^k$$

的解. 显然,$u^k(t, x)$ 也是这个柯西问题的广义解. 应用先前证明过的能量估计

$$\int\limits_Q u^2 dxdt \leqslant C \int\limits_{\mathbb{R}^n} \varphi^2 dx,$$

对于解之差 $u^{k_1} - u^{k_2}$, 得到

$$\int\limits_Q |u^{k_1} - u^{k_2}|^2 dxdt \leqslant C \int\limits_{\mathbb{R}^n} |\varphi_0^{k_1} - \varphi_0^{k_2}| dx.$$

由此推出,u^k 是 H_0 中的基本序列, 因此当 $k\to\infty$ 时在 $L_2(Q)$ 范数下 $u^k(t,x)\to u(t,x)$. 因为对 u^k 成立积分恒等式

$$\int\limits_Q (u^k, L^*(Q))dxdt + \int\limits_{t=0} (\varphi_0^k, \Phi)dx = 0,$$

那么令 $k\to\infty$ 取极限, 得到

$$\int\limits_Q (u, L^*(\Phi))dxdt + \int\limits_{t=0} (\varphi_0, \Phi)dx = 0,$$

即 $u(t,x)$ 是柯西问题的广义解. 于是存在定理得证.

为了证明唯一性应用霍姆格伦 (Holmgren) 原理. 设 $u_1,u_2\in L_2(Q)$ 是 (5.103) 的柯西问题的广义解. 那么对任意具有前述性质的向量函数 $\Phi,\varphi=u_1-u_2$ 满足积分恒等式

$$\int\limits_Q (\varphi, L^*(\Phi))dxdt = 0.$$

设在 Q 内上述向量函数 Φ 是下述柯西问题的解:

$$L^*(\Phi) = \Phi_t + \sum_{j=1}^n A^j\Phi_{x_j} - B^*\Phi = F, \quad \Phi|_{t=T} = 0,\ 其中\ F\in C_0^\infty(Q).$$

正如上面所证明的, 这个问题满足所要求条件的解是存在的. 把 Φ 代入上述积分恒等式. 由此, 对任意 $F\in C_0^\infty(Q)$ 有

$$\int\limits_Q (\varphi, F)dxdt = 0,$$

但这意味着在 Q 内几乎处处有 $\varphi=0$, 即在 Q 内几乎处处有 $u_1=u_2$. 这就是所要证明的. □

附注 21 在构造一阶方程组柯西问题的解的时候, 我们本质上是应用了这样一个事实: 在有限的时间间隔内, 方程组的低阶项的影响不是主要的. 在估计式 (5.98) 中当 $t\to\infty$ 时常数的指数增长不是偶然的. 我们举所谓的电报方程的例子

$$\partial_t^2 u = \Delta u + 2b\partial_t u, \quad x\in\mathbb{R}^n, t>0.$$

对于低阶项, 在 $b>0$ 的不稳定的情形, 这个方程有解

$$u(x,t) = \cos(kx + \sqrt{|k|^2-b^2})e^{bt}, \quad k\in\mathbb{R}^n, |k|>b,$$

当 $t=0$ 时是有界的, 当 $t\to\infty$ 时呈指数增长, 而具有同样初始资料的波动方程的解却是有界的.

参考文献

[1] Колмогорв А Н, Фомин С В. Элементы теории функций и функционального анализа.—6-е издание.—М.: Наука, 1989.—624с. (有中译本: 柯尔莫戈洛夫 А Н, 佛明 С В. 函数论与泛函分析初步 (第 7 版). 段虞荣, 郑洪深, 郭思旭译. 北京: 高等教育出版社, 2006.)

[2] Владимиров В С. Уравнения математической физики.—5-е издание.—М.: Наука, 1988.—512 с.

[3] Хёрмандер Л. Линейные Дифференциальные операторы с частными производными. —М.: Мир, 1965. —379 с. (有中译本: 霍曼德尔 L. 线性偏微分算子. 陈庆益译. 北京: 科学出版社, 1980.)

[4] Владимиров В С. Обобщенные функции в математической физике.—2-е издание—М.: Наука, 1979. 320 с.

[5] Шилов Г Е. Математический анализ. Второй специальный курс.—2-е издание—М.: Изд-во Моск. ун-та, 1984.—208 с. (有根据原书 1961 年版中译本: 希洛夫 Г Е. 数学分析专门教程. 董延闿译. 北京: 高等教育出版社,1965.)

[6] Гельфанд И М, Шилов Г Е. Обобщенные функции и Действия над ними. Вып.I. —М.: Физматгиз, 1958.—439с. (有中译本: 盖尔芳特 И М, 希洛夫 Г Е. 广义函数及其运算, 第一卷. 林坚冰译. 北京: 科学出版社,1965.)

[7] Соболев С Л. Введение в теорию кубатурных формул.—М.: Наука, 1974.—808с.

[8] Соболев С Л. Некоторые применения функционального анализа в математической физике.—3-е издание.—М.: Наука,1988.—336 с. (有根据原书 1950 年版译出的中译本: 索伯列夫 С Л. 泛函分析在数学物理中的应用. 王柔怀译. 北京: 科学出版社, 1959; 还有根据原著新版的译本: 索伯列夫 С Л. 泛函分析在数学物理中的应用. 崔志勇译. 长春: 吉林大学出版社,1990.)

[9] Соболев С Л. Избранные вопросы теории функциональных пространств и обобщенных фукций. —М.: Наука, 1989. —254с.

[10] Петровский И Г. Лекции об уравнениях с частными производными.—3-е издание—М.: Физматгиз, 1961.—400 с. (有中译本: 彼得罗夫斯基 И Г. 偏微分方程讲义. 段虞荣译. 北京: 高等教育出版社,1965.)

[11] Соболев С Л. Уравнения математической физики.—5-е издание.—М.:Наука, 1992.—432 с. (有 1954 年修订第 3 版中译本: 索伯列夫 С Л. 数学物理方程. 钱敏等译. 北京: 高等教育出版社,1958.)

[12] Тихонов А Н, Самарский А А. Уравнения математической физики. —6-е издание. —М.: Изд-во Моск. ун-та, 1999. —798 с. (有 1953 年修订第 2 版中译本: 吉洪诺夫 А Н, 萨马尔斯基 А А. 数学物理方程. 黄克欧等译. 北京: 高等教育出版社, 上册 1956, 下册 1957.)

[13] Смирнов В И. Курс высшей математики. Т. II.—11-е издание—М.: Наука, 1967, —622 с. (有按 1954 年第 14 版修订的中译本: 斯米尔诺夫 В И. 高等数学教程, 第二卷分三个分册出版. 孙念增译. 北京: 高等教育出版社, 第一分册 1958, 第二、第三分册 1959.)

[14] Келдыш М В. О разрешимости и устойчивости задачи Дирихле//УМН-1940-т. 8-с. 171~231.

[15] Kellog O D. Foundations of Potential Theory.—Berlin-New York: Springer Verlag, 1929.

[16] Курант Р. Уравнения с частными производными.—М.: Мир,1964.

[17] Проблемы Гильберта. Сборник статей под редакцией П. С. Александрова.—М.: Наука,1969.

[18] Курант Р. Курс дифференциального и интегрального исчисления. Т. I —М.: Наука, 1967, с. 422 ~ 425.

[19] Маркушевич А И. Теория аналитических функций.—М.: Наука, 1968 (有本书 1950 年版的中译本: 马库雪维奇 А И. 解析函数论. 黄正中, 莫绍揆, 周伯壎, 徐家福译. 北京: 高等教育出版社,1957.)

[20] Олейник О А. Радкевич Е В. Уравнения второго порядка с неотрицательной характеристической формой. Математический анализ. 1969. Итоги науки.—М.: ВИНИТИ, 1971.—252 с.

[21] Тихонов А Н. Теоремы единственности для уравнения теплопроводности//Мат. сборник.—1935.—т. 42, т2.—с. 189 ~ 216.

[22] Ильин А М, Калашников А С, Олейник О А. Линейные уравнения второго порядка параболического типа//УМН—1962-т. 17. вып. 3—с. 3—146. (还可参看 Труды семинара им. И. Г. Петровского-2001—т.21—с.9 ~ 193.)

[23] Ахиезер Н И, Петровский И Г. Вклад Бернштейна С. Н. в Теорию Дифференциальных уравнений с частными производными//УМН—1961-т. 16 вып. 2—с. 5 ~ 20

[24] Олейник О А. О единственности решения задачи Коши для общих параболических систем в классах быстро растущих функций//УМН-1974—т. 29. вып. 5—с.

229 ~ 230.

[25] Hörmander L. Lectures on Nonlinear Hyperbolic Differential Equations. Mathematics and Applications—Berlin: Springer, 1997.

[26] Егоров Ю В, Шубин М А. Линейные Дифференциальные уравнения с частными производными. Основы классической теории. Итоги Науки. т. 30—М.: ВИНИТИ, 1988.

[27] Ниренберг Л. Лекции по нелинейному фонкциональному анализу.—М.: Мир, 1977.

[28] Михайлов В П. Дифференциальные уравнения в частных производных, М.: Наука, 1983.

[29] Олейник О А. Лекции об уравнениях с частными производными. I часть.—М.: Изд-во МГУ, 1976.

名词索引

A

阿尔泽拉, 3

B

本征函数, 173
本征向量, 194
本征值, 173
彼得罗夫斯基抛物型方程, 41
变分方法, 109
波动方程, 157
泊松方程, 33, 48, 49
泊松公式, 164
不存在解析解的例子, 190

C

重指标, 36
初始条件, 40

D

单层热势, 122
单层势, 53
单位分解, 9
导数的估计, 134
导数的积分先验估计, 74
导数的先验估计, 73
狄拉克函数, 51
狄利克雷外问题, 92
狄利克雷问题, 33, 112
狄利克雷问题的广义解, 102
第二边值问题, 32
第一边值问题, 32
杜阿梅尔 (Duhamel) 积分, 152, 204
杜阿梅尔原理, 204
对数势, 54, 98

F

分部积分公式, 3
弗拉格门 – 林德勒夫定理, 78, 80
弗里德里希斯 (Friedrichs) 不等式, 5
傅里叶变换, 22, 26
傅里叶变换的反演公式, 26
傅里叶逆变换, 23
傅里叶逆变换公式, 23

G

格林第二公式, 50, 116
　　关于热传导算子的 ∼, 116
格林第一公式, 50, 116
　　关于热传导算子的 ∼, 116
格林公式, 48, 49
格林公式, 基本解, 115

格林函数, 61
格林函数的对称性, 62
古典解, 36, 49
关于紧性, 146
关于可去奇点, 141
关于球的平均值, 57
关于体热势的光滑性, 152
广义导数, 10
广义调和函数, 49, 93
广义函数, 26
广义函数 $u(x)$ 的磨光函数, 20
广义函数 $u \in S'(\mathbb{R}_x^n)$, 21
广义函数的卷积, 17
广义函数的直积, 14
广义函数空间, 12
广义解, 27, 49, 112
广义解, 热传导算子的亚椭圆性, 153

H

函数的迹, 104
赫尔德 (Hölder) 不等式, 4
后波阵面, 167
混合问题, 55
霍姆格伦 (Holmgren) 原理, 207

J

基本解, 27, 50, 116
基尔霍夫公式, 160, 162
积分恒等式, 49
极小化序列, 111
极值原理, 55, 58
降维法, 163
解的解析延拓的估计, 137
解的无穷次可微性, 121
解对变量 x 的解析性, 134
解对空间变量的解析性, 136
解借助于势的表示, 121
借助势表示解, 52
局部不可解, 37
局部可和, 2
具有非齐次边界条件的狄利克雷问题, 112
具有权 p 的广义特征形式, 42

K

柯瓦列夫斯卡娅定理, 37, 44, 186
柯西 – 布尼亚科夫斯基不等式, 5
柯西 – 柯瓦列夫斯卡娅定理, 38
柯西问题, 36, 45, 157
柯西问题 C^1 解的能量不等式, 196
可对称化组、戈杜诺夫条件, 191

L

拉普拉斯方程, 33
拉普拉斯方程的狄利克雷问题, 55
拉普拉斯方程的广义解, 93
拉普拉斯方程第三边值问题, 55
拉普拉斯方程第一边值问题的格林函数, 62
类空曲面, 194
连续性方程, 33
刘维尔定理, 78

M

磨光函数, 6, 7
磨光核, 6

N

能量不等式, 158
牛顿定律, 30
牛顿势, 53, 98

Q

前波阵面, 167
嵌入定理, 197
强函数, 184
球的狄利克雷问题的解, 61

R

热传导方程, 32
热传导方程的第二边值问题, 123
热传导方程的第三边值问题, 123
热传导方程的第一边值问题, 123
热传导方程的柯西问题, 123
热传导算子, 115

S

试验函数, 2
双层势, 54, 122
双曲型的, 193
斯图姆–刘维尔 (Sturm-Liouville) 问题, 174
算术平均定理, 55

T

特征, 36, 45
特征方向, 36, 45
特征形式, 36
特征锥, 158
体积热势, 122
体积势, 53
调和函数, 48
调和函数的表达式, 53
调和函数的孤立奇点, 86
调和函数的解析性, 75
椭圆方程, 41
椭圆型方程, 41

W

外尔引理, 153
唯一性, 171
无界区域内的极值原理, 125

X

先验估计, 196
弦振动方程的达朗贝尔公式, 164
弦振动方程的混合问题, 170
象征的主部, 36
形式共轭, 115

Y

亚椭圆算子, 98
严格双曲格型的, 194
一阶常微分方程的柯西问题, 183
依赖集合, 166
有界区域与无界区域中的极值原理, 124

Z

在 x_n 轴方向的双曲型方程, 41
在点 x 处是椭圆型的, 46
在点 x 在 x_n 轴的方向为双曲型的, 47
在点 x 在 x_n 轴方向为弱双曲的, 41
在区域 Ω 中为彼得罗夫斯基抛物型的, 42
支集, 2

译者后记

本书作者 O.A. 奥列尼克院士是俄罗斯知名的女数学家. 在我国, 上个世纪五六十年代学习偏微分方程课的人大都知道这位学者. 我有幸承担翻译此书的任务, 却又深感这是一个并不轻松的工作. 作为一个从事数学书籍编辑工作多年而没有数理方程方面教学经历, 只是 "学习过", 作过一些这方面教材编辑工作 (当然这是一种学习) 的人来说, 这首先是又一次学习的过程, 当然也许是仅限于 "浅表性" 的学习. 主观上是力图尽可能多地弄懂一些内容. 幸而在这个过程中, 得到武汉大学齐民友教授的慨然允诺, 因此译者得以不断地以各种问题 (包括名词术语、学科内容) 去麻烦他, 得到许多宝贵指教, 这对本书的翻译工作是至关重要的. 因此我首先要表达对齐民友先生深深的谢意! 还要感谢北京理工大学祝同江教授, 译者曾就广义函数的傅里叶变换方面的一些问题向他请教. 感谢高等教育出版社研究生教育与学术著作分社张小萍编审、赵天夫编辑的支持和鼓励, 没有他们的鼓励和帮助, 我不可能完成这个工作; 感谢徐伯勋先生、高尚华编审对书稿的仔细审阅, 他们的审阅使译者避免了很多错误. 最后, 还要感谢田文琪编审, 由于他一贯的、耐心的指教和帮助, 译者才能跨过一个个的俄译中的难关.

由于学识水平所限, 译文不妥之处还请读者、专家不吝指正.

郭思旭

2007 年 11 月

相关图书清单

序号	书号	书名	作者
1	9787040183030	微积分学教程（第一卷）（第 8 版）	[俄] Г. М. 菲赫金哥尔茨
2	9787040183047	微积分学教程（第二卷）（第 8 版）	[俄] Г. М. 菲赫金哥尔茨
3	9787040183054	微积分学教程（第三卷）（第 8 版）	[俄] Г. М. 菲赫金哥尔茨
4	9787040345261	数学分析原理（第一卷）（第 9 版）	[俄] Г. М. 菲赫金哥尔茨
5	9787040351859	数学分析原理（第二卷）（第 9 版）	[俄] Г. М. 菲赫金哥尔茨
6	9787040287554	数学分析（第一卷）（第 7 版）	[俄] В. А. 卓里奇
7	9787040287561	数学分析（第二卷）（第 7 版）	[俄] В. А. 卓里奇
8	9787040183023	数学分析（第一卷）（第 4 版）	[俄] В. А. 卓里奇
9	9787040202571	数学分析（第二卷）（第 4 版）	[俄] В. А. 卓里奇
10	9787040345247	自然科学问题的数学分析	[俄] В. А. 卓里奇
11	9787040183061	数学分析讲义（第 3 版）	[俄] Г. И. 阿黑波夫 等
12	9787040254396	数学分析习题集（根据 2010 年俄文版翻译）	[俄] Б. П. 吉米多维奇
13	9787040310047	工科数学分析习题集（根据 2006 年俄文版翻译）	[俄] Б. П. 吉米多维奇
14	9787040295313	吉米多维奇数学分析习题集学习指引（第一册）	沐定夷、谢惠民 编著
15	9787040323566	吉米多维奇数学分析习题集学习指引（第二册）	谢惠民、沐定夷 编著
16	9787040322934	吉米多维奇数学分析习题集学习指引（第三册）	谢惠民、沐定夷 编著
17	9787040305784	复分析导论（第一卷）（第 4 版）	[俄] Б. В. 沙巴特
18	9787040223606	复分析导论（第二卷）（第 4 版）	[俄] Б. В. 沙巴特
19	9787040184075	函数论与泛函分析初步（第 7 版）	[俄] А. Н. 柯尔莫戈洛夫 等
20	9787040292213	实变函数论（第 5 版）	[俄] И. П. 那汤松
21	9787040183986	复变函数论方法（第 6 版）	[俄] М. А. 拉夫连季耶夫 等
22	9787040183993	常微分方程（第 6 版）	[俄] Л. С. 庞特里亚金
23	9787040225211	偏微分方程讲义（第 2 版）	[俄] О. А. 奥列尼克
24	9787040257663	偏微分方程习题集（第 2 版）	[俄] А. С. 沙玛耶夫
25	9787040230635	奇异摄动方程解的渐近展开	[俄] А. Б. 瓦西里亚娃 等
26	9787040272499	数值方法（第 5 版）	[俄] Н. С. 巴赫瓦洛夫 等
27	9787040373417	线性空间引论（第 2 版）	[俄] Г. Е. 希洛夫
28	9787040205251	代数学引论（第一卷）基础代数（第 2 版）	[俄] А. И. 柯斯特利金
29	9787040214918	代数学引论（第二卷）线性代数（第 3 版）	[俄] А. И. 柯斯特利金
30	9787040225068	代数学引论（第三卷）基本结构（第 2 版）	[俄] А. И. 柯斯特利金
31	9787040502343	代数学习题集（第 4 版）	[俄] А. И. 柯斯特利金
32	9787040189469	现代几何学（第一卷）曲面几何、变换群与场（第 5 版）	[俄] Б. А. 杜布洛文 等

（续表）

序号	书号	书名	作者
33	9787040214925	现代几何学（第二卷）流形上的几何与拓扑（第 5 版）	[俄] Б. А. 杜布洛文 等
34	9787040214345	现代几何学（第三卷）同调论引论（第 2 版）	[俄] Б. А. 杜布洛文 等
35	9787040184051	微分几何与拓扑学简明教程	[俄] А. С. 米先柯 等
36	9787040288889	微分几何与拓扑学习题集（第 2 版）	[俄] А. С. 米先柯 等
37	9787040220599	概率（第一卷）（第 3 版）	[俄] А. Н. 施利亚耶夫
38	9787040225556	概率（第二卷）（第 3 版）	[俄] А. Н. 施利亚耶夫
39	9787040225549	概率论习题集	[俄] А. Н. 施利亚耶夫
40	9787040223590	随机过程论	[俄] А. В. 布林斯基 等
41	9787040370980	随机金融数学基础（第一卷）事实 • 模型	[俄] А. Н. 施利亚耶夫
42	9787040370973	随机金融数学基础（第二卷）理论	[俄] А. Н. 施利亚耶夫
43	9787040184037	经典力学的数学方法（第 4 版）	[俄] В. И. 阿诺尔德
44	9787040185300	理论力学（第 3 版）	[俄] А. П. 马尔契夫
45	9787040348200	理论力学习题集（第 50 版）	[俄] И. В. 密歇尔斯基
46	9787040221558	连续介质力学（第一卷）（第 6 版）	[俄] Л. И. 谢多夫
47	9787040226331	连续介质力学（第二卷）（第 6 版）	[俄] Л. И. 谢多夫
48	9787040292237	非线性动力学定性理论方法（第一卷）	[俄] L. P. Shilnikov 等
49	9787040294644	非线性动力学定性理论方法（第二卷）	[俄] L. P. Shilnikov 等
50	9787040355338	苏联中学生数学奥林匹克试题汇编 (1961—1992)	苏淳 编著
51	9787040533705	苏联中学生数学奥林匹克集训队试题及其解答 (1984—1992)	姚博文、苏淳 编著
52	9787040498707	图说几何（第二版）	[俄] Arseniy Akopyan